Stanislaus Ferdinand Victor Schlegel

System der Raumlehre :

nach den Prinzipien der Grassmannschen Ausdehnungslehre, und als Einleitung in

dieselbe

Stanislaus Ferdinand Victor Schlegel

System der Raumlehre :
nach den Prinzipien der Grassmannschen Ausdehnungslehre, und als Einleitung in dieselbe

ISBN/EAN: 9783743336896

Hergestellt in Europa, USA, Kanada, Australien, Japan

Cover: Foto ©ninafisch / pixelio.de

Manufactured and distributed by brebook publishing software
(www.brebook.com)

Stanislaus Ferdinand Victor Schlegel

System der Raumlehre :

SYSTEM

DER

RAUMLEHRE.

NACH DEN PRINZIPIEN

DER

GRASSMANN'SCHEN AUSDEHNUNGSLEHRE

UND ALS EINLEITUNG IN DIESELBE

DARGESTELLT

VON

VICTOR SCHLEGEL,

OBERLEHRER AM GYMNASIUM ZU WAREN.

ZWEITER THEIL:

DIE ELEMENTE DER MODERNEN GEOMETRIE UND ALGEBRA.

LEIPZIG,

DRUCK UND VERLAG VON B. G. TEUBNER.

1875.

DIE ELEMENTE

DER

MODERNEN GEOMETRIE

UND ALGEBRA.

NACH DEN PRINZIPIEN

DER

GRASSMANN'SCHEN AUSDEHNUNGSLEHRE,

UND

MIT BERÜCKSICHTIGUNG VERWANDTER METHODEN

DARGESTELLT

VON

VICTOR SCHLEGEL,

OBERLEHRER AM GYMNASIUM ZU WAREN.

LEIPZIG,

DRUCK UND VERLAG VON B. G. TEUBNER.

1875.

Vorrede.

Der vorliegende zweite Theil des „Systems der Raumlehre" sollte dem ursprünglichen Plane gemäss die Elemente
der Stereometrie nach denselben Grundsätzen und in derselben Darstellungsweise behandeln, wie der erste diejenigen
der Geometrie. — Dieser Theil würde demnach für die Wür-
digung der Grassmann'schen Werke dem ersten gegenüber
wenig neue Gesichtspunkte geboten haben. Da es aber vor
allem darauf ankam, und sich in der seit dem Erscheinen
des 1. Theils verflossenen Zeit als nothwendig herausstellte,
von dem Umfange des Gebietes, welchem die Vortheile der
Grassmann'schen Methoden zu Gute kommen, und von den
Fortschritten, welche diese Methoden auch gegenüber den
neusten Leistungen in der Geometrie repräsentiren, eine Vor-
stellung zu geben, so empfahl es sich für diesen Zweck mehr,
jene Methoden im Zusammenhange mit den Resultaten der
modernen Geometrie und Algebra darzustellen, und hierdurch
gleichzeitig den Wünschen desjenigen Theiles des mathematischen Publicums nachzukommen, welches sich für jenen
Zusammenhang mehr interessirt, als für denjenigen mit den
Elementen des Euclid.

Während nämlich in früheren Jahren nur die durch jene
Methoden gewonnenen neuen Resultate in der Theorie der
höheren Curven und Flächen allgemeinere Aufmerksamkeit
erregt hatten, ist es neuerdings den warmen und nachdrück-
lichen Empfehlungen von Hankel und Clebsch gelungen,
auch für Grassmann's Hauptwerk, die „Ausdehnungslehre",
ein sich mehr und mehr steigerndes Interesse zu erwecken*).

---

*) Einen besonders beachtenswerthen Ausdruck giebt diesem In-
teresse die im 7. Bd. der Math. Annalen, S. 12 befindliche Stelle, welche
das Verhältniss der Forschungen von Grassmann und Möbius zu den
Leistungen der Zeitgenossen berührt.

Es lag aber auch ausserdem in der Natur der Sache, dass das durch die ganze neuere Mathematik sich hindurchziehende Streben nach Vereinfachung der Methoden von selbst, wenn auch auf Umwegen, mit der Zeit auf die Anschauungen Grassmanns hinführen musste. Und so besteht denn auch in der That zwischen den Methoden der modernen Geometrie und Algebra und denjenigen der Ausdehnungslehre äusserlich eine gewisse Aehnlichkeit*). — Diese Wahrnehmung aber war es, welche zu dem Wunsche führte — und der erste, welcher diesen Wunsch aussprach, war noch Clebsch selbst —: dass das Verhältniss, in welchem die Grassmann'sche Ausdehnungslehre zu den neueren Methoden der analytischen Geometrie und der modernen Algebra stehe, eine ausführliche Darlegung erfahren möge.

Indem ich nun diese Aufgabe durch die vorliegende Arbeit zu lösen suchte, stellte sich heraus, dass jene letzteren Methoden, vom Standpunkte der Ausdehnungslehre behandelt, eine doppelte Verbesserung erfahren.

Erstens leiden die Methoden der neueren analytischen Geometrie und noch mehr die der modernen Algebra an dem Uebelstande einer willkürlich aufgestellten Symbolik, welche namentlich in der letzteren Wissenschaft dadurch Verwirrung angerichtet hat, dass verschiedene Autoren zur Bezeichnung desselben Gegenstandes verschiedene Ausdrücke anwendeten. Jedem, sei er Studirender oder Lehrer, wird hierdurch das Eindringen in den Gegenstand wesentlich erschwert. Wer z. B. der Reihe nach die einführenden Arbeiten von Fiedler, Salmon und Clebsch studirt, wird genöthigt, in jedem Buche eine neue Symbolik und neue Operationen zu lernen. Es ist aber auch, abgesehen vom pädagogischen Interesse, für das Gedeihen der noch jungen Wissenschaft von hohem Werthe, dass dieselbe möglichst früh das Gewand einer angemessenen Bezeichnungsweise anlege. Welchen nach-

---

*) Dass aber diese Aehnlichkeit, oder, wenn man will, Verwandtschaft, keineswegs ein Zufall ist, sondern dass eine naturgemässe Ausbildung der in der Ausdehnungslehre liegenden Keime auch die Lehren der modernen Algebra, und zwar in einem Gewande von noch ungekannter Einfachheit liefert, das wird, wie ich hoffe, aus der Darstellung des vorliegenden Buches ersichtlich sein.

theiligen Einfluss der Mangel einer solchen auf manche Zweige
der Mathematik ausgeübt hat, davon giebt die Geschichte
dieser Wissenschaft die auffallendsten Beispiele. Trotzdem
scheint es fast, als habe die Fülle von Thatsachen, mit welcher uns die neuere Mathematik überschüttet hat, das Interesse
an einer zweckmässigen Form allmälig zurücktreten lassen. —
An die Stelle jener willkürlichen Symbolik tritt nun im vorliegenden Buche eine aus den Prinzipien der Ausdehnungslehre mit Nothwendigkeit sich ergebende, deren Anwendung
ihren Nutzen sofort darin äussert, dass (ebenso wie im ersten
Theile) aus den Formeln die entsprechenden geometrischen
Beziehungen ohne Mühe abgelesen werden können.

Dieser Vortheil hängt zusammen mit der Beseitigung
eines zweiten Uebelstandes, an welchem die Anwendungen der
Analysis und der modernen Algebra auf die Geometrie leiden.
Dieser beruht in der Verwendung der Coordinaten,
welche nicht nur den geometrischen Gebilden fremd sind,
sondern auch eine oft unerträgliche Weitläuftigkeit der Formeln im Gefolge haben und deren geometrischen Sinn völlig
verdunkeln. Es ist aber bekanntlich gerade eine Eigen-
thümlichkeit der Grassmann'schen Methoden, dass die geometrisch zu deutenden Formeln keine Coordinaten enthalten,
sondern nur Punkte, Geraden und Curven, deren Beziehungen
durch die Formeln unmittelbar ausgedrückt werden.

Was den behandelten Stoff betrifft, so wurde im Ganzen
das Gebiet der Ebene und in ihr dasjenige der Curven 2. Grades (wie im 1. Theile) nicht überschritten. Eine Ausnahme
war nur nöthig in der Theorie der Determinanten und der
damit zusammenhängenden Uebersicht über die Eigenschaften
der Functionen. Hier musste die Untersuchung, um mit den
bisherigen Darstellungen Schritt zu halten, allgemein (mit
n Variablen) geführt werden. — Es ist ferner in einer Reihe
von Anmerkungen vergleichenden und erläuternden Inhalts
das Verhältniss der Ausdehnungslehre zur modernen Geometrie
und Algebra ausführlicher erörtert, und eine Anzahl von neuen
Gesichtspunkten, unter denen sich verschiedene Gegenstände
zeigen, begründet worden. Wenn aus dem Mangel solcher
Vergleichungen dem ersten Theil dieses Werkes in den „Jahrb.

üb. d. Fortschr. d. Math." ein Vorwurf gemacht worden ist,
so scheint mir derselbe gegenstandlos, da dieser Theil doch
nur die Lehren der elementaren Geometrie umfasste, welche
bisher bei allen Leistungen auf dem Gebiete der modernen
Geometrie und Algebra in dem Grade leer ausgegangen ist,
dass zwischen der Geometrie der Schule und derjenigen der
Universität eine Kluft besteht, welche allseitig anerkannt und
bedauert, doch bisher nicht ausgefüllt wurde. Wenn aber an
derselben Stelle gesagt wird, der von solchen Vergleichen
abgelöste Vortrag des Grassmann'schen Ideenganges muthe
dem Leser zu, Grassmann's Methoden als die absolut vor-
trefflichen zu betrachten, so sehe ich nicht ein, wie der rein
objective, von allen Seitenblicken freie Vortrag alter Lehren
in neuem Gewande dem unbefangenen Leser etwas anderes
zumuthet, als zu prüfen, ob das Gewand zu den Lehren auch
passe. Zu Vergleichungen bot eben der behandelte Stoff gar
keine Veranlassung. Und schliesslich: wird nicht eine solche
Vergleichung stets zu Gunsten der von einem Verfasser vor-
getragenen Anschauung ausfallen? Welchen Zweck hätte es
wohl, eine Lehre aufzustellen und zu begründen, von der
man selbst im Voraus überzeugt wäre, dass sie durch andre
schon bestehende übertroffen würde? Mit dem Anspruch,
irgend einen Fortschritt, sei es nach Inhalt oder nach Form,
zu repräsentiren, tritt schliesslich jede wissenschaftliche Publi-
cation auf. Ob aber die Grassmann'sche Ausdehnungslehre
nur noch dazu da ist, nach einer Vergleichung mit anderen
Methoden, allenfalls mit dem Bedauern, dass sie nicht früher
ihre Wirkung geäussert habe, ad acta gelegt zu werden, oder
ob sie auch gegenwärtig noch weiterer Ausbildung werth, und
fähig sei, nutzbringend in den Entwickelungsgang der Wissenschaft einzugreifen, das ist eine Frage, die sich nicht in drei
Zeilen beantworten lässt, auch nicht auf Grund meiner nur
einführenden Schriften, sondern erst nach gründlichem Stu-
dium der Grassmann'schen Originalwerke, welches anzuregen
der hauptsächliche Zweck der ersteren ist. — Das Eine nur
dürfte aus den bisherigen Anwendungen der Ausdehnungslehre auf die Gebiete des Raumes hervorgehen: dass sie den
kürzesten und bequemsten Zugang zu den Resultaten der
älteren wie der neueren Geometrie und Algebra eröffnet, ein

Umstand, welcher für alle diejenigen, welche in diese Gebiete erst eindringen wollen, beachtenswerth sein dürfte.

Wenn das vorliegende Buch seinen Lesern eine Ueberzeugung von diesen Vortheilen verschaffen, und sie zu weiterer Hebung der in der „Ausdehnungslehre" ruhenden Schätze anregen sollte, dann würde ich den Zweck desselben für erreicht halten. In diesem Sinne empfehle ich es der wohlwollenden Prüfung des mathematischen Publicums, mit dem Wunsche, dass die unvermeidlichen Unvollkommenheiten in der Darstellung, deren Berichtigung ich jederzeit mit Dank entgegennehmen werde, nicht dem Gegenstande selbst zur Last gelegt werden mögen.

Waren, im September 1875.

V. Schlegel.

Inhalt.

Einleitung.

Zweite Abtheilung.

Die Projectivität von Punkten und Linien.

Dritte Abtheilung.

Die Lehre von den zusammengesetzten Grössen.

Berichtigungen und Zusätze

zum *ersten* Theile dieses Werkes.

S. 12, Z. 2 muss der Nenner des Bruches *n* statt 2 heissen.

S. 15, Z. 25 hinter „folgt" ist hinzuzufügen: „da das Product zweier identischen Punkte stets einen Linientheil von der Grösse Null liefert."

S. 38, vor Nr. 70 ist einzuschalten: „Anm. Bei der Betrachtung einer *Strecke* (*A* — *B*) konnten wir von der Bewegung (Schiebung eines Punktes), durch welche die Strecke entstanden war, absehen, weil die zwischen den Punktdifferenzen geltenden Formeln gleichzeitig Beziehungen zwischen Strecken, und zwischen Schiebungen ausdrückten, so zwar, dass wir in den Sätzen nur den Ausdruck „Strecke" durch „Schiebung" zu ersetzen brauchen. — Dagegen drängt bei Betrachtung des *Winkels* die Definition zu einer Unterscheidung zwischen „Winkel" und „Drehung", so zwar, dass *die Potenz* i^n *die Drehung*, dagegen *der Exponent n den Winkel* repräsentirt. Da nun die Verbindungen der Exponenten um eine Rechnungsstufe tiefer stehen, als diejenigen der Potenzen, so wird jeder Satz, der eine doppelte Formulirung (zwischen den Potenzen oder den Exponenten) zulässt, auch einen doppelten Wortausdruck gestatten, jenachdem man den Begriff der Drehung, oder den des Winkels anwendet."

S. 38, Z. 22; S. 39, Z. 3; S. 40, Nr. 73, Z. 4; S. 43, Z. 1; S. 44, Nr. 80, Z. 2; S. 46, Z. 4 u. 8; S. 48, Nr. 87 ist statt „Winkel" zu setzen: „Drehung".

S. 39, Z. 2 von unten ist statt „Drehungen" und „einer Umdrehung" resp. zu lesen: „Winkel" und „einem geschlossenen".

S. 43, Z. 2 ist statt „das Product" zu lesen: „die Summe", und auf derselben Seite in Nr. 76 statt „der Quotient": „die Differenz".

S. 44, Z. 2 ist statt „Drehung" zu setzen: „Sinne", und Z. 4 hinzuzufügen: „die zugehörigen Winkel dagegen wie positive und negative Zahlen".

S. 44 ist statt der letzten 6 Zeilen zu setzen: „Anm. Die getheilte Darstellung: einer *Drehung* als Quotient zweier Geraden, und eines *Winkels* als Vielfaches des als Einheit genommenen rechten Winkels, der im Exponenten von *i* erscheint, hat zur Folge (wie schon oben angedeutet), dass entweder die Vereinigung von Drehungen durch die zweite, oder die von Winkeln durch die erste Rechnungsstufe aus-

geführt werden kann, jenachdem die eine oder die andere Betrachtungs-
weise gewählt wird. In der vorstehenden Darstellung laufen" ...

S. 45, Z. 6 ist i^p wegzulassen, S. 49, Z. 4 v. unten, S. 50, Z. 20 u. 21
ist i^m und i^n resp. durch m und n zu ersetzen.

S. 47, Z. 3 ist statt „$(b : a_1)$" zu setzen: „der beiden Geraden".

S. 94, in der Figur ist die Strecke SA statt durch b zu bezeichnen
durch b_1.

S. 106 kann aus der in Z. 6 stehenden Formel unmittelbar der Satz
abgelesen werden: *Jedes einem Kegelschnitte eingeschriebene Sechseck
ist ein Pascal'sches.* Desgl. die Umkehrung und die reciproken Sätze.

S. 108 ist der vor Nr. 149 stehende Satz zu streichen.

S. 135. Das den Schluss der Nr. 169 bildende, mit den Worten:
„Vertauscht man" etc. eingeleitete Verfahren ist dadurch zu ersetzen,
dass man ebenso wie in Nr. 168 statt der Punktdifferenzen die Sinus
der Winkel einführt. Den Grund s. in der Anm. auf S. 60 des vorliegenden Buches.

Einleitung.

Während im „System der Raumlehre" sich im Allgemei- 1. nen das Gesetz zeigte, dass jedes neue Gebilde ein vorher betrachtetes als speciellen Fall in sich schloss, so traten an zwei Stellen Paare von Gebilden mit scheinbar gleichberechtigter Existenz auf. — Erstens erschienen Punkt und Strecke (Nr. 26) als gleichberechtigte Gebilde 1. Grades, beide dargestellt durch die Form $a = \alpha_1 c_1 + \alpha_2 c_2$. — Zweitens erschienen Linieneinheit (Nr. 32) und Flächeneinheit (Nr. 152) als gleichberechtigte Grössen 2. Stufe, beide dargestellt durch $(c_1 c_2) = 1$.

Es ist zunächst das zwischen diesen Grössenpaaren bestehende Verhältniss der Unterordnung nachzuweisen. Sodann ist noch eine dritte, in der „Raumlehre" gebliebene Lücke auszufüllen, nämlich der Fortschritt darzulegen, welcher von der Darstellung der Curven durch gleich Null gesetzte planimetrische Producte (Nr. 146) zu derjenigen durch gleich Null gesetzte Funktionen (Nr. 164) stattfindet. Endlich ist der systematische Zusammenhang der verschiedenen in der Raumlehre gebräuchlichen Multiplicationen darzulegen (Nr. 166).

1. Die unbestimmt (unendlich) entfernten Punkte und Geraden.

Die Grösse $a = \alpha_1 c_1 + \alpha_2 c_2$ bedeutete einen Punkt mit 2. dem Coefficienten $(\alpha_1 + \alpha_2)$, sobald $\alpha_1 + \alpha_2 \gtrless 0$ war; dagegen das α_1-fache der Strecke $(c_1 - c_2)$, sobald $\alpha_1 + \alpha_2 = 0$ war („Raumlehre" Nr. 26). — Im letzteren Falle kann jedoch die Grösse a ebensowohl als Punkt mit dem Coefficienten 0 betrachtet werden, und es fragt sich nur noch, welche Bedeutung eine solche Punktgrösse hat.

Sei zur Vereinfachung

$$\alpha_1 = -\alpha_2 = 1,$$

und A der einfache Punkt, sodass allgemein

$$(\alpha_1 + \alpha_2) A = a;$$

dann erhält man:

$$0 \cdot A = (e_1 - e_2),$$

und da

$$0 \cdot A = 0 = + A - A$$

ist, so folgt:

$$+ A - A = e_1 - e_2$$

oder:

$$(e_1 - A) = (e_2 - A),$$

oder:

$$\frac{e_1 - A}{e_2 - A} = 1.$$

Hiernach müssten die Entfernungen des Punktes A von den Punkten e_1 und e_2 gleich gross und gleich gerichtet sein. Dieser Umstand kann niemals genau eintreten. Entfernt sich aber A von den beiden Punkten e_1 und e_2 ins Unendliche, so nähert sich auch das Verhältniss $\frac{e_1 - A}{e_2 - A}$ der Einheit als Grenze. Denn schreibt man die letzte Gleichung:

$$\frac{e_1 - e_2 + e_2 - A}{e_2 - A} = 1,$$

oder:

$$\frac{e_1 - e_2}{e_2 - A} + 1 = 1,$$

so sieht man, dass der Unterschied der beiden Seiten sich mit wachsendem $(e_2 - A)$ der Null nähert.

Dasselbe findet auch statt, wenn der Punkt A fest bleibt, dagegen e_1 an den ebenfalls festen Punkt e_2 heranrückt.

Im ersten Falle, wo $e_1 - e_2$ eine endliche Strecke ist, die wir durch ε bezeichnen und als Masseinheit betrachten können, ist es nicht möglich, die Strecke $e_2 - A$ durch ε zu messen. Der nicht existirende, aber in unbestimmter Entfernung denkbare Punkt A heisst daher *der unbestimmt (unendlich) entfernte Punkt der Geraden*, und es ist für ihn

$$\frac{e_2 - A}{e_1 - e_2} = \frac{\infty}{\varepsilon},$$

wo ∞ die ebenfalls nicht existirende, aber in unbestimmter

Entfernung denkbare Grenze für das Wachsthum einer Zahl bedeutet.

Im zweiten Falle verschwindet die Masseinheit selbst; mithin ist es ebensowenig, wie vorher, möglich, die Strecke $c_2 - A$ durch ε zu messen. Der Punkt A ist daher, obwohl in endlicher Entfernung existirend, wiederum nicht bestimmbar, indem jeder Punkt der Geraden der Gleichung genügt:

$$\frac{e_2 - A}{e_1 - e_2} = \frac{\alpha}{0},$$

wo α die Strecke $c_2 - A$ bedeutet.

Man kann hiernach jede Strecke einer Geraden als un- 3. endlich entfernten Punkt betrachten, und zwar diejenige Strecke, welche gleich der Masseinheit ist, als unendlich fernen Punkt mit dem Coefficienten 1; jede andere Strecke aber als unendlich fernen Punkt mit irgend einem anderen Coefficienten. — Umgekehrt lässt sich der unendlich entfernte Punkt stets durch eine Strecke vertreten, nachdem erwiesen ist, dass beide Ausdrücke nur verschiedene Formen für denselben Begriff sind (nämlich den Begriff einer mit dem Coefficienten 0 versehenen Grösse 1. Grades).

Demnach haben zwei Linientheile (Grössen 2. Grades) in der Ebene stets eine Grösse 1. Grades (einen Punkt) gemeinsam. Es giebt nämlich stets zwei gleiche Grössen 1. Grades, von denen die eine in dem ersten, die andere in dem zweiten Linientheil liegt. Sind diese gleichen Grössen endliche Punkte, so müssen sie, um gleich zu sein, zusammenfallen („Raumlehre" Nr. 27. Anm.); d. h. die (sich schneidenden) Linientheile haben einen endlichen Punkt gemeinsam. Sind die gleichen Grössen unendlich entfernte Punkte, d. h. Strecken, so müssen sie, um gleich zu sein, in parallelen Linien liegen; d. h. die (parallelen) Linientheile haben einen unendlich entfernten Punkt (eine Strecke) gemeinsam.

Anmerkung. Die beiden gleichbedeutenden Ausdrücke „Strecke" und „unendlich ferner Punkt" haben jeder seinen besonderen Vorzug. — Der erste entspricht unserer Anschauung, nöthigt uns aber zu einer doppelten Ausdrucksform für manche, von Grössen 1. Grades allgemein geltende Sätze. — Der zweite ermöglicht es, Grössen vom 1. Grade ohne Unterschied als Punkte zu bezeichnen, entzieht sich aber jeder Anschauung. — Daher findet der zweite seine Erklärung durch den ersten, und ist nur als ein, freilich oft unentbehrlicher, Stellvertreter desselben anzusehen. — Der hier entwickelte Zusammenhang zwischen Strecke und Punkt findet sich ähnlich schon bei Grassmann, Ausd.-Lehre. II. 228.

Ebenso, wie die Strecke als specieller Fall des Punktes, erscheint nun auch die Schiebung als ein specieller Fall der Drehung. Denn wie die Drehung einer Geraden um einen endlichen Punkt eine neue Gerade erzeugte, welche mit der vorigen diesen endlichen Punkt gemeinsam hatte, so liefert die Drehung der Geraden um ihren unendlich fernen Punkt eine neue Gerade, welche diesen unendlich fernen Punkt mit ihr gemeinsam hat, also ihr parallel ist. Es kann daher die Schiebung der Geraden als Drehung um ihren unendlich fernen Punkt bezeichnet werden, und die Grösse dieser Drehung wird dargestellt durch die Grösse der Schiebung.

4.   Eine ganz analoge Untersuchung lässt sich nun über „Linientheil" und „Parallelogramm" anstellen.

Die Grösse $a = \alpha_1 c_1 + \alpha_2 c_2$, worin c_1 und c_2 zwei gleich lange und gleich gerichtete Linientheile sind, stellt (nach „Raumlehre" Nr. 129) einen Linientheil oder ein Parallelogramm dar, je nachdem $\alpha_1 + \alpha_2$ ungleich oder gleich Null. Das Parallelogramm kann hiernach als Linientheil mit dem Coefficienten Null betrachtet werden. Es führt dann die wörtliche Wiederholung der oben angestellten Rechnungen zu dem Resultat, dass *ein Linientheil mit dem Coefficienten Null ein unendlich entfernter Linientheil ist*. Bezieht sich diese Entfernung auf einen anderen Linientheil, so hat der unendlich entfernte gleiche Richtung mit diesem; bezieht sie sich dagegen auf einen Punkt, so ist die Richtung des unendlich entfernten Linientheils unbestimmt, und man kann ihn als irgend eine der Tangenten des aus dem gegebenen Punkte mit unendlich grossem Radius beschriebenen Kreises sich vorstellen.

Jedes Parallelogramm kann demnach als unendlich entfernter Linientheil mit gleichem Coefficienten betrachtet werden, und umgekehrt.

Demnach haben zwei Flächentheile (d. h. Ebenenstücke oder Grössen 3. Grades) im Raum stets eine Grösse 2. Grades (einen Linientheil) gemeinsam. Es giebt nämlich stets 2 gleiche Grössen 2. Grades, von denen die eine in dem ersten, die andre in dem zweiten Flächenstücke liegt. Sind diese gleichen Grössen endlich entfernte Linientheile, so müssen sie, um gleich zu sein, in derselben Geraden liegen („Raumlehre" Nr. 30); d. h. die (sich schneidenden) Flächentheile haben eine Gerade gemeinsam. Sind die gleichen Grössen unendlich entfernte Linientheile, d. h. Parallelogramme, so müssen sie, um gleich zu sein, in parallelen Ebenen liegen („Raumlehre" Nr. 140); d. h. die (parallelen) Ebenen haben eine unendlich ferne Gerade gemeinsam. — Endlich kann noch die Schiebung einer Ebene als Drehung um ihre unendlich ferne Gerade betrachtet werden.

2. Das involutorische System der gleichweit entfernten Punkte.

Wenn, wie wir soeben gefunden haben, die Schiebung 5. ein specieller Fall der Drehung ist, so kann man auch die gerade Linie als einen speciellen Fall der Kreislinie betrachten, nämlich als eine Kreislinie, deren Mittelpunkt in unendliche Ferne gerückt ist. Dies folgt daraus, dass der Endpunkt einer sich schiebenden Strecke eine Gerade, derjenige einer sich drehenden Strecke eine Kreislinie beschreibt.

In diesem Falle ist nun auch eine Strecke auf einer Geraden der specielle Fall eines Kreisbogens, und es muss der Ausdruck der Strecke durch ihre Endpunkte in dem Ausdruck des Kreisbogens enthalten sein. Dieser Zusammenhang ist zunächst darzulegen.

Es seien c_1 und c_2 zwei auf einander senkrechte Radien eines Kreises, und $(c_1 c_2) = 1$.

Ferner seien x und y zwei andre beliebige, vom Mittelpunkte des Kreises ausgehende Strecken, und

$$x = \lambda_1 c_1 + \lambda_2 c_2;$$
$$y = \mu_1 c_1 + \mu_2 c_2.$$

Wenn dann ϑ der Winkel zwischen x und y ist, so hat man („Raumlehre" Nr. 154) folgende Beziehungen:

$$(xy) = (\lambda_1 \mu_2 - \lambda_2 \mu_1)\,(c_1 c_2);$$
$$(x|y) = \lambda_1 \mu_1 + \lambda_2 \mu_2;$$
$$(\lambda_1 \mu_2 - \lambda_2 \mu_1) = \sqrt{\lambda_1^2 + \lambda_2^2} \cdot \sqrt{\mu_1^2 + \mu_2^2} \cdot \sin \vartheta;$$
$$(\lambda_1 \mu_1 + \lambda_2 \mu_2) = \sqrt{\lambda_1^2 + \lambda_2^2} \cdot \sqrt{\mu_1^2 + \mu_2^2} \cdot \cos \vartheta;$$

mithin:

(1) $$\begin{cases} \sin \vartheta = \dfrac{\lambda_1\mu_2 - \lambda_2\mu_1}{\sqrt{\lambda_1{}^2 + \lambda_2{}^2} \cdot \sqrt{\mu_1{}^2 + \mu_2{}^2}}; \\[2mm] \cos \vartheta = \dfrac{\lambda_1\mu_1 + \lambda_2\mu_2}{\sqrt{\lambda_1{}^2 + \lambda_2{}^2} \cdot \sqrt{\mu_1{}^2 + \mu_2{}^2}}. \end{cases}$$

Da nun der Richtungsunterschied der Strecken x und y gleich ϑ ist, wobei ϑ nicht nur den Winkel sondern auch den zugehörigen Bogen der Kreislinie bedeuten kann, so ist, wenn man den Winkel, dessen Sinus m ist, mit arc. sin. m (arcus sinus m) bezeichnet, und die entsprechende Bezeichnung arc. cos. n anwendet, dieser Richtungsunterschied ausgedrückt durch

$$\vartheta = \text{arc. sin. } \frac{\lambda_1\mu_2 - \lambda_2\mu_1}{\sqrt{\lambda_1{}^2 + \lambda_2{}^2} \cdot \sqrt{\mu_1{}^2 + \mu_2{}^2}}$$

$$= \text{arc. cos. } \frac{\lambda_1\mu_1 + \lambda_2\mu_2}{\sqrt{\lambda_1{}^2 + \lambda_2{}^2} \cdot \sqrt{\mu_1{}^2 + \mu_2{}^2}}.$$

Betrachten wir nun die Strecke y als constant, x als variabel, so repräsentirt die Gleichung

(2) $$\lambda_1\mu_2 - \lambda_2\mu_1 = 0$$

eine Strecke, welche mit y zusammenfällt, da $\sin \vartheta = 0$ ist. Und die Gleichung

(3) $$\lambda_1\mu_1 + \lambda_2\mu_2 = 0$$

stellt eine Strecke vor, welche auf y senkrecht steht, da $\cos \vartheta = 0$ ist.

Löst man endlich eine der Gleichungen für $\sin \vartheta$ und $\cos \vartheta$ nach $\dfrac{\lambda_1}{\lambda_2}$ auf, so hat dieselbe, als gemischt quadratische Gleichung, zwei Wurzeln, und stellt daher zwei Strecken dar, welche von y um den Winkel ϑ abweichen. Der Winkel dieser beiden Strecken wird also durch y halbirt, folglich auch ihr Nebenwinkel

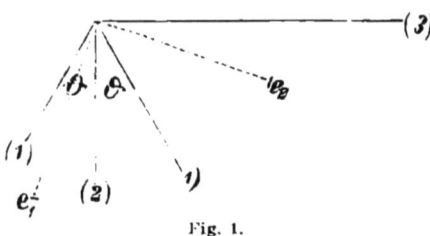

Fig. 1.

durch die auf y senkrechte Strecke. Daher sind die beiden, durch eine der Gleichungen (1) dargestellten Strecken harmonisch mit den durch (2) und (3) dargestellten.

Und lässt man in einer der Gleichungen 1) den Winkel ϑ sich ändern, so stellt diese Gleichung alle mit 2) und 3) harmonischen Linienpaare dar, d. h. das ganze System von involutorischen Paaren, dessen Doppelstralen (2) und (3) sind.

Bis jetzt war nur die Richtung einer Strecke bestimmt, nicht aber ihre absolute Länge (gemessen durch c_1 oder c_2). Das letztere geschieht, indem noch zwischen λ_1 und λ_2 eine Gleichung aufgestellt wird. Man hat dann zur Bestimmung von λ_1 und λ_2 erstens diese Gleichung, und zweitens den aus den Gleichungen (1) resp. (2) oder (3) gezogenen Werth von $\dfrac{\lambda_1}{\lambda_2}$.

Es sei zunächst   6.

$$\lambda_1{}^2 + \lambda_2{}^2 = 1; \quad \mu_1{}^2 + \mu_2{}^2 = 1.$$

Dann liegen die Endpunkte aller Strecken auf der Peripherie des gegebenen Kreises, und ϑ ist nicht nur (als Winkel betrachtet) der Richtungsunterschied der Strecken x und y, sondern auch (als Bogen betrachtet) die Entfernung ihrer Endpunkte auf der Kreislinie.

Wenn nun der Mittelpunkt des Kreises auf der Strecke (2) in unendliche Ferne rückt; während der andere Endpunkt dieser Strecke fest bleibt, so geht die Kreislinie über in eine Gerade, die auf (2) in deren Endpunkte senkrecht steht. Sämmtliche, bisher durch den Mittelpunkt des Kreises gehende Geraden stehen jetzt auf dieser Geraden in verschiedenen Punkten senkrecht, und alle zwischen diesen Geraden bestehenden Gleichungen gelten auch (nach „Rauml." Nr. 132) zwischen ihren Fusspunkten auf der aus dem Kreise ent-

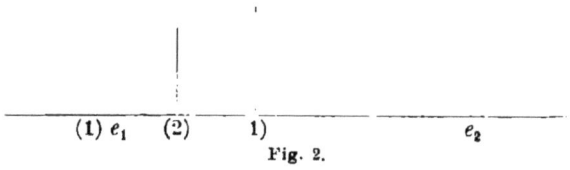

Fig. 2.

standenen Geraden. Die Gerade (3) rückt, von (2) aus gerechnet, in unendliche Ferne, dasselbe thut also auch ihr Fusspunkt.

Wählen wir nun für alle Fusspunkte dieselbe Bezeichnung,

wie für die durch sie gehenden Geraden, so bezeichnen jetzt
die Gleichungen

$$x = \lambda_1 c_1 + \lambda_2 c_2; \quad y = \mu_1 c_1 + \mu_2 c_2$$

zwei Punkte x und y, welche aus zwei anderen Punkten c_1
und c_2 vermittelst der Zahlen $\lambda_1 \lambda_2 \mu_1 \mu_2$ abgeleitet sind. Demnach erscheint die Ableitung eines Punktes aus zwei Punkten
auf einer Geraden als specieller Fall der Ableitung einer
Strecke aus zwei zu einander senkrechten Strecken.

Die Gleichung (2) stellt jetzt einen Punkt vor, der mit
y zusammenfällt; die Gleichung (3) lautet, wenn man von
vornherein c_1 und c_2 so annimmt, dass der Winkel dieser
Strecken durch (2) halbirt wird, dass also $\mu_1 = \mu_2$ ist:

$$\lambda_1 + \lambda_2 = 0.$$

Sie stellt daher eine Strecke oder den unendlich entfernten
Punkt der Geraden vor, wie schon vorhin gefunden. Beide
Punkte, (2) und (3), sind die Doppelpunkte der Involution,
deren Paare durch eine der Gleichungen (1) bestimmt werden.

Um diese letzteren Gleichungen, welche für die Involution von Linien galten, so zu transformiren, dass sie für
diejenige von Punkten gelten, erinnern wir uns („Rauml.“
Nr. 168), dass das anharmonische Verhältniss zwischen vier
Geraden a, b, c, d, mit den resp. numerischen Werthen α, β,
γ, δ, durch die Gleichung bestimmt wurde:

$$\frac{\alpha \cdot \beta \cdot \sin(ba)}{\beta \cdot \gamma \cdot \sin(bc)} = m \cdot \frac{\alpha \cdot \delta \cdot \sin(da)}{\gamma \cdot \delta \cdot \sin(dc)},$$

während die entsprechende Gleichung zwischen den Durchschnittspunkten dieser Geraden A, B, C, D lautete:

$$\frac{(BA)}{(BC)} = m \cdot \frac{(DA)}{(DC)}.$$

Man hat also, um von der einen Relation den Uebergang
zur andern zu machen, nur jedesmal das Product der numerischen Werthe zweier Strecken und des Sinus ihres Zwischen-
winkels mit dem äusseren Product ihrer Fusspunkte zu vertauschen. Ersetzt man hiernach in der ersten der Gleichungen
(1) das Product $\sqrt{\lambda_1^2 + \lambda_2^2} \cdot \sqrt{\mu_1^2 + \mu_2^2} \cdot \sin \vartheta$ durch (xy),
so lautet diese Gleichung nun

$$(xy) = \lambda_1 \mu_2 - \lambda_2 \mu_1;$$

dieselbe giebt die Entfernung der beiden Punkte x und y an, ebenso, wie oben der allgemeinere Ausdruck für ϑ den Richtungsunterschied der beiden Geraden x und y bezeichnete. Hierdurch ist nun die Entfernung zweier Punkte auf einer Geraden als speciellor Fall des Richtungsunterschiedes zweier Geraden in einer Ebene nachgewiesen.

Denkt man sich, noch einmal zur Kreislinie zurück- **7.** kehrend, verschiedene Linienpaare, $a\,a_1\,b\,b_1 \ldots$, welche alle

zu den Doppellinien (m und p) der Involution harmonisch sind, so ist m die Mittelrichtung für jedes dieser Paare. Wenn dann die Winkel der successiven Stralen $m, a, b, c \ldots$ alle gleich ϑ sind, und das Verhältniss des

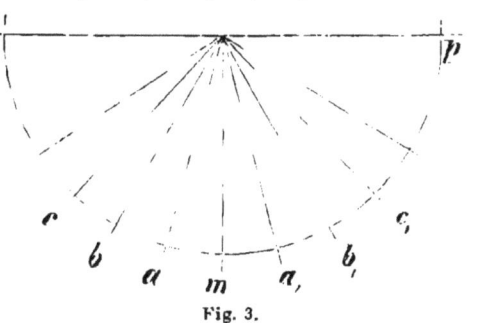

Fig. 3.

Winkels $(m\,p)$ zu ϑ eine ganze Zahl k ist, so ist jedes Stralenpaar, dessen Winkel $k\vartheta$ ist, ein Doppelpaar der Involution für die übrigen Stralen. Der Winkel $k\vartheta$ oder $(m\,p)$ (der rechte Winkel) ist nun die Masseinheit für die Richtungsunterschiede zweier beliebiger Geraden, und der ihm entsprechende Bogen (der Quadrant) die Masseinheit für die Entfernung zweier beliebiger Punkte auf der Kreislinie.

Geht nun die Kreislinie in eine Gerade über, so ist M der Mittelpunkt für alle Paare $A\,A_1, BB_1 \ldots$, die Entfernungen der successiven Punkte $M, A, B, C \ldots$ sind einander gleich, und M und der in unendliche Ferne gerückte Punkt P sind die Doppelpunkte der Involution für alle jene Paare. Aber auch jeder andere Punkt des Systems

$$\underline{\quad C \quad B \quad A \quad M \quad A_1 \quad B_1 \quad C_1 \quad}$$

bildet mit P zusammen ein Paar von Doppelpunkten, sodass in diesem Falle eine Masseinheit für die Entfernung zweier Punkte nicht gegeben ist, sondern willkürlich angenommen werden kann.

Es lässt sich hiernach überall auf einer Geraden die Gleichheit zweier (anstossender) Strecken als harmonische Beziehung ihrer Endpunkte auf ein Grundgebilde (den unendlich entfernten Punkt) betrachten, wodurch überhaupt die Geometrie des Masses auf einer Geraden der Geometrie der Lage untergeordnet wird. Dieser Umstand hängt genau mit dem Resultat des vorigen Abschnittes zusammen, wonach die Strecke als specieller Fall des Punktes erschien. — Auch der in die gegenwärtige Untersuchung eintretende unendlich entfernte Punkt lässt sich leicht auf eine Strecke zurückführen. Wenn nämlich A, A_1, M, P harmonische Punkte sind, so ist („Rauml." Nr. 169)

$$(P - A) = \lambda (P - A_1); \quad (A - M) = \lambda (M - A_1)$$

oder:

$$P(1 - \lambda) = A - \lambda A_1; \quad M(1 + \lambda) = A + \lambda A_1.$$

Wird nun $\lambda = 1$, d. h. rückt P in unendliche Ferne, so ist

$$P \cdot 0 = A - A_1; \quad M = \frac{A + A_1}{2};$$

d. h. der unendlich ferne Punkt P ist gleichbedeutend mit der Strecke $A - A_1$.

Anmerkung. Der Inhalt dieses Abschnittes fällt im Wesentlichen zusammen mit der Theorie des analytischen Ursprungs der metrischen Relationen, wie sie (nach Cayley) in den „Elem. d. neueren Geom." von Fiedler S. 217 ff. gegeben ist. Doch sind einige Kunstausdrücke weggelassen, die, auf die Gerade bezogen, noch keine Bedeutung haben. Der Uebergang von der vorliegenden Darstellung zu derjenigen mittelst der modernen Algebra erfolgt durch die Substitutionen:

$$\varepsilon_1 = \beta_1 c_1 + \gamma_1 c_2; \quad \varepsilon_2 = \beta_2 c_1 + \gamma_2 c_2;$$
$$\lambda_1 = \beta_1 x_1 + \beta_2 x_2; \quad \lambda_2 = \gamma_1 x_1 + \gamma_2 x_2;$$
$$\mu_1 = \beta_1 y_1 + \beta_2 y_2; \quad \mu_2 = \gamma_1 y_1 + \gamma_2 y_2.$$

Hierdurch gehen zunächst die Werthe von x und y über in:

$$x = x_1 \varepsilon_1 + x_2 \varepsilon_2; \quad y = y_1 \varepsilon_1 + y_2 \varepsilon_2.$$

Setzt man ferner:

$$\beta_1{}^2 + \gamma_1{}^2 = \alpha_{11}; \quad \beta_2{}^2 + \gamma_2{}^2 = \alpha_{22};$$
$$\beta_1 \beta_2 + \gamma_1 \gamma_2 = \alpha_{12},$$

so ist zunächst

$$(\varepsilon_1 \varepsilon_2)^2 = (\beta_1 \gamma_2 - \gamma_1 \beta_2)^2 = \alpha_{11} \alpha_{22} - \alpha_{12}{}^2.$$

Setzt man endlich noch

$$\alpha_{pq} = \alpha \varepsilon_p \varepsilon_q,$$

so nehmen die in den Formeln (1) enthaltenen Ausdrücke folgende Gestalt an:

$$\lambda_1^2 + \lambda_2^2 = \alpha_{11} x_1^2 + 2\alpha_{12} x_1 x_2 + \alpha_{22} x_2^2 = \alpha x^2$$
$$\mu_1^2 + \mu_2^2 = \alpha_{11} y_1^2 + 2\alpha_{12} y_1 y_2 + \alpha_{22} y_2^2 = \alpha y^2$$
$$\lambda_1 \mu_1 + \lambda_2 \mu_2 = \alpha_{11} x_1 y_1 + \alpha_{12}(x_1 y_2 + x_2 y_1) + \alpha_{22} x_2 y_2 = \alpha x . y$$
$$(\lambda_1 \mu_2 - \lambda_2 \mu_1)^2 = (\alpha_{11}\alpha_{22} - \alpha_{12}^2) . (x_1 y_2 - x_2 y_1)^2$$
$$= (\varepsilon_1 \varepsilon_2)^2 . (x_1 y_2 - x_2 y_1)^2 = (xy)^2 .$$

In diesen Formeln bedeutet, wie auch aus der Rechnung erhellt, $x . y$ das algebraische, dagegen (xy) das äussere Product der Grössen x und y.

Setzt man diese Werthe in den Formeln (1), (2), (3) ein, so lauten dieselben:

(1) $$\begin{cases} \sin \vartheta = \dfrac{(xy)}{\sqrt{\alpha x^2} . \sqrt{\alpha y^2}} . \\[2mm] \cos \vartheta = \dfrac{\alpha x . y}{\sqrt{\alpha x^2} . \sqrt{\alpha y^2}} . \end{cases}$$

(2) $$(xy) = 0 ;$$

(3) $$\alpha x . y = 0 .$$

Man kann nun direct zeigen, dass (2) und (3) die Doppelelemente der Involution für alle in einer der Gleichungen (1) enthaltenen Paare sind. Zunächst sind für die beiden, durch

$$\alpha x^2 = 0 ; \quad \beta x^2 = 0$$

ausgedrückten Paare die Doppelelemente der Involution gegeben durch die Gleichung

oder: $$[\alpha x . (\varepsilon_1 + \varepsilon_2)] [\beta x (\varepsilon_1 + \varepsilon_2)] = 0$$

oder: $$(\alpha x . \varepsilon_1) (\beta x . \varepsilon_2) - (\alpha x . \varepsilon_2) (\beta x . \varepsilon_1) = 0$$

$$(\alpha_{11}\beta_{12} - \alpha_{12}\beta_{11}) x_1^2 + (\alpha_{11}\beta_{22} - \alpha_{22}\beta_{11}) x_1 x_2 + (\alpha_{12}\beta_{22} - \alpha_{22}\beta_{12}) x_2^2 = 0.$$

Ist nun βx^2 ein vollständiges Quadrat, so bezeichnet es ein Paar zusammenfallender Elemente; und setzt man für diesen Fall

also $$\beta_{11} = y_2^2 ; \quad \beta_{12} = -y_1 y_2 ; \quad \beta_{22} = y_1^2 ;$$

$$\beta x^2 = (x_1 y_2 - x_2 y_1)^2 = 0 ,$$

so geht die letzte Gleichung über in

$$(-\alpha_{11} y_1 y_2 - \alpha_{12} y_2^2) x_1^2 + (\alpha_{11} y_1^2 - \alpha_{22} y_2^2) x_1 x_2 + (\alpha_{12} y_1^2 + \alpha_{22} y_1 y_2) x_2^2 = 0$$

oder: $$(x_1 y_2 - y_1 x_2) [\alpha_{11} x_1 y_1 + \alpha_{12}(x_1 y_2 + y_1 x_2) + \alpha_{22} x_2 y_2] = 0.$$

Diese zerfällt also in die Gleichungen (2) und (3); mithin bezeichnen dieselben die Doppelelemente der Involution für die Paare $\alpha x^2 = 0$ und $\beta x^2 = 0$. Legt man statt dieser Paare die folgenden zu Grunde:

$$(\alpha + \lambda \beta) x^2 = 0 ; \quad \beta x^2 = 0 ,$$

so bleibt, wie leicht zu sehen, die Gleichung der Doppelelemente ungeändert; mithin sind, wenn λ sich ändert, auch alle durch $(\alpha + \lambda \beta) x^2 = 0$ ausgedrückten Paare mit den Doppelelementen harmonisch. Ersetzt man schliesslich die Variable λ durch ϑ so, dass

$$\lambda = - \frac{(\varepsilon_1 \varepsilon_2)^2}{\alpha y^2 \sin^2 \vartheta} = - \frac{(\alpha x . y)^2}{\alpha y^2 (x_1 y_2 - x_2 y_1)^2 \cos^2 \vartheta},$$

so geht die Gleichung $(\alpha + \lambda \beta) x^2 = 0$ nach Auswahl in eine der Formen (1) über.

Ist speciell

$$(\varepsilon_1 \varepsilon_2) = 0,$$

so sind die Strecken ε_1 und ε_2 parallel, die Kreislinie geht in eine Gerade über, und man kann setzen:

$$\alpha_{11} = q^2; \quad \alpha_{12} = - pq; \quad \alpha_{22} = p^2,$$

woraus folgt:

$$\alpha x^2 = (q x_1 - p x_2)^2; \quad \alpha y^2 = (q y_1 - p y_2)^2;$$
$$\alpha x . y = (q x_1 - p x_2)(q y_1 - p y_2); \quad (xy) = 0.$$

Wenn nun die Fusspunkte aller Strecken auf der Geraden mit denselben Buchstaben, wie die Strecken bezeichnet werden, so kann man unter dieser neuen Voraussetzung $(\varepsilon_1 \varepsilon_2) = 1$ setzen, und ϑ für sin ϑ. Man erhält also:

$$\vartheta = \frac{x_1 y_2 - x_2 y_1}{(q x_1 - p x_2)(q y_1 - p y_2)}.$$

Wenn wir nun die Formel $x = x_1 \varepsilon_1 + x_2 \varepsilon_2$ in folgender Gestalt schreiben:

$$x = x_1 (\varepsilon_1 - \varepsilon_2) + (x_1 + x_2) \varepsilon_2,$$

oder da $x_1 + x_2 = 1$ ist,

$$x = x_1 (\varepsilon_1 - \varepsilon_2) + \varepsilon_2.$$

so sieht man, dass, wenn wir $x_2 = 1$ setzen, dann x_1 die Entfernung der Punkte x und ε_2 bedeutet, gemessen durch die Strecken-Einheit $(\varepsilon_1 - \varepsilon_2)$.

Da der Punkt $\alpha x . y = 0$ jetzt in unendliche Ferne gerückt ist, so muss sein

$$x_1 : x_2 = p : q = \infty;$$

man kann also setzen:

$$p = 1; \quad q = 0; \quad x_2 = 1; \quad y_2 = 1.$$

Dann folgt:

$$\vartheta = x_1 - y_1$$

wodurch der gewöhnliche Ausdruck der Entfernung zweier Punkte (durch ihre Coordinaten) hergestellt ist.

Da endlich $(x - y) = (x_1 - y_1)(\varepsilon_1 - \varepsilon_2); \quad (x - y) y = (x_1 - y_1)(\varepsilon_1 \varepsilon_2)$ ist, so folgt:

$$(xy) = (x_1 - y_1) = \vartheta,$$

übereinstimmend mit der Entwickelung des Textes.

Die grössere Einfachheit der letzteren erklärt sich daraus, dass die dort befolgte Methode von selbst auf die canonische Form $\lambda_1^2 + \lambda_2^2$ führt, welche in der Anmerkung erst durch Transformation in die allgemeine αx^2 verwandelt wurde.

3. Die Curve als Funktion eines variablen Punktes.

In der „Raumlehre" (143 ff.) ist eine Curve durch ein 8. gleich Null gesetztes planimetrisches Product ausgedrückt worden, und es ist (146, 148—150) gezeigt worden, wie dieses Product in eine Zahlengleichung zwischen den (auf ein beliebiges System bezüglichen) Coordinaten des beweglichen Punktes verwandelt werden kann.

Die Grösse, von welcher diese Zahlengleichung aussagte, dass sie gleich Null sei, wurde später (164) eine Funktion der Coordinaten genannt, und da diese Funktion vermittelst constanter Zahlen aus den algebraischen Producten der Coordinaten abgeleitet wurde (welche Producte hierbei als Einheiten höheren Grades erschienen), so wurden dem entsprechend die Curven als zusammengesetzte Grössen betrachtet.

Hierdurch wurde einerseits der Fortschritt gemacht, dass die Curve, welche vorher nur als Bewegungsresultat eines von festen Punkten und Geraden abhängigen Punktes erschien, nunmehr in die Reihe der selbständigen geometrischen Gebilde eintrat, und als allgemeineres Gebilde der geraden Linie übergeordnet wurde. — Andrerseits aber wurde ein Rückschritt dadurch gemacht, dass die algebraische Gleichung, welche dieses neue Verhältniss der Curve ausdrückte, mit den Coordinaten behaftet wurde, wodurch dieser neue Ausdruck der Curve in Abhängigkeit von einem ihr ganz fremden Element, dem Coordinatensystem, gerieth. Dahingegen hatte das planimetrische Product nur die zur Construction der Curve erforderlichen Elemente nebst dem sie beschreibenden variablen Punkte enthalten.

Ein andrer Rückschritt fand dadurch statt, dass der *eine* variable Punkt des Productes durch *mehrere* variable Coordinaten in der Gleichung ersetzt wurde.

Es ist demnach zunächst unsere Aufgabe, jenen Fort· schritt auszuführen unter Vermeidung dieser Rückschritte.

Es sei x ein aus den drei Einheiten $e_1 e_2 e_3$ abgeleiteter Punkt, sodass

$$x = x_1 e_1 + x_2 e_2 + x_3 e_3 .$$

Wenn dieser Punkt *erstens* auf der Geraden α liegt, so wird dies ausgedrückt durch die Gleichung

(1) $$\alpha x = 0$$

oder:

(2) $$x_1 \alpha e_1 + x_2 \alpha e_2 + x_3 \alpha e_3 = 0.$$

Nun ist

$$x_1 = (x|e_1); \quad x_2 = (x|e_2); \quad x_3 = (x|e_3);$$

daher:

$$\alpha x = \alpha e_1 (x|e_1) + \alpha e_2 (x|e_2) + \alpha e_3 (x|e_3) = 0.$$

Wenn ferner

(3) $$\alpha = \alpha_1 |e_1 + \alpha_2|e_2 + \alpha_3|e_3$$

ist, so hat man

(4) $$e_1 \alpha = \alpha_1; \quad e_2 \alpha = \alpha_2; \quad e_3 \alpha = \alpha_3;$$

folglich:

(5) $$\alpha x = \alpha_1 (x|e_1) + \alpha_2 (x|e_2) + \alpha_3 (x|e_3) = 0.$$

Man kann nun auf der rechten Seite dieser Gleichung den gemeinsamen Factor x heraussetzen, vorausgesetzt, dass man die Stellen, wo er herausgenommen ist, bezeichnet. Wenn diese Bezeichnung durch Einsetzung des Buchstabens l (*Lücke*) geschieht, so hat man

$$\alpha x = [\alpha_1 (l|e_1) + \alpha_2 (l|e_2) + \alpha_3 (l|e_3)] x;$$

also

(6) $$\alpha = \alpha_1 (l|e_1) + \alpha_2 (l|e_2) + \alpha_3 (l|e_3).$$

Dieser Werth für α ist mit dem durch (3) gegebenen identisch; denn die l sagen nur aus, dass, wenn α mit x multiplicirt wird, an Stelle jedes l ein x zu treten hat.*) Setzt man in der Gleichung $x_1 \alpha e_1 + x_2 \alpha e_2 + x_3 \alpha e_3 = 0$ die oben gefundenen Werthe für $e_1 \alpha$, $e_2 \alpha$, $e_3 \alpha$, so erhält man die gewöhnliche Gleichung der Geraden in homogenen Coordinaten:

(7) $$x_1 \alpha_1 + x_2 \alpha_2 + x_3 \alpha_3 = 0.$$

9. Diese Betrachtungen mögen nun *zweitens* erweitert werden auf den Fall, dass x auf einer Curve 2. Grades liege.

---

*) Man kann auch, was für viele Untersuchungen bequemer ist, die Lücke, statt durch l, durch irgend eine extensive Variable, namentlich durch x selbst bezeichnen; im letzteren Falle zeigt Formel (6), dass dann α und αx (allgemein α und αx^n) dasselbe bedeuten. Von dieser Bezeichnung wird später Gebrauch gemacht werden. — S. auch Mathem. Ann. Bd. 7. S. 543 unten.

Die Gleichung einer solchen, durch die 5 Elemente A, b, C, d, E, bestimmten Curve ist („Raumlehre" 147):

$$(x\,A\,b\,C\,d\,E\,x) = 0,$$

oder, wenn man nach obigem Grundsatze die beiden Factoren x herauszieht, und durch l ersetzt:

$$(l\,A\,b\,C\,d\,E\,l)x^2 = 0,$$

worin x^2 wie immer das algebraische Product der Grössen x und x bedeutet.

Bezeichnen wir die Klammergrösse mit α, sodass

$$\alpha = (l\,A\,b\,C\,d\,E\,l),$$

so sagt die Gleichung

(1)
$$\alpha x^2 = 0,$$

dass der Punkt x auf der Curve liege. Ersetzt man x durch seinen Werth, so folgt weiter:

(2)
$$\alpha x_1{}^2 e_1{}^2 + \alpha x_2{}^2 e_2{}^2 + \alpha x_3{}^2 e_3{}^2$$
$$+ 2\alpha x_1 x_2 e_1 e_2 + 2\alpha x_2 x_3 e_2 e_3 + 2\alpha x_3 x_1 e_3 e_1 = 0.$$

Setzt man nun analog der obigen Betrachtung:

(3)
$$\alpha = \alpha_{11}|e_1{}^2 + \alpha_{22}|e_2{}^2 + \alpha_{33}\,'e_3{}^2$$
$$+ 2\alpha_{12}|(e_1 e_2) + 2\alpha_{23}|(e_2 e_3) + 2\alpha_{31}|(e_3 e_1),$$

so folgt:

(4)
$$\begin{cases} \alpha_{11} = \alpha \cdot e_1{}^2; \quad \alpha_{22} = \alpha \cdot e_2{}^2; \quad \alpha_{33} = \alpha \cdot e_3{}^2; \\ \alpha_{12} = \alpha \cdot (e_1 e_2); \quad \alpha_{23} = \alpha \cdot (e_2 e_3); \quad \alpha_{31} = \alpha \cdot (e_3 e_1). \end{cases}$$

Setzt man diese Werthe und diejenigen für x_1, x_2, x_3 in der Hauptgleichung ein, so folgt:

(5)
$$\alpha x^2 = \alpha_{11}(x|e_1)^2 + \alpha_{22}(x|e_2)^2 + \alpha_{33}(x|e_3)^2$$
$$+ 2\alpha_{12}(x|e_1)(x|e_2) + 2\alpha_{23}(x|e_2)(x|e_3) + 2\alpha_{31}(x|e_3)(x|e_1) = 0.$$

Zieht man endlich hier den Factor x^2 auf der rechten Seite heraus, so bleibt:

(6)
$$\alpha = \alpha_{11}(l\,e_1)^2 + \alpha_{22}(l|e_2)^2 + \alpha_{33}(l|e_3)^2$$
$$+ 2\alpha_{12}(l|e_1)(l\,e_2) + 2\alpha_{23}(l|e_2)(l\,e_3) + 2\alpha_{31}(l|e_3)(l|e_1) = 0.$$

Dieser Ausdruck stimmt mit dem oben für α gegebenen vollkommen überein, da (nach „Raumlehre" Nr. 143)

$$|(e_p\,e_q) = {}_{|}e_p \cdot e_q$$

ist.

Setzt man in der Hauptgleichung nur die Werthe für $\alpha e_1{}^2$, $\alpha e_2{}^2$, etc. ein, so lautet sie:

(7)
$$\alpha_{11} x_1{}^2 + \alpha_{22} x_2{}^2 + \alpha_{33} x_3{}^2$$
$$+ 2\alpha_{12} x_1 x_2 + 2\alpha_{23} x_2 x_3 + 2\alpha_{31} x_3 x_1 = 0.$$

Und dies ist die gewöhnliche Gleichung der Curven 2. Grades in homogenen Coordinaten.

Es ergiebt sich nun aus diesen Betrachtungen, dass α jetzt ebenso eine Curve 2. Grades repräsentirt, wie vorhin eine Gerade. Und ebenso, wie ein Punkt aus drei Punkten (Grössen 1. Grades und 1. Stufe), und eine Strecke aus drei Strecken (Grössen 1. Grades und 2. Stufe) abgeleitet werden konnte, so kann, wie die Ausdrücke für α zeigen, eine Curve 2. Grades aus 6 anderen Grössen 2. Grades und 2. Stufe, d. h. aus 6 anderen Curven 2. Grades abgeleitet werden. Im vorliegenden Falle insbesondere sind diese 6 Curven die Linienpaare des Dreiecks $(e_1 e_2 e_3)$:

$$(e_1 e_2), \ (e_1 e_2) ; \quad (e_2 e_3), \ (e_2 e_3) ; \quad (e_3 e_1), \ (e_3 e_1) ;$$
$$(e_1 e_2), \ (e_2 e_3) ; \quad (e_2 e_3), \ (e_3 e_1) ; \quad (e_3 e_1), \ (e_1 e_2) ;$$

weil nämlich

$$\mid e_1 = e_2 e_3 ; \quad \mid e_2 = e_3 e_1 ; \quad \mid e_3 = e_1 e_2$$

ist.

Die Gleichung

$$\alpha x^2 = 0$$

genügt nun vollständig den im Anfang dieser Betrachtung gestellten Anforderungen. Sie enthält einerseits die Curve α als selbständige Grösse, unabhängig von den erzeugenden Elementen A, b, C etc.; und diese Grösse α stellt sich durch ihre Einfachheit der Geraden α an die Seite. Sie enthält andrerseits ausser der Curve nur den sie beschreibenden Punkt x als einzige Variable, und es kann von ihr ebenso leicht wie von dem planimetrischen Producte zu jeder Coordinatengleichung übergegangen werden, nämlich vermittelst der Gleichungen:

$$x = x_1 e_1 + x_2 e_2 + x_3 e_3 ;$$
$$\alpha e_1{}^2 = \alpha_{11} ; \quad \alpha(e_1 e_2) = \alpha_{12} ; \text{ etc.}$$

10. Die Betrachtungen der vorigen Nr. lassen sich nun sofort auf Curven beliebigen Grades ausdehnen. Da (nach „Rauml." Nr. 151) jede algebraische Curve n. Grades sich durch ein planimetrisches Product ausdrücken lässt, welches den Factor x $n$mal enthält, so wird, wenn man x^n heraussetzt, und das

übrigbleibende, n Lücken enthaltende Product mit α bezeichnet, die Gleichung der Curve die Form annehmen:

$$\alpha x^n = 0.$$

Man findet dann weiter, dass allgemein

$$\alpha\left(c_1{}^p c_2{}^q c_3{}^r\right) = \alpha_{111\,\cdots\,(p)222\,\cdots\,(q)333\,\cdots\,(r)}$$

ist, wo z. B. $_{111\,\cdots\,(p)}$ bedeutet, dass der Index 1 p mal zu setzen ist, und wo

$$p + q + r = n.$$

Diese Substitutionen, verbunden mit $x = x_1 c_1 + x_2 c_2 + x_3 c_3$, verwandeln die Gleichung $\alpha x^n = 0$ in die allgemeine homogene Gleichung n. Grades zwischen x_1, x_2, x_3.

Es ist endlich klar, dass dieselben Betrachtungen gelten, wenn x statt aus drei, aus einer anderen Anzahl von Punkten abgeleitet ist. Die Zahl dieser Punkte (Einheiten) ist jedesmal festzustellen, bevor man sich der Form αx^n bedient.

Anmerkung. Die im Vorstehenden angewendete Bezeichnung einer homogenen Funktion n. Grades durch αx^n findet sich zuerst in einem Aufsatze von H. Grassmann in den „Göttinger Nachrichten" (1872 Nr. 28). Diese Bezeichnung ist äusserlich von der durch Aronhold eingeführten „symbolischen Bezeichnung" α_x^n kaum verschieden. Um so grösser ist der in dem inneren Wesen der beiden Ausdrücke liegende Unterschied. Der letztere Ausdruck ist eben nur eines jener zahlreichen Symbole, welche die moderne Algebra erfindet, um die jeweiligen Bedürfnisse nach einer abgekürzten Bezeichnung zu befriedigen, welche aber immer nur besonderen Zwecken dienen können, da ihre Formen, dem Bedürfnisse des Augenblickes angepasst, jeder tieferen Begründung, und somit jedes inneren Zusammenhanges untereinander entbehren. — Dahingegen ist der erste Ausdruck (αx^n), wie vorstehend gezeigt, ein aus den Prinzipien der Ausdehnungslehre heraus gebildeter, und seine Form ist nicht eine willkürliche, sondern eine nothwendige.

4. Die Multiplication der Raumgrössen.

Nachdem mit der in der vorigen Untersuchung auftreten- 11. den algebraischen Multiplication der Raumgrössen die Reihe der in der Raumlehre auftretenden Multiplicationen erschöpft ist, kommt es darauf an, auch für diese verschiedenen Operationen den systematischen Zusammenhang festzustellen. Wenn die Untersuchung sich an dieser Stelle nur auf drei Einheiten bezieht, so mag von vornherein bemerkt werden,

dass in ihrem Gange durch Einführung einer beliebigen Anzahl von Einheiten keine Aenderung verursacht wird.

Wenn zwei Grössen a und b aus den Einheiten $e_1 e_2 e_3$
durch die Gleichungen abgeleitet sind:

$$a = \alpha_1 e_1 + \alpha_2 e_2 + \alpha_3 e_3,$$
$$b = \beta_1 e_1 + \beta_2 e_2 + \beta_3 e_3,$$

worin die Grössen α und β reelle Zahlen sind, so verstehen
wir im Allgemeinen unter dem Producte (ab) den Ausdruck

$$\begin{aligned}
(ab) = &\; \alpha_1 \beta_1 (e_1 e_1) + \alpha_1 \beta_2 (e_1 e_2) + \alpha_1 \beta_3 (e_1 e_3) \\
&+ \alpha_2 \beta_1 (e_2 e_1) + \alpha_2 \beta_2 (e_2 e_2) + \alpha_2 \beta_3 (e_2 e_3) \\
&+ \alpha_3 \beta_1 (e_3 e_1) + \alpha_3 \beta_2 (e_3 e_2) + \alpha_3 \beta_3 (e_3 e_3).
\end{aligned}$$

Besondere Arten von Multiplication werden nun durch
Aufstellung besonderer Bedingungsgleichungen zwischen den
Producten der Einheiten entstehen.

Die allgemeine Form einer solchen Bedingungsgleichung
ist

$$\begin{aligned}
(1) \qquad & \alpha_{11} (e_1 e_1) + \alpha_{12} (e_1 e_2) + \alpha_{13} (e_1 e_3) \\
&+ \alpha_{21} (e_2 e_1) + \alpha_{22} (e_2 e_2) + \alpha_{23} (e_2 e_3) \\
&+ \alpha_{31} (e_3 e_1) + \alpha_{32} (e_3 e_2) + \alpha_{33} (e_3 e_3) = 0^*).
\end{aligned}$$

Diese Form lässt sich nun durch Aufstellung gewisser,
von ihr zu erfüllender Forderungen specialisiren.

1.

12.   a) Damit die Bedingungsgleichung (1) sowohl für positive
als für negative Werthe der Einheiten gelte, muss sie ungeändert bleiben, *wenn man einer der Einheiten (z. B. e_1)
überall das entgegengesetzte Zeichen giebt.* Gleichzeitig mit (1)
muss also gelten:

$$\begin{aligned}
(2) \qquad & \alpha_{11} (e_1 e_1) - \alpha_{12} (e_1 e_2) - \alpha_{13} (e_1 e_3) \\
&- \alpha_{21} (e_2 e_1) + \alpha_{22} (e_2 e_2) + \alpha_{23} (e_2 e_3) \\
&- \alpha_{31} (e_3 e_1) + \alpha_{32} (e_3 e_2) + \alpha_{33} (e_3 e_3) = 0.
\end{aligned}$$

$(1) + (2)$ giebt:

$$\begin{aligned}
(3) \qquad & \alpha_{11} (e_1 e_1) + \alpha_{22} (e_2 e_2) + \alpha_{33} (e_3 e_3) + \alpha_{23} (e_2 e_3) \\
&+ \alpha_{32} (e_3 e_2) = 0.
\end{aligned}$$

---

*) Ueber die genügende Allgemeinheit dieser *linearen* Gleichung
vgl. den in der Anmerkung zu diesem Abschnitt citirten Aufsatz.

(1) — (2) giebt:

(4) $\quad \alpha_{12}(e_1 e_2) + \alpha_{21}(e_2 e_1) + \alpha_{13}(e_1 e_3) + \alpha_{31}(e_3 e_1) = 0.$

Ersetzt man in (3) und (4) e_2 durch $-e_2$, so folgt:

(5) $\quad \alpha_{11}(e_1 e_1) + \alpha_{22}(e_2 e_2) + \alpha_{33}(e_3 e_3) - \alpha_{23}(e_2 e_3)$
$$- \alpha_{32}(e_3 e_2) = 0.$$

(6) $\quad - \alpha_{12}(e_1 e_2) - \alpha_{21}(e_2 e_1) + \alpha_{13}(e_1 e_3) + \alpha_{31}(e_3 e_1) = 0.$

(3) + (5) giebt:

(7) $\quad \alpha_{11}(e_1 e_1) + \alpha_{22}(e_2 e_2) + \alpha_{33}(e_3 e_3) = 0.$

(4) — (6) giebt:

(8) $\quad \alpha_{12}(e_1 e_2) + \alpha_{21}(e_2 e_1) = 0.$

Aus (8) erhält man durch circuläre Vertauschung der Indices 1, 2, 3 zwei weitere Gleichungen derselben Form, die man sonst auch durch die Rechnungen (3) — (5) und (4) + (6) finden würde.

Ersetzt man in (7) und (8) e_3 durch $-e_3$, so bleiben diese Gleichungen ungeändert.

Soll demnach eine Multiplication der in a) aufgestellten Forderung genügen, so müssen ihre Bedingungsgleichungen die Form der Gleichungen (7) und (8) haben.

b) Damit alle Einheiten von gleicher Bedeutung seien, muss eine jede Bedingungsgleichung ungeändert bleiben, *wenn man darin zwei beliebige Einheiten (z. B. e_1 und e_4) mit einander vertauscht.*

Gleichzeitig mit (7) und (8) müssen also folgende Gleichungen gelten, die man durch Vertauschung von e_1 und e_2 aus jenen erhält:

(9) $\quad \alpha_{11}(e_2 e_2) + \alpha_{22}(e_1 e_1) + \alpha_{33}(e_3 e_3) = 0.$

(10) $\quad \alpha_{12}(e_2 e_1) + \alpha_{21}(e_1 e_2) = 0.$

(7) — (9) giebt:

(11) $\quad (\alpha_{11} - \alpha_{22})(e_1 e_1 - e_2 e_2) = 0,$

woraus durch circuläre Versetzung der Indices zwei weitere, den Vertauschungen von e_2 mit e_3, und von e_3 mit e_1 entsprechende Gleichungen folgen.

(7) + (9) giebt:

$$(\alpha_{11} + \alpha_{22})(e_1 e_1 + e_2 e_2) + 2\alpha_{33}(e_3 e_3) = 0,$$

2*

woraus man durch dasselbe Verfahren wie bei (11) noch ableitet:

$$(\alpha_{22} + \alpha_{33}) (c_2 c_2 + c_3 c_3) + 2\alpha_{11} (c_1 c_1) = 0.$$
$$(\alpha_{33} + \alpha_{11}) (c_3 c_3 + c_1 c_1) + 2\alpha_{22} (c_2 c_2) = 0.$$

Die letzteren drei Gleichungen geben addirt, mit Berücksichtigung von (7):

(12) $\quad (\alpha_{11} + \alpha_{22} + \alpha_{33}) (c_1 c_1 + c_2 c_2 + c_3 c_3) = 0.$

(8) $+$ (10) giebt:

(13) $\qquad (\alpha_{12} + \alpha_{21}) (c_1 c_2 + c_2 c_1) = 0.$

(8) $-$ (10) giebt:

(14) $\qquad (\alpha_{12} - \alpha_{21}) (c_1 c_2 - c_2 c_1) = 0.$

Aus (13) und (14) folgen je zwei weitere Gleichungen ebenso, wie aus (11).

Soll demnach eine Multiplication den in a) und b) aufgestellten Forderungen genügen, so müssen ihre Bedingungsgleichungen die Form der Gleichungen (11), (12), (13), (14) haben.

Da jede dieser vier Gleichungen durch zwei verschiedene Annahmen (nämlich durch Null-Setzung des einen oder des anderen Factors) befriedigt werden kann, so giebt es im Ganzen $2^4 = 16$ Gruppen von Annahmen, durch welche alle vier Gleichungen befriedigt werden. Es giebt demnach 16 verschiedene Multiplicationsgattungen, welche den in a) und b) gestellten Forderungen genügen. Und da diejenigen Bedingungsgleichungen, durch welche der erste (kein e enthaltende) Factor einer Gleichung gleich Null gesetzt wird, zur Characterisirung der Multiplication nichts beitragen, so kann man sagen, dass die Bedingungsgleichungen jener 16 Multiplicationsgattungen gefunden werden, wenn man von den vier Gleichungen:

$$(c_1 c_1) - (c_2 c_2) = 0.$$
$$(c_1 c_1) + (c_2 c_2) + (c_3 c_3) = 0.$$
$$(c_1 c_2) + (c_2 c_1) = 0.$$
$$(c_1 c_2) - (c_2 c_1) = 0$$

auf alle Arten entweder keine, oder eine, oder zwei, oder drei, oder vier herausnimmt. Es giebt demnach

1 Multiplication mit 0 Bedingungsgleichungen.

4	„	„	1	„
6	„	„	2	„
4	„	„	3	„
1	„	„	4	„

Man kann alle diese Multiplicationen mit dem Namen *symmetrische M.* bezeichnen.

2.

Da die aus den Einheiten abgeleiteten Grössen mit den 13. Einheiten selbst von einerlei Beschaffenheit sind (und zwar sowohl in der Raum- wie in der Zahlenlehre), so kann man zur weiteren Characterisirung einer Multiplication die Forderung stellen, *dass die zwischen den Einheits-Producten bestehenden Bedingungsgleichungen auch zwischen den aus ihnen abgeleiteten Grössen gelten.*

Beschränken wir diese Forderung vorläufig auf 2 Einheiten. Dann sollen die vier Gleichungen:

(1) $c_1 c_2 = e_2 c_1$; $[c_2 c_3 = c_3 c_2$; $c_3 c_1 = c_1 c_3]$

(2) $c_1 c_2 + e_2 c_1 = 0$ $[= c_2 c_3 + c_3 c_2 = c_3 c_1 + c_1 c_3]$

(3) $c_1 c_1 = c_2 c_2$ $[= c_3 c_3]$

(4) $c_1 c_1 + e_2 c_2 + c_3 c_3 = 0$

noch gelten, wenn man statt c_1 und c_2 resp. setzt:

$$a = x_1 c_1 + x_2 c_2 ;$$
$$b = y_1 c_1 + y_2 c_2.$$

Es ist

1) $ab = ba$; oder:

$$x_1 y_1 (c_1 c_1) + x_1 y_2 (c_1 c_2) + x_2 y_1 (c_2 c_1) + x_2 y_2 (c_2 c_2)$$
$$= x_1 y_1 (c_1 c_1) + x_1 y_2 (c_2 c_1) + x_2 y_1 (c_1 c_2) + x_2 y_2 (c_2 c_2).$$

Da nach (1) $c_1 c_2 = c_2 c_1$, so ist diese Gleichung identisch.

2) $ab + ba = 0$; oder:

$$2 x_1 y_1 (c_1 c_1) + 2 x_2 y_2 (c_2 c_2) + (x_1 y_2 + x_2 y_1)(c_1 c_2 + c_2 c_1) = 0,$$

oder, da nach (2) $(c_1 c_2) + (c_2 c_1) = 0$ ist:

$$x_1 y_1 (c_1 c_1) + x_2 y_2 (c_2 c_2) = 0.$$

Da die Gleichung (2) auch bei beliebiger Vertauschung der Einheiten besteht, so ist auch

$$x_1 y_1 (c_3 c_3) + x_2 y_2 (c_2 c_2) = 0;$$

oder durch Subtraction dieser Gleichung von der vorigen:

$$x_1 y_1 (c_1 c_1 - c_3 c_3) = 0;$$

d. h.

$$c_1 c_1 = c_3 c_3.$$

Es ist also die Gleichung (3) eine Folge von (2).

3) $aa = c_3 c_3$; oder:

$$c_3 c_3 = x_1{}^2 (c_1 c_1) + x_2{}^2 (c_2 c_2) + x_1 x_2 (c_1 c_2 + c_2 c_1);$$

oder, da nach (3) $(c_1 c_1) = (c_2 c_2) = (c_3 c_3)$ ist:

$$0 = (c_1 c_1)(x_1{}^2 + x_2{}^2 - 1) + x_1 x_2 (c_1 c_2 + c_2 c_1).$$

Setzen wir hierin $- c_1$ statt c_1, so folgt:

$$0 = (c_1 c_1)(x_1{}^2 + x_2{}^2 - 1) - x_1 x_2 (c_1 c_2 + c_2 c_1),$$

und durch Subtraction dieser Gleichung von der vorigen:

$$x_1 x_2 (c_1 c_2 + c_2 c_1) = 0,$$

d. h.

$$(c_1 c_2) + (c_2 c_1) = 0.$$

Es ist also auch die Gleichung (2) eine Folge von (3). Mithin können beide Gleichungen nur zusammen bestehen, und sind gleichbedeutend.

4) $aa + bb + c_3 c_3 = 0$; oder:

$$(x_1{}^2 + y_1{}^2)(c_1 c_1) + (x_2{}^2 + y_2{}^2)(c_2 c_2)$$
$$+ (x_1 x_2 + y_1 y_2)(c_1 c_2 + c_2 c_1) + (c_3 c_3) = 0.$$

Nun ist nach (4)

$$(c_1 c_1) + (c_2 c_2) + (c_3 c_3) = 0.$$

Diese Gleichung von der vorigen subtrahirt giebt:

$$(x_1{}^2 + y_1{}^2 - 1)(c_1 c_1) + (x_2{}^2 + y_2{}^2 - 1)(c_2 c_2)$$
$$+ (x_1 x_2 + y_1 y_2)(c_1 c_2 + c_2 c_1) = 0.$$

Nun wird (4) nicht geändert, wenn man $- c_1$ statt $+ c_1$ setzt; also erhält man auch aus der letzten Gleichung die gleichzeitig mit ihr geltende:

$$(x_1{}^2 + y_1{}^2 - 1)(c_1 c_1) + (x_2{}^2 + y_2{}^2 - 1)(c_2 c_2)$$
$$- (x_1 x_2 + y_1 y_2)(c_1 c_2 + c_2 c_1) = 0.$$

Durch Subtraction der letzten beiden Gleichungen folgt:

(5) $$(x_1 x_2 + y_1 y_2)(c_1 c_2 + c_2 c_1) = 0.$$

Durch Addition:

$$(x_1{}^2 + y_1{}^2 - 1)(c_1 c_1) + (x_2{}^2 + y_2{}^2 - 1)(c_2 c_2) = 0.$$

Setzt man hierin c_3 statt c_1 und subtrahirt, so folgt:

(6) $$(x_1{}^2 + y_1{}^2 - 1)(c_1 c_1 - c_3 c_3) = 0.$$

Setzt man dagegen c_3 statt c_2 und subtrahirt, so folgt:

(7) $$(x_2{}^2 + y_2{}^2 - 1)(c_2 c_2 - c_3 c_3) = 0.$$

Da die Geltung der Gleichungen (2) und (3) hier nicht vorausgesetzt wurde, so folgt aus den Gleichungen 5) 6) 7):

(8) $$\begin{cases} x_1 x_2 + y_1 y_2 = 0; \\ x_1{}^2 + y_1{}^2 = 1; \\ x_2{}^2 + y_2{}^2 = 1.^{*}) \end{cases}$$

Betrachtet man in diesen Gleichungen y_1 und y_2 als Unbekannte, so findet man leicht, dass allen Gleichungen durch die Werthe

$$y_1 = \mp x_2; \quad y_2 = \pm x_1$$

genügt wird. Demnach muss sein

(9) $$\begin{cases} a = x_1 c_1 + x_2 c_2; \\ b = \mp (x_1 c_2 - x_2 c_1); \\ x_1{}^2 + x_2{}^2 = 1. \end{cases}$$

Dieselben Werthe für y_1 und y_2 hätte auch das combinirte System (2) (3) geliefert.

Es genügen hiernach der in diesem Abschnitt aufgestellten Forderung (dass die Bedingungsgleichungen der Multiplication fortbestehen, wenn man statt der Einheiten c_1 und c_2 resp. die durch die Gleichungen (9) bestimmten Grössen a und b setzt) nur noch 8 von den 16 symmetrischen Multiplicationsgattungen. Man erhält die Bedingungsgleichungen derselben, wenn man von den drei Systemen:

$$c_1 c_2 = c_2 c_1;$$
$$c_1 c_2 + c_2 c_1 = 0; \quad c_1 c_1 = c_2 c_2 = c_3 c_3$$
$$c_1 c_1 + c_2 c_2 + c_3 c_3 = 0$$

auf alle Arten entweder keins, oder eins, oder zwei, oder drei herausnimmt. Es giebt demnach

---

*) Diese Gleichungen fallen aber weg, sobald man annimmt, dass (2) und (3) eine Folge von (4) seien, eine Annahme, die als specieller Fall des nächsten Abschnittes erscheinen wird.

1 Multiplication mit 0 Bedingungsgleichungen.

3	„	„	1	„
3	„	„	2	„
1	„	„	3	„

Man kann alle diese Multiplicationen mit dem Namen *circuläre M.* bezeichnen.

Der Grund dieser Benennung liegt darin, dass die Bedingungsgleichungen dieser Multiplicationen ungeändert bleiben, wenn man zwei ihrer Einheiten circulären Aenderungen unterwirft. (Vgl. „Raumlehre" Nr. 153.)

3.

14. Nehmen wir schliesslich an, dass die zwischen den Einheits-Producten bestehenden Bedingungsgleichungen noch gelten, *wenn man statt irgend einer Einheit (z. B. c_1) eine aus allen Einheiten abgeleitete Grösse a setzt,* sodass

$$a = x_1 c_1 + x_2 c_2 + x_3 c_3.$$

Es seien die Bedingungsgleichungen der symmetrischen Multiplicationen mit denselben Nummern bezeichnet, wie im vorigen Abschnitt. Dann soll sein

1) $a e_2 = c_2 a$; oder:

$$x_1 (c_1 c_2) + x_2 (c_2 c_2) + x_3 (c_3 c_2)$$
$$= x_1 (c_2 c_1) + x_2 (c_2 c_2) + x_3 (c_2 c_3).$$

Da nun nach (1) $c_1 c_2 = c_2 c_1$; $c_2 c_3 = c_3 c_2$, so ist diese Gleichung identisch.

2) $a c_2 + c_2 a = 0$; oder:

$$x_1 (c_1 c_2 + c_2 c_1) + 2 x_2 (c_2 c_2) + x_3 (c_3 c_2 + c_2 c_3) = 0.$$

Da nun nach (2) $c_1 c_2 + c_2 c_1 = 0$; $c_3 c_2 + c_2 c_3 = 0$, so folgt:

$$2 x_2 (c_2 c_2) = 0;$$

oder:

$$(c_2 c_2) = 0.$$

Ebenso erhält man, von $a c_3 + c_3 a = 0$, oder $a c_1 + c_1 a = 0$ ausgehend:

$$(c_3 c_3) = 0; \quad (c_1 c_1) = 0.$$

Man hat daher:

$$(c_1 c_1) = (c_2 c_2) = (c_3 c_3);$$
$$(c_1 c_1) + (c_2 c_2) + (c_3 c_3) = 0;$$

d. h. die Gleichungen (3) und (4) sind eine Folge der Gleichungen (2).

3) $aa = c_2c_2 = c_3c_3$; oder:

$$c_2c_2 = c_3c_3 = x_1{}^2(c_1c_1) + x_2{}^2(c_2c_2) + x_3{}^2(c_3c_3)$$
$$+ x_1x_2(c_1c_2 + c_2c_1) + x_2x_3(c_2c_3 + c_3c_2) + x_3x_1(c_3c_1 + c_1c_3).$$

Da diese Gleichung für jeden Werth von x_1, x_2, x_3 bestehen muss, so folgt:

$$c_1c_1 = c_2c_2 = c_3c_3 = 0; \quad c_1c_1 + c_2c_2 + c_3c_3 = 0.$$
$$c_1c_2 + c_2c_1 = 0; \quad c_2c_3 + c_3c_2 = 0; \quad c_3c_1 + c_1c_3 = 0;$$

d. h. die Gleichungen (4) und (2) sind eine Folge der Gleichungen (3).

4) $aa + c_2c_2 + c_3c_3 = 0$; oder:

$$x_1{}^2(c_1c_1) + (x_2{}^2 + 1)(c_2c_2) + (x_3{}^2 + 1)(c_3c_3)$$
$$+ x_1x_2(c_1c_2 + c_2c_1) + x_2x_3(c_2c_3 + c_3c_2) + x_3x_1(c_3c_1 + c_1c_3) = 0.$$

Aus demselben Grunde wie bei 3) schliesst man, dass die Gleichungen (2) und (3) eine Folge der Gleichungen (4) sind.

Es genügen hiernach der in diesem Abschnitt aufgestellten Forderung (dass die Bedingungsgleichungen der Multiplication fortbestehen, wenn man statt irgend einer Einheit eine aus allen Einheiten abgeleitete Grösse a setzt) nur noch 4 von den 16 symmetrischen, oder von den 8 circulären Multiplicationsgattungen. Man erhält die Bedingungsgleichungen derselben, wenn man von den zwei Systemen:

$$c_1c_2 = c_2c_1;$$
$$c_1c_2 + c_2c_1 = 0; \quad c_1c_1 = c_2c_2 = c_3c_3; \quad c_1c_1 + c_2c_2 + c_3c_3 = 0$$

auf alle Arten entweder keins, oder eins, oder zwei herausnimmt. Es giebt demnach

1 Multiplication mit 0 Bedingungsgleichungen.
2   "   " 1   "
1   "   " 2   "

Man kann alle diese Multiplicationen mit dem Namen *lineale M.* bezeichnen.

Der Grund dieser Benennung liegt darin, dass die Bedingungsgleichungen dieser Multiplicationen ungeändert bleiben, wenn man irgend eine ihrer Einheiten einer linealen Aenderung unterwirft. (Vgl. „Raumlehre" Nr. 31.)

4.

. **15.** *Die linealen Multiplicationen.* — Von den vier hierher gehörigen Gattungen kann diejenige *ohne* Bedingungsgleichungen
ausgeschlossen werden, da sie in der Raumlehre keine Anwendung findet. Dasselbe gilt von derjenigen mit *zwei* Systemen von Bedingungsgleichungen, weil in ihr alle Producte
gleich Null sind. Es bleiben daher übrig:

    1. *Die algebraische Multiplication* mit der Bedingung:

$$c_1 c_2 = c_2 c_1.$$

    2. *Die äussere Multiplication* mit den Bedingungen:

$$c_1 c_2 + c_2 c_1 = 0; \quad c_1 c_1 = c_2 c_2 = c_3 c_3 = 0.$$

Die Bildung ihrer Producte, auf Raumgrössen übertragen,
geschieht mit Hilfe des *Lineals*, und die Bewegung, welche
diesen Productbildungen entspricht, ist die *Schiebung*.

    Die circulären Multiplicationen. — Von den acht hierher
gehörigen Multiplicationen sind die vier linealen bereits betrachtet. Von den übrigbleibenden finden zwei (mit den Systemen (2) (3) resp. (4)) keine Verwendung in der Raumlehre.
Die anderen (mit den Systemen (1) (2) (3) resp. (1) (4)) sind
dagegen bekannt; nämlich:

    3. *Die innere Multiplication* mit den Bedingungen:

$$c_1 c_2 = c_2 c_1 = 0; \quad c_1 c_1 = c_2 c_2 = c_3 c_3.$$

    4. *Die complexe Multiplication* mit den Bedingungen:

$$c_1 c_2 = c_2 c_1; \quad c_1 c_1 + c_2 c_2 = 0.$$

Die letztere bezieht sich auf die Werthe:

$$c_1 = 1; \quad c_2 = i,$$

welche den Bedingungsgleichungen ebenso genügen, wie zwei
complexe Zahlen $a + bi$ und $b — ai$, die man statt c_1 und c_2
setzt.

    Die Bildung der Producte dieser beiden Multiplicationen,
auf Raumgrössen übertragen, geschieht mit Hilfe des *Cirkels*,
und die Bewegung, welche diesen Productbildungen entspricht,
ist die *Drehung*.

    Der oben gefundene Zusammenhang zwischen den Be-
wegungen der Schiebung und Drehung, wonach die erstere
eine besondere Art der letzteren war, findet sich in der

gegenwärtigen Untersuchung bestätigt, indem die lineale Productbildung, welche der Schiebung entspricht, als besondere Art der circulären erscheint, welche der Drehung entspricht.

Anmerkung. Dieser Abschnitt ist im Wesentlichen eine Reproduction der von H. Grassmann in Crelle's Journal Bd. 49. S. 123 ff. veröffentlichten Abhandlung: Sur les différents genres de multiplication. — Ihre fundamentale Bedeutung für die Raumlehre liegt darin, dass sie auf das Evidenteste die vollkommene Gleichberechtigung der beiden linealen, wie der beiden circulären Multiplicationsgattungen zeigt. Es ist namentlich das äussere Product seinem Ursprunge nach durchaus verschieden von den in der modernen Algebra angewendeten symbolischen Ausdrücken. Und wenn die letztere Wissenschaft sich mit diesen Ausdrücken behelfen muss, so liegt der Grund darin, dass ihr der Begriff der ursprünglichen Einheiten fehlt, welcher erforderlich ist, um diejenigen Hilfsmittel zu entwickeln, die zu einer systematischen Behandlung der Raumlehre unentbehrlich sind.

Erste Abtheilung.

Die Kegelschnitte als Resultate einer zusammengesetzten Bewegung.

Entsprechend den vier soeben betrachteten Multiplications- 16. gattungen giebt es vier Wege, welche in die Theorie der Curven einführen. Jeder dieser Wege beruht auf einer besonderen Auffassung der Curve und lehrt besondere Eigenschaften derselben kennen. — In *zwei* Fällen erscheint die Curve als *Resultat einer Bewegung*, und als abhängig von den sich bewegenden Elementen, in *zwei* Fällen dagegen als *fertiges Gebilde*, und unabhängig von anderen Gebilden. — In *zwei* Fällen handelt es sich um die Beziehungen des *Masses* zwischen der Curve und anderen Gebilden, in *zwei* Fällen dagegen um Beziehungen der Lage. — Wie diese Fälle sich combiniren lassen, und welche Multiplicationen diesen Combinationen entsprechen, ist aus folgendem Schema zu ersehen:

— 28 —

Die Curve als:

	Resultat der Bewegung	fertiges Gebilde.
des Masses	1. Complexe Mult.	2. Innere Mult.
der Lage	3. Aeussere Mult.	4. Algebraische Mult.

(Beziehgn.)

Hieraus erklärt es sich, dass dieselbe Curve im System der Raumlehre an verschiedenen Stellen auftritt (z. B. a. a. O. der *Kreis* in Nr. 89—105 mit *complexer*, in Nr. 150 mit *äusserer*, in Nr. 161—163 mit *innerer*, in Nr. 165 mit *algebraischer* Multiplications-Methode; die *Kegelschnitte* in Nr. 147 ff. und 176 mit *äusserer*, in Nr. 172 mit *algebraischer* Multiplication).

Es sollen nun in dieser Abtheilung die wichtigsten, unter Anwendung der *complexen* (und der *inneren*) Multiplication ableitbaren Eigenschaften der Curven 2. Grades entwickelt werden. *)

Zur Erzeugung des Kreises dient eine sich drehende Gerade, auf welcher ein fester Punkt angenommen ist, der die Kreislinie beschreibt. Indem wir die Gerade als erzeugendes Gebilde betrachten, ist die Kreislinie das Resultat einer einfachen Bewegung, nämlich der Drehung jener Geraden, während allerdings die Bewegung des erzeugenden Punktes eine zusammengesetzte ist. — Der nächste Fortschritt der Betrachtung wird in der Annahme bestehen, dass während der Drehung der Geraden der erzeugende Punkt auf der Geraden selbst seine Lage nach irgend einem Gesetze ändere. Die Gesammtbewegung des Punktes besteht dann aus der Bewegung der Geraden und derjenigen des Punktes auf der Geraden. Das Verhältniss dieser beiden Bewegungen zu einander ist durch ein Gesetz zu regeln, und dieses Gesetz wird das unterscheidende Merkmal der verschiedenen, durch den Punkt erzeugbaren Curven sein. (Vgl. „Raumlehre" Nr. 4.)

Um den Fortschritt vom Speciellen zum Allgemeinen fest-

---

*) Dieser Abschnitt würde also im „System der Raumlehre" nach S. 69 einzuschalten sein. Nachdem dort S. 23—69 diejenigen aus einer beweglichen Geraden abgeleiteten Grössen betrachtet sind, welche durch *einfache* Bewegung entstanden sind, beschäftigt sich der hier folgende Abschnitt mit der *zusammengesetzten* Bewegung.

zuhalten, betrachten wir zuerst das Gesetz, welches der Entstehung der Kreislinie zu Grunde liegt. Da die Strecke (r_1), welche einen Punkt (X) dieser Linie mit dem Drehungspunkte (O) der Geraden verbindet, stets denselben numerischen Werth (c) hat, so ist das Gesetz für die Entstehung der Kreislinie in der Zahlengleichung

$$r_1 = c$$

ausgesprochen.

Sei nun P ein zweiter fester Punkt der Ebene, und der numerische Werth der Strecke $(P - X)$ gleich r_2, so ist die einfachste, zwischen r_1, r_2 und einer unveränderlichen Grösse c bestehende Beziehung:

$$r_1 \pm r_2 = c.$$

Diese Gleichung enthält die vorige als speciellen Fall. Wenn nämlich O und P zusammenfallen, so ist für jeden Punkt (X)

$$r_1 = r_2;$$

mithin für das obere Zeichen

$$r_1 = \frac{c}{2}.$$

Setzen wir

$$r_1 \pm r_2 = r,$$

so können wir die Lage des Punktes X statt von O und P auch abhängig machen von dem Endpunkte A des durch O und X gehenden Radius r in dem Kreise $r = c$. Die Lage des Punktes X ist dann durch das Gesetz bestimmt, *dass er von der Kreislinie und dem festen Punkte P jederzeit gleichweit entfernt sei.* Jenachdem in der Gleichung $r_1 \pm r_2 = r$ das obere oder das untere Zeichen gilt, wird P innerhalb oder ausserhalb des von O mit r beschriebenen Kreises liegen. (Der Uebergangsfall, wobei P auf der Kreislinie liegt, giebt eine durch O und P gehende Gerade als Weg des Punktes X.)

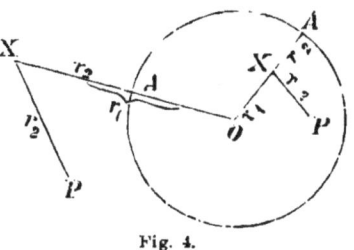

Fig. 4.

1. Bewegungsgesetz $r_1 + r_2 = r$. — Die Ellipse.

Wenn eine Gerade um einen ihrer Punkte O eine ganze **17.** Umdrehung macht, und ein auf ihr befindlicher Punkt X sich inzwischen so auf ihr bewegt, dass er von einer aus O beschriebenen Kreislinie und einem *innerhalb* derselben liegenden festen Punkte P stets gleichweit entfernt ist, so heisst die von X beschriebene Linie *Ellipse*. — Die durch O und P bestimmte Gerade heisst *grosse Axe* der Ellipse.

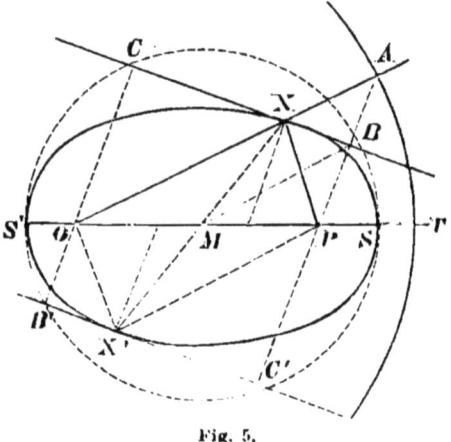

Jeder Richtung der sich drehenden Geraden entspricht ein Punkt X der Ellipse, aber auch ein Punkt A der Kreislinie. Zu jedem Punkt der Kreislinie gehört also ein Punkt der Ellipse. Daher nennen wir die Kreislinie die *Leitcurve* der Ellipse, und den Punkt A *Leitpunkt* zu X.

Fig. 5.

Da X von P und A gleichweit entfernt ist, so ist das Dreieck der drei Punkte gleichschenklig; und da eine in der Mitte B seiner Basis errichtete Senkrechte durch die Spitze geht, welche gleichzeitig auf der durch $(O — A)$ bestimmten Geraden liegen muss, so kann man zu jedem Punkt A der Leitcurve den zugehörigen Punkt X der Ellipse construiren, indem man A mit O und P verbindet, und in der Mitte von $(A — P)$ eine Senkrechte errichtet. Ihr Durchschnitt mit der durch $(O — A)$ bestimmten Geraden ist X.

Da die Entfernung des Punktes X von der Kreislinie nichts anderes bedeutet, als seine Entfernung von einem der Endpunkte des durch X gezogenen Durchmessers, so wird es auf der Geraden in jeder ihrer Richtungen zwei Punkte, X und X', geben, die so beschaffen sind, dass numerisch für den einen $(X — A) = (X — P)$, für den andern $(X' — A') = (X' — P)$ ist. Daher *wird die Ellipse von jeder durch O gezogenen Geraden in zwei Punkten geschnitten.* Es genügt aber, sich bei Erzeugung der Curve auf den einen Durchschnittspunkt (X) zu beschränken, weil der andere entsteht, sobald die sich drehende Gerade in die entgegengesetzte Richtung gelangt ist.

Da r_1 und r_2 numerisch kleiner sein müssen als r, so folgt, dass die Ellipse ganz innerhalb der Kreislinie liegt. Sie ist also eine in sich zurückkehrende Curve.

Da die Strecken $(X - A)$ und $(X - P)$ numerisch gleich sind, so *hat auch die numerische Summe der Strecken* $(X - O)$ *und* $(X - P)$ *für alle Punkte der Ellipse denselben Werth.* (Ist nur die Interpretation der Gleichung $r_1 + r_2 = r$.)

Ist X ein beliebiger Punkt der Curve, so ist

$$(O - X) + (X - P) = (O - P).$$

Ist ferner ein Punkt X' so bestimmt, dass

$$(O - X) = (X' - P),$$

so folgt aus dieser Gleichung:

$$(O - X') = (X - P);$$

daher, wenn man diese Werthe oben einsetzt:

$$(X' - P) + (O - X') = (O - P).$$

Und da auch numerisch:

$$(O - X) + (X - P) = (O - X') + (X' - P)$$

ist, so ist auch X' ein Punkt der Curve.

Ferner ist

$$\frac{X + X'}{2} = \frac{O + P}{2} = M;$$

d. h. der Punkt M ist die Mitte zwischen einem beliebigen Punkte der Curve X und einem anderen, entsprechenden Punkte derselben, X'. Daher heisst M der *Mittelpunkt der Ellipse.* — Jede durch M gehende Strecke zwischen zwei Punkten der Curve heisst *Durchmesser.*

Alle bisher aufgestellten Gleichungen bleiben unverändert, wenn man die Punkte O und P vertauscht. Es kann daher als Leitcurve der Ellipse auch ein aus P mit r beschriebener Kreis genommen werden. — Die Punkte O und P heissen nun zusammen *Brennpunkte* der Ellipse, und die von X nach diesen Punkten gezogenen Strecken (r_1 und r_2) *Leitstralen* (Radien Vectoren).

Die aus den Endpunkten eines Durchmessers der Ellipse gezogenen Leitstralen bilden also ein Parallelogramm.

Sei S einer der beiden Durchschnittspunkte der Ellipse mit ihrer grossen Axe, und T sein Leitpunkt, so ist numerisch:

$$(O - S) + (P - S) = (O - T).$$

Da aber diese drei Strecken auf derselben Geraden liegen und dieselbe Richtung haben, so drückt diese Gleichung auch eine Beziehung zwischen den Punkten $OSPT$ aus, und man erhält:

$$S = \frac{P + T}{2};$$

d. h.: *Jeder Durchschnittspunkt der Ellipse mit ihrer grossen Axe liegt in der Mitte zwischen seinem Leitpunkt und demjenigen Brennpunkte, welcher nicht Mittelpunkt der Leitcurve ist.*

Ist S' der zweite jener Durchschnittspunkte, und T' sein Leitpunkt, so ist

$$S' = \frac{P + T'}{2};$$

demnach:

$$(S - S') = \frac{(T - T')}{2};$$

d. h. *die grosse Axe der Ellipse* (als Durchmesser betrachtet) *ist numerisch gleich dem Radius des Leitkreises* (r), *oder der Summe* ($r_1 + r_2$) *der beiden Leitstralen eines Punktes der Ellipse.*

Wenn $r_1 = r_2 \left(= \frac{r}{2} \right)$ ist, so sind die Strecken $(O - X)$, $(P - X)$, $(X - A)$ numerisch gleich, das Dreieck der Punkte O, P, A ist bei P rechtwinklig (vgl. „Raumlehre" Nr. 97), und dasjenige der Punkte XOP gleichschenklig. Daher steht der durch X gezogene Durchmesser auf der grossen Axe senkrecht. Dieser Durchmesser, resp. die durch ihn bestimmte Gerade heisst die *kleine Axe* der Ellipse.

18. Aus der oben angegebenen Construction eines beliebigen Punktes der Ellipse folgt, dass diese Curve der Weg des Durchschnittspunktes der durch die Strecken $(O - A)$ und $(B - X)$ bestimmten Geraden ist. Aus jeder Strecke $(O - A)$ geht durch Construction nur *eine* Strecke $(B - X)$ hervor, und umgekehrt. Daher gehört zu der Strecke $(B - X)$ ebensowohl wie zu $(O - A)$ nur *ein* Punkt der Curve. Nun fällt im Laufe einer ganzen Umdrehung die Strecke $(O - A)$, welche durch den Drehungspunkt O geht, *zweimal* in dieselbe Gerade (nämlich das erstemal in der Richtung $(O - A)$, das zweitemal in der entgegengesetzten $(O - A')$). Es liegen also auch auf dieser Geraden (wie oben schon gefunden) *zwei*

Punkte der Curve. Dagegen kehrt die durch die Strecke $(B - X)$ bestimmte Gerade (gleich dem Punkte A, von dem sie abhängt), weil sie nicht durch den Drehungspunkt geht, erst nach einer ganzen Umdrehung in ihre ursprüngliche Lage und Richtung zurück; mithin hat diese Gerade nur *einen* Punkt mit der Curve gemeinsam. — Eine solche Gerade heisst *Tangente* der Ellipse.

Da während der Umdrehung der Strecke $(O - A)$ die Gerade $(B - X)$ beständig Tangente der Ellipse ist, so hat diese Tangente während einer ganzen Umdrehung die ganze Ebene beschrieben, mit Ausnahme der von der Ellipse eingeschlossenen Fläche. — Die Tangente, in ihren verschiedenen Richtungen, *umhüllt* also die Ellipse, und kann ebenso wie der Punkt X als das die Ellipse *erzeugende Gebilde* angesehen werden. — Man sagt von einem Punkte, er liege auf der *convexen* oder der *concaven* Seite der Ellipse, jenachdem er von irgend einer Tangente getroffen wird oder nicht. Man kann also nur von einem Punkte, welcher auf der convexen Seite der Ellipse liegt, eine Tangente an diese Curve ziehen.

Da die Tangente den Winkel der Strecken $(X - A)$ und $(X - P)$ halbirt ("Rauml." Nr. 94), so steht sie auf der Halbirungslinie des Nebenwinkels senkrecht (a. a. O. Nr. 84); d. h. *die Tangente im Punkte X steht senkrecht auf der Linie, welche den Winkel der zugehörigen Leitstralen halbirt, und letztere selbst bilden gleiche Winkel mit ihr.*

Hieraus folgt: *Die Tangente in einem Endpunkte der kleinen Axe ist der grossen Axe parallel, und umgekehrt.*

Da $M = \frac{O + P}{2}$, und $B = \frac{P + A}{2}$, so ist für jeden Punkt der Curve

$$M - B = \frac{O - A}{2};$$

d. h.: *die Fusspunkte (B) der von einem Brennpunkte (P) auf beliebige Tangenten gefällten Senkrechten liegen auf einem aus dem Mittelpunkte der Ellipse mit der halben grossen Axe beschriebenen Kreise.*

Dieser Kreis geht durch die Endpunkte der grossen Axe, und hat dort mit der Ellipse gemeinsame Tangenten; diese

Punkte sind aber auch die einzigen, in denen X und B (die Endpunkte der stets parallelen Strecken $(O-X)$ und $(M-B)$) zusammenfallen. Alle übrigen Punkte (B) des Kreises liegen ausserhalb (auf der convexen Seite) der Ellipse. — Vermöge der *ersten* Eigenschaft sagt man, *der Kreis berühre die Ellipse in den Punkten S und S'*; vermöge *beider*: *der Kreis sei der Ellipse umschrieben.*

Wenn L ein beliebiger Punkt der Tangente ist, so ist das Dreieck der Punkte LBP stets rechtwinklig; also liegt B auf der über $(L-P)$ als Durchmesser beschriebenen Kreislinie; mithin da, wo diese Kreislinie den die Ellipse in S und S' berührenden Kreis schneidet. Im Allgemeinen also liefert ein Punkt zwei Tangenten an die Ellipse, ebenso wie eine Gerade zwei Durchschnittspunkte mit derselben.

Anmerkung. Hieraus folgt die Construction der Tangenten von einem beliebigen Punkte L an die Ellipse, indem die Tangente durch L und B bestimmt ist.

Rückt L in unendliche Ferne, so wird $(P-L)$ der Tangente parallel, und der über $(P-L)$ beschriebene Kreis geht über in eine durch P senkrecht auf $(P-L)$ gezogene Gerade. In diesem Falle ist also der Punkt L durch eine Gerade (Strecke) mit gegebener *Richtung* ersetzt. (Vgl. Nr. 3.)

Anmerkung. Mit dieser Modification geht die vorige Aufgabe in folgende über: An eine Ellipse die Tangenten zu ziehen, welche einer gegebenen Geraden parallel sind. — Da P innerhalb des Berührungskreises liegt, so wird die in P auf $(P-L)$ errichtete Senkrechte den Kreis stets schneiden; die Aufgabe ist also stets lösbar.

Wenn X' der Endpunkt des durch X gezogenen Durchmessers ist, so sind die beiden Linien, welche die Winkel der von X und von X' ausgehenden Leitstralen halbiren, parallel, mithin auch die auf diesen Linien senkrecht stehenden Tangenten, d. h.: *die beiden in den Endpunkten eines Durchmessers gezogenen Tangenten sind parallel.*

Die aus den Brennpunkten auf diese Tangenten gefällten Senkrechten haben, wie schon gezeigt, die Eigenschaft, dass ihre Fusspunkte B, C, B', C' auf der Peripherie des die Ellipse in S und S' berührenden Kreises liegen; also ist für jeden Punkt der Ellipse $(B-C)$ eine durch P gehende Sehne dieses Kreises; und das Product der numerischen Werthe von

$(P — B)$ und $(P — C')$ ist (nach „Raumlehre" Nr. 99) constant. Da nun, wie leicht zu sehen, $(P — C') = (C — O)$, so kann man sagen: *dass das Product der numerischen Werthe der von den Brennpunkten auf eine beliebige Tangente gefällten Senkrechten constant ist.*

Jeder Punkt einer Tangente ist gleichweit entfernt von 19. dem Brennpunkte (P) und dem Leitpunkte (A) des Berührungspunktes. Wenn daher X und X_1 zwei beliebige Punkte der Curve sind, A und A_1 ihre Leitpunkte, und L der Durchschnittspunkt ihrer Tangenten, so ist

$$(L — A_1)i^\gamma = (L — P);$$
$$(L — P)i^\beta = (L — A);$$

also:

$$(L — A_1)i^{\beta + \gamma} = (L — A).$$

Ferner:

$$(O — A)i^\alpha = (O — A_1).$$
$$(O — L) + (L — A)$$
$$+ (A — O) = 0;$$
$$(O — L) + (L — A_1)$$
$$+ (A_1 — O) = 0,$$

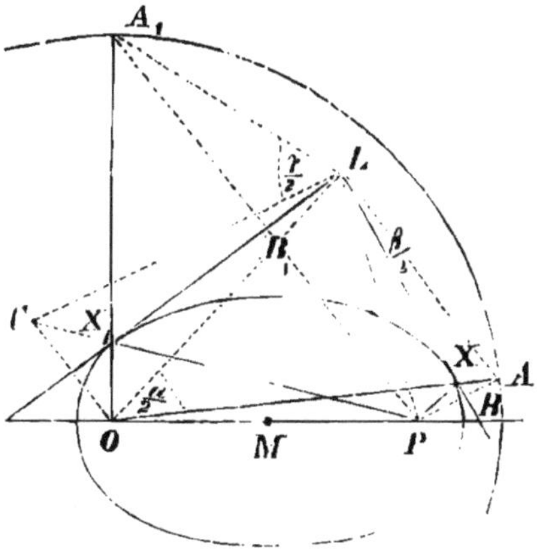

oder, wenn man $(L — A_1)$ und $(A_1 — O)$ durch die eben gefundenen Werthe ersetzt:

Fig. 6.

$$(O — L) + (L — A)\, i^{-(\beta + \gamma)} + (A — O)\, i^\alpha = 0.$$

Folglich ist das Dreieck der Punkte OLA_1 symmetrisch mit dem der Punkte OLA, und $(O — L)$ bildet gleiche Winkel mit $(O — A)$ und $(O — A_1)$. (Vgl. „Raumlehre" Nr. 92.) Man kann also sagen: *Verbindet man die Leitpunkte der Berührungspunkte zweier Tangenten mit deren Schnittpunkte, so wird der Winkel dieser Verbindungslinien durch denjenigen Radius des Leitkreises halbirt, welcher durch den Schnittpunkt der Tangenten geht.*

Aus $(L — A) + (A — O) + (O — L) = 0$ folgt:

$$(L — A)i^{-\beta} + (A — O)i^{-\beta} + (O — L)i^{-\beta} = 0.$$

Nun ist

$$(L — A)i^{-\beta} = (L — P).$$

3*

Sei ferner

$$(A - O)i^{-\beta} = (P - C),$$

so folgt:

$$(O - L)i^{-\beta} = (C - L).$$

Also ist der Winkel der Strecken $(L - A)$ und $(L - P)$ gleich dem der Strecken $(L - O)$ und $(L - C)$. Ferner ist C der Leitpunkt von X_1 in dem aus P beschriebenen Leitkreise. Man kann also sagen: *Construirt man zu jedem von zwei Punkten der Ellipse den Leitpunkt in einem anderen Leitkreise, und verbindet den Schnittpunkt der beiden in jenen Punkten gezogenen Tangenten mit den Brennpunkten und den beiden Leitpunkten, so sind die Winkel zwischen einer Verbindungslinie der ersten und einer der zweiten Art einander gleich.* —

Der Winkel der Tangenten ist $\frac{\beta + \gamma}{2}$, der Winkel der nach den Leitpunkten A und C gezogenen Geraden ist $\frac{3\beta \pm \gamma}{2}$. Man sieht ferner, *dass die Winkel $X_1 L X$ und $O L P$ dieselbe Halbirungslinie haben.*

- *Specielle Fälle.* 1) $\beta + \gamma = 2$. — Dann ist $(L - A) = - (L - A_1)$; d. h. die Punkte $A_1 L A$ liegen in einer Geraden, und der Winkel der Tangenten ist ein Rechter.

2) $\alpha = 2$. — Dann ist $(O - A_1) = - (O - A)$; d. h. die Punkte $A_1 O A$ liegen in gerader Linie, mithin auch $X_1 O X$; d. h. die Verbindungslinie der Berührungspunkte geht durch den Brennpunkt O.

20. *Anwendung der inneren Multiplication*).* — Wenn $\alpha\beta\gamma$ die numerischen Werthe der Seiten eines Dreiecks sind, und α_1 derjenige der Projection von α auf β, so ist nach dem verallgemeinerten pythagoräischen Satze:

$$\gamma^2 = \alpha^2 + \beta^2 + 2\alpha_1\beta;$$

oder:

$$\gamma^2 - \alpha^2 = \beta^2 + 2\alpha_1\beta.$$

Sind ferner α' und γ' zwei von einem anderen Punkte der Höhe des Dreiecks nach den Endpunkten seiner Grundlinie gezogene Strecken, so ist

$$\gamma'^2 - \alpha'^2 = \beta^2 + 2\alpha_1\beta;$$

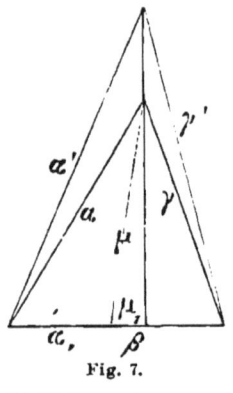
Fig. 7.

---

*) Diese Nummer, deren erster Theil 2 elementare Sätze, deren

d. h. die Grösse $\gamma^2 - \alpha^2$ ist für alle Punkte der Höhe gleich. Und *die Spitzen aller über derselben Grundlinie liegenden Dreiecke, für welche die Differenz der Quadrate der beiden anderen Seiten eine constante Grösse ist, liegen in einer auf der Grundlinie senkrechten Geraden.*

Ist ferner μ der numerische Werth der die Seite β halbirenden Transversale, und μ_1 derjenige ihrer Projection auf β, so ist

$$\gamma^2 = \mu^2 + \left(\frac{\beta}{2}\right)^2 - 2\frac{\beta}{2}\mu_1;$$

$$\alpha^2 = \mu^2 + \left(\frac{\beta}{2}\right)^2 + 2\frac{\beta}{2}\mu_1;$$

also:

$$\alpha^2 + \gamma^2 = 2\mu^2 + 2\left(\frac{\beta}{2}\right)^2;$$

d. h. *die Summe der Quadrate zweier Seiten eines Dreiecks ist gleich der doppelten Summe aus dem Quadrat der halben dritten Seite und dem der Transversale nach dieser Seite.* — Sind ferner α' und γ' zwei, von einem anderen Punkte der mit μ um die Mitte von β beschriebenen Kreislinie, nach den Endpunkten von β gezogene Strecken, so ist:

$$\alpha'^2 + \gamma'^2 = 2\mu^2 + 2\left(\frac{\beta}{2}\right)^2;$$

d. h. die Grösse $\alpha^2 + \gamma^2$ ist für alle Punkte der Kreislinie gleich. Und *die Spitzen aller über derselben Grundlinie liegenden Dreiecke, für welche die Summe der Quadrate der beiden anderen Seiten eine constante Grösse ist, liegen in einer, die Grundlinie als Sehne enthaltenden Kreislinie.*

Gehen wir jetzt auf die beiden speciellen Fälle am Schluss von Nr. 19 zurück.

Im *ersten* Fall ist der Winkel der Strecken $(L - O)$ und $(L - A)$ ein Rechter, mithin:

$$(L - O)^2 + (L - A)^2 = (O - A)^2,$$

oder, da numerisch $(L - A) = (L - P)$, und ferner $(O - A) = r$ ist:

zweiter die Anwendung derselben auf die Ellipse enthält, schliesst sich an den Abschnitt Nr. 152—163 der Raumlehre an, nimmt also in derselben eine andere Stelle ein als der sonstige Inhalt dieses Abschnittes.

$$(L - O)^2 + (L - P)^2 = r^2.$$

Also liegen (nach dem zweiten der eben gefundenen Sätze) *alle diejenigen Punkte, in denen zwei Tangenten der Ellipse sich unter rechtem Winkel schneiden, auf einer Kreislinie mit dem Mittelpunkt M.*

Anmerkung. Bezeichnet man numerisch die grosse Axe mit a, die kleine mit b, die Entfernung der Brennpunkte mit c, so ist

$$\left(\frac{b}{2}\right)^2 + \left(\frac{c}{2}\right)^2 = \left(\frac{a}{2}\right)^2 = \left(\frac{r}{2}\right)^2.$$

Und wenn μ der Radius der eben erwähnten Kreislinie ist, so ist

$$r^2 = 2\mu^2 + 2\left(\frac{c}{2}\right)^2; \quad \text{folglich } a^2 = 2\mu^2 + \frac{c^2}{2}; \quad 2\mu^2 = a^2 - \frac{c^2}{2} = a^2$$

$$- \left(\frac{a^2 - b^2}{2}\right) = \frac{a^2 + b^2}{2}; \quad \text{endlich } \mu = \tfrac{1}{2}\sqrt{a^2 + b^2}.$$

Im *zweiten* Fall ist der Winkel der Strecken $(O - L)$ und $(O - A)$ ein Rechter, mithin:

$$(L - A)^2 - (L - O)^2 = (O - A)^2,$$

oder, da numerisch $(L - A) = (L - P)$, und ferner $(O - A) = r$ ist:

$$(L - P)^2 - (L - O)^2 = r^2.$$

Also liegen (nach dem ersten der eben gefundenen Sätze) *alle diejenigen Punkte, in denen zwei Tangenten sich schneiden, deren Berührungspunkte mit einem Brennpunkte in gerader Linie liegen, in einer auf der grossen Axe senkrecht stehenden Geraden.* — Diese Gerade heisst die *Directrix* der Ellipse. Eine zweite Directrix entspricht dem Brennpunkte P. — Diejenige, durch einen Brennpunkt gehende, Sehne, welche der Directrix parallel ist, heisst *Parameter* der Ellipse.

21. Wenn die in X gezogene Tangente die beiden Directrix-Linien resp. in L und L_1 trifft, so ist das Dreieck XLO ähnlich dem Dreieck XL_1P, da die Winkel bei X gleich sind (Nr. 18), und die Winkel bei O und P Rechte sind. (Vgl. „Raumlehre" Nr. 137.) Folglich ist numerisch

$$\frac{O - X}{P - X} = \frac{L - X}{L_1 - X} = \frac{H - X}{H_1 - X},$$

da auch die Dreiecke HLX und H_1L_1X ähnlich sind. Weiter folgt: $\frac{O - A}{P - X} = \frac{H - H_1}{H_1 - X}$; oder: $\frac{H_1 - X}{P - X} = \frac{H - H_1}{O - A}$; d. h.: *Für jeden Punkt der Ellipse ist das Verhältniss seiner Entfernungen von einer Directrix und dem zugehörigen Brennpunkt eine constante Grösse, nämlich gleich dem Verhältniss zwischen der Entfernung der beiden Directrix-Linien und der grossen Axe.*

— Sei K der Schnittpunkt der Directrix (zu O) mit der grossen Axe, so ist numerisch $(K — P)^2 — (K — O)^2 = r^2$, oder, wenn $O — P = c$ gesetzt wird:

$$(K — O)^2 + 2c(K — O) + c^2 — (K — O)^2 = r^2;$$

d. h.:

$$(K — O) = \frac{r^2 — c^2}{2c};$$

ferner

$$(H — H_1) = c + 2(K — O)$$
$$= \frac{r^2}{c};$$

folglich:

$$\frac{H — H_1}{O — A} = \frac{r}{c}.$$

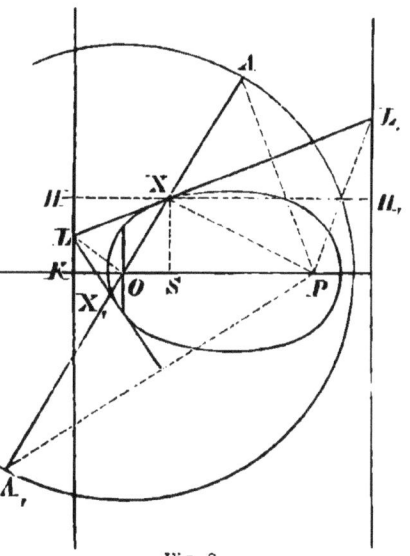

Fig. 8.

— Aus den obigen Gleichungen folgt:

$$\frac{H — X}{O — X} = \frac{H_1 — X}{P — X} = \frac{H — H_1}{O — A} = \frac{r}{c};$$

oder, wenn $(X — S) = (H — K)$ gemacht wird:

$$\frac{K — S}{O — X} = \left(\frac{r^2 — c^2}{2c} + O — S\right) : (O — X) = \frac{r}{c}.$$

Wenn endlich $(O — X) = \varrho$, und der Winkel zwischen ϱ und $(O — K)$ gleich φ gesetzt wird, so geht die letzte Gleichung über in:

$$\frac{r^2 — c^2}{2c\varrho} — \cos\varphi = \frac{r}{c}; \quad \text{oder:} \quad \varrho = \frac{r^2 — c^2}{2(r + c.\cos\varphi)}.$$

Sei $\frac{p}{2}$ der Werth, den ϱ für $\varphi = 1$ Rechter annimmt, so ist $p = \frac{r^2 — c^2}{r}$. Setzt man diesen Werth in die Gleichung für ϱ ein, so folgt, wenn man noch $\frac{c}{r} = e$ setzt: $\varrho = \frac{p}{2(1 + e.\cos\varphi)}$. Diese Gleichung heisst die *Polargleichung* der Ellipse; e die

Excentricität; und p ist, wie leicht zu sehen, der Parameter.
— Die Polargleichung lässt sich in eine auf rechtwinklige
Coordinatenaxen bezogene Gleichung umwandeln durch die
Substitutionen $x = \varrho \cdot \cos \varphi$; $y = \varrho \cdot \sin \varphi$.

22. Es seien $(X - X')$ und $(Y - Y')$ zwei beliebige Durchmesser der Ellipse; dann sind ihre Endpunkte die Ecken eines
Parallelogramms, weil $(Y - X) = (Y - M) + (M - X)$
$= (M - Y') + (X' - M) = (X' - Y')$ ist. Aber auch die
in diesen Endpunkten gezogenen Tangenten bilden ein Parallelogramm (vgl. Nr. 18 am Ende).

Nun ist:
$$(X \cdots Y) = (Y' - X');$$
$$(X - E) + (E \cdots Y) = (Y' - E') + (E' - X');$$
$$(X - E) - (E' - X') = (Y' - E') - (E - Y).$$

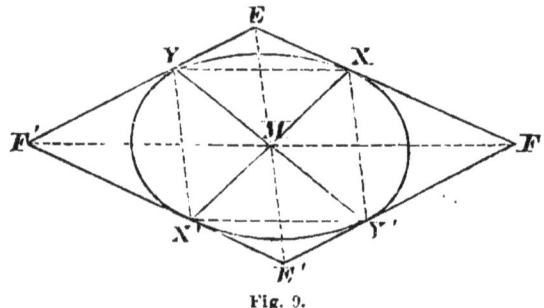

Fig. 9.

Die Strecken auf der linken Seite der Gleichung haben gleiche
Richtung, mithin auch ihre Differenz; dasselbe findet auf der
rechten Seite statt. Die Richtungen auf der rechten Seite
sind aber verschieden von denen auf der linken. Und da
zwei Strecken nur dann gleich sein können, wenn sie gleiche
Richtung haben, so müssen beide Seiten der Gleichung einzeln Null sein. Man hat also:
$$(X - E) - (E' - X') = (Y' - E') - (E - Y) = 0;$$
d. h.
$$\frac{X + X'}{2} = \frac{E + E'}{2} = \frac{Y + Y'}{2} = M;$$

d. h.: *Liegen die Ecken eines Parallelogramms auf den Seiten
eines zweiten, so haben beide denselben Mittelpunkt.*[*]

[*] Dieser elementare Satz gehört in den Abschn. 42—44 d. „Raumlehre".

Auf die Ellipse angewendet heisst dieser Satz: *Die Diagonalen eines der Ellipse umschriebenen Parallelogramms schneiden sich im Mittelpunkte der Curve, sind also Durchmesser.* — Zwei solche Durchmesser heissen *conjugirte Durchmesser.*

Anmerkung. Die weiteren Eigenschaften dieser Durchmesser werden hier übergangen, da unsere Methode keine charakteristische Ableitung für dieselben bietet. Dies hängt damit zusammen, dass in der Natur dieser Durchmesser Beziehungen des Masses und der Lage combinirt erscheinen, und dass in Folge dessen die bisher schon benutzten Methoden (vgl. Steiners Vorlesg. üb. synth. Geom. Theil 1. § 12), welche mit der inneren Multiplication zusammenhängen, nicht weiter vereinfacht werden können. — Ihre natürliche Stelle findet die Theorie der conjugirten Durchmesser, wenn der Kegelschnitt als zusammengesetzte Grösse betrachtet wird, weil sich dann Gelegenheit bietet, die *Massbeziehungen* dieser Durchmesser als speciellen Fall von *Lagenbeziehungen* darzustellen (nach der in Nr. 5—7 entwickelten Theorie). — Dagegen liefert die euclidische sowohl wie die gewöhnliche analytische Methode jene Eigenschaften conjugirter Durchmesser nur auf sehr künstlichem und weitem, mit der Einfachheit der Resultate in gar keinem Verhältniss stehendem Wege.

2. Bewegungsgesetz $r_1 - r_2 = r$. — Die Hyperbel.

Wenn eine Gerade um einen ihrer Punkte O eine ganze Umdrehung macht, und ein auf ihr befindlicher Punkt X sich inzwischen so auf ihr bewegt, dass er von einer aus O beschriebenen Kreislinie, und einem *ausserhalb* derselben liegenden festen Punkte P stets gleichweit entfernt ist, so heisst die von X beschriebene Linie *Hyperbel*. — Die durch O und P bestimmte Gerade heisst *Hauptaxe* der Hyperbel.

Jeder Richtung der sich drehenden Geraden entspricht ein Punkt X der Hyperbel, aber auch ein Punkt A der Kreislinie. Zu jedem Punkt der Kreislinie gehört also ein Punkt der Hyperbel. Daher nennen wir die Kreislinie die *Leitcurve* der Hyperbel, und den Punkt A *Leitpunkt* zu X.

Da X von P und A gleichweit entfernt ist, so ist das Dreieck der drei Punkte gleichschenklig; und da eine in der Mitte B seiner Basis errichtete Senkrechte durch die Spitze geht, welche gleichzeitig auf der durch $(O - A)$ bestimmten Geraden liegen muss, so kann man zu jedem Punkt A der Leitcurve den zugehörigen Punkt X der Hyperbel construiren,

23.

indem man A mit O und P verbindet, und in der Mitte von $(A - P)$ eine Senkrechte errichtet. Ihr Durchschnitt mit der durch $(O - A)$ bestimmten Geraden ist X.

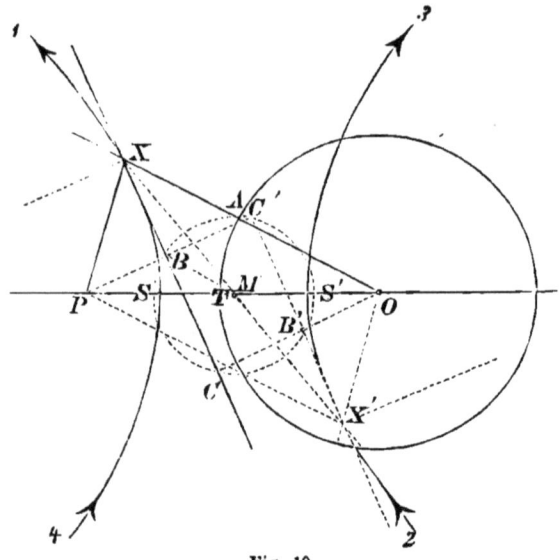

Fig. 10.

Da die Entfernung des Punktes X von der Kreislinie nichts weiter bedeutet, als seine Entfernung von einem der Endpunkte des durch X gezogenen Durchmessers, so wird es auf der Geraden in jeder ihrer Richtungen zwei Punkte X und X' geben, die so beschaffen sind, dass numerisch für den einen $(X - A) = (X - P)$, für den andern $(X' - A')$ $= (X' - P)$ ist. Daher *wird die Hyperbel von jeder durch O gezogenen Geraden in zwei Punkten geschnitten.* Es genügt aber, sich bei Erzeugung der Curve auf den einen Durchschnittspunkt (X) zu beschränken, weil der andere entsteht, sobald die sich drehende Gerade in die entgegengesetzte Richtung gelangt ist.

Da r_1 und r_2 in's Unendliche wachsen können, ohne dass ihre numerische Differenz sich ändert, so folgt, dass die Curve sich in's Unendliche erstreckt. — Nehmen wir an, die Richtung $(O - P)$ sei die ursprüngliche Richtung der sich drehenden Geraden. Damit X sich in's Unendliche entferne (nach der in der Figur mit 1 bezeichneten Seite hin), müssen die durch $(X — P)$ und $(X — O)$ bestimmten Geraden parallel werden; d. h. in dem Dreieck der Punkte XPA müssen die Winkel bei P und A, die stets gleich sind, Rechte werden; folglich muss dann $(P — A)$ auf $(O — A)$ senkrecht stehen, und Tangente am Leitkreise sein. *Der Leitpunkt eines unendlich entfernten Punktes der Hyperbel ist also der Berührungspunkt einer von P an den Leitkreis gezogenen Tangente.* Und da man zwei solche Tangenten construiren kann, so folgt, *dass die Hyperbel zwei unendlich entfernte Punkte hat.* — Jeder dieser Punkte kann aber auch als Durchschnitt der entgegengesetzten Richtungen der beiden parallelen Geraden betrachtet werden. Und in der That tritt X, indem die erzeugende Gerade sich weiter dreht, auf der entgegengesetzten Seite derselben wieder auf (von der in der Fig. 10 mit 2 bezeichneten Seite her), und beschreibt nun einen von dem ersten völlig getrennten Zweig der Curve. Bei weiterer Umdrehung der erzeugenden Geraden werden die durch $(X — O)$ und $(P — O)$ bestimmten Geraden (wie oben bemerkt) noch einmal parallel, nämlich wenn A in den Berührungspunkt der zweiten von P an den Kreis gezogenen Tangente tritt. Hierbei entfernt sich X (nach der durch 3 bezeichneten Seite hin) zum zweitenmal in's Unendliche, und kommt (von der durch 4 bezeichneten Seite her) zurück, um, wenn die erzeugende Gerade ihre Umdrehung vollendet hat, in seine Anfangsstellung zurückzukehren. — Die Hyperbel ist also eine zweimal durch einen unendlich entfernten Punkt gehende und auf diesem Wege in sich zurückkehrende Curve. (Ebenso kann man von der Geraden sagen, sie sei eine Curve, welche einmal durch einen unendlich entfernten Punkt gehe und auf diesem Wege in sich zurückkehre. Auch bei dieser Auffassung erscheint die Gerade als specieller Fall der Kreislinie.) Die Hyperbel besteht also aus zwei Zweigen, welche resp. den Gleichungen $r_1 — r_2 = + r$, und $r_1 — r_2 = — r$ entsprechen, während für die unendlich entfernten Punkte gleichzeitig $r_1 — r_2 = \pm r$ ist.

Da die Strecken $(X — A)$ und $(X — P)$ numerisch gleich sind, so *hat auch die numerische Differenz der Strecken $(X — O)$ und $(X — P)$ für alle Punkte der Hyperbel denselben Werth.* (Ist nur die Interpretation der Gleichung $r_1 — r_2 = r$.)

24.   Ist X ein beliebiger Punkt der Curve, so ist
$$(O - X) - (P - X) = (O - P).$$
Ist ferner ein Punkt X' so bestimmt, dass
$$(O - X) = (X' - P),$$
so folgt aus dieser Gleichung:
$$(O - X') = (X - P);$$
daher, wenn man diese Werthe oben einsetzt:
$$(X' - P) - (X' - O) = (O - P).$$
Und da auch numerisch
$$(O - X) - (P - X) = (X' - P) - (X' - O)$$
ist, so ist auch X' ein Punkt der Curve.

Ferner ist
$$\frac{X + X'}{2} = \frac{O + P}{2} = M,$$

d. h. der Punkt M ist die Mitte zwischen einem beliebigen
Punkte der Curve X, und einem anderen, entsprechenden
Punkte derselben, X'. Daher heisst M der *Mittelpunkt der
Hyperbel.* — Jede durch M gehende Strecke zwischen zwei
Punkten der Curve heisst *Durchmesser*.

Alle bisher aufgestellten Gleichungen bleiben unverändert,
wenn man die Punkte O und P vertauscht. Es kann daher
als Leitcurve der Hyperbel auch ein aus P mit r beschriebener Kreis genommen werden. — Die Punkte O und P heissen
nun zusammen *Brennpunkte* der Hyperbel, und die von X
nach diesen Punkten gezogenen Strecken (r_1 und r_2) *Leitstralen* (Radien Vectoren). — Da die Gleichung $r_1 - r_2 = r$
durch Vertauschung von r_1 mit r_2 die Form $r_2 - r_1 = r$, oder
$r_1 - r_2 = - r$ annimmt, und beide Gleichungen die verschiedenen Hyperbelzweige darstellen, so folgt, *dass die Endpunkte jedes Durchmessers auf zwei verschiedenen Zweigen der
Curve liegen.*

*Die aus den Endpunkten eines Durchmessers der Hyperbel
gezogenen Leitstralen bilden ein Parallelogramm.*

Sei S einer der beiden Durchschnittspunkte der Hyperbel
mit ihrer grossen Axe, und T sein Leitpunkt, so ist numerisch:
$$(O - S) - (S - P) = (O - T).$$
Da aber diese drei Strecken auf derselben Geraden liegen

und dieselbe Richtung haben, so drückt diese Gleichung auch eine Beziehung zwischen den Punkten $OSPT$ aus, und man erhält:

$$S = \frac{P+T}{2};$$

d. h.: *Jeder Durchschnittspunkt der Hyperbel mit ihrer grossen Axe liegt in der Mitte zwischen seinem Leitpunkt und demjenigen Brennpunkte, welcher nicht Mittelpunkt des Leitkreises ist.*

Ist S' der zweite jener Durchschnittspunkte, und T' sein Leitpunkt, so ist

$$S' = \frac{P+T'}{2};$$

demnach:

$$(S - S') = \frac{T - T'}{2};$$

d. h.: *Die grosse Axe der Hyperbel* (als Durchmesser betrachtet) *ist numerisch gleich dem Radius des Leitkreises* (r) *oder der Differenz* ($r_1 - r_2$) *der beiden Leitstralen eines Punktes der Hyperbel.*

Die in M auf der Hauptaxe errichtete Senkrechte heisst *Nebenaxe* der Hyperbel. Da für jeden Punkt dieser Geraden numerisch $r_1 = r_2$ ist, so hat sie mit der Hyperbel keinen Punkt gemeinsam; denn auch ihr unendlich entfernter Punkt liegt in einer anderen Richtung, als diejenigen der Hyperbel. (Mit anderen Worten: sie ist keinem der beiden Leitstralenpaare parallel, welche nach den unendlich entfernten Punkten der Hyperbel führen.)

Aus der oben angegebenen Construction eines beliebigen 25. Punktes der Hyperbel folgt, dass diese Curve der Weg des Durchschnittspunktes der durch die Strecken ($O - A$) und ($B - X$) bestimmten Geraden ist. — Man gelangt nun durch eine wörtliche Wiederholung der im Anfang von Nr. 18 angestellten Betrachtungen zu dem Resultat, dass die durch ($B - X$) bestimmte Gerade stets nur den einen Punkt X mit der Curve gemeinsam hat. — Diese Gerade ist daher eine *Tangente* der Hyperbel.

Da während der Umdrehung der Strecke ($O - A$) die Gerade ($B - X$) beständig Tangente der Hyperbel ist, so hat diese Tangente während einer ganzen Umdrehung die ganze

Ebene beschrieben, mit Ausnahme derjenigen beiden Räume, in welchen die Brennpunkte liegen. — Die Tangente, in ihren verschiedenen Richtungen, *umhüllt* also die Hyperbel, und kann ebenso wie der Punkt X als das die Hyperbel *erzeugende Gebilde* angesehen werden. — Man sagt von einem Punkte, er liege auf der *convexen* oder der *concaven* Seite der Hyperbel, jenachdem er von irgend einer Tangente getroffen wird oder nicht. Man kann also nur von einem Punkte, welcher auf der convexen Seite der Hyperbel liegt, eine Tangente an diese Curve ziehen.

Da die Tangente den Winkel der Strecken $(X — A)$ (oder $(X — O)$) und $(X — P)$ halbirt, so kann man sagen: *Die Tangente im Punkte X halbirt den Winkel der zugehörigen Leitstralen.*

Hieraus folgt: *Die Tangente in einem Endpunkte der Hauptaxe ist der Nebenaxe parallel.*

Da $M = \dfrac{O + P}{2}$ und $B = \dfrac{P + A}{2}$, so ist für jeden Punkt der Curve

$$M — B = \frac{O — A}{2} \, ;$$

d. h.: *die Fusspunkte (B) der von einem Brennpunkte (P) auf beliebige Tangenten gefällten Senkrechten liegen auf einem aus dem Mittelpunkte der Hyperbel mit der halben Hauptaxe beschriebenen Kreise.*

Dieser Kreis geht durch die Endpunkte der grossen Axe, und hat dort mit der Hyperbel gemeinsame Tangenten; diese Punkte sind aber auch die einzigen, in denen X und B (die Endpunkte der stets parallelen Strecken $(O — X)$ und $(M — B)$) zusammenfallen. Alle übrigen Punkte (B) des Kreises liegen ausserhalb (auf der convexen Seite) der Hyperbel. — Vermöge der *ersten* Eigenschaft sagt man, *der Kreis berühre die Hyperbel* in den Punkten S und S', vermöge *beider: der Kreis sei der Hyperbel umschrieben.*

Wenn L ein beliebiger Punkt der Tangente ist, so ist das Dreieck der Punkte $L B P$ stets rechtwinklig; also liegt B auf der über $(L — P)$ als Durchmesser beschriebenen Kreislinie, mithin da, wo diese Kreislinie den die Hyperbel in S und S' berührenden Kreis schneidet. Im Allgemeinen also liefert ein Punkt zwei Tangenten an die Hyperbel, ebenso wie eine Gerade zwei Durchschnittspunkte mit derselben.

Anmerkung. Hieraus folgt die Construction der Tangenten von einem beliebigen Punkte L an die Hyperbel, indem die Tangente durch L und B bestimmt ist.

Rückt L in unendliche Ferne, so wird $(P - L)$ der Tangente parallel, und der über $(P — L)$ beschriebene Kreis geht über in eine durch P senkrecht auf $(P — L)$ gezogene Gerade. In diesem Falle ist also der Punkt L durch eine Gerade (Strecke) mit gegebener Richtung ersetzt.

Anmerkung. Mit dieser Modification geht die vorige Aufgabe in folgende über: An eine Hyperbel die Tangenten zu ziehen, welche einer gegebenen Geraden parallel sind. — Da P ausserhalb des Berührungskreises liegt, so wird die in P auf $P — L$ errichtete Senkrechte den Kreis nicht immer schneiden; die Aufgabe hat demnach, wie leicht zu sehen, zwei, eine, oder keine Lösung, jenachdem der spitze Winkel, welchen die gegebene Gerade mit der Hauptaxe bildet, grösser, gleich oder kleiner ist als der spitze Winkel, den die Tangente eines unendlich entfernten Punktes mit der Hauptaxe bildet.

Die zu den beiden unendlich entfernten Punkten der Hyperbel gehörigen Tangenten heissen *Asymptoten*. Da die Asymptote diejenige durch B gezogene Linie ist, welche mit $(O — A)$ parallel ist (denn beide Linien stehen auf $(A — P)$ senkrecht), so geht sie auch durch M, weil, wie oben bemerkt, $(M — B)$ stets parallel $(O — A)$ ist. *Beide Asymptoten schneiden sich also im Mittelpunkte der Curve.*

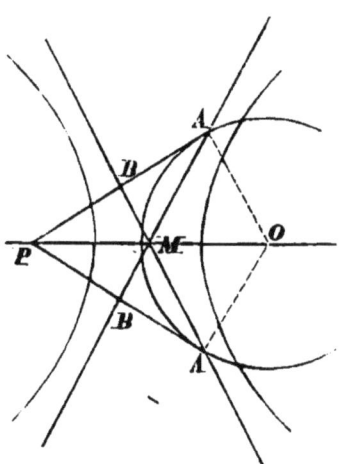

Fig. 11.

Anmerkung. Aus der Definition der unendlich entfernten Punkte und der Tangenten der Hyperbel folgt die Construction der Asymptoten. Man lege aus dem Brennpunkte P die Tangenten $(P — A)$ an den Leitkreis, und errichte in der Mitte derselben (B) senkrechte Linien.

Wenn X' der Endpunkt des durch X gezogenen Durchmessers ist, so sind die beiden Linien, welche die Winkel der von X und X' ausgehenden Leitstralen halbiren, parallel;

dies sind aber die Tangenten; man hat also den Satz: *Die beiden in den Endpunkten eines Durchmessers gezogenen Tangenten sind parallel.*

Die aus den Brennpunkten auf diese Tangenten gefällten Senkrechten haben, wie schon gezeigt, die Eigenschaft, dass ihre Fusspunkte (B, C', B', C'') auf der Peripherie des die Hyperbel in S und S' berührenden Kreises liegen; also ist für jeden Punkt der Hyperbel ($B - C$) eine durch P gehende Secante dieses Kreises; und das Product der numerischen Werthe von ($P - B$) und ($P - C'$) ist (nach „Raumlehre" Nr. 99) constant. Da nun, wie leicht zu sehen, ($P - C''$) $= (C' - O)$, so kann man sagen, *dass das Product der numerischen Werthe der von den Brennpunkten auf eine beliebige Tangente gefällten Senkrechten constant ist.*

26. Jeder Punkt einer Tangente ist gleichweit entfernt von dem Brennpunkte (P) und dem Leitpunkte (A) des Berührungspunktes. Wenn daher X und X_1 zwei beliebige Punkte der Curve sind, A und A_1 ihre Leitpunkte, und L der Durchschnittspunkt ihrer Tangenten, so ist:

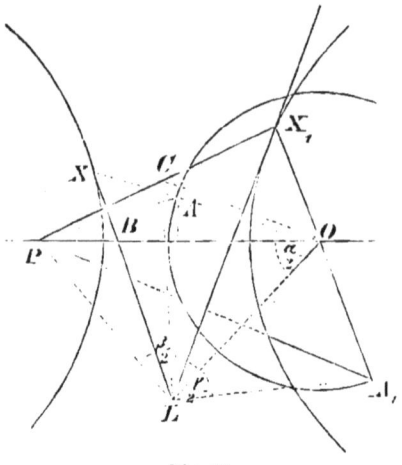

$$(L - A_1)i^\gamma = (L - P);$$
$$(L - P)i^{-\beta} = (L - A);$$

also:

$$(L - A_1)i^{\gamma - \beta} = (L - A).$$

Ferner:

$$(O - A)i^\alpha = (O - A_1).$$
$$(O - L) + (L - A) + (A - O) = 0;$$
$$(O - L) + (L - A_1) + (A_1 - O) = 0,$$

Fig. 12.

oder, wenn man ($L - A_1$) und ($A_1 - O$) durch die eben gefundenen Werthe ersetzt:

$$(O - L) + (L - A)i^{\beta - \gamma} + (A - O)i^\alpha = 0.$$

Folglich ist das Dreieck der Punkte OLA_1 symmetrisch mit dem der Punkte OLA, und ($O - L$) bildet gleiche Winkel mit ($O - A$) und ($O - A_1$). (Vgl. „Raumlehre" Nr. 92.) Man kann also sagen: *Verbindet man die Leitpunkte der Berührungs-*

*punkte zweier Tangenten mit deren Schnittpunkte, so wird der
Winkel dieser Verbindungslinien durch denjenigen Radius des
Leitkreises halbirt, welcher durch den Schnittpunkt der Tan-
genten geht.*

Aus $(L - A) + (A - O) + (O - L) = 0$ folgt:
$$(L - A)\,i^3 + (A - O)\,i^3 + (O - L)\,i^3 = 0.$$

Nun ist
$$(L - A)\,i^3 = (L - P).$$

Sei ferner:
$$(A - O)\,i^3 = (P - C),$$

so folgt:
$$(O - L)\,i^3 = (C - L).$$

Also ist der Winkel der Strecken $(L - A)$ und $(L - P)$
gleich dem der Strecken $(L - O)$ und $(L - C)$. Ferner ist C
der Leitpunkt von X_1 in dem aus P beschriebenen Leitkreise.
Man kann also sagen: *Construirt man zu jedem von zwei
Punkten der Hyperbel den Leitpunkt in einem anderen Leitkreise, und verbindet den Schnittpunkt der beiden in jenen
Punkten gezogenen Tangenten mit den Brennpunkten und den
beiden Leitpunkten, so sind die Winkel zwischen einer Verbindungslinie der ersten und einer der zweiten Art einander
gleich.* — Der Winkel der Tangenten ist $\frac{\gamma - \beta}{2}$, der Winkel
der nach den Leitpunkten gezogenen Geraden ist $\frac{\gamma - 3\beta}{2}$.
Man sieht ferner, *dass die Winkel $X_1 LX$ und OLP dieselbe
Halbirungslinie haben.*

Derjenige Winkel der Asymptoten, zwischen dessen
Schenkeln die beiden Zweige der Hyperbel liegen, heisst der
Asymptotenwinkel. — Von den durch M gezogenen Geraden
schneiden nur diejenigen, welche die Asymptotenwinkel theilen, die Curve in 2 Punkten, die Asymptoten selbst (als
Tangenten) treffen die Curve in je einem Punkte, alle übrigen
durch M gezogenen Geraden treffen sie gar nicht. — Aus
dem Begriff der Asymptoten folgt ferner: *Zwei Tangenten,
die an denselben Hyperbelzweig gezogen sind, schneiden sich
in einem Punkte, der mit diesem Zweige zwischen den Schenkeln desselben Asymptotenwinkels liegt; zwei Tangenten, die an
verschiedene Hyperbelzweige gezogen sind, schneiden sich in
einem Punkte, der ausserhalb der Schenkel der Asymptoten-*

winkel liegt. Umgekehrt: *Die Tangenten, welche von einem Punkte innerhalb der Schenkel des Asymptotenwinkels ausgehen, treffen beide den in demselben Raume liegenden Hyperbelzweig; die Tangenten, welche von einem Punkte ausserhalb der Schenkel des Asymptotenwinkels ausgehen, treffen jede einen anderen Zweig der Hyperbel.*

Unsere letzte Betrachtung setzte, wie die Figur zeigt, den zweiten dieser beiden Fälle voraus. Wenn die beiden Tangenten aus L an denselben Hyperbelzweig gehen, so hat man nur β überall mit entgegengesetztem Vorzeichen zu versehen, wodurch alle Formeln mit den analogen für die Ellipse geltenden identisch werden.

Specielle Fälle. 1) $\gamma - \beta = 2$. — Dann ist $(L - A)$ $= - (L - A_1)$; d. h.: die Punkte $A_1 L A$ liegen in einer Geraden, und der Winkel der Tangenten ist ein Rechter. — Da der Asymptotenwinkel stets kleiner ist als der Winkel zweier an denselben Hyperbelzweig gezogener Tangenten, so kann der letztere nur dann ein Rechter sein, wenn der erstere spitz ist. Und da der Nebenwinkel des Asymptotenwinkels stets grösser ist, als der Winkel zweier an verschiedene Hyperbelzweige gezogener Tangenten, so kann der letztere nur dann ein Rechter sein, wenn der erstere stumpf ist. — Ueberhaupt also kann der Winkel zweier Tangenten nur dann ein Rechter sein, wenn der Asymptotenwinkel spitz ist. — Ist dieser Winkel ein Rechter, so sind die Asymptoten selbst die zugehörigen Tangenten. — Je nach der Beschaffenheit des Asymptotenwinkels kann man die Hyperbel selbst *spitzwinklig, rechtwinklig* oder *stumpfwinklig* nennen.

2) $\alpha = 2$. — Dann ist $(O - A_1) = - (O - A)$; d. h. die Punkte $A_1 O A$ liegen in gerader Linie, mithin auch $X_1 O X$; d. h. die Verbindungslinie der Berührungspunkte geht durch den Brennpunkt O.

27.   *Anwendung der inneren Multiplication.* — (Vgl. Nr. 20.) Im ersten der soeben erwähnten speciellen Fälle ist der Winkel der Strecken $(L - O)$ und $(L - A)$ ein Rechter, mithin:

$$(L - O)^2 + (L - A)^2 = (O - A)^2,$$

oder, da numerisch $(L - A) = (L - P)$, und ferner $(O - A) = r$ ist:

$$(L - O)^2 + (L - P)^2 = r^2\,.$$

Also liegen alle diejenigen Punkte, in denen zwei Tangenten der Hyperbel sich unter rechtem Winkel schneiden, auf einer Kreislinie mit dem Mittelpunkt M.

Anmerkung. Bezeichnet man numerisch die Hauptaxe mit a, die Entfernung der Brennpunkte mit c, und setzt $c^2 - r^2 = b^2$, so ist $\left(\dfrac{c}{2}\right)^2 - \left(\dfrac{b}{2}\right)^2 = \left(\dfrac{a}{2}\right)^2 = \left(\dfrac{r}{2}\right)^2$. Und wenn μ der Radius der eben erwähnten Kreislinie ist, so ist $r^2 = 2\mu^2 + 2\left(\dfrac{c}{2}\right)^2$; folglich $a^2 = 2\mu^2 + \dfrac{c^2}{2}$; $2\mu^2 = a^2 - \dfrac{c^2}{2} = a^2 - \left(\dfrac{a^2 + b^2}{2}\right) = \dfrac{a^2 - b^2}{2}$; endlich $\mu = \frac{1}{2}\sqrt{a^2 - b^2}$. — Der Radius μ ist also reell, imaginär, oder Null, jenachdem $a >, <, = b$ ist. Im letzten Falle ist M der einzige Punkt, in welchem sich zwei Tangenten unter rechtem Winkel schneiden; und da die aus M gezogenen Tangenten die Asymptoten sind, so stehen diese senkrecht auf einander; d. h. die Hyperbel ist rechtwinklig. (Die rechtwinklige Hyperbel entspricht als specieller Fall der allgemeinen Hyperbel ebenso wie der Kreis der Ellipse.) Ist $a > b$, so ist die Hyperbel spitzwinklig, und wenn $a < b$, stumpfwinklig.

Im *zweiten* Fall ist der Winkel der Strecken $(O - L)$ und $(O - A)$ ein Rechter, mithin:

$$(L - A)^2 - (L - O)^2 = (O - A)^2\,,$$

oder, da numerisch $(L - A) = (L - P)$, und ferner $(O - A) = r$ ist:

$$(L - P)^2 - (L - O)^2 = r^2\,.$$

Also liegen alle diejenigen Punkte, in denen zwei Tangenten sich schneiden, deren Berührungspunkte mit einem Brennpunkte in gerader Linie liegen, in einer auf der Hauptaxe senkrecht stehenden Geraden. — Diese Gerade heisst die *Directrix* der Hyperbel. Eine zweite Directrix entspricht dem Brennpunkte P. — Diejenige durch einen Brennpunkt gehende Sehne, welche der Directrix parallel ist, heisst *Parameter* der Hyperbel.

Wenn die in X gezogene Tangente die beiden Directrix- 28. Linien resp. in L und L_1 trifft, so ist das Dreieck XLO ähnlich dem Dreieck XL_1P, da die Winkel bei X gleich sind (Nr. 25), und die Winkel bei O und P Rechte sind.

4*

(Vgl. „Raumlehre" Nr. 137.) Folglich ist numerisch

$$\frac{O - X}{P - X} = \frac{L - X}{L_1 - X} = \frac{H - X}{H_1 - X},$$

da auch die Dreiecke HLX und $H_1 L_1 X$ ähnlich sind. Weiter folgt: $\dfrac{O - A}{P - X} = \dfrac{H - H_1}{H_1 - X}$; oder: $\dfrac{H_1 - X}{P - X} = \dfrac{H - H_1}{O - A}$; d. h.

Für jeden Punkt der Hyperbel ist das Verhältniss seiner Entfernungen von einer Directrix und dem zugehörigen Brennpunkt eine constante Grösse, nämlich gleich dem Verhältniss zwischen der Entfernung der beiden Directrix-Linien und der

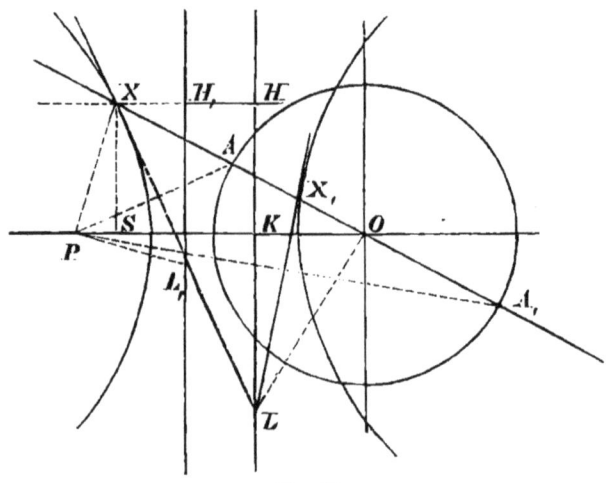

Fig. 13.

Hauptaxe. — Sei K der Schnittpunkt der Directrix (zu O) mit der Hauptaxe, so ist numerisch $(K - P)^2 - (K - O)^2 = r^2$, oder, wenn $(O - P) = c$ gesetzt wird:

$$(K - O)^2 - 2c(K - O) + c^2 - (K - O)^2 = r^2;$$

d. h.: $(K - O) = \dfrac{c^2 - r^2}{2c}$; ferner $(H - H_1) = c - 2(K - O) = \dfrac{r^2}{c}$;

folglich: $\dfrac{H - H_1}{O - A} = \dfrac{r}{c}$. — Aus den obigen Gleichungen folgt:

$$\frac{H - X}{O - X} = \frac{H_1 - X}{P - X} = \frac{H - H_1}{O - A} = \frac{r}{c},$$

oder, wenn $(X - S) = (H - K)$ gemacht wird:

$$\frac{K - S}{O - X} = \left((O - S) - \frac{c^2 - r^2}{2c} \right) : (O - X) = \frac{r}{c}.$$

Wenn endlich $(O - X) = \varrho$, und der Winkel zwischen ϱ und $(O - K)$ gleich φ gesetzt wird, so geht die letzte Gleichung über in: $\cos \varphi - \dfrac{c^2 - r^2}{2c\varrho} = \dfrac{r}{c}$; oder $\varrho = \dfrac{r^2 - c^2}{2(r - c\,.\,\cos \varphi)}$. Sei $\dfrac{p}{2}$ der Werth, den ϱ für $\varphi = 1$ Rechter annimmt, so ist $p = \dfrac{r^2 - c^2}{r}$. Setzt man diesen Werth in die Gleichung für ϱ ein, so folgt, wenn man noch $\dfrac{c}{r} = e$ setzt: $\varrho = \dfrac{p}{2(1 - e\,.\,\cos \varphi)}$. Diese Gleichung heisst die *Polargleichung* der Hyperbel; e die *Excentricität*, und p ist, wie leicht zu sehen, der Parameter. — Die Polargleichung lässt sich in eine auf rechtwinklige Coordinatenaxen bezogene Gleichung umwandeln durch die Substitutionen $x = \varrho\,.\,\cos \varphi$; $y = \varrho\,.\,\sin \varphi$.

Es seien $(X - X')$ und $(Y - Y')$ zwei beliebige Durch-**29.** messer der Hyperbel; dann sind ihre Endpunkte die Ecken eines Parallelogramms, weil $(Y - X) = (Y - M) + (M - X) = (M - Y') + (X' - M) = (X' - Y')$ ist. Aber auch die in diesen Endpunkten gezogenen Tangenten bilden ein Parallelogramm (vgl. Nr. 25 am Ende). Und der in Nr. 22 aufgestellte elementare Satz lehrt folgendes: *Die Diagonalen eines der Hyperbel umschriebenen Parallelogramms schneiden sich im Mittelpunkt der Curve, sind also Durchmesser* (sofern man den Begriff des Durchmessers auch auf diejenigen durch M gehenden Geraden

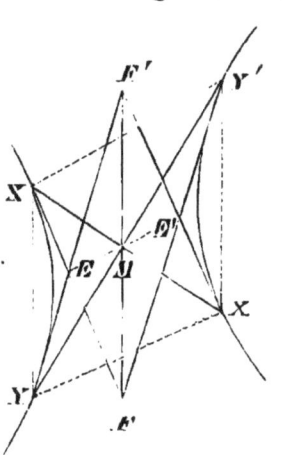

Fig. 11.

erweitert, welche die Curve nicht schneiden). Zwei solche Durchmesser heissen *conjugirte Durchmesser*.

3. Bewegungsgesetz $r_1 \pm r_2 = \infty$. — Die Parabel.

Die Erzeugung der Ellipse und der Hyperbel beruhte **30.** auf der gemeinsamen Voraussetzung, dass der Radius des Leitkreises eine endliche Grösse habe. Halten wir den Durchschnittspunkt dieses Kreises mit der durch O und P bestimmten Geraden O fest, lassen aber den Punkt O sich von diesem

Durchschnittspunkte auf der Geraden in's Unendliche entfernen, so geht der Leitkreis in eine auf der Geraden O senkrecht stehende gerade Linie über, r wächst in's Unendliche, und die Lage eines Punktes X der zu erzeugenden Curve wird jetzt durch das Gesetz bestimmt, *dass X von P und von der Leitlinie jederzeit gleichweit entfernt sei.* Da in der Lage des Punktes P dieser Geraden gegenüber kein Gegensatz zwischen „innerhalb" und „ausserhalb" mehr stattfindet, so bildet die von X beschriebene Curve einen speciellen Fall sowohl der Ellipse als der Hyperbel. (Wenn P auf der Leitlinie liegt, so erhält man wie früher die in P auf letzterer senkrecht stehende Gerade O als Weg des Punktes X.) Endlich ist klar, dass die durch O und X gehende Gerade, welche früher um den Punkt O sich drehte, jetzt parallel mit der Geraden O vorwärts rücken wird. (Vgl. Nr. 3.) — Im Allgemeinen ergeben sich die Eigenschaften der Parabel aus denen der Ellipse oder Hyperbel durch die eben erwähnte Specialisirung.

Wenn eine Gerade parallel mit einer festen Geraden O sich vorwärts schiebt, und ein auf ihr befindlicher Punkt X sich inzwischen so auf ihr bewegt, dass er von einer auf O senkrecht stehenden festen Geraden und einem auf O liegenden Punkte P stets gleichweit entfernt ist, so heisst die von X beschriebene Linie *Parabel*. Die Gerade O heisst *Axe* der Parabel.

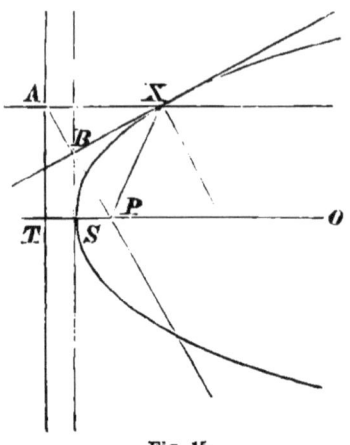

Jeder Lage der sich schiebenden Geraden entspricht ein Punkt X der Parabel, aber auch ein Punkt A der *Leitlinie*. Zu jedem Punkte der letzteren gehört also ein Punkt der Parabel. Daher heisst A der *Leitpunkt* zu X.

Man findet X, indem man durch A die Parallele zu O zieht,

Fig. 15.

und in der Mitte der Verbindungslinie von A und P die Senkrechte errichtet. Der Durchschnittspunkt der beiden Geraden ist X.

Da die Entfernung des Punktes X von der Leitlinie eine

eindeutige Grösse ist, so *hat die durch X (d. h. jede) mit O gezogene Parallele auch nur einen Punkt mit der Parabel gemeinsam.* Man kann jedoch die Richtung dieser Parallelen selbst den unendlich entfernten Punkt der Parabel nennen, und dann sagen, *der zweite gemeinsame Punkt sei dieser unendlich entfernte Punkt.*

Aus der Entstehung der Curve folgt ferner, dass bei der unbegrenzten Vorwärtsbewegung der erzeugenden Geraden auch X sich mit derselben in's Unendliche von O entfernt, ebenso aber auch von der Leitlinie. Die Parabel ist also eine, wie die Ellipse, aus *einem* Zuge bestehende, aber, wie die Hyperbel, unbegrenzte Curve.

Da zu jedem Punkte X der Parabel der entsprechende Punkt X' mit dem unendlich entfernten Punkte zusammenfällt, so vertreten die durch Punkte der Parabel mit der Geraden O gezogenen Parallelen die Stelle der *Durchmesser*, und der *Mittelpunkt* liegt im Unendlichen.

Der Punkt P heisst *Brennpunkt* der Parabel, und die von X nach P, und parallel mit O (nach dem unendlich entfernten Brennpunkt O) gezogenen Linien (r_2 und r_1) *Leitstralen.*

Sei S der Durchschnittspunkt der Parabel mit ihrer Axe, und T sein Leitpunkt, so ist

$$S = \frac{P + T}{2};$$

d. h.: *Der Durchschnittspunkt der Parabel mit ihrer Axe liegt in der Mitte zwischen seinem Leitpunkt und dem Brennpunkte.*

Während die erzeugende Gerade sammt dem Punkte A **31.** in fortwährender Lagenänderung begriffen ist, dreht sich die Strecke ($B - X$) um den Punkt P, ohne jemals in eine vorige Richtung zurückzukehren. Denn in dem Masse, als A nach der einen oder anderen Seite sich von T entfernt, nähert sich ($B - X$) der zu (O) parallelen, resp. entgegengesetzten Richtung, und macht also überhaupt nur eine halbe Umdrehung. — Demnach kann die durch ($B - X$) bestimmte Gerade in jeder Richtung nur *einen* Punkt mit der Curve gemeinsam haben, und heisst daher *Tangente* der Parabel.

Die Tangente beschreibt im Verlauf ihrer Drehung denjenigen Theil der Ebene, welcher den Brennpunkt der Parabel nicht enthält. Sie *umhüllt* die Parabel und kann als erzeugendes Gebilde derselben angesehen werden. Ein Punkt der Ebene liegt auf der *convexen* oder der *concaven* Seite der Parabel, jenachdem er von irgend einer Tangente getroffen wird oder nicht. Man kann also nur von einem auf der convexen Seite der Parabel liegenden Punkte eine Tangente an diese Curve ziehen.

Die Tangente im Punkte X steht senkrecht auf der Linie, welche den Winkel der zugehörigen Leitstralen halbirt, und letztere bilden gleiche Winkel mit ihr.

Die Tangente im Endpunkte der Axe (Scheitel) steht auf dieser senkrecht.

Da der Kreis, welcher die Ellipse, resp. Hyperbel in den Endpunkten ihrer Hauptaxe berührte, für die Parabel in ihre Scheiteltangente übergeht, so folgt weiter der Satz: *Die Fusspunkte der vom Brennpunkte auf beliebige Tangenten gefällten Senkrechten liegen auf der Scheiteltangente.*

Wenn L ein beliebiger Punkt der Tangente ist, so ist das Dreieck der Punkte $L B P$ stets rechtwinklig, also liegt B auf der über $(L — P)$ beschriebenen Kreislinie, mithin da wo diese Kreislinie von der Scheiteltangente getroffen wird. Im Allgemeinen also liefert ein Punkt zwei Tangenten an die Parabel.

Anmerkung. Hieraus folgt die Construction der Tangenten von einem beliebigen Punkte L, an die Parabel.

Rückt L in unendliche Ferne, so geht die erwähnte Kreislinie über in eine durch P auf $(P — L)$ senkrecht gezogene Gerade. Da diese Gerade mit der Scheiteltangente nur *einen* Punkt gemeinsam hat, so kann man nur *eine* Tangente parallel zu einer gegebenen Richtung an die Parabel ziehen.

Anmerkung. Die Construction dieser Tangente geht aus dem eben Gesagten hervor.

32.   Jeder Punkt einer Tangente ist gleichweit entfernt von dem Brennpunkt und dem Leitpunkt des Berührungspunktes. Wenn daher X und X_1 zwei beliebige Punkte der Curve sind, A und A_1 ihre Leitpunkte, und L der Schnittpunkt ihrer Tangenten, so ist das Dreieck der Punkte $L A A_1$ gleichschenklig, und der Winkel an der Spitze desselben wird durch

die aus L auf die Leitlinie gefällte Senkrechte halbirt. Oder: *Verbindet man die Leitpunkte der Berührungspunkte zweier Tangenten mit deren Schnittpunkte, so wird der Winkel dieser Verbindungslinien durch den-*

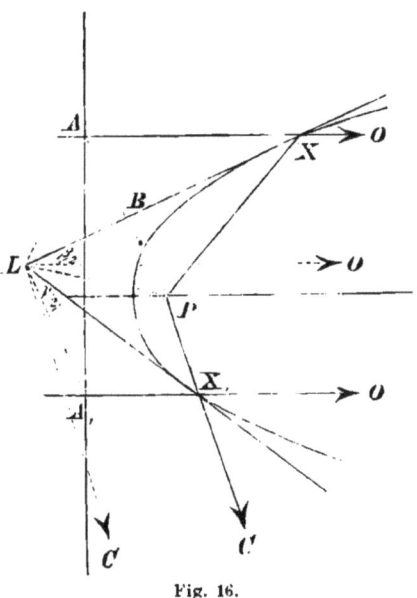

jenigen der Axe parallelen Leitstral halbirt, welcher durch den Schnittpunkt der Tangenten geht.

Sei O die Richtung der Axe, und C diejenige einer Geraden, die so bestimmt ist, dass, wenn

$$(L - A)i^{-\beta} = (L - P),$$

dann auch

$$(A - O)i^{-\beta} = (P - C)$$

ist. Dann folgt:

$$(L - O)i^{-\beta} = (L - C).$$

Und nach Analogie mit den entsprechenden Sätzen der Ellipse und der Hyperbel wird man schliessen, dass C der

Fig. 16.

Leitpunkt von X_1 auf einer unendlich entfernten, auf $(P - X_1)$ senkrechten Geraden ist, die man als Leitlinie mit dem Centrum P betrachten kann. Dann gestattet die letzte Formel folgende Fassung: *Verbindet man den Durchschnittspunkt L zweier Tangenten an die Parabel einerseits mit dem Brennpunkt P und dem unendlich fernen Punkt O, andrerseits mit dem Leitpunkt des einen Berührungspunktes (X) und dem unendlich fernen Punkte der Geraden $(P - X_1)$, so sind die Winkel zwischen einer Verbindungslinie der ersten und einer der zweiten Art einander gleich.* — Der Winkel der Tangenten ist $\frac{\beta + \gamma}{2}$, der Winkel der nach den Punkten A und C gezogenen Geraden ist $\frac{3\beta + \gamma}{2}$. Man sieht ferner, *dass die Winkel $X_1 L X$ und $O L P$ dieselbe Halbirungslinie haben.*

Der Winkel der von L nach C und P gezogenen Geraden ist also $\frac{3\beta + \gamma}{2} - \beta = \frac{\beta + \gamma}{2}$; mithin der Winkel der von P

nach X_1 und L gezogenen Geraden $2R - \frac{\beta + \gamma}{2}$. — Andrerseits ist der Winkel der Geraden $(L - A)$ und $(L - O)$ gleich $\frac{\beta + \gamma}{2}$; mithin der von $(A - L)$ und $(A - O)$, oder von $(P - L)$ und $(P - X)$ gleich $2R - \frac{\beta + \gamma}{2}$.

Specielle Fälle. 1) $\beta + \gamma = 2$. — Dann ist $(L - A)$ $= -(L - A_1)$; d. h. die drei Punkte $L A A_1$ liegen auf einer Geraden, und da A und A_1 stets auf der Leitlinie liegen, so ist diese selbst die erwähnte Gerade. Da jetzt der Winkel der Tangenten ein Rechter ist, so hat man den Satz: *Die von irgend einem Punkte der Leitlinie an die Parabel gezogenen Tangenten bilden einen rechten Winkel.*

Da nun die Winkel, welche $(P - L)$ mit $(P - X)$ und $(P - X_1)$ bildet, beide Rechte sind, so liegen die drei Punkte $P X X_1$ in gerader Linie; mithin haben wir den Satz: *Die Berührungssehne der von einem Punkte der Leitlinie an die Parabel gezogenen Tangenten geht durch den Brennpunkt.*

Hiernach gehen die beiden, an entsprechender Stelle bei der Ellipse und Hyperbel angenommenen speciellen Fälle bei der Parabel in einen einzigen über; und wenn wieder die aus dem zweiten dieser Fälle hervorgehende Gerade *Directrix* genannt wird, so kann man sagen, dass für die Parabel die Directrix mit der Leitlinie zusammenfällt. — Diejenige durch den Brennpunkt gehende Sehne, welche der Directrix parallel ist, heisst *Parameter* der Parabel.

Für jeden Punkt der Parabel ist das Verhältniss seiner Entfernungen von der Directrix und dem Brennpunkte gleich 1. — Sei K der Schnittpunkt der Axe mit der Directrix, ferner ϱ der numerische Werth der Strecken $(A - X)$, $(P - X)$, φ der Winkel zwischen $(P - X)$ und $(P - K)$, so ist

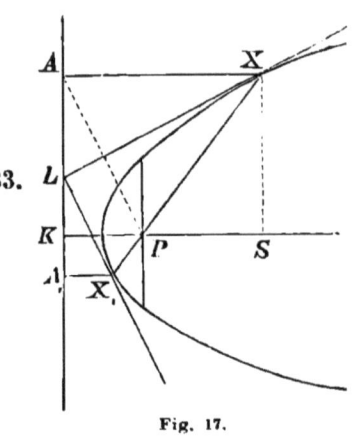

33.

Fig. 17.

$(P - S) = \varrho - (K - P)$; andrerseits: $(P - S) = - \varrho \cdot \cos \varphi$; folglich $\varrho - (K - P) = - \varrho \cdot \cos \varphi$, oder $\varrho (1 + \cos \varphi)$

$= (K - P)$. Sei $\frac{p}{2}$ der Werth, den ϱ für $\varphi = 1$ Rechter annimmt, so ist $\frac{p}{2} = (K - P)$; also $\varrho = \dfrac{p}{2\,(1 + \cos \varphi)}$. Diese Gleichung heisst die *Polargleichung* der Parabel; p ist der Parameter. Sie geht aus derjenigen der Ellipse oder Hyperbel hervor, wenn man dort $e = \pm 1$ setzt. Daher stellt die Gleichung $\varrho = \dfrac{p}{2\,(1 + e \cos \varphi)}$, wenn man darin e von $+1$ bis -1 variiren lässt, folgende Curven dar:

$p = (+1)$, $<(+1)$ u. >0, $=0$, <0 u. $>(-1)$, $=(-1)$
Parabel,　　Ellipse,　　Kreis,　　Hyperbel,　　Parabel.

Zweite Abtheilung.
Die Projectivität von Punkten und Linien.

Der Begriff der Involution von Punkten und Linien, nebst 31. den Gleichungen, welche zwischen involutorischen Gebilden bestehen, wurde in der „Raumlehre" Nr. 171 aufgestellt, und es wurde in Nr. 185 und 186 gezeigt, dass mittelst des Begriffes der reciproken Verwandtschaft jeder durch eine Gleichung zwischen Punkten darstellbare Satz einen reciproken Satz nach sich zieht, welcher durch eine Gleichung zwischen Linientheilen dargestellt wird. — Im Folgenden sollen nun die verschiedenen projectivischen Beziehungen zwischen Punkten und Linien abgeleitet werden, und es wird der Begriff der Reciprocität in der Weise verwendet werden, dass jedem Satze sein reciproker gegenüber gestellt wird.*)

*) Um dem Gegenstande dieser, wie dem der folgenden Abtheilung seine Stelle im „*System der Raumlehre*" anzuweisen, erscheint es zweckmässig, die dort gegebene Reihenfolge der Gegenstände in folgender Weise zu ändern:
　II. Grössen im Gebiete der Ebene.
　　A. Abgeleitet aus einer beweglichen Geraden.
　α. Einfache Bewegung (S. 23—69).
　β. Zusammengesetzte Bewegung (*Abth.* 1. *des vorliegenden Buches*).
　　B. Abgeleitet aus mehreren festen Strecken oder Punkten.
　　1. Einfache Grössen.
　a) Einzelne Grössen (S. 70—129).

1. Halbirungspunkte und Halbirungslinien.

35.   Betrachten wir zuerst den speciellen Fall, dass von vier harmonischen Punkten auf einer Geraden der eine, D, in unendliche Ferne gerückt sei, dann halbirt der ihm zugeordnete Punkt B die Strecke zwischen den beiden anderen, A und C, und man hat:

$$B = \frac{A + C}{2}; \quad D = \frac{A - C}{2},$$

wobei D ein Punkt mit dem Coefficienten 0, d. h. eine Strecke oder ein unendlich ferner Punkt ist.

Sind nun $abcd$ vier durch die Punkte $ABCD$ resp. gehende harmonische Linien, von der Art, dass b auf der Geraden der vier Punkte senkrecht steht, so halbirt b den Winkel der Geraden $+ a$ und $+ c$, und d denjenigen der Geraden $+ a$ und $- c$. (Vgl. „Rauml." S. 80 unten.)

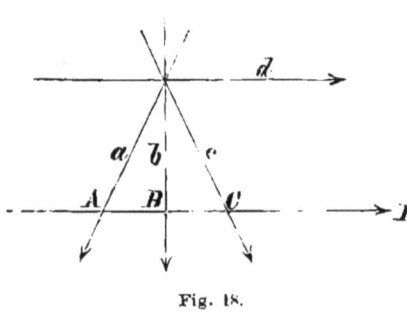

Fig. 18.

Nun ist aber vermöge der reciproken Verwandtschaft:

$$b = \frac{a + c}{2}; \quad d = \frac{a - c}{2};$$

man kann also sagen, dass die Halbirungslinie des Winkels zweier Geraden $+ a$ und $+ c$ dargestellt werde durch $\frac{a + c}{2}$.*)

Ist die Richtung von b eine andere, so sind b und d nicht mehr die Halbirungslinien der Winkel $(+ a, + c)$ und $(+ a, - c)$, sondern es besteht nur die allgemeine Gleichung:

b) Vereine von Grössen (S. 133—137, 141—153. *Abtheilung 2. des vorliegenden Buches*).

2. Zusammengesetzte Grössen (S. 129—133, 137—141. *Abthlg. 3 des vorliegenden Buches*).

*) Wenn sonst die Halbirungslinie b des Winkels zweier Geraden a, c (ihre Mittelrichtung) durch $b = \sqrt{a\,c}$ bezeichnet wird (vgl. „Raumlehre" Nr. 83), so stellen die Buchstaben abc in dieser Formel die Geraden *nur ihrer Richtung, nicht ihrer Lage nach* dar. Jene Bezeichnung ist also in den gegenwärtigen Untersuchungen, wo es wesentlich mit auf die Lage der Geraden ankommt, nicht mehr ausreichend.

$$\frac{\sin\ (ba)}{\sin\ (bc)} = -\frac{\sin\ (da)}{\sin\ (dc)}.$$

Es gelten daher die Sätze von Halbirungslinien der Winkel ebensowohl von allen Linien, welche die Winkel so theilen, dass das Verhältniss der Sinus der beiden Theile für alle Winkel dasselbe ist. Des bequemeren Wortausdruckes wegen soll jedoch im Folgenden der Ausdruck „Halbirungslinie" (für welchen jenes Verhältniss den Werth 1 hat) beibehalten werden.

Wenn ABC drei Punkte der Ebene sind, und abc die durch die Linientheile BC, CA, AB resp. bestimmten Ge-

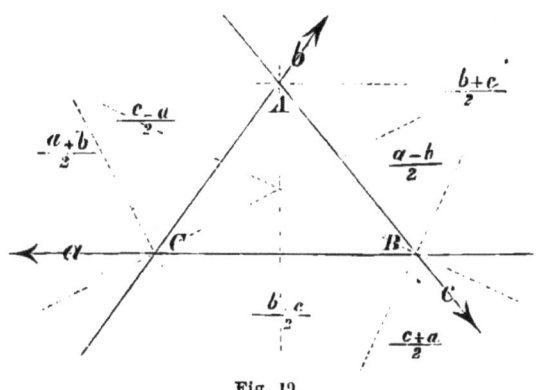

Fig. 19.

raden, so lassen sich a, b, c mit A, B, C reciprok verwandt setzen, und man erhält folgende identische Gleichungen und Lehrsätze (s. zuerst die Anmerkung am Schluss dieser Sätze):

$$\frac{A-B}{2} + \frac{B-C}{2} + \frac{C-A}{2} = 0.$$

Die unendlich entfernten Punkte auf den Seitenlinien eines Dreiecks liegen auf einer (unendlich fernen) Geraden. (Vgl. Nr. 120.)

$$-\left(\frac{A+B}{2}\right) + \left(\frac{B-C}{2}\right) + \left(\frac{C+A}{2}\right) = 0.$$

Die Verbindungslinie der Mitten zweier Seiten eines Dreiecks ist

$$\frac{a-b}{2} + \frac{b-c}{2} + \frac{c-a}{2} = 0.$$

Die Halbirungslinien der inneren Winkel eines Dreiecks schneiden sich in einem Punkte.

$$-\left(\frac{a+b}{2}\right) + \left(\frac{b-c}{2}\right) + \left(\frac{c+a}{2}\right) = 0.$$

Die Halbirungslinien zweier äusseren und des dritten inne-

der dritten Seite parallel (liegt auf derselben Geraden mit dem unendlich fernen Punkte der dritten Seite).

$$3M = (A+B)+C = (B+C) \\ + A = (C+A)+B.$$

Die drei Transversalen eines Dreiecks schneiden sich in einem Punkte (M).

$$N = (A+B)-C = (B-C) \\ + A = (A-C) + B.$$

Eine Transversale und die aus den zwei anderen Ecken mit den Gegenseiten gezogenen Parallelen schneiden sich in einem Punkte (N).

ren Winkels eines Dreiecks schneiden sich in einem Punkte.

$$3m = (a+b)+c = (b+c) \\ + a = (c+a)+b.$$

Die Punkte, in welchen die Halbirungslinien der Aussenwinkel eines Dreiecks die Gegenseiten schneiden, liegen in einer Geraden (m).

$$n = (a+b)-c = (b-c) \\ + a = (a-c)+b.$$

Die Punkte, in welchen die Halbirungslinien zweier inneren und des dritten äusseren Winkels eines Dreiecks die Gegenseiten schneiden, liegen in einer Geraden (n).

Anmerkung. Was die Uebertragung der Formeln in Worte betrifft, so sagen die beiden ersten Formeln aus, dass drei Punkte, zwischen denen eine Zahlbeziehung besteht, in einer Geraden liegen, resp. dass drei Geraden mit gleicher Eigenschaft durch *einen* Punkt gehen. — Die beiden letzten Formeln sagen erstens aus, dass ein Punkt (M, N) aus drei Punktepaaren gleichzeitig ableitbar ist, woraus folgt, dass die jene Punktepaare verbindenden Geraden durch denselben Punkt gehen; zweitens sagen die Formeln aus, dass eine Gerade (m, n) aus drei Linienpaaren gleichzeitig ableitbar ist, woraus folgt, dass die Schnittpunkte jener Linienpaare auf derselben Geraden liegen.

2. Harmonische Punktreihen und Stralenbüschel.

36. Wenn A, B, C drei Punkte der Ebene sind, und X ein beliebiger vierter Punkt, welcher durch die Zahlen $m \, n \, p$ aus den vorigen abgeleitet ist, sodass

$$X = mA + nB + pC,$$

so sind die Schnittpunkte $X_1 \, X_2 \, X_3$ der Geraden (AX), (BX), (CX) mit resp. (BC), (CA), (AB), bestimmt durch die Formeln:

$$X_1 = \frac{n}{n+p} B + \frac{p}{n+p} C;$$

$$X_2 = \frac{p}{p+m} C + \frac{m}{p+m} A;$$

$$X_3 = \frac{m}{m+n} A + \frac{n}{m+n} B.$$

(Vgl. „Raumlehre" Nr. 114 ff.) Sind ferner $A_1 B_1 C_1$ die Punkte, in denen (BC), (CA), (AB) resp. von $(X_2 X_3)$, $(X_3 X_1)$, $(X_1 X_2)$ geschnitten werden, so ist

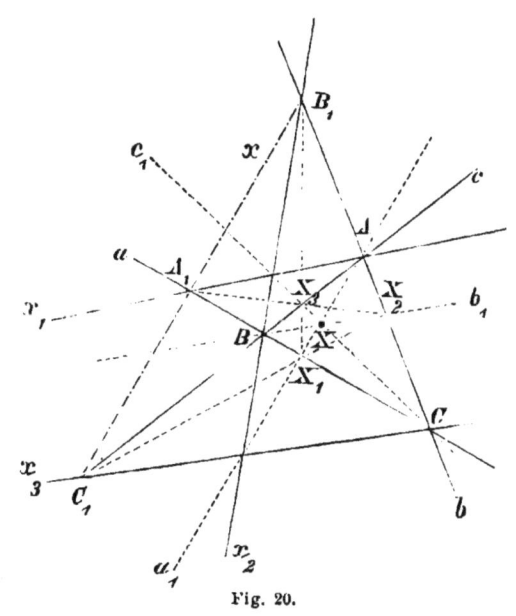

$$(p-n) A_1 = p C - n B;$$

$$(m-p) B_1 = m A - p C;$$

$$(n-m) C_1 = n B - m A;$$

folglich durch Addition:

$$(p-n) A_1 + (m-p) B_1$$
$$+ (n-m) C_1 = 0;$$

d. h.: A_1, B_1 und C_1 liegen in derselben Geraden.

Hieraus folgt reciprok, dass, wenn die Seiten eines Dreiecks von einer beliebigen Ge-

Fig. 20.

raden geschnitten werden, durch eine mit der vorigen reciproke Construction drei Geraden gefunden werden, die sich in einem Punkte schneiden. — Ist die beliebige Gerade diejenige, welche in der letzten Figur durch $A_1 B_1 C_1$ geht, so ist der Schnittpunkt jener drei Geraden wieder X. Denn sei

$$(AB) = c, \quad (BC) = a, \quad (CA) = b,$$
$$(A_1 B_1) = (B_1 C_1) = (C_1 A_1) = x,$$

so ist

$$(ax) = A_1, \quad (bx) = B_1, \quad (cx) = C_1;$$
$$(bc) = A, \quad (ca) = B, \quad ab = C,$$

und wenn folgerecht gesetzt wird:

$$(A_1 A) = x_1, \quad (B_1 B) = x_2, \quad (C_1 C) = x_3,$$

so gehen die Linien (XA), (XB), $(XC$ resp. durch die Punkte $(x_2 x_3)$, $(x_3 x_1)$, $(x_1 x_2)$ *); d. h.: die Verbindungslinien der Punkte (ab) und $(x_1 x_2)$, (bc) und $(x_2 x_3)$, (ca) und $(x_3 x_1)$ gehen durch denselben Punkt X.

Neben dieser allgemeinen Beziehung zwischen den Gebilden X und x ergeben sich für unsere Figur noch weitere Sätze.

1) Da die Linien (XA), (XB), (XC) nicht nur durch die Punkte $(x_2 x_3)$, $(x_3 x_1)$, $(x_1 x_2)$, sondern auch durch X_1, X_2, X_3 gehen, und diese letzteren Punkte die vierten harmonischen Punkte resp. zu $A_1 BC$, $B_1 CA$, $C_1 AB$ sind (nach „Raumlehre" S. 80), so lässt sich das in der letzten Anmerkung erhaltene Resultat in folgenden Sätzen aussprechen:

Werden die Seiten eines Dreiecks von einer Geraden geschnitten, und construirt man zu einem Schnittpunkt auf der zugehörigen Seite den vierten harmonischen Punkt, so geht die Verbindungslinie dieses Punktes mit der gegenüberliegenden Ecke, und die Verbindungslinien der beiden anderen Schnittpunkte mit den gegenüberliegenden Ecken durch denselben Punkt.	*Verbindet man einen Punkt mit den Ecken eines Dreiecks, und construirt zu einer Verbindungslinie durch die entsprechende Ecke die vierte harmonische Linie, so liegt der Schnittpunkt dieser Linie mit der gegenüberliegenden Seite, und die Schnittpunkte der beiden anderen Verbindungslinien mit den gegenüberliegenden Seiten in derselben Geraden.*

2) Addirt man die Formeln:
$$- (n + p) X_1 = - nB - pC,$$
$$(p + m) X_2 = pC + mA,$$
$$(n - m) C_1 = nB - mA,$$

so folgt:
$$(n - m) C_1 + (p + m) X_2 - (n + p) X_1 = 0,$$

---

*) Aus der Formel für A_1 folgt: $nB = pC - (p - n) A_1$; ferner aus der für X: $nB = X - mA - pC$; hieraus: $mA - (p - n) A_1 = X - 2pC$, und da auch $mA - (p - n) A_1 = (m - p) B_1 + nB$ ist, so gehen die Geraden (AA_1), (BB_1), (CX) durch denselben Punkt; desgl.: (BB_1), (CC_1), (AX); (CC_1), (AA_1), (BX).

in Worten:

Werden die Seiten eines Drei-   *Verbindet man einen Punkt*
ecks von einer Geraden ge-   *mit den Ecken eines Dreiecks,*
schnitten, so liegen die zu   *so gehen die zu zweien der*
zweien der Durchschnitts-   *Verbindungslinien durch die*
punkte auf den entsprechenden   *entsprechenden Ecken gelegten*
Seiten construirten vierten har-   *vierten harmonischen Linien*
monischen Punkte mit dem   *mit der dritten Verbindungs-*
dritten Schnittpunkt in gerader   *linie durch denselben Punkt.*
Linie.

3) Aus den Formeln für X, X_1, X_2, X_3 folgt:

$$X = mA + (n+p)X_1 = nB + (p+m)X_2 = pC + (m+n)X_3,$$

in Worten:

Werden die Seiten eines Drei-   *Verbindet man einen Punkt*
ecks von einer Geraden geschnit-   *mit den Ecken eines Dreiecks,*
ten, und construirt man zu   *und construirt zu jeder Ver-*
jedem Schnittpunkt auf der   *bindungslinie durch die ent-*
zugehörigen Seite den vierten   *sprechende Ecke die vierte har-*
harmonischen Punkt, so gehen   *monische Linie, so liegen die*
die Verbindungslinien dieser   *Schnittpunkte dieser Linien mit*
Punkte mit den gegenüberliegen-   *den gegenüberliegenden Seiten*
den Ecken durch denselben Punkt.   *auf derselben Geraden.*

3. Involutorische Punktreihen und Stralenbüschel.

Drei Punktepaare auf einer Geraden (resp. drei durch 37.
einen Punkt gehende Linienpaare) AC, EF, GH sind involutorisch, wenn sie ein gemeinsames harmonisches Paar BD
haben („Raumlehre" Nr. 171). Es bestehen dann die Beziehungen:

$$B = \frac{A - \lambda C}{1 - \lambda} = \frac{E - \mu F}{1 - \mu} = \frac{G - \nu H}{1 - \nu};$$

$$D = \frac{A + \lambda C}{1 + \lambda} = \frac{E + \mu F}{1 + \mu} = \frac{G + \nu H}{1 + \nu},$$

woraus man unter Anwendung der Substitutionen

$$\frac{1 - \lambda}{1 + \lambda} = \lambda_1; \quad \frac{1 - \mu}{1 + \mu} = \mu_1; \quad \frac{1 - \nu}{1 + \nu} = \nu_1$$

leicht findet:

$$A = \frac{D + \lambda_1 B}{1 + \lambda_1}; \quad E = \frac{D + \mu_1 B}{1 + \mu_1}; \quad G = \frac{D + \nu_1 B}{1 + \nu_1};$$

$$C = \frac{D - \lambda_1 B}{1 - \lambda_1}; \quad F = \frac{D - \mu_1 B}{1 - \mu_1}; \quad H = \frac{D - \nu_1 B}{1 - \nu_1}.$$

Sei nun M die Mitte zwischen B und D, sodass

$$M = \frac{D + B}{2},$$

so findet sich:

$$(M - A) = \frac{(B - D)(1 - \lambda_1)}{2(1 + \lambda_1)}; \quad (M - C) = \frac{(B - D)(1 + \lambda_1)}{2(1 - \lambda_1)};$$

also:

$$\frac{2(M - A)}{(B - D)} = \frac{(B - D)}{2(M - C)},$$

oder numerisch:

$$(M - A) \cdot (M - C) = \frac{(B - D)^2}{4}.$$

Ebenso erhält man:

$$(M - E) \cdot (M - F) = (M - G) \cdot (M - H) = \frac{(B - D)^2}{4}.$$

Der Punkt M hat also die Eigenschaft, *dass das numerische Product seiner Entfernungen von zwei zugeordneten Punkten der involutorischen Reihe constant ist, und gleich dem Quadrat der halben Entfernung des gemeinsamen harmonischen Paares.* Vermöge dieser Eigenschaft heisst M das *Centrum der Involution.*

Nehmen wir nun an, dass unter den drei Paaren der involutorischen Reihe das eine, z. B. GH sich auf *einen* Punkt reducire, sodass

$$G = H = P.$$

Dann erhält die Bedingungsgleichung der Involution (s. „Raumlehre" Nr. 171):

$$\lambda^2 = \frac{(G - A)}{(C - H)} \cdot \frac{(A - H)}{(G - C)}$$

folgende Form:

$$\lambda^2 = \frac{(A - P)^2}{(C - P)^2};$$

d. h.:

$$\pm \lambda = \frac{(A - P)}{(C - P)},$$

oder:

$$P = \frac{A \mp \lambda C}{1 \mp \lambda}.$$

Bezeichnen wir die beiden Werthe von P mit P_1 und P_2, so ist

oder:

$$P_1 = \frac{A - \lambda C}{1 - \lambda}; \quad P_2 = \frac{A + \lambda C}{1 + \lambda},$$

$$P_1 = B; \quad P_2 = D.$$

Jeder der beiden Punkte B und D hat also die Eigenschaft, *dass er, als Doppelpunkt betrachtet, mit AC und EF involutorisch ist.*[*)] — Man nennt dieses Verhältniss die *Involution von 5 Punkten*, und die Punkte B und D die *Doppelpunkte* oder *Brennpunkte der Involution*.

Haben also zwei Punktepaare AC und EF das gemeinsame harmonische Paar BD, so sind B und D die Doppelpunkte der Involution, und sie sind mit jedem Paare GH harmonisch, welches mit den beiden gegebenen Paaren involutorisch ist.

Reducirt sich gleichzeitig das Paar GH auf den Punkt P_1 und das Paar EF auf den Punkt P_2, so geht die Bedingungsgleichung

$$\frac{(E - H)}{(E - C)} \cdot \frac{(G - C)}{(G - F)} \cdot \frac{(A - F)}{(A - H)} = 1$$

(„Raumlehre" Nr. 171 am Ende) über in

$$\frac{(P_2 - P_1)}{(P_2 - C)} \cdot \frac{(P_1 - C)}{(P_1 - P_2)} \cdot \frac{(A - P_2)}{(A - P_1)} = 1,$$

oder:

$$\frac{(P_1 - C)}{(P_2 - C)} = - \frac{(P_1 - A)}{(P_2 - A)};$$

d. h. in die Bedingungsgleichung der Harmonie. — *Die Harmonie ist hiernach ein specieller Fall der Involution.*

Vertauscht man in den bisherigen Formeln dieser Nr. die Differenzen der Punkte mit den Sinus der Winkel, die von den entsprechend benannten Geraden gebildet werden, so erhält man reciproke Resultate für involutorische Stralenbüschel.

Drei Punkte auf einer Geraden, A_1, A_2, A_3 bilden die drei Gruppen:

$$A_1 A_2, \quad A_2 A_3, \quad A_3 A_1.$$

38.

[*)] Dies Resultat folgt auch daraus, dass man sowohl B wie D als ein Punktepaar betrachten kann, welches mit dem Paare (BD) harmonisch ist.

Seien drei Punkte X, Y, Z so bestimmt, dass

$$ZA_3 \text{ mit } A_1A_2$$
$$XA_1 \text{ mit } A_2A_3$$
$$YA_2 \text{ mit } A_3A_1$$

harmonisch ist. Dann ist

$$\frac{(A_1 - A_2)}{(A_3 - A_1)} = - \frac{(X - A_2)}{(A_3 - X)}; \quad \frac{(A_2 - A_3)}{(A_1 - A_2)} = - \frac{(Y - A_3)}{(A_1 - Y)};$$

$$\frac{(A_3 - A_1)}{(A_2 - A_3)} = - \frac{(Z - A_1)}{(A_2 - Z)}.$$

Diese Gleichungen geben multiplicirt:

$$\frac{(X - A_2)}{(X - A_3)} \cdot \frac{(Y - A_3)}{(Y - A_1)} \cdot \frac{(Z - A_1)}{(Z - A_2)} = 1.$$

Da dies die Bedingungsgleichung der Involution ist, so hat man die Sätze:

Construirt man zu jedem von drei Punkten auf einer Geraden den zugeordneten harmonischen Punkt, so bilden die 6 Punkte eine involutorische Reihe.

Construirt man zu jeder von drei Geraden durch einen Punkt die zugeordnete harmonische Linie, so bilden die 6 Linien einen involutorischen Büschel.

Vier Punkte auf einer Geraden, A_1, A_2, A_3, A_4 bilden die drei Doppelgruppen:

$$A_1A_3, A_2A_4; \quad A_1A_2, A_3A_4; \quad A_1A_4, A_2A_3.$$

Ist nun X_1 Y_1 harmonisch mit den Paaren der ersten Gruppe, so ist:

$$\frac{(X_1 - A_1)}{(X_1 - A_3)} = - \frac{(Y_1 - A_1)}{(Y_1 - A_3)}; \quad \frac{(X_1 - A_2)}{(X_1 - A_4)} = - \frac{(Y_1 - A_2)}{(Y_1 - A_4)}.$$

Durch Multiplication und Division dieser beiden Formeln erhält man:

$$\frac{(X_1 - A_1)}{(X_1 - A_3)} \cdot \frac{(X_1 - A_2)}{(X_1 - A_4)} = \frac{(Y_1 - A_1)}{(Y_1 - A_3)} \cdot \frac{(Y_1 - A_2)}{(Y_1 - A_4)},$$

$$\frac{(X_1 - A_1)}{(X_1 - A_3)} \cdot \frac{(X_1 - A_4)}{(X_1 - A_2)} = \frac{(Y_1 - A_1)}{(Y_1 - A_3)} \cdot \frac{(Y_1 - A_4)}{(Y_1 - A_2)}.$$

Die erste dieser Gleichungen sagt, dass die Paare $X_1 Y_1$, A_1A_2, A_3A_4, die zweite, dass die Paare $X_1 Y_1$, A_1A_4, A_2A_3 involutorisch sind. Man hat demnach die Sätze:

Ordnet man 4 Punkte auf einer Geraden auf dreifache

Ordnet man vier Geraden durch einen Punkt auf drei-

Weise in Gruppen von je zwei
Paaren, so giebt es zu jeder
Gruppe ein Punktepaar, welches
mit den beiden Paaren dieser
Gruppe harmonisch und mit
denen der beiden anderen Grup-
pen involutorisch ist.

fache Weise in Gruppen von je
zwei Paaren, so giebt es zu
jeder Gruppe ein Linienpaar,
welches mit den beiden Paaren
dieser Gruppe harmonisch und
mit denen der beiden anderen
Gruppen involutorisch ist.

Ist $X_2 Y_2$ harmonisch mit den Paaren der zweiten Gruppe, so ist es auch mit $X_1 Y_1$ harmonisch, weil $X_1 Y_1$, $A_1 A_2$, $A_3 A_1$ involutorisch sind, und folglich das den letzten beiden Paaren gemeinsame harmonische Paar auch harmonisch zum ersten Paare sein muss. — D. h.:

Construirt man zu jeder der
drei Punktgruppen des vorigen
Satzes das gemeinsame har-
monische Paar, so sind diese
Paare auch unter einander
harmonisch.

Construirt man zu jeder der
drei Liniengruppen des vorigen
Satzes das gemeinsame har-
monische Paar, so sind diese
Paare auch unter einander
harmonisch.

4. Involutorische Punkt- und Geraden-Vereine.

Vier beliebige Geraden $a b c x$ schneiden sich im All- **39.** gemeinen in 6 Punkten $A B C A_1 B_1 C_1$ (Fig. 20). — Nun folgt aus den in Nr. 36 angegebenen Ausdrücken für $A_1 B_1 C_1$:

$$(A_1 - B) = \frac{p}{p}{}_n (C - B); \quad (A_1 - C) = \frac{n}{p - n} (C - B);$$

mithin:

$$\frac{A_1 - B}{A_1 - C} = \frac{p}{n}.$$

Ebenso:

$$\frac{B_1 - C}{B_1 - A} = \frac{m}{p};$$

$$\frac{C_1 - A}{C_1 - B} = \frac{n}{m}.$$

Multiplicirt:

$$\frac{A_1 - B}{A_1 - C} \cdot \frac{B_1 - C}{B_1 - A} \cdot \frac{C_1 - A}{C_1 - B} = 1.$$

Da diese Gleichung, wenn die 6 Punkte in einer Geraden lägen, die Bedingungsgleichung ihrer Involution sein würde (nach „Raumlehre" Nr. 171 am Ende), so können wir auch den *Verein* dieser 6 Punkte einen *involutorischen* nennen, und sagen: *Die 6 Punkte, in denen 4 Geraden in der Ebene sich schneiden, bilden einen involutorischen Verein.* — Reciprok: *Die 6 Geraden* $(a b c a_1 b_1 c_1)$, *welche man zwischen 4 Punkten in der Ebene* $(A B C X)$ *ziehen kann, bilden einen involutorischen Verein.*

Es seien A_0, B_0, C_0 die Punkte, in welchen drei Geraden (a, b, c) eines beliebigen involutorischen Vereins von einer beliebigen Geraden x_0 geschnitten werden, sodass

$$(\beta - \gamma) A_0 = \beta B - \gamma C;$$
$$(\gamma - \alpha) B_0 = \gamma C - \alpha A;$$
$$(\alpha - \beta) C_0 = \alpha A - \beta B.$$

Der Schnittpunkt X der drei anderen Geraden des Vereins (a_1, b_1, c_1) sei wie früher durch die Formel bestimmt:

$$X = m A + n B + p C,$$

und es seien A_2, B_2, C_2 die resp. Schnittpunkte dieser drei Geraden mit x_0. — Um einen dieser Punkte, z. B. B_2, zu bestimmen, ist auszudrücken, dass er gleichzeitig aus C_1 und A_1, sowie aus X und B ableitbar ist. Nun ist

$$m \gamma (\alpha - \beta) C_0 - p \alpha (\beta - \gamma) A_0 = m \gamma \alpha A - (m \beta \gamma + p \alpha \beta) B$$
$$+ p \alpha \gamma C = \gamma \alpha (m A + n B + p C) - (m \beta \gamma + n \gamma \alpha + p \alpha \beta) B;$$

oder, durch $\gamma \alpha$ dividirt, und $\frac{m}{\alpha} + \frac{n}{\beta} + \frac{p}{\gamma} = r$ gesetzt:

$$B_2 = \frac{m}{\alpha} (\alpha - \beta) C_0 - \frac{p}{\gamma} (\beta - \gamma) A_0 = X - r \beta B.$$

Ebenso:

$$C_2 = \frac{n}{\beta} (\beta - \gamma) A_0 - \frac{m}{\alpha} (\gamma - \alpha) B_0 = X - r \gamma C;$$

$$A_2 = \frac{p}{\gamma} (\gamma - \alpha) B_0 - \frac{n}{\beta} (\alpha - \beta) C_0 = X - r \alpha A.$$

Aus diesen Formeln folgt durch äussere Multiplication, und nachherige Division:

$$\frac{(B_2 C_0)}{(B_2 A_0)} = \frac{p (\gamma - \beta)}{m (\alpha - \beta)} \frac{\alpha (A_0 C_0)}{\gamma (C_0 A_0)} = \frac{p \alpha (\beta - \gamma)}{m \gamma (\alpha - \beta)};$$

$$\frac{(C_2 A_0)}{(C_2 B_0)} = \frac{m (\alpha - \gamma)}{n (\beta - \gamma)} \frac{\beta (B_0 A_0)}{\alpha (A_0 B_0)} = \frac{m \beta (\gamma - \alpha)}{n \alpha (\beta - \gamma)};$$

$$\frac{(A_2 B_0)}{(A_2 C_0)} = \frac{n (\beta - \alpha)}{p (\gamma - \alpha)} \frac{\gamma (C_0 B_0)}{\beta (B_0 C_0)} = \frac{n \gamma (\alpha - \beta)}{p \beta (\gamma - \alpha)}.$$

Durch Multiplication dieser drei Gleichungen folgt:

$$\frac{(B_2 C_0)}{(B_2 A_0)} \cdot \frac{(C_2 A_0)}{(C_2 B_0)} \cdot \frac{(A_2 B_0)}{(A_2 C_0)} = 1;$$

d. h.: *Ein involutorischer Ge-   Ein involutorischer Punkt-
radenverein wird von jeder   verein giebt, mit einem beliebigen
Geraden in einer involutorischen   Punkte verbunden, einen in-
Punktreihe geschnitten.   volutorischen Stralenbüschel.*

Ist $\alpha = m$, $\beta = n$, $\gamma = p$, so fallen $A_0 B_0 C_0$ der Reihe
nach mit $A_1 B_1 C_1$ zusammen.

Wenn die beliebige Gerade durch einen Schnittpunkt
zweier Geraden des Vereins geht, so enthält die involutorische
Punktreihe einen *Doppelpunkt*. Ist die Gerade mit einer der
Geraden des Vereins parallel, so fällt ein Punkt der involutorischen Reihe ins Unendliche. Reciprok: Wenn der
beliebige Punkt mit zwei Punkten des Vereins auf derselben
Geraden liegt, so enthält der involutorische Stralenbüschel
einen *Doppelstral*. Fällt der Punkt mit einem der Punkte
des Vereins zusammen, so wird ein Stral des involutorischen
Büschels unbestimmt.

Bestimmt man auf $r(A - B)$ zu C_0 den vierten harmonischen Punkt C'_0, und auf $r_1 (C - X)$ zu C_2 den vierten
harmonischen Punkt C'_2, so ist

$$\alpha A + \beta B = (\alpha + \beta) C'_0$$

(vgl. den oben gegebenen Ausdruck für C_0 u. „Raumlehre"
Nr. 169). Weiter ist:

$$X + \gamma r C = C'_2 (1 + \gamma r).$$

Addirt man diese Formel zu der vorigen, nachdem die letztere
mit r multiplicirt ist, so folgt:

$$X + r(\alpha A + \beta B + \gamma C) = r(\alpha + \beta) C'_0 + (1 + \gamma r) C'_2.$$

Macht man dieselbe Construction auf a und a_1 resp. b und b_1,
so folgt:

$$X + r(\alpha A + \beta B + \gamma C) = r(\beta + \gamma) A'_0 + (1 + \alpha r) A'_2;$$
$$X + r(\alpha A + \beta B + \gamma C) = r(\gamma + \alpha) B'_0 + (1 + \beta r) B'_2.$$

Folglich schneiden sich die Geraden $(A'_0 A'_2)$, $(B'_0 B'_2)$,
$(C'_0 C'_2)$ in dem Punkte, welchen die linke Seite der Gleichungen ausdrückt, und man hat die Sätze:

Wird ein involutorischer Geradenverein von einer beliebigen
Geraden geschnitten, und construirt man auf jeder Geraden
den vierten harmonischen Punkt
zum Schnittpunkte, so gehen die
drei Geraden, welche die vierten
harmonischen Punkte auf je
zwei gleichnamigen Geraden
verbinden, durch denselben
Punkt.

Wird ein involutorischer
Punktverein mit einem beliebigen Punkte verbunden, und
construirt man durch jeden
Punkt den vierten harmonischen
Stral zur Verbindungslinie, so
liegen die drei Punkte, in denen
die vierten harmonischen Stralen
durch je zwei gleichnamige
Punkte sich schneiden, auf derselben Geraden.

40. Wenn in der Ebene 6 beliebige Punkte A_1, A_2, A_3, A_4, A_5, A_6 gegeben sind, so giebt es ein einziges Punktepaar X, Y, welches sowohl mit $A_1 A_2$ und $A_4 A_5$ als mit $A_2 A_3$ und $A_5 A_6$ zusammen einen involutorischen Verein bildet. Denn aus den Gleichungen

$$(1) \qquad \frac{(X - A_2)}{(X - A_5)} \cdot \frac{(A_1 - A_5)}{(A_1 - Y)} \cdot \frac{(A_4 - Y)}{(A_4 - A_2)} = 1;$$

$$(2) \qquad \frac{(X - A_3)}{(X - A_6)} \cdot \frac{(A_2 - A_6)}{(A_2 - Y)} \cdot \frac{(A_5 - Y)}{(A_5 - A_3)} = 1,$$

welche diese Eigenschaft von X und Y ausdrücken, sind diese beiden Punkte in eindeutiger Weise bestimmbar. (Zu beach-ten ist, dass die zweite Gleichung durch blosse Vermehrung jedes Index um eine Einheit aus der ersten hervorgeht.)

Durch Ausführung der äusseren Multiplication (unter Beachtung der Regel, dass $ab = -ba$) erhält man aus der Gleichung (1):

$$+ XYA_1 - XA_5A_1 - XYA_5 - A_2A_4A_4 + YA_2A_4$$
$$+ A_2A_5A_4 = -XA_1A_2 - XYA_4 + XYA_2 - A_5A_4A_1$$
$$+ A_5A_1A_2 - YA_5A_1,$$

oder, wenn zur Abkürzung

$$a_1 = (A_1 - A_2) + (A_1 - A_5);$$
$$b_1 = A_1A_2 + A_1A_5;$$
$$d_1 = A_2A_4(A_1 - A_5) + A_5A_1(A_1 - A_2)$$
$$= A_1A_2(A_4 - A_5) + A_4A_5(A_1 - A_2) = b_1a_1$$

gesetzt wird:

$$(3) \qquad XYa_1 + (X - Y)b_1 + d_1 = 0.$$

Durch Vergrösserung der Indices um 1 erhält man hieraus folgende, mit der Gleichung (2) äquivalente Form:

(4) $$X\,Y a_2 + (X - Y) b_2 + d_2 = 0,$$

worin

$$a_2 = (A_2 - A_3) + (A_5 - A_6),$$
$$b_2 = A_2 A_3 + A_5 A_6,$$
$$d_2 = A_3 A_5 (A_2 - A_6) + A_6 A_2 (A_5 - A_3)$$
$$= A_2 A_3 (A_5 - A_6) + A_5 A_6 (A_2 - A_3) = b_2 a_2.$$

Durch Addition von (3) und (4) folgt:

(5) $$X\,Y(a_1 + a_2) + (X - Y)(b_1 + b_2) + (d_1 + d_2) = 0.$$

Und es werden die Gleichungen (3) (4) (5) durch dieselben Werthe von X und Y gleichzeitig befriedigt.

Wenn wir nun durch $a_3 b_3 d_3$ diejenigen Grössen bezeichnen, welche aus $a_2 b_2 d_2$ durch Vorwärtsschiebung der Indices um eine Einheit (aus 6 wird 1) entstehen, so ist:

Erstens:

$$a_1 + a_2 = -A_3 + A_1 - A_6 + A_1;$$

d. h.:

(6) $$a_1 + a_2 = -a_3.$$

Zweitens:

$$b_1 + b_2 = A_1 A_2 + A_2 A_3 + A_4 A_5 + A_5 A_6.$$

Nun bedeutet aber das *Product zweier Punkte* den dazwischen liegenden *Linientheil*, und es ist im Sechseck der 6 Punkte (nach „Raumlehre" Nr. 130):

$$A_1 A_2 + A_2 A_3 + A_3 A_4 + A_4 A_5 + A_5 A_6 + A_6 A_1 = 0;$$

folglich:

$$b_1 + b_2 = -(A_3 A_4 + A_6 A_1)$$

oder:

(7) $$b_1 + b_2 = b_3.$$

Drittens:

$$d_1 + d_2 = A_2 A_4 A_1 - A_2 A_4 A_5 + A_5 A_1 A_1 - A_5 A_1 A_2$$
$$+ A_3 A_5 A_2 - A_3 A_5 A_6 + A_6 A_2 A_5 - A_6 A_2 A_3.$$

Nun bedeutet aber das *Product dreier Punkte* den dazwischen liegenden *Flächentheil*, und es ist im Sechseck der 6 Punkte offenbar (wenn man zur Abkürzung nur die Indices statt der Buchstaben mit Indices hinschreibt)*):

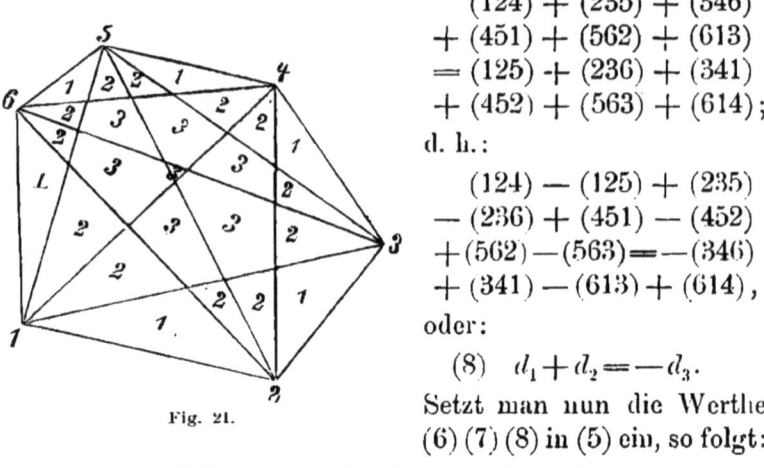

Fig. 21.

$$(124) + (235) + (346)$$
$$+ (451) + (562) + (613)$$
$$= (125) + (236) + (341)$$
$$+ (452) + (563) + (614);$$

d. h.:

$$(124) - (125) + (235)$$
$$- (236) + (451) - (452)$$
$$+ (562) - (563) = - (346)$$
$$+ (341) - (613) + (614),$$

oder:

$$(8) \quad d_1 + d_2 = - d_3.$$

Setzt man nun die Werthe (6) (7) (8) in (5) ein, so folgt:

$$(9) \qquad X Y . a_3 + (X - Y) b_3 + d_3 = 0.$$

Und da diese Gleichung ausdrückt, dass das Punktepaar $X Y$ auch mit $A_3 A_1$ und $A_6 A_1$ zusammen einen involutorischen Verein bildet, so hat man die Sätze:

Bildet ein Punktepaar einen involutorischen Verein mit den Ecken zweier Gegenseiten-Paare eines Sechsecks, so bildet es einen solchen auch mit den Ecken des dritten Gegenseiten-Paares.

Bildet ein Linienpaar einen involutorischen Verein mit den Seiten, welche in zwei Gegenecken-Paaren eines Sechsseits zusammenstossen, so bildet es einen solchen auch mit den vom dritten Gegenecken-Paar ausgehenden Seiten.

Liegen insbesondere die 6 Punkte in einer Geraden (resp. gehen die 6 Linien durch einen Punkt), so verwandeln sich die involutorischen Punktvereine in Punktreihen (resp. die Geradenvereine in Stralenbüschel).**)

In diesem speciellen Falle haben die drei involutorischen

---

*) S. die Fig. 21, wo die jedem Flächentheil eingeschriebene Zahl angiebt, wie oft er auf jeder Seite der folgenden Gleichung vorkommt.

**) Vgl. die analytische Ableitung dieses speciellen Falles bei Hesse, „Vorlesg. a. d. anal. Geom. d. geraden Linie etc. 1865". S. 68—74.

Punktreihen je ein gemeinsames harmonisches Paar. Es sei nun

$$X_1 Y_1 \text{ harmonisch mit } A_1 A_2, \; A_1 A_3, \; X Y,$$
$$X_2 Y_2 \quad \text{„} \quad \text{„} \quad A_2 A_3, \; A_5 A_6, \; X Y,$$
$$X_3 Y_3 \quad \text{„} \quad \text{„} \quad A_3 A_4, \; A_6 A_1, \; X Y.$$

Dann haben die drei Paare $X_1 Y_1$, $X_2 Y_2$, $X_3 Y_3$ das gemeinsame harmonische Paar $X Y$, bilden also eine involutorische Reihe, und da die Punkte dieser Reihe durch die 6 beliebigen Punkte $A_1 \ldots A_6$ vollständig bestimmt sind („Raumlehre" Nr. 170), ohne dass man nöthig hat, das Paar $X Y$ zu Hilfe zu nehmen, so hat man die Sätze:

Liegen 6 Punkte, 1 ... 6 auf einer Geraden, so bilden die drei Punktepaare, welche der Reihe nach mit 12, 45, mit 23, 56, und mit 34, 61 harmonisch sind, eine involutorische Reihe.	*Gehen 6 Geraden, 1 ... 6 durch einen Punkt, so bilden die drei Linienpaare, welche der Reihe nach mit 12, 45, mit 23, 56, und mit 34, 61 harmonisch sind, einen involutorischen Büschel.*

5. Projectivische Punktreihen und Stralenbüschel.

Darstellung der Verwandtschafts-Beziehungen durch den 41. *Begriff des Quotienten*[*]). — *Gebiet der Geraden.*

Ein Punkt ändert seinen Ort nicht durch Multiplication mit einer *reellen* Zahl. Wir können aber eine Grösse A annehmen, mit der Eigenschaft, dass sie als Factor einen Punkt c_1 in einen anderen ε_1 überführt, sodass

$$(1a) \qquad A c_1 = \varepsilon_1$$

ist. Wenn nun auf der Geraden alle Punkte aus zwei Punkten c_1' und c_2 abgeleitet werden, so ist

$$(2a) \qquad \varepsilon_1 = \alpha_{11} c_1 + \alpha_{12} c_2 \text{[**]})$$
$$(3a) \qquad A \varepsilon_1 = \alpha_{11} A c_1 + \alpha_{12} A c_2.$$

---

[*]) Der Inhalt dieser und der folgenden beiden Nrn., die dem in der Ueberschrift bezeichneten Gegenstande nur zur Einleitung dienen, ist eine tiefer begründete Darstellung der Nr. 181—184 (incl.) der „Raumlehre". — Ueber den Zusammenhang des Quotienten mit dem in Nr. 8 aufgestellten „Lückenausdruck" s. Grassmann, Ausdehnungslehre II. Nr. 382.

[**]) Setzt man $\varepsilon_1 = \alpha_{11} | c_1 + \alpha_{12} c_2$, so wird, da die Ergänzung eines

Um A unabhängig von c_1 und e_2 ausdrücken zu können (was durch Elimination dieser Grössen zu bewerkstelligen ist), müssen wir noch den Punkt ε_2 einführen, welcher aus c_2 durch Multiplication mit A entsteht. Dann ist

(1b) $\qquad\qquad A c_2 = \varepsilon_2$

(2b) $\qquad\qquad \varepsilon_2 = \alpha_{21} c_1 + \alpha_{22} c_2$

(3b) $\qquad\qquad A \varepsilon_2 = \alpha_{21} A c_1 + \alpha_{22} A c_2 .$

Nach den Formeln (1) ist also A eine Grösse, welche mit c_1 multiplicirt das Resultat ε_1, dagegen mit e_2 das Resultat ε_2 giebt. — Nach Analogie der algebraischen Operation kann man hiernach A als *Quotienten* der Punktepaare ε_1, c_1 und ε_2, c_2 bezeichnen, und schreiben:

(4) $\qquad\qquad A = \dfrac{\varepsilon_1, \varepsilon_2}{c_1, c_2} .$

Anmerkung. Der gewöhnliche Begriff des Quotienten ist in dem hier aufgestellten als specieller Fall enthalten. Gehen wir vom Gebiete der Geraden auf das des Punktes zurück. In jenem kann ein Punkt in einen andern, in diesem nur in sich selbst übergeführt werden. Im Gebiet des Punktes nun ist $A = \dfrac{\varepsilon_1}{c_1}$. Und da die zusammenfallenden Punkte c_1 und ε_1 nur durch einen reellen Zahlcoefficienten sich unterscheiden können, so ist A eben dieser Zahlcoefficient, und als solcher der Quotient der beiden gleichnamigen Grössen ε_1 und c_1, die hier ganz in der Rolle der sogen. benannten Zahlen erscheinen. — Vgl. Grassmann, Ausdehnungslehre II. S. 241 ff.

Durch äussere Multiplication der Gleichungen (1) erhält man, wenn $A . A$ durch (A^2) bezeichnet wird:

$$(A^2) . (c_1 c_2) = (\varepsilon_1 \varepsilon_2) ,$$

oder, da $(c_1 e_2) = 1$ ist, und indem man die Formeln (2) anwendet:

(5) $\qquad\qquad (A^2) = \alpha_{11} \alpha_{22} - \alpha_{12} \alpha_{21} .$

Die Grösse (A^2), welche dem äusseren Producte der Zähler des Quotienten (4) gleich ist, heisst der *Potenzwerth* dieses Quotienten. *)

———————————

Punktes auf einer Geraden wieder ein Punkt ist, weder an der Rechnung noch an ihrer geometrischen Bedeutung etwas geändert.

*) Da A eine Grösse 0. Stufe ist, so ist auch $A . A$ oder (A^2) eine solche, wir können daher (A^2) als algebraisches Product von A und A,

Die Grösse A ist hiernach im Gebiete der Geraden vollständig bestimmt, wenn zwei beliebige Punkte (e_1, e_2) gegeben sind, und zwei beliebige andere $(\varepsilon_1, \varepsilon_2)$, in welche jene übergeführt werden. — Das Punktepaar $e_1 e_2$ heisst nun *verwandt* mit dem Punktepaare $\varepsilon_1 \varepsilon_2$. Man kann also auf einer Geraden zwei beliebige Punktepaare einander verwandt setzen.

Sei X ein neuer beliebiger Punkt der Geraden, bestimmt durch die Formel:

$$X = x_1 e_1 + x_2 e_2.$$

Dieser Punkt wird durch Multiplication mit A in einen anderen Punkt Ξ übergeführt werden. Und man hat:

$$A X = x_1 A e_1 + x_2 A e_2,$$

oder:

$$\Xi = x_1 \varepsilon_1 + x_2 \varepsilon_2.$$

Folglich besteht zwischen den Punkten Ξ, ε_1, ε_2 dieselbe Zahlbeziehung wie zwischen den Punkten X, e_1, e_2. — Der Verein sämmtlicher aus e_1 und e_2 abgeleiteten Punkte heisst nun *verwandt* mit demjenigen der aus ε_1 und ε_2 abgeleiteten Punkte. Und jedem Punkte des ersten Vereins entspricht einer des zweiten, welcher aus ε_1 und ε_2 mittelst derselben Zahlen abgeleitet ist, wie jener aus e_1 und e_2.

Zwei Punktreihen auf derselben Geraden sind also verwandt, wenn die zwischen den Punkten der ersten Reihe geltenden Zahlbeziehungen auch zwischen denen der zweiten Reihe stattfinden.

Suchen wir nun einen Punkt X zu ermitteln, welcher durch Multiplication mit A in sich selbst übergeführt wird. Dann soll sein:

$$A X = \lambda X,$$

wo λ eine reelle Zahl bedeutet. Man zieht aus dieser Gleichung:

---

d. h. als *algebraische Potenz* von A betrachten, und wie mit einer solchen damit rechnen. Daraus ist aber nicht zu schliessen, dass nun $A = \pm \sqrt{\alpha_{11} \alpha_{22} - \alpha_{12} \alpha_{21}}$ sei; denn die Einheiten e_1 und e_2, welche bei der Potenzirung verschwanden, müssten folgerichtig, als zum Begriff von A gehörig, bei der Radicirung wieder erscheinen. Dies ist aber nicht möglich, weil die Radicirung einen mehrdeutigen Ausdruck liefert, während A durch die Gleichungen (1) eindeutig bestimmt ist. — Vgl. auch Grassmann, Ausdehnungslehre II. S. 246 u. 247.

$$(\lambda - A)\,X = 0,$$

oder:

$$(\lambda - A)\,(x_1 e_1 + x_2 e_2) = 0;$$

oder:

$$(\lambda - A)\,x_1 e_1 + (\lambda - A)\,x_2 e_2 = 0.$$

Da hiernach zwischen den beiden Grössen $(\lambda - A)e_1$ und $(\lambda - A)e_2$ eine Zahlbeziehung existirt, so ist ihr äusseres Product Null. Oder: durch Multiplication dieser Gleichung mit $(\lambda - A)e_2$ erhält man:

$$[(\lambda - A)e_1]\,[(\lambda - A)e_2] = 0;$$

oder:

$$(\lambda e_1 - A e_1)\,(\lambda e_2 - A e_2) = 0,$$

oder:

$$(6) \quad \lambda^2(e_1 e_2) - \lambda(A e_1 . e_2 + e_1 . A e_2) + A e_1 . A e_2 = 0.$$

Wenn wir nun, wie gewöhnlich, annehmen, dass $(e_1 e_2) = 1$ ist, so können wir diese Gleichung abgekürzt schreiben:

$$(7) \qquad \lambda^2 - \lambda\,(2A) + (A^2) = 0.$$

Andrerseits kann man die Gleichung (6) mit Rücksicht auf (1) auch schreiben:

$$\lambda^2 - \lambda\,(\varepsilon_1 e_2 + e_1 \varepsilon_2) + \varepsilon_1 \varepsilon_2 = 0.$$

Setzt man hierin für ε_1 und ε_2 ihre durch (2) gegebenen Werthe, so erhält man:

$$(8) \qquad \lambda^2 - \lambda\,(\alpha_{11} + \alpha_{22}) + (\alpha_{11}\alpha_{22} - \alpha_{12}\alpha_{21}) = 0.$$

Durch Vergleichung von (7) und (8) wird die Bedeutung der abgekürzten Bezeichnungen sogleich klar. Es ist nämlich

$$(9) \qquad (2A) = \alpha_{11} + \alpha_{22};$$

$$(5) \qquad (A^2) = \alpha_{11}\alpha_{22} - \alpha_{12}\alpha_{21}.$$

Da die Gleichung (8) für λ *zwei* Werthe, λ_1 und λ_2 liefert, *so existiren in der aus e_1 und e_2 abgeleiteten Punktreihe zwei Punkte, welche durch Multiplication mit A in sich selbst übergeführt werden.*

Um die Ableitungszahlen dieser Punkte zu finden, betrachten wir die oben gegebene Gleichung:

$$(\lambda - A)x_1 e_1 + (\lambda - A)x_2 e_2 = 0,$$

oder:

$$(\lambda e_1 - \varepsilon_1)\,x_1 + (\lambda e_2 - \varepsilon_2)\,x_2 = 0,$$

oder, wenn wir ε_1 und ε_2 durch die Werthe (2) ersetzen:

$$[(\lambda - \alpha_{11})e_1 - \alpha_{12}e_2]\,x_1 + [(\lambda - \alpha_{22})e_2 - \alpha_{21}e_1]x_2 = 0.$$

Da diese Gleichung zwischen den Punkten e_1 und e_2 eine Zahlbeziehung begründet, welche in Wirklichkeit nicht existirt, so müssen die Coefficienten von e_1 und e_2 einzeln Null sein. Die letzte Gleichung zerfällt also in die beiden folgenden:

$$(\lambda - \alpha_{11})x_1 - \alpha_{21}x_2 = 0\,;$$
$$(\lambda - \alpha_{22})x_2 - \alpha_{12}x_1 = 0\,.$$

Jede davon liefert, mit $x_1 + x_2 = 1$ verbunden, die verlangten Ableitzahlen, wenn man darin für λ einen der aus (8) genommenen Werthe setzt. — Dass beide Gleichungen gleichbedeutend sind, erhellt, wenn man sie in der Form schreibt:

$$\frac{x_1}{x_2} = \frac{\alpha_{21}}{\lambda - \alpha_{11}} = \frac{\lambda - \alpha_{22}}{\alpha_{12}}.$$

Die beiden Ausdrücke nämlich, welche kein x enthalten, geben, einander gleich gesetzt, wieder die Gleichung (8).

Die beiden Wurzeln der Gleichung (8) heissen die *Hauptzahlen* des Quotienten A.

Gebiet der Ebene. — Es sei wieder A ein Factor mit der 42. Eigenschaft, einen Punkt e_1 der Ebene in einen anderen ε_1 überzuführen. Dann ist

(1a) $$A e_1 = \varepsilon_1.$$

Wenn nun alle Punkte der Ebene aus den drei Punkten $e_1 e_2 e_3$ abgeleitet werden, so ist

(2a) $$\varepsilon_1 = \alpha_{11}e_1 + \alpha_{12}e_2 + \alpha_{13}e_3{}^*),$$
(3a) $$A\varepsilon_1 = \alpha_{11}A e_1 + \alpha_{12}A e_2 + \alpha_{13}A e_3.$$

Um $e_1 e_2 e_3$ zu eliminiren und dadurch A unabhängig von diesen Punkten ausdrücken zu können, müssen wir noch die beiden Punkte ε_2 und ε_3 einführen, welche resp. aus e_2 und e_3 durch Multiplication mit A entstehen. Dann ist:

(1b) $A e_2 = \varepsilon_2$;	(1c) $A e_3 = \varepsilon_3.$
(2b) $\varepsilon_2 = \alpha_{21}e_1 + \alpha_{22}e_2$ $+ \alpha_{23}e_3$;	(2c) $\varepsilon_3 = \alpha_{31}e_1 + \alpha_{32}e_2$ $+ \alpha_{33}e_3.$
(3b) $A\varepsilon_2 = \alpha_{21}A e_1 + \alpha_{22}A e_2$ $+ \alpha_{23}A e_3$;	(3c) $A\varepsilon_3 = \alpha_{31}A e_1 + \alpha_{32}A e_2$ $+ \alpha_{33}A e_3.$

---

*) Führt man in dieser Formel statt e_1, e_2, e_3 ihre Ergänzungen ein,

Der Quotient $\varDelta$, auf die Ebene bezogen, ist also analog mit der vorigen Nr. durch folgenden Ausdruck zu bezeichnen:

$$(4) \qquad \varDelta = \frac{\varepsilon_1,\ \varepsilon_2,\ \varepsilon_3}{e_1,\ e_2,\ e_3},$$

wodurch gesagt ist, dass $\varDelta$, mit e_1 multiplicirt, das Resultat ε_1, mit e_2 das Resultat ε_2, mit e_3 das Resultat ε_3 giebt.

Durch äussere Multiplication der Gleichungen (1) erhält man, wenn $\varDelta . \varDelta . \varDelta$ durch $(\varDelta^3)$ bezeichnet wird:

$$(\varDelta^3) . (e_1 e_2 e_3) = (\varepsilon_1 \varepsilon_2 \varepsilon_3),$$

oder, da $(e_1 e_2 e_3) = 1$ ist, und indem man die Formeln (2) anwendet, als Potenzwerth des Quotienten:

$$(5) \quad (\varDelta^3) = \alpha_{11}(\alpha_{22}\alpha_{33} - \alpha_{23}\alpha_{32}) + \alpha_{12}(\alpha_{23}\alpha_{31} - \alpha_{21}\alpha_{33})$$
$$+ \alpha_{13}(\alpha_{21}\alpha_{32} - \alpha_{22}\alpha_{31}).$$

Die Grösse $\varDelta$ ist hiernach im Gebiete der Ebene vollständig bestimmt, wenn drei beliebige Punkte (e_1, e_2, e_3) gegeben sind, und drei beliebige andere (ε_1, ε_2, ε_3), in welche jene übergeführt werden. Das Punktetripel $e_1 e_2 e_3$ heisst *collinear* (verwandt) mit $\varepsilon_1 \varepsilon_2 \varepsilon_3$, und man kann in der Ebene zwei beliebige Punktetripel mit einander collinear verwandt setzen.

Sei X ein neuer beliebiger Punkt der Ebene, bestimmt durch die Formel:

$$X = x_1 e_1 + x_2 e_2 + x_3 e_3.$$

Wenn nun X durch Multiplication mit $\varDelta$ in $\varXi$ übergeführt wird, so hat man

$$\varDelta X = x_1 \varDelta e_1 + x_2 \varDelta e_2 + x_3 \varDelta e_3,$$

oder:

$$\varXi = x_1 \varepsilon_1 + x_2 \varepsilon_2 + x_3 \varepsilon_3.$$

Folglich besteht zwischen $\varXi$ und $\varepsilon_1 \varepsilon_2 \varepsilon_3$ dieselbe Zahlbeziehung wie zwischen X und $e_1 e_2 e_3$. Jedem Punkte, welcher aus $e_1 e_2 e_3$ abgeleitet ist, entspricht in dem verwandten Verein ein andrer, welcher mittelst derselben Zahlen aus $\varepsilon_1 \varepsilon_2 \varepsilon_3$ abgeleitet ist.

Zwei Punktvereine in derselben Ebene sind verwandt, wenn die zwischen den Punkten des ersten Vereins geltenden

———————

so wird an der Rechnung nichts geändert; man erhält aber statt eines verwandten Punktvereins einen verwandten Geradenverein.

Zahlbeziehungen auch zwischen den Punkten des zweiten Vereins bestehen.

Suchen wir nun einen Punkt X zu ermitteln, welcher durch Multiplication mit A in sich selbst übergeführt wird. Dann soll sein:

$$A X = \lambda X,$$

wo λ eine reelle Zahl bedeutet. Es folgt weiter:

$$(\lambda - A) X = 0,$$
$$(\lambda - A)(x_1 e_1 + x_2 e_2 + x_3 e_3) = 0,$$
$$(\lambda - A)x_1 e_1 + (\lambda - A)x_2 e_2 + (\lambda - A)x_3 e_3 = 0,$$

oder, mit $(\lambda - A)e_2 . (\lambda - A)e_3$ multiplicirt:

$$[(\lambda - A)e_1][(\lambda - A)e_2][(\lambda - A)e_3] = 0,$$
$$(\lambda e_1 - A e_1)(\lambda e_2 - A e_2)(\lambda e_3 - A e_3) = 0,$$

$$(6) \quad \lambda^3(e_1 e_2 e_3) - \lambda^2(e_1 e_2 . A e_3 + e_1 . A e_2 . e_3 + A e_1 . e_2 e_3)$$
$$+ \lambda(e_1 . A e_2 . A e_3 + A e_1 . e_2 . A e_3 + A e_1 . A e_2 . e_3)$$
$$- A e_1 . A e_2 . A e_3 = 0.$$

Wir nehmen nun an, dass $(e_1 e_2 e_3) = 1$ sei, und können dann abgekürzt schreiben:

$$(7) \qquad \lambda^3 - \lambda^2(3 A) + \lambda(3 A^2) - (A^3) = 0.$$

Andrerseits kann man die Gleichung (6) mit Rücksicht auf (1) auch schreiben:

$$\lambda^3 - \lambda^2(e_1 e_2 \varepsilon_3 + e_1 \varepsilon_2 e_3 + \varepsilon_1 e_2 e_3)$$
$$+ \lambda(e_1 \varepsilon_2 \varepsilon_3 + \varepsilon_1 e_2 \varepsilon_3 + \varepsilon_1 \varepsilon_2 e_3) - (\varepsilon_1 \varepsilon_2 \varepsilon_3) = 0,$$

oder mit Rücksicht auf (2) und (5)

$$(8) \quad \lambda^3 - (\alpha_{11} + \alpha_{22} + \alpha_{33})\lambda^2 + (\alpha_{22}\alpha_{33} - \alpha_{23}\alpha_{32} + \alpha_{33}\alpha_{11}$$
$$- \alpha_{31}\alpha_{13} + \alpha_{11}\alpha_{22} - \alpha_{12}\alpha_{21})\lambda - (A^3) = 0.$$

Während die Bedeutung von (A^3) schon aus (5) deutlich wurde, ersehen wir durch Vergleichung von (7) und (8) noch, dass

$$(9) \qquad (3 A) = \alpha_{11} + \alpha_{22} + \alpha_{33};$$
$$(10) \quad (3 A^2) = \alpha_{22}\alpha_{33} - \alpha_{23}\alpha_{32} + \alpha_{33}\alpha_{11} - \alpha_{31}\alpha_{13}$$
$$+ \alpha_{11}\alpha_{22} - \alpha_{12}\alpha_{21}.$$

Da die Gleichung (8) für λ *drei* Werthe, $\lambda_1 \lambda_2 \lambda_3$ liefert, *so existiren in dem aus $e_1 e_2 e_3$ abgeleiteten Punktverein drei Punkte, welche durch Multiplication mit A in sich selbst übergeführt werden.*

Die Ableitungszahlen dieser Punkte werden in ganz analoger Weise bestimmt wie in der vorigen Nr. Und es sind $\lambda_1 \lambda_2 \lambda_3$ die *Hauptzahlen* des Quotienten $\varLambda$.

43. Durch besondere Annahmen lassen sich nun specielle Fälle von collinearer Verwandtschaft aufstellen. Insbesondere kann man annehmen, dass den unendlich fernen Punkten (Strecken) des einen Vereins ebensolche des andern Vereins entsprechen. Die Verwandtschaft solcher Vereine heisst *Affinität*.

Seien $X_1 X_2 X_3$ die drei in sich selbst übergehenden Elemente des einen von zwei affinen Vereinen, und zwar X_1 ein Punkt, dagegen X_2 und X_3 Strecken; dann ist

$$(11) \qquad \varLambda X_1 = \lambda_1 X_1 ; \quad \varLambda X_2 = \lambda_2 X_2 ; \quad \varLambda X_3 = \lambda_3 X_3 .$$

Und es sind $X_2 X_3$ die einzigen Strecken des Vereins, denen gleichgerichtete Strecken des affinen Vereins entsprechen.

Sind $X_1 X_2 X_3$ Strecken, und ist $\lambda_1 = \lambda_2 = \lambda_3 (= \lambda)$, so ist $\varLambda = \lambda$, und es verhalten sich überhaupt die Strecken des einen Vereins numerisch ebenso zu einander, wie die entsprechenden Strecken des anderen Vereins. Diese specielle Art der affinen Verwandtschaft heisst *Aehnlichkeit*.

Ist $(\varLambda^3) = 1$, so geben die Gleichungen (2) miteinander multiplicirt:

$$(\varepsilon_1 \varepsilon_2 \varepsilon_3) = (\varLambda^3) \cdot (e_1 e_2 e_3) ,$$

oder

$$(\varepsilon_1 \varepsilon_2 \varepsilon_3) = (e_1 e_2 e_3) .$$

Da das Product dreier Punkte den doppelten Flächeninhalt des durch sie bestimmten Dreiecks angiebt („Raumlehre" Nr. 139), so findet in diesem speciellen Falle noch Gleichheit des Inhalts der entsprechenden Dreiecke statt. Der specielle Fall heisst, jenachdem er auf die Affinität oder die Aehnlichkeit angewendet wird, *Inhaltsgleichheit* oder *Congruenz*.

Das Verhältniss der vier Verwandtschaften lässt sich daher durch folgende Zusammenstellung veranschaulichen:

1. Affinität.   2. Aehnlichkeit.

2. Inhaltsgleichheit.   3. Congruenz.

Hierin bezeichnet jede höhere Nummer einen speciellen Fall der nächst niederen.

Ist $(\varLambda^3)$ negativ, (also im Falle 3. gleich — 1) so heisst *Aehnlichkeit* sowohl wie *Congruenz symmetrisch*.

Anmerkung. Hat die Gleichung in λ *imaginäre Wurzeln*, z. B. λ_2 und λ_3, so setzt man $\lambda_2 = \alpha + \beta i$, $\lambda_3 = \alpha - \beta i$; $X_2 = X + i Y$; $X_3 = X - i Y$. Dann nehmen die beiden letzten Gleichungen (11) die Form an:

$$A X + i A Y = (\alpha + \beta i)(X + i Y); \quad A X - i A Y = (\alpha - \beta i)(X - i Y).$$

Aus jeder von ihnen folgt: $A X = \alpha X - \beta Y$; $A Y = \alpha Y + \beta X$. Nimmt man dann X und Y senkrecht aufeinander an, so ist $A = i^\varphi$ (vgl. „Raumlehre" S. 119 die Formeln $a \cdot i^{\alpha_1} = x a + y b$; $b \cdot i^{\alpha_1} = x b - y a$), worin φ den Winkel bezeichnet, welchen die Strecken X, Y des einen Vereins mit den entsprechenden des andern bilden. — Es existiren dann also zwei aufeinander senkrechte Strecken, die, statt in sich selbst überzugehen, sich um einen gleichen Winkel drehen. — Alle vier Strecken gehen von einem gemeinsamen Punkte X_1 aus, welcher, als Drehungspunkt, in sich selbst übergeführt wird. Die aus X_1, X, Y abgeleiteten Gebilde sind mit den durch die gleichen Zahlen aus X_1, $X i^\varphi$, $Y i^\varphi$ abgeleiteten *ähnlich* oder *affin*, jenachdem das Verhältniss der Strecken X und Y dasselbe ist wie das von $X i^\varphi$ und $Y i^\varphi$, oder nicht.

Es seien auf einer Geraden drei Punkte A, B, C aus 44. e_1 und e_2, und drei collineare Punkte A_1, B_1, C_1 aus ε_1 und ε_2 abgeleitet. Sei zuerst

(1a) $\quad A = \alpha_1 e_1 + \alpha_2 e_2$; $\quad A_1 = \alpha_1 \varepsilon_1 + \alpha_2 \varepsilon_2$; $\quad (\alpha_1 + \alpha_2 = 1)$.

Dann kann man aus diesen Gleichungen α_1 und α_2 eliminiren:

(2a) $\quad (A - e_2) = \alpha_1 (e_1 - e_2)$; $\quad (A_1 - \varepsilon_2) = \alpha_1 (\varepsilon_1 - \varepsilon_2)$

oder:

(3a) $$\frac{A - e_2}{A_1 - \varepsilon_2} = \frac{e_1 - e_2}{\varepsilon_1 - \varepsilon_2}.$$

Es existirt also zwischen den drei Punkten der ersten und denen der collinearen Reihe eine von den Zahlgrössen unabhängige Beziehung. Diese Betrachtung lässt sich sogleich erweitern. Sei

(1b) $\quad B = \beta_1 e_1 + \beta_2 e_2$; $\quad B_1 = \beta_1 \varepsilon_1 + \beta_2 \varepsilon_2$; $\quad (\beta_1 + \beta_2 = 1)$;

(1c) $\quad C = \gamma_1 e_1 + \gamma_2 e_2$; $\quad C_1 = \gamma_1 \varepsilon_1 + \gamma_2 \varepsilon_2$; $\quad (\gamma_1 + \gamma_2 = 1)$.

Dann kann man zwischen den Gleichungen (1a), (1b), (1c) die Grössen α, β, γ, e, ε eliminiren. Wie oben (2a) aus (1a), so folgt jetzt aus (1b) und (1c):

(2b) $\quad (B - e_2) = \beta_1 (e_1 - e_2)$; $\quad (B_1 - \varepsilon_2) = \beta_1 (\varepsilon_1 - \varepsilon_2)$;

(2c) $\quad (C - e_2) = \gamma_1 (e_1 - e_2)$; $\quad (C_1 - \varepsilon_2) = \gamma_1 (\varepsilon_1 - \varepsilon_2)$, und aus (2a), (2b), (2c):

$$\frac{A - c_2}{A_1 - \varepsilon_2} = \frac{B - c_2}{B_1 - \varepsilon_2} = \frac{C - c_2}{C_1 - \varepsilon_2};$$

oder:

$$\frac{A - B}{B - c_2} = \frac{A_1 - B_1}{B_1 - \varepsilon_2}; \quad \frac{C - B}{B - c_2} = \frac{C_1 - B_1}{B_1 - \varepsilon_2};$$

daher endlich:

$$\frac{A - B}{C - B} = \frac{A_1 - B_1}{C_1 - B_1}.$$

Durch Subtraction von 1 auf beiden Seiten erhält diese Gleichung die Form:

$$\frac{A - C}{C - B} = \frac{A_1 - C_1}{C_1 - B_1},$$

oder, beide Formen vereinigt geschrieben:

$$(3b) \qquad \frac{A - B}{B - C} = \frac{A_1 - B_1}{B_1 - C_1};$$
$$\frac{C - A}{C_1 - A_1} = \frac{C_1 - A_1}{C_1 - A_1}.$$

Es existirt also zwischen den beiden collinearen Punktreihen eine von den zu Grunde gelegten Punkten unabhängige Beziehung. Vermöge dieser Beziehung heissen die beiden Punktreihen *projectivisch* zu einander, und die Gleichungen (3b) heissen die *Gleichungen der Projectivität*.

Durch das am Schluss von Nr. 37 angegebene Verfahren erhält man den Begriff zweier *projectivischen Stralenbüschel* nebst den dazu gehörigen *Gleichungen der Projectivität*.

45. Die Gleichungen der Projectivität von Punkten bleiben ungeändert, wenn die Paare $c_1 c_2$ und $\varepsilon_1 \varepsilon_2$, demnach auch die Punktreihen $A B C$ und $A_1 B_1 C_1$ auf verschiedenen Geraden liegen. — Dasselbe gilt von den Gleichungen der Projectivität von Geraden, wenn die Stralen des einen Büschels sich in einem anderen Punkte schneiden als die des anderen.

Wie Punktreihen unter einander, und Stralenbüschel unter einander, so können auch eine Punktreihe und ein Stralenbüschel projectivisch sein, sobald nämlich dieselbe Zahlbeziehung zwischen den Elementen der einen und denen des anderen stattfindet. — Wenn nun von einem Punkte O der Ebene nach den Punkten einer Reihe, $A B C$ die Stralen $a b c$ gezogen werden, so besteht zwischen $a b c$ dieselbe Zahlbeziehung wie zwischen $A B C$ („Raumlehre" Nr. 186); mithin ist der Stralenbüschel O projectivisch mit der Punktreihe $A B C$.

Die Projectivität geht in den speciellen Fall der *Perspectivität* über, sobald die gemeinsamen Punkte (Schnittpunkte von Stralen) zweier projectivischen Gebilde auf derselben Geraden liegen, oder die gemeinsamen Geraden (Verbindungslinien von Punkten) durch denselben Punkt gehen. Hienach sind *perspectivisch*:

1) *Zwei Punktreihen*, sobald die Verbindungslinien je zweier entsprechender Punkte durch *einen* Punkt gehen.

2) *Eine Punktreihe und ein Stralenbüschel*, sobald jeder Stral des Büschels durch den entsprechenden Punkt der Reihe geht.

3) *Zwei Stralenbüschel*, sobald die Schnittpunkte je zweier entsprechender Geraden auf *einer* Geraden liegen.

Anmerkung. Es ist leicht zu sehen, dass die hier gegebenen Definitionen der Projectivität und Perspectivität mit den in der „Raumlehre" Nr. 176 stehenden vollständig übereinstimmen. Zwischen den Stralen des Büschels A bestehen dieselben Zahlbeziehungen wie zwischen ihren Schnittpunkten mit der Geraden b. Also sind A und b perspectivisch. — Zwischen den Punkten auf b und dem Büschel C bestehen dieselben Beziehungen; also sind auch b und C perspectivisch. — Und da die Schnittpunkte

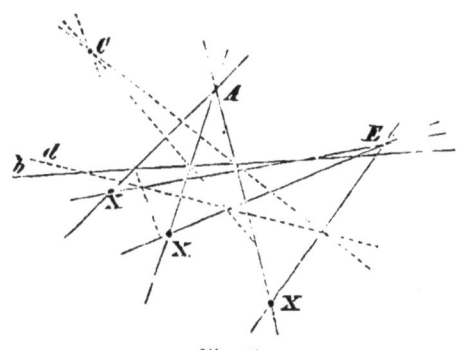

Fig. 22.

je zweier entsprechenden Stralen von A und C auf derselben Geraden b liegen, so sind auch A und C perspectivisch. — Ferner bestehen dieselben Zahlbeziehungen zwischen den Stralen von C und den entsprechenden Punkten auf der Geraden d. Also sind C und d perspectivisch. — Desgleichen b und d, da die Verbindungslinien ihrer entsprechenden Punkte sich in demselben Punkte C schneiden. — Dagegen sind A und d nur projectivisch. — Desgleichen b und E, A und E.

6. Projectivische Punkt- und Geraden-Vereine.

Es seien in der Ebene vier Punkte A, B, C, D aus e_1, e_2, e_3, und vier collineare Punkte A_1, B_1, C_1, D_1 aus ε_1, ε_2, ε_3 abgeleitet. Sei zuerst:

(1a) $\quad A = \alpha_1 c_1 + \alpha_2 c_2 + \alpha_3 e_3$; $\quad A_1 = \alpha_1 \varepsilon_1 + \alpha_2 \varepsilon_2 + \alpha_3 \varepsilon_3$;
$$(\alpha_1 + \alpha_2 + \alpha_3 = 1).$$

Dann ist, wenn man die Grössen α eliminiren will, zunächst:

(2a) $\qquad (A - c_3) = \alpha_1 (c_1 - c_3) + \alpha_2 (c_2 - c_3)$;
$$(A_1 - \varepsilon_3) = \alpha_1 (\varepsilon_1 - \varepsilon_3) + \alpha_2 (\varepsilon_2 - \varepsilon_3).$$

Um nun α_1 und α_2 zu eliminiren, und so eine von den Grössen α unabhängige Beziehung zwischen den 8 Punkten herzustellen, muss man in jeder der Gleichungen (2a) die Factoren von α_1 und α_2 einander gleich machen. Dies ist, ohne fremde Punkte einzuführen, nur möglich, indem man die erste Gleichung mit $(c_1 - c_2)$, die zweite mit $(\varepsilon_1 - \varepsilon_2)$ multiplicirt. Denn, wie aus Fig. 23 erhellt, sind die Flächentheile $(c_1 - c_3)(c_1 - c_2)$ und $(c_2 - c_3)$ $(c_1 - c_2)$ (die beiden Parallelogramme) einander gleich. Man erhält also weiter:

Fig. 23.

$(A - c_3)(c_1 - c_2) = \alpha_1 (c_1 - c_3)(c_1 - c_2) + \alpha_2 (c_2 - c_3)(c_1 - c_2)$
$\quad = \alpha_1 (-c_1 c_2 - c_3 c_1 + e_3 c_2) + \alpha_2 (c_2 c_1 - c_3 c_1 + c_3 c_2)$

oder:

$(A - c_3)(c_1 - c_2) = (\alpha_1 + \alpha_2)(c_2 c_1 + c_1 c_3 + c_3 c_2)$;
$(A - c_1)(c_2 - c_3) = (\alpha_2 + \alpha_3)(c_3 c_2 + c_2 c_1 + c_1 c_3)$;
$(A - c_2)(c_3 - c_1) = (\alpha_3 + \alpha_1)(c_1 c_3 + c_3 c_2 + c_2 c_1)$.

Die letzten beiden Gleichungen folgen aus der ersten durch circuläre Vertauschung. Durch Division dieser drei Gleichungen folgt weiter:

$$\frac{(A - c_3)(c_1 - c_2)}{(A - c_1)(c_2 - c_3)} = \frac{\alpha_1 + \alpha_2}{\alpha_2 + \alpha_3}.$$
$$\overline{(A - c_2)(c_3 - c_1)} \qquad \overline{\alpha_3 + \alpha_1}$$

Ganz ebenso findet sich offenbar:

$$\frac{(A_1 - \varepsilon_3)(\varepsilon_1 - \varepsilon_2)}{(A_1 - \varepsilon_1)(\varepsilon_2 - \varepsilon_3)} = \frac{\alpha_1 + \alpha_2}{\alpha_2 + \alpha_3}.$$
$$\overline{(A_1 - \varepsilon_2)(\varepsilon_3 - \varepsilon_1)} \qquad \overline{\alpha_3 + \alpha_1}$$

Aus der Vergleichung beider Ausdrücke folgt:

(3a)
$$\begin{cases}
\dfrac{(A - c_3)(c_1 - c_2)}{(A - c_1)(c_2 - c_3)} = \dfrac{(A_1 - \varepsilon_3)(\varepsilon_1 - \varepsilon_2)}{(A_1 - \varepsilon_1)(\varepsilon_2 - \varepsilon_3)}. \\
\overline{(A - c_2)(c_3 - c_1)} \quad = \quad \overline{(A_1 - \varepsilon_2)(\varepsilon_3 - \varepsilon_1)}
\end{cases}$$

Es existirt also zwischen den vier Punkten des ersten

und denen des collinearen Vereins eine von den Zahlgrössen
unabhängige Beziehung.

Jede der in (3a) enthaltenen drei Gleichungen stellt eine
Beziehung zwischen vier *Streckenproducten* (Flächenräumen)
dar. Liegen aber alle Punkte in derselben Geraden, so ist
es eine Beziehung zwischen vier *Streckenquotienten* (Zahlen).
So ist z. B. im Allgemeinen der Ausdruck $\frac{(A - c_3)(c_1 - c_2)}{(A - c_1)(c_2 - c_3)}$
der Quotient der durch Zähler und Nenner bezeichneten
Flächentheile, jede Fläche gemessen durch $(c_1 c_2 c_3)$. Dagegen
ist derselbe Ausdruck in dem besonderen Falle, geschrieben
in der Form $\frac{(A - c_3)}{(A - c_1)} \cdot \frac{(c_1 - c_2)}{(c_2 - c_3)}$ das Product der durch die beiden
Factoren bezeichneten Zahlen. (Denn der Quotient zweier
gleichgerichteten Strecken ist eine Zahl.)

Im Gebiet der Ebene erhält man auch dann eine Beziehung zwischen den acht Punkten, wenn man die Gleichungen
(2a) mit $(e_2 - e_3)$ resp. $(\varepsilon_2 - \varepsilon_3)$ multiplicirt. Dann ist:

$$(A - c_3)(e_2 - c_3) = \alpha_1 (c_1 - c_3)(c_2 - c_3);$$
$$(A_1 - \varepsilon_3)(\varepsilon_2 - \varepsilon_3) = \alpha_1 (\varepsilon_1 - \varepsilon_3)(\varepsilon_2 - \varepsilon_3);$$

also durch Division:

$$\frac{(A - c_3)(c_2 - c_3)}{(c_1 - c_3)(c_2 - c_3)} = \frac{(A_1 - \varepsilon_3)(\varepsilon_2 - \varepsilon_3)}{(\varepsilon_1 - \varepsilon_3)(\varepsilon_2 - \varepsilon_3)}.$$

Liegen aber die acht Punkte in derselben Geraden, so
geht diese Gleichung nach der vorhin gemachten Bemerkung
über in:

$$\frac{(A - c_3)}{(c_1 - c_3)} \cdot \frac{(c_2 - c_3)}{(c_2 - c_3)} = \frac{(A_1 - \varepsilon_3)}{(\varepsilon_1 - \varepsilon_3)} \cdot \frac{(\varepsilon_2 - \varepsilon_3)}{(\varepsilon_2 - \varepsilon_3)},$$

oder:

$$\frac{(A - c_3)}{(c_1 - c_3)} = \frac{(A_1 - \varepsilon_3)}{(\varepsilon_1 - \varepsilon_3)},$$

welches wieder die Gleichung (3a) der Nr. 44 ist.

Die Beziehung (3a) lässt sich nun auch· allgemein für
die collinearen Vereine $ABCD$ und $A_1 B_1 C_1 D_1$ herstellen. Sei

(1b) $B = \beta_1 c_1 + \beta_2 c_2 + \beta_3 c_3; \quad B_1 = \beta_1 \varepsilon_1 + \beta_2 \varepsilon_2 + \beta_3 \varepsilon_3;$
$$(\beta_1 + \beta_2 + \beta_3 = 1).$$

(1c) $C = \gamma_1 e_1 + \gamma_2 c_2 + \gamma_3 c_3; \quad C_1 = \gamma_1 \varepsilon_1 + \gamma_2 \varepsilon_2 + \gamma_3 \varepsilon_3;$
$$(\gamma_1 + \gamma_2 + \gamma_3 = 1).$$

(1d) $D = \delta_1 c_1 + \delta_2 c_2 + \delta_3 c_3 \,;\quad D_1 = \delta_1 \varepsilon_1 + \delta_2 \varepsilon_2 + \delta_3 \varepsilon_3 \,;$
$$(\delta_1 + \delta_2 + \delta_3 = 1).$$

Dann ist:

(2a) $(A - c_3) = \alpha_1 (c_1 - c_3) + \alpha_2 (c_2 - c_3)\,;$

(2b) $(B - c_3) = \beta_1 (c_1 - c_3) + \beta_2 (c_2 - c_3)\,;$

mithin:

$$(A - B) = (\alpha_1 - \beta_1)(c_1 - c_3) + (\alpha_2 - \beta_2)(c_2 - c_3).$$

Ebenso:

$$(C - D) = (\gamma_2 - \delta_2)(c_2 - c_1) + (\gamma_3 - \delta_3)(c_3 - c_1)\,;$$

also multiplicirt:

$$(A - B)(C - D) = M(c_1 c_2 + c_2 c_3 + c_3 c_1)\,;$$

Ebenso:

$$(B - C)(A - D) = N(c_1 c_2 + c_2 c_3 + c_3 c_1)\,;$$

und:

$$(C - A)(B - D) = P(c_1 c_2 + c_2 c_3 + c_3 c_1)\,,$$

worin

$$M = (\alpha_1 - \beta_1)(\gamma_2 - \delta_2) + (\alpha_2 - \beta_2)(\gamma_2 - \delta_2)$$
$$+ (\alpha_2 - \beta_2)(\gamma_3 - \delta_3)\,,$$

während N und P aus diesem Ausdruck hervorgehen, indem man darin die Buchstaben $\alpha\beta\gamma$ zweimal nacheinander circulär vertauscht. Da man offenbar ebenso erhält:

$$(A_1 - B_1)(C_1 - D_1) = M(\varepsilon_1 \varepsilon_2 + \varepsilon_2 \varepsilon_3 + \varepsilon_3 \varepsilon_1),$$
$$(B_1 - C_1)(A_1 - D_1) = N(\varepsilon_1 \varepsilon_2 + \varepsilon_2 \varepsilon_3 + \varepsilon_3 \varepsilon_1),$$
$$(C_1 - A_1)(B_1 - D_1) = P(\varepsilon_1 \varepsilon_2 + \varepsilon_2 \varepsilon_3 + \varepsilon_3 \varepsilon_1),$$

so folgt aus den letzten beiden Gleichungsgruppen:

(3b)
$$\left\{\begin{array}{ll} \dfrac{(A - B)(C - D)}{B - C)(A - D)} = \dfrac{(A_1 - B_1)(C_1 - D_1)}{(B_1 - C_1)(A_1 - D_1)}\cdot & (1) \\ \overline{(C - A)(B - D)} = \overline{(C_1 - A_1)(B_1 - D_1)} & (2) \\ & (3) \end{array}\right.$$

Es existirt also zwischen den beiden collinearen Punktvereinen eine von den zu Grunde gelegten Punkten unabhängige Beziehung. Vermöge dieser Beziehung heissen die beiden Punktvereine *projectivisch* zu einander, und die Gleichungen (3b) heissen die *Gleichungen* der Projectivität. — *Projectivische Geradenvereine.* Vgl. Nr. 44 am Schluss. — Ist $E E_1$ ein fünftes projectivisches Punktepaar, so hat man nur, in (3b) jeden Buchstaben mit dem folgenden des Alphabets zu vertauschen, um dieses Paar in die Gleichung einzuführen.

Nach Nr. 42 besitzen zwei collineare Punktvereine drei 47. gemeinsame Punkte. Es seien in den Vereinen $ABCD$ und $A_1 B_1 C_1 D_1$ die beiden Punkte A und C zwei dieser gemeinsamen Elemente, sodass

(4) $$A_1 = A, \quad C_1 = C.$$

Dann geht die aus den Reihen (1) und (2) von (3b) bestehende Gleichung über in:

$$(1, 2) \qquad \frac{(A - B)}{(B - C)} \cdot \frac{(C - D)}{(A - D)} = \frac{(A - B_1)}{(B_1 - C)} \cdot \frac{(C - D_1)}{(A - D_1)},$$

d. h. in die Gleichung der Involution. Man hat also den Satz:

Wenn die beiden Punktvereine $\dfrac{A\,B\,C\,D}{A\,B_1\,C\,D_1}$ projectivisch sind,

so bilden die Punktepaare $\begin{smallmatrix} A & B & C & D \\ C & D_1 & A & B_1 \end{smallmatrix}$ eine Involution.

Die Involution ist hiernach ein specieller Fall der Projectivität.

Ohne Anwendung von Buchstaben-Bezeichnung lässt sich der vorige Satz auch so aussprechen: *Zwei von den Doppelelementen zweier projectivischer Punktvereine bilden eine Involution mit zwei aus je zwei zugeordneten Punkten gebildeten Paaren.*

Die beiden anderen in (3b) enthaltenen Gleichungen gehen durch die Substitutionen (4) über in

$$(2, 3) \qquad \frac{(B - C)}{(B - D)} \cdot \frac{(A - D)}{(A - D_1)} \cdot \frac{(B_1 - D_1)}{(B_1 - C)} = 1,$$

$$(3, 1) \qquad \frac{(B - D)}{(B - A)} \cdot \frac{(C - D_1)}{(C - D)} \cdot \frac{(B_1 - A)}{(B_1 - D_1)} = 1,$$

welche Gleichungen die zweite Form der Bedingungsgleichungen der Involution darstellen.

Die Gleichung (1, 2) bleibt ungeändert, und die Gleichungen (2, 3) und (3, 1) gehen in einander über, wenn man A mit C vertauscht. Ebenso bleibt (1, 2) ungeändert, wenn man B mit D_1, oder D mit B_1 vertauscht. Daraus folgt der Satz: *Man kann in jeder Involution die Punkte eines beliebigen Paares mit einander vertauschen.*

Die linke Seite der Gleichung (3b) ist ein Doppelverhält-

niss, welches man auf sechsfache Weise in einfache Verhältnisse zerlegen kann. Diese 6 Verhältnisse sind:

$$\text{a)} \quad
\underset{1)}{\frac{(A-B)(C-D)}{(B-C)(A-D)}} , \quad
\underset{2)}{\frac{(A-B)(C-D)}{(C-A)(B-D)}} , \quad
\underset{3)}{\frac{(B-C)(A-D)}{(C-A)(B-D)}} .$$

$$\text{b)} \quad
\frac{(B-C)(A-D)}{(A-B)(C-D)} , \quad
\frac{(C-A)(B-D)}{(A-B)(C-D)} , \quad
\frac{(C-A)(B-D)}{(B-C)(A-D)} .$$

Durch Gleichsetzung von je zweien dieser Verhältnisse wird
man Beziehungen zwischen den vier Punkten erhalten. Es
sind aber dabei nur drei wesentlich verschiedene Fälle vorhanden.

1) *Jeder Zähler des einen Verhältnisses ist dem Nenner
des anderen gleich.* (1a = 1b; 2a = 2b; 3a = 3b). Bezeich-
nen wir das eine Verhältniss mit λ, so ist das andre $\frac{1}{\lambda}$; mithin $\lambda = \frac{1}{\lambda}$; oder $\lambda^2 = 1$; $\lambda = \pm 1$. Für $\lambda = + 1$ *sind die
vier Punkte harmonisch*, für $\lambda = - 1$ *fallen zwei derselben
zusammen.*

2) *Die Zähler oder die Nenner der beiden Verhältnisse
sind gleich.* (1a = 2a; 3a = 1b; 2b = 3b; 1a = 3b; 2a = 3a;
1b = 2b). Dann *fallen 3 Punkte zusammen.*

3) *Der Zähler des einen Verhältnisses ist dem Nenner des
andern gleich.* (1a = 2b; 1a = 3a; 2a = 1b; 2a = 3b;
3a = 2b; 1b = 3b). Dann heissen die 4 Punkte *äquianhar-
monisch.* Die Bedingungsgleichung dieser Beziehung ist also:

$$(5) \qquad \frac{(A-B)(C-D)}{(B-C)(A-D)} = \frac{(C-A)(B-D)}{(A-B)(C-D)} .$$

7. Das Pascal'sche Sechsseit und das Brianchon'sche Sechseck.

18. Wir betrachten im Folgenden drei Punktepaare, deren
Verbindungslinien durch *einen* Punkt gehen, und reciprok
drei Linienpaare, deren Schnittpunkte auf *einer* Geraden liegen.
Im ersten Falle bilden die drei Punktepaare ein *Brianchon'-
sches Sechseck*, und der Schnittpunkt ihrer Verbindungslinien
heisst *Brianchon'scher Punkt*. Im zweiten Falle bilden die
drei Linienpaare ein *Pascal'sches Sechsseit*, und die Gerade,
auf der ihre Schnittpunkte liegen, heisst *Pascal'sche Linie*.
Da wir die drei Geraden des ersten Falles, welche durch

einen Punkt gehen, reciprok verwandt setzen können mit den drei Punkten des zweiten Falles, welche auf *einer* Geraden liegen ("Raumlehre" Nr. 186), so genügt es, die Formeln für das Brianchon'sche Sechseck aufzustellen, indem aus jedem Satze über diese Figur ein andrer über das Pascal'sche Sechsseit folgt.

Es seien AA_1, BB_1, CC_1 drei Punktepaare, deren Verbindungslinien sich in X_3 schneiden. Dann ist:

$$(1) \qquad X_3 = \lambda A + (1 - \lambda)A_1 = \mu B + (1 - \mu)B_1$$
$$= \nu C + (1 - \nu)C_1.$$

Es sei ferner:

$$(II) \begin{cases} (1) \quad A_1 = \alpha_1 A + \alpha_2 B + \alpha_3 C; \quad (\alpha_1 + \alpha_2 + \alpha_3 = 1); \\ (2) \quad B_1 = \beta_1 A + \beta_2 B + \beta_3 C; \quad (\beta_1 + \beta_2 + \beta_3 = 1); \\ (3) \quad C_1 = \gamma_1 A + \gamma_2 B + \gamma_3 C. \quad (\gamma_1 + \gamma_2 + \gamma_3 = 1). \end{cases}$$

Eliminirt man C aus (1) und (2), A aus (2) und (3), B aus (3) und (1), so folgt:

$$(\beta_3\alpha_1 - \beta_1\alpha_3)A - \beta_3 A_1 = (\beta_2\alpha_3 - \beta_3\alpha_2)B - \alpha_3 B_1;$$
$$(\gamma_1\beta_2 - \gamma_2\beta_1)B - \gamma_1 B_1 = (\gamma_3\beta_1 - \gamma_1\beta_3)C - \beta_1 C_1;$$
$$(\alpha_2\gamma_3 - \alpha_3\gamma_2)C - \alpha_2 C_1 = (\alpha_1\gamma_2 - \alpha_2\gamma_1)A - \gamma_2 A_1.$$

Da aber X_3 der Schnittpunkt der Geraden AA_1, BB_1, CC_1 ist, so ist X_3 der gemeinsame Werth der in diesen drei Gleichungen enthaltenen 6 Ausdrücke, und man erhält durch Vergleichung der Coefficienten von A_1, B_1, C_1 etc. die Bedingungen:

$$\beta_3 = \gamma_2; \qquad \gamma_1 = \alpha_3; \qquad \alpha_2 = \beta_1.$$

Durch diese Substitutionen gehen die letzten drei Gleichungen über in

$$(III) \qquad X_3 = \lambda A - \gamma_2 A_1 = \mu B - \alpha_3 B_1 = \nu C - \beta_1 C_1,$$

worin nun $\lambda \mu \nu$ folgende Bedeutung haben:

$$\lambda = \gamma_2\alpha_1 - \beta_1\alpha_3,$$
$$\mu = \alpha_3\beta_2 - \gamma_2\beta_1,$$
$$\nu = \beta_1\gamma_3 - \alpha_3\gamma_2.$$

Bestimmt man nun mittelst der Gleichungen (III) die Punkte $P_3 P_1 P_2$, in denen sich resp. die Geraden $A_1 B_1$ und AB, $B_1 C_1$ und BC, $C_1 A_1$ und CA schneiden, so folgt:

$$\text{(IV)} \quad \begin{cases} P_3 = \gamma_2 A_1 - \alpha_3 B_1 = \lambda A - \mu B; \\ P_1 = \alpha_3 B_1 - \beta_1 C_1 = \mu B - \nu C; \\ P_2 = \beta_1 C_1 - \gamma_2 A_1 = \nu C - \lambda A. \end{cases}$$

Daraus folgt:

$$P_1 + P_2 + P_3 = 0;$$

d. h. *Verbindet man in einem Brianchon'schen Sechseck die drei geraden und die drei ungeraden Ecken zu je einem Dreieck, so liegen die 3 Punkte, in denen sich je zwei entsprechende Seiten dieser Dreiecke schneiden, auf einer Geraden.*)*

Vervollständigt man in einem Pascal'schen Sechsseit die drei geraden und die drei ungeraden Seiten zu je einem Dreiseit, so gehen die 3 Geraden, welche je zwei entsprechende Ecken dieser Dreiseite verbinden, durch einen Punkt.

Da in dem ersten dieser Sätze die Ecken der beiden Dreiecke auf drei Geraden (den Diagonalen des Sechsecks) liegen, welche sich in einem Punkte schneiden, so kann man die beiden Sätze auch so ausdrücken:

Liegen die Ecken zweier Dreiecke auf drei Geraden, die sich in einem Punkte schneiden, so schneiden sich die entsprechenden Seiten der beiden Dreiecke in drei Punkten, welche auf einer Geraden liegen.

Schneiden sich die Seiten zweier Dreiecke paarweise in drei Punkten, die auf einer Geraden liegen, so gehen die Verbindungslinien der entsprechenden Ecken der beiden Dreiecke durch einen Punkt.

Es ist demnach der reciproke Satz nur die Umkehrung des ersten.

Da ferner die Seiten der beiden im Brianchon'schen Sechseck gezeichneten Dreiecke ein Sechseck bilden, in welchem die Schnittpunkte je zweier Gegenseiten auf *einer* Geraden liegen, so hat man die weiteren Sätze:

Die Linien, welche die geraden und diejenigen, welche die ungeraden Ecken eines Brianchon'schen Sechs-

Die Punkte, in welchen die geraden, und diejenigen, in welchen die ungraden Seiten eines Pascal'schen Sechs-

---

*) Identisch mit Nr. 124 der „Raumlehre", wo $ABCX_1X_2X_3$ die Ecken des Sechsecks sind.

ecks mit einander verbinden, *seits sich untereinander schnei-*
bilden ein Pascal'sches *den, bilden ein Brianchon'-*
Sechsseit. *sches Sechseck.*

Es sind also die *eine* Gerade und der *eine* Punkt, von
welchen in den vorigen beiden Sätzen die Rede war, nichts
weiter als die Pascal'sche Linie, resp. der Brianchon'sche
Punkt.

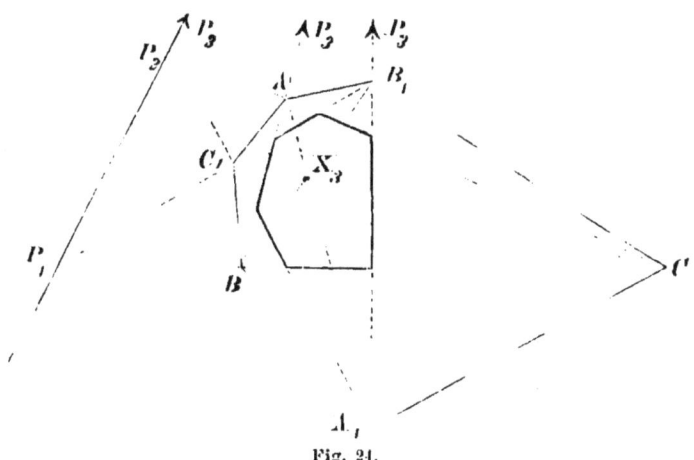

Fig. 24.

Bestimmt man endlich mittelst der Gleichungen (III) die 49.
Punkte $Q_3 Q_1 Q_2$, in denen sich resp. die Geraden AB_1 und
BA_1, BC_1 und CB_1, CA_1 und AC_1 schneiden, so folgt:

$$(V) \quad \begin{cases} - Q_3 = \lambda A + \alpha_3 B_1 = \mu B + \gamma_2 A_1 \, ; \\ - Q_1 = \mu B + \beta_1 C_1 = \nu C + \alpha_3 B_1 \, ; \\ - Q_2 = \nu C + \gamma_2 A_1 = \lambda A + \beta_1 C_1 \, . \end{cases}$$

Eliminirt man aus diesem System zuerst die Grössen ABC,
dann $A_1 B_1 C_1$, und setzt die erhaltenen gleichen Ausdrücke
resp. gleich X_1 und X_2, so folgt, wenn wir (III) vorausgehen
lassen, folgendes System:

$$(VI) \quad \begin{cases} X_3 = \lambda A - \gamma_2 A_1 = \mu B - \alpha_3 B_1 = \nu C - \beta_1 C_1 \, ; \\ X_1 = \gamma_2 A_1 - Q_1 = \alpha_3 B_1 - Q_2 = \beta_1 C_1 - Q_3 \, ; \\ X_2 = Q_1 - \lambda A = Q_2 \quad \mu B = Q_3 \quad \nu C \, . \end{cases}$$

Daraus folgt:

$$X_1 + X_2 + X_3 = 0 \, ;$$

d. h.: *Die drei Punkte, in wel-* | *Die drei Geraden, welche je*
chen je zwei Gegenseiten eines | *zwei Gegenecken eines Pascal'-*
Brianchon'schen Sechsecks sich | *schen Sechsseits verbinden, bilden*
schneiden, bilden mit den ge- | *mit den geraden sowohl wie mit*
raden sowohl wie mit den un- | *den ungeraden Seiten ein neues*
geraden Ecken ein neues Brian- | *Pascal'sches Sechsseit, und die*
chon'sches Sechseck, und die | *Pascal'schen Linien dieser drei*
Brianchon'schen Punkte dieser | *Sechsseite gehen durch einen*
drei Sechsecke liegen auf einer | *Punkt.*
Geraden.

Aus den Gleichungen (V) lassen sich ferner die Schnittpunkte der Geraden AB und $A_1 B_1$; BC und $B_1 C_1$; CA und
$C_1 A_1$, die bereits durch die Gleichungen (IV) bestimmt waren,
auf's Neue ableiten. Man erhält nämlich:

$$(\text{VII}) \quad \begin{cases} P_3 = Q_1 - Q_2 = \lambda A \; - \mu B = \gamma_2 A_1 - \alpha_3 B_1 \,; \\ P_1 = Q_2 - Q_3 = \mu B - \nu C = \alpha_3 B_1 - \beta_1 C_1 \,; \\ P_2 = Q_3 - Q_1 = \nu C - \lambda A = \beta_1 C_1 - \gamma_2 A_1 \,. \end{cases}$$

Und die Formel

$$P_1 + P_2 + P_3 = 0$$

liefert jetzt folgende Sätze:

Von den drei Punkten, in | *Von den drei Geraden, wel-*
welchen je zwei Gegenseiten eines | *che je zwei Gegenecken eines*
Brianchon'schen Sechsecks sich | *Pascal'schen Sechsseits verbin-*
schneiden, bilden je zwei mit | *den, bilden je zwei mit den in*
den Endpunkten der beiden nicht | *den nicht verbundenen Ecken*
verlängerten Seiten des Sechsecks | *des Sechsseits sich schneiden-*
ein neues Brianchon'sches Sechs- | *den Seiten ein neues Pascal'-*
eck, und die Brianchon'schen | *sches Sechsseit, und die Pascal'-*
Punkte dieser drei Sechsecke | *schen Linien dieser drei Sechs-*
liegen auf einer Geraden. | *seite gehen durch einen Punkt.*

Diese Sätze lassen sich mit den vorigen beiden zu *einem*
Paare vereinigen, welches eine Erweiterung der Sätze (IV) ist:

Verbindet man in einem | *Vervollständigt man in einem*
Brianchon'schen Sechseck die | *Pascal'schen Sechsseit die drei*
drei geraden, die drei unge- | *geraden, die drei ungeraden*
raden Ecken, und die drei | *Seiten und die drei Geraden,*
Punkte, in denen je zwei Gegen- | *welche je zwei Gegenecken ver-*

seiten sich schneiden, zu je einem Dreieck, so schneiden sich erstens je drei entsprechende Seiten der drei Dreiecke in e i n e m Punkte, und diese drei Punkte liegen auf e i n e r Geraden. Zweitens schneiden sich die drei Verbindungslinien der entsprechenden Ecken je zweier Dreiecke in e i n e m Punkte, und diese drei Punkte liegen wieder auf e i n e r Geraden.

binden, zu je einem Dreiseit, so liegen erstens je drei entsprechende Ecken der drei Dreiseite auf e i n e r Geraden, und diese drei Geraden schneiden sich in e i n e m Punkte. Zweitens liegen die drei Schnittpunkte der entsprechenden Seiten je zweier Dreiseite auf e i n e r Geraden, und diese drei Geraden gehen wieder durch e i n e n Punkt.

Die beiden Geraden, auf welchen je drei Brianchon'sche Punkte der vorigen Sätze liegen, mögen hier *Hesse'sche Geraden* genannt werden*); die beiden Punkte, in welchen je drei Pascal'sche Linien sich schneiden, heissen *Steiner'sche Punkte*.

Man kann die 9 Punkte ABC, $A_1B_1C_1$, $Q_1Q_2Q_3$, und die 6 Punkte $X_1X_2X_3$, $P_1P_2P_3$ in folgender Weise gruppiren:

$$X_2 \overbrace{\left(\begin{matrix} A & B & C \\ A_1 & B_1 & C_1 \\ Q_1 & Q_2 & Q_3 \end{matrix} \right)}^{P_2} \begin{matrix} X_3 \\ X_1 \end{matrix}$$
$$P_3 \quad P_1$$

Diese Figur drückt in Uebereinstimmung mit dem 3. Satze auf S. 94 aus, dass durch jeden der 6 äusseren Punkte die drei Verbindungslinien derjenigen Punktepaare gehen, welche durch die zugehörige Klammer verbunden werden. Wir kehren die erste Hälfte jenes Satzes nur um, wenn wir sagen:

Wenn die entsprechenden Seiten von drei Dreiecken durch drei Punkte ($P_1P_2P_3$) gehen, welche auf einer Geraden lie-

Wenn die entsprechenden Ecken von drei Dreiecken auf drei Geraden liegen, welche durch einen Punkt gehen, so

---

*) Diese Geraden scheinen bisher nicht benannt zu sein, wohl darum, weil die Untersuchungen stets in erster Linie das Pascal'sche Sechsseit berücksichtigten. Der hier befolgte Gang nöthigte mich zur Aufstellung eines besonderen Namens.

gen, so schneiden sich die Ver-\
bindungslinien der entsprechen-\
den Ecken je zweier Dreiecke\
in einem Punkte, und diese\
drei Punkte $(X_1 X_2 X_3)$ liegen\
auf einer Geraden.

liegen die Schnittpunkte der ent-\
sprechenden Seiten je zweier\
Dreiecke auf einer Geraden,\
und diese drei Geraden gehen\
durch einen Punkt.

Dieser Satz lässt sich auch ohne Weiteres aus der soeben betrachteten Figur ablesen.

Aus den Gleichungen: $X_1 + X_2 + X_3 = 0$ und $P_1 + P_2 + P_3 = 0$ folgt:

$$X_1 = -X_2 - X_3; \quad X_2 = -X_3 - X_1; \quad X_3 = -X_1 - X_2;$$
$$P_1 = -P_2 - P_3; \quad P_2 = -P_3 - P_1; \quad P_3 = -P_1 - P_2.$$

Dann sind die mit den 6 Punkten auf der linken Seite dieser Gleichungen conjugirten vierten harmonischen Punkte:

$$X_1' = -X_2 + X_3; \quad X_2' = -X_3 + X_1; \quad X_3' = -X_1 + X_2;$$
$$P_1' = -P_2 + P_3; \quad P_2' = -P_3 + P_1; \quad P_3' = -P_1 + P_2.$$

Nun ist:

$$X_1' + P_1' = X_3 - X_2 + P_3 - P_2$$
$$= (\mu B - \alpha_3 B_1) - (Q_1 - \lambda A) + (\lambda A - \mu B) - (\nu C - \lambda A)$$
$$= 3\lambda A - (\nu C + Q_1 + \alpha_3 B_1) = 3\lambda A.$$

Durch dasselbe Verfahren erhält man im Ganzen folgendes System:

$$X_1' + P_1' = 3\lambda A; \quad X_2' + P_1' = 3\gamma_2 A_1; \quad X_3' + P_1' = 3Q_1;$$
$$X_1' + P_2' = 3\mu B; \quad X_2' + P_2' = 3\alpha_3 B_1; \quad X_3' + P_2' = 3Q_2;$$
$$X_1' + P_3' = 3\nu C; \quad X_2' + P_3' = 3\beta_1 C_1; \quad X_3' + P_3' = 3Q_3,$$

und daraus die Sätze:

Construirt man auf den bei-\
den Hesse'schen Geraden zu\
jedem der drei Brianchon'schen\
Punkte in Bezug auf die andern\
beiden Punkte den vierten har-\
monischen Punkt, und verbindet\
diese Punkte der einen Geraden\
mit denjenigen der anderen, so\
geht durch jeden Endpunkt des

Legt man durch die beiden\
Steiner'schen Punkte zu jeder\
der drei Pascal'schen Linien\
in Bezug auf die beiden ande-\
ren Linien die vierte harmo-\
nische Linie, so schneiden sich\
die durch den einen Punkt\
gehenden Linien mit den unde-\
ren in neun Punkten, und auf

Brianchon'schen Sechsecks und | *jeder Seite des Pascal'schen*
durch jeden Schnittpunkt zweier | *Sechsseits und auf jeder Ver-*
Gegenseiten eine dieser neun | *bindungslinie zweier Gegenecken*
Verbindungslinien. | *liegt einer dieser neun Schnitt-*
| *punkte.*

Die 9 Punkte $\qquad$ 50.

$$A\ B\ C$$
$$A_1\ B_1\ C_1$$
$$Q_1\ Q_2\ Q_3$$

sind, wie aus den Sätzen VI und VII der vorigen Nr. hervorgeht, so beschaffen, dass je zwei senkrechte oder zwei wage-
rechte Tripel ein Brianchon'sches Sechseck bilden, sodass im
Ganzen 6 solcher Sechsecke existiren. — Diese Punkte bilden
aber nur einen Theil der sämmtlichen 15 Punkte, in welchen
die Seiten des ursprünglichen Sechsecks $A B C A_1 B_1 C_1$ sich
schneiden. Ebenso bilden die eben betrachteten 6 Sechsecke
nur einen Theil sämmtlicher aus den 6 Seiten der ursprünglichen Figur darstellbaren Sechsecke, die sich alle durch die
Aufeinanderfolge ihrer Seiten von einander unterscheiden.
Halten wir eine Seite (1) des gegebenen Sechsecks fest, so
steht der Uebergang zu jeder der übrigen 5 Seiten offen.
Dies giebt 5 Combinationen. Ist die zweite Seite gewählt,
so steht der Uebergang zu jeder der noch übrigen vier Seiten
frei, also hat man $5.4 = 20$ Combinationen. So fortfahrend
erhält man im Ganzen $5.4.3.2.1 = 120$ Combinationen,
von denen jedoch je zwei zusammenfallen, da sie nur durch
den entgegengesetzten Sinn der Fortbewegung verschieden
sind. (So ist z. B. $(13456) = (16543)$.) Es bleiben demnach
60 Sechsecke.

Auf jene 15 Punkte und 60 Sechsecke soll nunmehr die
Betrachtung ausgedehnt werden.

Die 15 Schnittpunkte der 6 Geraden. Bezeichnen wir die
6 Seiten des Brianchon'schen Sechsecks der Reihe nach mit
123456, so erscheint jeder der 15 Punkte als das planimetrische Product von zweien dieser Zahlen, und mit Rücksicht auf Fig. 25 gehen die Gleichungen II (Nr. 48) über in:

(1) $\qquad (56) = \alpha_1(23) + \alpha_2(61) + \alpha_3(45)$

(2) $\qquad (34) = \beta_1(23) + \beta_2(61) + \beta_3(45)$

(3) $\qquad (12) = \gamma_1(23) + \gamma_2(61) + \gamma_3(45)$.

Setzt man hierin, wie bereits oben geschehen:

$$\beta_3 = \gamma_2; \quad \gamma_1 = \alpha_3; \quad \alpha_2 = \beta_1,$$

und ausserdem:

$$\alpha_1 = \beta_2 = \gamma_3 = 1,$$

so folgt:

I.
$$\begin{cases} (12) = \alpha_3(23) + (45) + \gamma_2(61); \\ (34) = \beta_1(23) + \gamma_2(45) + (61); \\ (56) = (23) + \alpha_3(45) + \beta_1(61). \end{cases}$$

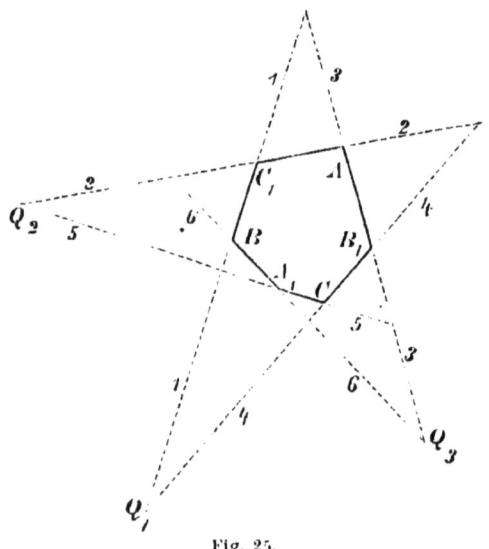

Fig. 25.

Es war ferner:

$$Q_1 = \mu B + \beta_1 C_1 = (\alpha_3\beta_2 - \gamma_2\beta_1)B + \beta_1\alpha_3 A + \beta_1\gamma_2 B + \beta_1\gamma_3 C$$
$$= \beta_1\alpha_3 A + \alpha_3\beta_2 B + \beta_1\gamma_3 C,$$

oder mit Berücksichtigung der Werthe von β_2 und γ_3, und der neuen Bezeichnungen für die Punkte:

$$(14) = \beta_1\alpha_3(23) + \beta_1(45) + \alpha_3(61).$$

Dividirt man diese Gleichung durch $\beta_1\alpha_3$, setzt

$$\frac{1}{\alpha_3} = \alpha_3', \quad \frac{1}{\beta_1} = \beta_1',$$

und unterdrückt links den Factor $\alpha_3'\beta_1'$, so folgt:

$$\text{II.} \quad \begin{cases} (14) = \quad\;\; (23) + \alpha_3'(45) + \beta_1'(61); \\ (25) = \beta_1'(23) + \gamma_2'(45) + \quad\;\; (61); \\ (36) = \alpha_3'(23) + \quad\;\; (45) + \gamma_2'(61). \end{cases}$$

Die letzten beiden Formeln dieser Gruppe entstehen auf dieselbe Weise wie die erste, und es ist $\gamma_2' = \dfrac{1}{\gamma_2}$.

Bestimmen wir nun noch die Punkte: (13), (35), (51); (24), (46), (62). Eliminirt man aus den letzten beiden Gleichungen (I) den Punkt (23), indem (34) mit β_1' multiplicirt, und (56) davon subtrahirt wird, so folgt:

$$(34)\beta_1' - (56) = (\gamma_2\beta_1' - \alpha_3)(45) + (\beta_1' - \beta_1)(61)$$

oder:

$$(34)\beta_1' + (\alpha_3 - \gamma_2\beta_1')(45) = (\beta_1' - \beta_1)(61) + (56) = (46),$$

weil die beiden Seiten der Gleichung einen Punkt bestimmen, welcher gleichzeitig auf den Linien 4 und 6 liegt, also den Punkt (46). Da nun nach (I)

$$(34)\beta_1' = (23) + \gamma_2\beta_1'(45) + \beta_1'(61)$$

und

$$(46) = (34)\beta_1' + (\alpha_3 - \gamma_2\beta_1')(45)$$

ist, so erhält man durch Addition:

$$(46) = (23) + \alpha_3(45) + \beta_1'(61).$$

Diese Gleichung würde aber aus der letzten Gleichung (I) durch die Vertauschungen

$$4 \text{ mit } 5, \quad \text{und} \quad \beta_1 \text{ mit } \beta_1'$$

hervorgegangen sein. Man schliesst hieraus, dass auch durch die analogen Vertauschungen

$$6 \text{ mit } 1, \quad \text{und} \quad \alpha_3 \text{ mit } \alpha_3',$$
$$2 \text{ mit } 3, \quad \text{und} \quad \gamma_2 \text{ mit } \gamma_2'$$

aus den Formeln I richtige Formeln hervorgehen, und erhält so:

$$\text{III.} \quad \begin{cases} (13) = \alpha_3(23) + \quad\;\; (45) + \gamma_2'(61); \\ (35) = \beta_1'(23) + \gamma_2(45) + \quad\;\; (61); \\ (51) = \quad\;\; (23) + \alpha_3'(45) + \beta_1(61). \end{cases}$$

$$\text{IV.} \quad \begin{cases} (62) = \alpha_3'(23) + \quad\;\; (45) + \gamma_2(61); \\ (24) = \beta_1(23) + \gamma_2'(45) + \quad\;\; (61); \\ (46) = \quad\;\; (23) + \alpha_3(45) + \beta_1'(61). \end{cases}$$

7*

Diese Systeme III und IV würde man durch dieselben Vertauschungen auch aus II erhalten, wie denn überhaupt jedes der vier Systeme durch einmalige oder zweimalige Anwendung jener Vertauschungen die drei übrigen liefert.

Die 60 Sechsecke der 6 Geraden. — Im Anfang dieser Nr. wurde bemerkt, dass die Punkte ABC', $A_1B_1C_1$, $Q_1Q_2Q_3$ 6 Brianchon'sche Sechsecke bildeten. Diese Sechsecke sind sämmtlich in dem Ausdruck

$$(135)$$

enthalten, wenn man hinter seinen drei Ziffern die übrigen Zahlen 2 4 6 auf alle möglichen Arten vertheilt. Jede dieser Permutationsformen giebt dann die Reihenfolge der Seiten eines Brianchon'schen Sechsecks, und die Eckpunkte von jedem dieser Sechsecke stimmen mit irgend 2 Punktetripeln aus dem im Anfang dieser Nr. gegebenen Schema überein, wie aus der darauf folgenden Figur zu sehen ist.

Da nun durch die Vertauschungen 4 mit 5, 6 mit 1, 2 mit 3 die Beziehungen der 15 Punkte, wie eben gezeigt, nicht geändert werden, so erhält man auch aus (135) durch diese Vertauschungen 18 neue Brianchon'sche Sechsecke, nämlich:

$$(134), \quad (635), \quad (125).$$

Denken wir uns jetzt in den Systemen I bis IV alle übrigen 12 Punkte durch (12), (34), (56) ausgedrückt, anstatt wie bisher durch (23), (45), (61), so werden die neuen Gleichungen durch die Vertauschungen 1 mit 2, 3 mit 4, 5 mit 6 (verbunden mit entsprechenden Vertauschungen der Coefficienten) in einander übergehen. Mithin werden auch diese Vertauschungen das ursprüngliche Sechseck (135) in 18 neue Brianchon'sche Sechsecke überführen, nämlich in

$$(235), \quad (145), \quad (136).$$

Dasselbe wird schliesslich stattfinden, wenn man alle Punkte durch (14), (25), (36) ausdrückt. Man erhält so die letzten 18 Sechsecke:

$$(435), \quad (132), \quad (165).$$

Man erhält also im Ganzen 60 Brianchon'sche Sechsecke, und demnach die Sätze:

Sechs gerade Linien bilden 60 Sechsecke. Ist eins derselben ein Brianchon'sches, so sind auch alle übrigen solche.

Sechs Punkte bilden 60 Sechsseite. Ist eins derselben ein Pascal'sches, so sind auch alle übrigen solche.

Da die Brianchon'schen Punkte von je drei der 60 Sechs- 51. ecke auf einer Hesse'schen Geraden liegen, so giebt es im Ganzen 20 Hesse'sche Geraden in der Figur. Und zu jeder der 10 Gruppen von Sechsecken in der vorigen Nr. gehören 2 solcher Geraden, z. B. zu (135) die Geraden, auf welchen die Punkte $X_1 X_2 X_3$ und $P_1 P_2 P_3$ liegen.

Drücken wir nun X_3 und X_2 mittelst der Formeln VI und II (1), resp. VI und V (2) durch ABC aus, so folgt, wenn wieder $\alpha_1 = \beta_2 = \gamma_3 = 1$ ist:

$$-\frac{X_3}{\alpha_3 \beta_1 \gamma_2} = \frac{A}{\gamma_2} + \frac{B}{\alpha_3} + \frac{C}{\beta_1}; \quad -X_2 = \gamma_2 A + \alpha_3 B + \beta_1 C,$$

oder in der neuen Bezeichnung:

$$-X_3 . \alpha_3' \beta_1' \gamma_2' = \gamma_2' (23) + \beta_1' (15) + \alpha_3' (61);$$
$$-X_2 = \gamma_2 (23) + \beta_1 (45) + \alpha_3 (61);$$

und addirt:

$$-(X_2 + \alpha_3' \beta_1' \gamma_2' . X_3) = (\gamma_2 + \gamma_2')(23) + (\beta_1 + \beta_1')(45)$$
$$+ (\alpha_3 + \alpha_3')(61).$$

Da der Punkt, welchen die linke Seite dieser Gleichung ausdrückt, aus X_2 und X_3 abgeleitet ist, so geht die durch die beiden letzteren Punkte bestimmte Hesse'sche Gerade auch durch ihn. Und da die rechte Seite dieser Gleichung durch jede der Vertauschungen $\frac{2, \gamma_2}{3, \gamma_2'}, \frac{4, \beta_1}{5, \beta_1'}, \frac{6, \alpha_3}{1, \alpha_3'}$ ungeändert bleibt, so gehen durch diesen Punkt auch die Hesse'schen Geraden derjenigen 3 Sechseck-Gruppen, welche man aus der einen Hälfte von (135) durch die ebengenannten Vertauschungen erhält. Der Punkt, durch welchen vier Hesse'sche Geraden gehen, möge *Hesse'scher Punkt* genannt werden.

Durch einen *zweiten* Hesse'schen Punkt geht dieselbe Gerade (der Punkte $X_1 X_2 X_3$) und die 3 Hesse'schen Geraden derjenigen Sechseck-Gruppen, welche man aus (135) durch die Vertauschungen $\begin{vmatrix} 1 \\ 2 \end{vmatrix} \begin{vmatrix} 3 & 5 \\ 4 & 6 \end{vmatrix}$ erhält. Ein *dritter* Hesse'scher Punkt geht endlich auf dieselbe Weise durch die Vertauschungen

$\begin{vmatrix} 1 & 2 & 3 \\ 4 & 5 & 6 \end{vmatrix}$ hervor. — Alle drei Hesse'schen Punkte liegen auf
derselben Hesse'schen Geraden $(X_1 X_2 X_3)$, und da dasselbe
von sämmtlichen Hesse'schen Geraden gilt, so liegen auf
jeder der 20 Hesse'schen Geraden 3 Hesse'sche Punkte. Da
endlich je vier Geraden *einen* solchen Punkt gemeinsam haben,
so ist die Zahl sämmtlicher Hesse'schen Punkte $\frac{20 \cdot 3}{4} = 15$.

Fügt man noch die Erklärung hinzu, dass eine Gerade,
auf welcher vier Steiner'sche Punkte liegen, *Steiner'sche Gerade* heisst, so kann man die Sätze aussprechen:

Die Figur der 60 Brianchon'-schen Sechsecke enthält 20 Hesse'-sche Geraden, und 15 Hesse'sche Punkte. — Auf jeder Geraden liegen 3 Punkte, und in jedem Punkte schneiden sich 4 Ge-raden.	*Die Figur der 60 Pascal'-schen Sechsecke enthält 20 Stei-ner'sche Punkte, und 15 Stei-ner'sche Geraden. — In jedem Punkte schneiden sich 3 Ge-raden, und auf jeder Geraden liegen 4 Punkte.*

Man überzeugt sich leicht, dass die Figur der 15 Hesse'-
schen Punkte mit derjenigen der 15 Punkte am Schluss von
Nr. 49 übereinstimmt.

Anmerkung. Die in dieser Abtheilung behandelten Gegenstände
pflegen bisher entweder durch die Methode der symbolischen Gleichungen
(Neuere analytische Geometrie), oder durch diejenige der binären Formen (Moderne Algebra) erledigt zu werden.

Die *Methode der symbolischen Gleichungen* (wobei z. B. ein Punkt
durch die Gleichung $A = 0$ ausgedrückt wird) beruht auf einem Ab-
kürzungsverfahren, wonach die linke Seite einer auf Null gebrachten
Coordinaten-Gleichung durch einen einzigen Buchstaben ersetzt wird.
Nur unter dieser Voraussetzung haben die symbolischen Gleichungen
einen Sinn, und sie können, so einfach sie auch aussehen, doch nicht
anders gedacht werden, als entstanden aus einem complicirten Ausdruck durch eine zwar glückliche aber doch willkürliche Symbolik. —
Dagegen hängen die im Vorstehenden gebrauchten Gleichungen mit
den einfachen Prinzipien der Raumlehre auf's Engste zusammen, und
ihre einfache Gestalt ist nicht die Folge einer willkürlichen Abkürzung,
sondern beruht in der Einfachheit der durch sie dargestellten Beziehungen. Es ist also bei der Bildung dieser Gleichungen der Umweg
durch ein Coordinatensystem, welches erst eingeführt, und dann (durch
die Abkürzung) wieder eliminirt wird, vermieden. Gleichzeitig gestatten die Zahlcoefficienten der Punkte ein leichteres Auffinden derjenigen Combinationen zwischen Gleichungen, welche zu einfachen

geometrischen Resultaten führen, während die symbolischen Gleichungen
in ihrer allzugrossen Aehnlichkeit unter einander die individuellen
Eigenthümlichkeiten der durch sie dargestellten Punkte zu sehr ver-
decken. — Es möge auch zur Vergleichung beider Methoden auf die
in Nr. 50 auftretenden Ausdrücke von der Form (12) aufmerksam gemacht werden, deren Einführung in der Darstellung desselben Gegenstandes bei Hesse (Vorlesg. a. d. anal. Geom. der geraden Linie etc.)
wieder eine neue willkürliche Symbolik erfordert, während sie hier im
Zusammenhange mit der Disciplin einfach planimetrische Producte sind.

Die *Methode der binären Formen* ist aus mehrfachen Gründen zur
ersten Einführung in den hier behandelten Gegenstand ganz ungeeignet,
wie man denn überhaupt sich hüten muss, den Umfang desjenigen
Gebiets der Wissenschaft, welches irgend einer Methode unterworfen
ist, zu überschätzen (vgl. Nr. 16). Auch die Ausdehnungslehre erhebt
keineswegs den Anspruch auf allgemeine Anwendung im Gebiet der
Mathematik. Sie will sich nur diejenigen Gegenstände unterwerfen,
welche mit ihrer Hilfe leichter, einfacher und naturgemässer gefunden
werden können, als durch andere Methoden, und sucht, indem sie jeder
der ihr untergeordneten Special-Methoden ihr natürliches Gebiet an-
weist, und jede dieser Methoden aus allgemeineren Gesichtspunkten
ableitet, mehr Uebersicht und Zusammenhang in die ihr zugänglichen
Gegenstände zu bringen. Namentlich sucht sie der in neuerer Zeit
zum Schaden der Uebersichtlichkeit immer mehr um sich greifenden
Methode der abgekürzten Bezeichnungen, durch welche bereits ein
wahres Chaos von Symbolen in der willkürlichsten Form geschaffen
worden ist, entgegenzutreten, und zu zeigen, dass auf dem ihr zugänglichen Gebiete ausser den in Nr. 4 der Einleitung abgeleiteten 4 Productbildungen jede weitere Symbolik überflüssig ist.

Um zur Methode der binären Formen zurückzukehren. sei bemerkt,
dass dieselbe *in ihrer bisherigen Gestalt* zunächst ebenso wie die vorige
ein Coordinatensystem voraussetzt, sodass schon der Nachweis, dass
die Invarianten und Covarianten der Formen die verschiedenen projectivischen Verhältnisse darstellen, sehr umständlich ist. Sodann giebt
die Covariante gar kein Bild des geometrischen Verhältnisses und ist
bei aller Kürze doch wenig brauchbar zur Ableitung der einfachen
geometrischen Sätze. Endlich ist die Eigenschaft der Invarianz, wenig-
stens für die harmonischen und involutorischen Verhältnisse, ganz
nebensächlich, und ihre Verwendung bei den allgemeinen projectivischen Verhältnissen gestaltet sich mit Hilfe des Systems der ursprünglichen Einheiten wesentlich einfacher, als sonst. — Die Methode der
modernen Algebra findet erst dann ihre natürliche Verwendung, wenn
man die Punkte, deren Projectivität man untersucht, als Schnittpunkte
von Geraden und Curven betrachtet, oder, anders gesagt, wenn man
die binären Formen als speciellen Fall der ternären betrachtet. Denn
erst in dem Abschnitt von den zusammengesetzten Grössen (Curven)
tritt in der Raumlehre die algebraische Multiplication auf, und mit
ihr diejenigen Bildungen, welche man Invarianten und Covarianten

nennt. — Nun lässt sich allerdings die Methode der binären Formen von der Zuthat der Coordinaten befreien, und dadurch wesentlich vereinfachen; aber auch dann wird man eine Punktreihe in *erster* Linie als eine Reihe *einfacher* Grössen betrachten müssen, und erst in *zweiter* Linie als eine einzige *zusammengesetzte* Grösse. Hierdurch rechtfertigt sich die im Anfang dieser Anmerkung aufgestellte Behauptung.

Dritte Abtheilung.

Die Lehre von den zusammengesetzten Grössen.

52. Die Anfänge dieser Abtheilung sind bereits in der „Raumlehre" zusammengestellt (vgl. die Anm. zu Nr. 34 des vorliegenden Buches). Es ist daselbst in Nr. 164 die Art und Weise angegeben, wie die zusammengesetzten Grössen in das System der Raumlehre eintreten; sodann ist in Nr. 165 u. 166 der Kreis als einfachste der zusammengesetzten Grössen in Betracht gezogen, und endlich ist in Nr. 172—174 der Begriff der Centralität und Polarität für Kegelschnitte im Allgemeinen festgestellt worden.

Nachdem nun in Nr. 8—10 des vorliegenden Buches unter Zugrundelegung einer neuen Bezeichnung die Betrachtung einer Curve als zusammengesetzte Grösse als ein Fortschritt gegen die frühere nachgewiesen wurde, soll zunächst im Anschluss an jene Abschnitte der „Raumlehre" wiederum *der Kreis* herausgehoben werden, welcher durch seine Doppelstellung als einfaches Gebilde und zusammengesetzte Grösse gleichsam eine Vorstufe zu den allgemeinen Grössen der letzteren Art bildet, und dessen Behandlung nur die allereinfachsten unter denjenigen Hilfsmitteln erfordert, welche in der allgemeinen Lehre angewendet werden.

Es werden darauf in einem gleichfalls vorbereitenden Abschnitte die wichtigsten derjenigen Beziehungen untersucht werden, welche zwischen dem äusseren Producte einer Reihe von Grössen, und deren Ableitungszahlen bestehen (ein Abschnitt, welcher sich mit der Lehre von den *Determinanten* deckt). Diese Untersuchung wird, um in der Allgemeinheit mit sonstigen Arbeiten über diesen Gegenstand Schritt zu halten, für *n* Dimensionen geführt werden.

Es werden schliesslich die Functionen, welche Punkt-reihen (Stralenbüschel) oder Curven ausdrücken, betrachtet werden, sowie die äusseren und algebraischen Producte aus den diese Gebilde erzeugenden Punkten und Geraden. (Dieser Abschnitt entspricht der Theorie der *Covarianten* und der denselben untergeordneten Bildungen.) Auch hier werden in dem allgemeinen Theile Gebilde höherer Stufen (Dimensionen) und Grade auftreten, dagegen soll bei den speciellen Beispie-len das Gebiet der Curven 2. Grades nicht überschritten werden.

I. Der Kreis.

1. Die aus *zwei* Kreisen ableitbare Reihe von Kreisen.

Wenn e_1 und e_2 zwei auf einander senkrechte Strecken 53. von gleicher Länge ($= 1$) sind, die sich im Punkte e_3 schnei-den, und ein Punkt

$$(1) \qquad X = x e_1 + y e_2 + e_3$$

gegeben ist, so sagt die Gleichung

$$(2) \qquad f_1 = (x^2 + y^2) + 2\beta_1 x + 2\gamma_1 y + \delta_1 = 0$$

aus, dass der Punkt X einen Kreis beschreibt, wenn x und y sich so ändern, dass sie der Gleichung $f_1 = 0$ stets genügen. — Denn man kann die Gleichung $f_1 = 0$ in der Form schreiben:

$$(3) \qquad (x + \beta_1)^2 + (y + \gamma_1)^2 = \beta_1^2 + \gamma_1^2 - \delta_1 = r_1^2,$$

eine Form, welche bereits („Raumlehre" S. 111) als Gleichung des Kreises definirt ist.

Ist

$$O_1 = \lambda_1 e_1 + \mu_1 e_2 + e_3$$

der Mittelpunkt des Kreises, so ist

$$(X - O_1) = (x - \lambda_1) e_1 + (y - \mu_1) e_2,$$

folglich (nach „Raumlehre" S. 118)

$$(X - O_1)^2 = (x - \lambda_1)^2 (e_1)^2 + (y - \mu_1)^2 (e_2)^2$$

oder, da $(X - O_1)^2 = r_1^2$ und $(e_1)^2 = (e_2)^2 = 1$ („Rauml." S. 117):

$$(x - \lambda_1)^2 + (y - \mu_1)^2 = r_1^2;$$

mithin ist, mit der Kreisgleichung verglichen:

$$\lambda_1 = -\beta_1; \quad \mu_1 = -\gamma_1;$$

also:

(4)
$$O_1 = -\beta_1 c_1 - \gamma_1 c_2 + c_3.$$

Es seien ferner $f_2 = 0$ und $f_3 = 0$ die Gleichungen zweier anderer Kreise; dann geht f_3 durch die Schnittpunkte von f_1 und f_2, wenn

(5)
$$f_3 = \alpha_1 f_1 + \alpha_2 f_2. \qquad (\alpha_1 + \alpha_2 = 1.)$$

ist („Rauml." Nr. 165). Setzt man die Specialwerthe der drei Functionen in diese Gleichung ein, (indem man dieselben durch die Indices der Zahlen $\beta\gamma\delta$ von einander unterscheidet) so folgt:

$$x^2 + y^2 + 2\beta_3 x + 2\gamma_3 y + \delta_3$$
$$= \alpha_1(x^2 + y^2) + 2\alpha_1\beta_1 x + 2\alpha_1\gamma_1 y + \alpha_1\delta_1$$
$$+ \alpha_2(x^2 + y^2) + 2\alpha_2\beta_2 x + 2\alpha_2\gamma_2 y + \alpha_2\delta_2 = 0,$$

woraus man schliesst:

$$\beta_3 = \alpha_1\beta_1 + \alpha_2\beta_2; \quad \gamma_3 = \alpha_1\gamma_1 + \alpha_2\gamma_2; \quad \delta_3 = \alpha_1\delta_1 + \alpha_2\delta_2;$$

mithin auch:

$$O_3 = -\beta_3 c_1 - \gamma_3 c_2 + c_3$$
$$= \alpha_1(-\beta_1 c_1 - \gamma_1 c_2 + c_3) + \alpha_2(-\beta_2 c_1 - \gamma_2 c_2 + c_3)$$

(6) $$O_3 = \alpha_1 O_1 + \alpha_2 O_2.$$

Hiernach liegt der Mittelpunkt jedes aus zwei Kreisen abgeleiteten Kreises auf der Verbindungslinie der Mittelpunkte jener Kreise. Oder: *Die Mittelpunkte aller durch zwei gegebene Punkte gehenden Kreise liegen auf derselben Geraden.*

Da zwischen den Mittelpunkten der Kreise dieselbe Zahlbeziehung besteht, wie zwischen den Kreisfunctionen selbst, so besteht zwischen der Kreisreihe und der Mittelpunktreihe eine Verwandtschaft insofern, als jedem Kreise der ersteren ein Punkt der zweiten entspricht.

Lässt man in der Function $f_1 \delta_1$ so variiren, dass

$$\beta_1^2 + \gamma_1^2 - \delta_1 = 0$$

wird, so zieht sich, wie aus (3) erhellt, der Kreis in seinen Mittelpunkt zusammen.

Nimmt man an, dass

$$\alpha_2 = -\alpha_1,$$

so geht die Gleichung (5) über in

$$f_3 = \alpha_1(f_1 - f_2),$$

d. h., da in der Klammer die Grössen x^2 und y^2 sich weg-heben, in die Gleichung einer Geraden, welche die Verbindungs-linie der Schnittpunkte (die gemeinsame Secante oder *Potenz-linie*) der Kreisreihe ist. Der zugehörige Mittelpunkt rückt also in unendliche Entfernung. Da nun in der Formel $O_3 = -\beta_3 c_1 - \gamma_3 c_2 + c_3$ die Punkte O_3 und c_3 denselben Coefficienten (hier Null) haben, so behalten auch die auf (5) folgenden Formeln der vorigen Seite ihre Bedeutung, und man erhält statt (6):

$$O_3 = \alpha_1(O_1 - O_2),$$

wodurch, mit dem schon erhaltenen Resultat übereinstimmend, die Grösse O_3 als unendlich ferner Punkt, oder endliche Strecke characterisirt wird.

Bezeichnet die Formel (1) einen beliebigen Punkt der Ebene, so ist (nach „Raumlehre" Nr. 165) f_1 der *Doppel-abstand* des Punktes X von dem durch $f_1 = 0$ bestimmten Kreise, oder auch das Quadrat des numerischen Werthes der von X an den Kreis gezogenen Tangente („Raumlehre" Nr. 99 am Schluss). Wenn also

$$f_3 = \alpha_1 f_1 + \alpha_2 f_2 = 0,$$

und folglich

$$\frac{f_1}{f_2} = -\frac{\alpha_2}{\alpha_1}$$

ist, so sagen diese Gleichungen aus, dass das numerische Verhältniss der von X an die Kreise f_1 und f_2 gezogenen Tangenten ungeändert bleibt, wenn X auf der Peripherie des durch die Schnittpunkte von f_1 und f_2 gehenden Kreises f_3 liegt. (Denn da $f_3 = 0$ ist, so liegt X auf der Kreislinie f_3, und da $f_1 : f_2 = -\alpha_2 : \alpha_1$, so ist das Verhältniss der von X an f_1 und f_2 gezogenen Tangenten constant.)

Ist speciell $\alpha_1 + \alpha_2 = 0$, so geht f_3 in die gemeinsame Secante der Kreise f_1 und f_2 über, und die aus X an diese Kreise gezogenen Tangenten sind gleich. Man hat also die Sätze:

*Geht ein Kreis durch die Schnittpunkte zweier anderer, so
ist das Verhältniss der von einem Punkte des ersten Kreises
an die anderen gezogenen Tangenten constant.*

*Die Tangenten, welche von einem Punkte der gemeinsamen
Secante zweier Kreise an dieselben gezogen werden, sind einander gleich.*

Auch die Umkehrungen dieser Sätze folgen aus den
Gleichungen. — Zu beachten ist, dass die Sätze auch bestehen, wenn die Kreise sich nicht schneiden, dass also auch
in diesem Falle ein die gemeinsame Secante vertretendes Gebilde existirt.

54. Betrachten wir jetzt statt *eines* Kreises das ganze System
von Kreisen, welche durch die Schnittpunkte von f_1 und f_2,
oder überhaupt durch zwei gegebene Punkte gehen. Die
Mittelpunkte aller Kreise liegen dann nach voriger Nr. auf
derselben Geraden, und zwar (nach „Raumlehre" Nr. 94) auf
der in der Mitte der Verbindungslinie der beiden Punkte
senkrecht stehenden Geraden.

Zieht man ferner von einem Punkte der gemeinsamen
Secante des Systems Tangenten an beliebige Kreise desselben,
so sind alle diese Tangenten (nach voriger Nr.) einander
gleich, und ihre Endpunkte liegen auf dem mit der Tangente
aus dem angenommenen Punkte der Secante beschriebenen
Kreise. Jeder Radius dieses Kreises ist also Tangente zu
einem Kreise des Systems. Und jede Tangente dieses Kreises
steht auf dem zugehörigen Radius („Raumlehre" Nr. 96), mithin auch auf der Tangente zu einem Kreise des Systems
senkrecht. Da nun die beiden Tangenten in den Berührungspunkten sich rechtwinklig schneiden, so kann man sagen, dass
dasselbe die beiden Kreise thun. Zwei solche Kreise heissen
orthogonal. Und weil der neu construirte Kreis jeden Kreis
des Systems rechtwinklig schneidet, nennt man ihn einen
Orthogonalkreis des Systems.

Man kann nun aus *jedem* Punkte der gemeinsamen Secante des Systems einen Orthogonalkreis construiren. *Diese
Orthogonalkreise bilden ein neues System, dessen Mittelpunkte
auf der gemeinsamen Secante des ersten liegen. Jeder Kreis
des einen Systems schneidet sämmtliche Kreise des anderen*

rechtwinklig, und die Centrallinie des einen ist die gemeinsame Secante des anderen.

Die Gleichungen der Kreise vereinfachen sich in beiden Systemen, wenn wir annehmen, dass die Centrallinie des ersten Systems mit c_1, die des zweiten mit c_2 zusammenfalle, sodass der Schnittpunkt beider Linien c_3 ist. Ferner mögen die Endpunkte der Linien $+ c_2$ und $- c_2$ die Schnittpunkte des Systems sein. Unter dieser Annahme ist in den Gleichungen (4) und (3) der Nr. 53 offenbar

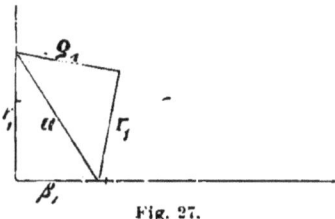

$$\gamma_1 = 0; \quad r_1{}^2 = \beta_1{}^2 + c_2{}^2 = 1 + \beta_1{}^2;$$

folglich:

$$\delta_1 = -1.$$

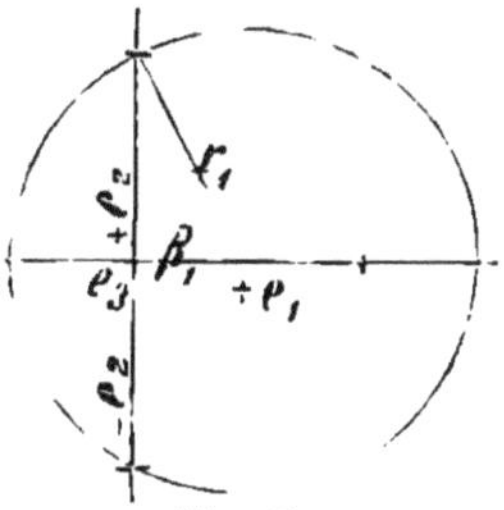

Demnach geht die Gleichung (3) über in folgende Gleichung, welche sämmt-

Fig. 26.

liche Kreise des *ersten* Systems (nur durch den Werth von β_1 verschieden) darstellt:

$$(7) \qquad (x + \beta_1)^2 + y^2 = 1 + \beta_1{}^2 = r_1{}^2.$$

Ist nun ϱ_1 der Radius eines beliebigen Kreises im zweiten System, so ist für einen solchen Kreis zunächst

$$\beta_1 = 0.$$

Bezeichnen wir dann mit a den numerischen Werth des Abstands der Centra beider Kreise, so ist

$$a^2 = \beta_1{}^2 + \gamma_1{}^2.$$

Und da die nach einem Schnittpunkte der beiden Kreise gezogenen Radien auf einander senkrecht
stehen, so ist auch

$$a^2 = r_1{}^2 + \varrho_1{}^2.$$

Fig. 27.

Demnach ist:

$$\varrho_1{}^2 = \beta_1{}^2 + \gamma_1{}^2 - r_1{}^2$$

und aus (7)

$$= \gamma_1{}^2 - 1.$$

Die Gleichung (3) nimmt nunmehr folgende Gestalt an, in welcher sie sämmtliche Kreise des *zweiten* Systems (nur durch den Werth von γ_1 verschieden) darstellt:

(8) $$x^2 + (y + \gamma_1)^2 = \gamma_1{}^2 - 1 = \varrho_1{}^2.$$

Um nun für jedes der beiden Systeme die Schnittpunkte zu finden, betrachten wir im *ersten* Systeme zwei Gleichungen von der Form (7) mit den resp. Constanten β_1 und β_2. Schreibt man statt (7)

$$x^2 + 2\beta_1 x + y^2 = +1; \quad x^2 + 2\beta_2 x + y^2 = +1,$$

so ist klar, dass die beiden Gleichungen nur das Werthsystem

$$x = 0; \quad y = \pm 1$$

gemeinsam haben. Sind also S_1 und S_2 die beiden Schnittpunkte, so ist (nach (1)):

$$S_1 = e_3 + e_2;$$
$$S_2 = e_3 - e_2,$$

übereinstimmend mit der oben gemachten Annahme.

Für das *zweite* System erhält man ebenso die Gleichungen:

$$y^2 + 2\gamma_1 y + x^2 = -1; \quad y^2 + 2\gamma_2 y + x^2 = -1,$$

und daraus die Lösungen:

$$y = 0; \quad x = \pm i.$$

Sind also Σ und Σ_1 die Schnittpunkte des zweiten Systems, so ist

$$\Sigma_1 = e_3 + i \cdot e_1$$
$$\Sigma_2 = e_3 - i \cdot e_1.$$

Die Punkte Σ_1 und Σ_2 sind hiernach aus den Einheiten e_1 und e_3 mit Hilfe der imaginären Grösse i (statt mit Hilfe reeller Zahlen) abgeleitet. Dieser Umstand bedeutet nichts weiter, als dass diese Punkte *in der verlangten Eigenschaft von Schnittpunkten* nicht existiren. Man nennt sie daher auch *imaginäre Schnittpunkte*. *Als Punkte an und für sich betrachtet*, existiren sie aber allerdings. Denn da die Strecken e_1 und e_2 gleichlang, und senkrecht zu einander sind, so ist

$$i \cdot e_1 = \pm e_2.$$

(„Raumlehre" Nr. 69), wo das obere Zeichen zu wählen ist, wenn durch i diejenige Drehung ausgedrückt wird, durch welche $+ e_1$ in $+ e_2$ übergeht. Hiernach nehmen die Ausdrücke für Σ und Σ_1 folgende Gestalt an:

$$\Sigma_1 = e_3 + e_2 = S_1;$$
$$\Sigma_2 = e_3 - e_2 = S_2.$$

In Worten: *Wird ein System von Kreisen, welche sich in zwei Punkten schneiden, von einem anderen Kreissysteme orthogonal geschnitten, so hat das zweite System dieselben Schnittpunkte wie das erste; aber diese Schnittpunkte sind für das eine System reell, für das andere imaginär.**)

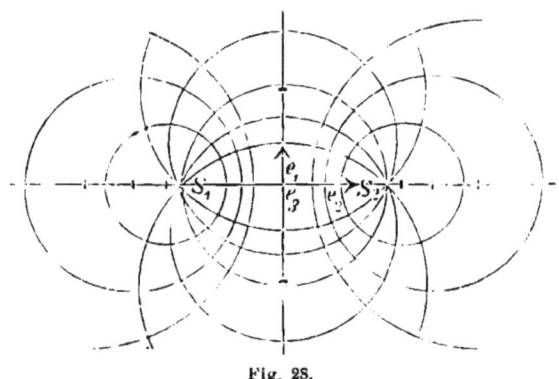

Fig. 28.

Anmerkung. Um hiernach die Schnittpunkte eines Kreises O und einer Geraden c zu construiren, fälle man aus O (dem Mittelpunkte des Kreises) eine Senkrechte c_1 auf c, und ziehe aus irgend einem Punkte O_1 auf c den Kreis, welcher den ersten rechtwinklig schneidet. Die Schnittpunkte des Kreises O_1 mit c_1 sind gleichzeitig diejenigen des Kreises O mit c. Sind sie für den ersteren reell, so sind sie für den letzteren imaginär, und umgekehrt. Die nach der eben gemachten Angabe gezeichnete Figur drückt gleichzeitig beide Fälle der Aufgabe aus, da man in dem ganzen Wortlaut der Construction O mit O_1 und c mit c_1 vertauschen kann.

In jedem der beiden orthogonalen Systeme heissen diejenigen Punkte, welche sich als Kreise des Systems mit dem Radius 0 darstellen, *Centralpunkte*. Setzt man in den Gleichungen (7) und (8) r_1 resp. ϱ_1 gleich Null, so folgt:

---

*) Ich beziehe also den Ausdruck „imaginär", im Gegensatz zum sonstigen Sprachgebrauche, nicht auf die *Existenz* der Punkte, sondern nur auf ihre Eigenschaft als *Schnitt*punkte. Nachdem man von dem Vorurtheile zurückgekommen ist, die imaginären *Zahlen* als unmögliche, nicht existirende zu betrachten, scheint mir eine ähnliche Aenderung im Begriff der imaginären *Punkte* nicht nur gerechtfertigt, sondern mit Rücksicht auf den Text geradezu geboten. Von derjenigen geometrischen Eigenschaft, welche diese Punkte als Ersatz für die verlorene erhalten, wird sogleich die Rede sein.

$$\beta_1 = \pm i; \qquad \gamma_1 = \pm 1;$$
$$x = \pm i, \quad y = 0; \quad x = 0, \quad y = \pm 1.$$

Demnach sind die Centralpunkte des ersten Systems imaginär, die des zweiten reell. Ausserdem fallen diese Punkte mit den Schnittpunkten in der Weise zusammen, dass die reellen Schnittpunkte des *einen* Systems gleichzeitig seine imaginären Centralpunkte, und die imaginären Schnittpunkte des *anderen* Systems gleichzeitig seine reellen Centralpunkte sind. So erscheint denn schliesslich ein einziges Punktepaar in dieser vierfachen Bedeutung.

55. Wenn, wie in Nr. 53, ein Punkt

$$(1) \qquad X = x c_1 + y c_2 + c_3$$

sich auf der Peripherie eines Kreises f_1 bewegt, dessen Gleichung ist:

$$(2) \qquad f_1 = (x^2 + y^2) + 2\beta_1 x + 2\gamma_1 y + \delta = 0,$$

so ist

$$(3) \qquad \varphi_1 = 2\beta_1 x + 2\gamma_1 y + \delta = 0$$

die Gleichung der Polare des Punktes c_3, der nun P heissen möge, in Bezug auf den Kreis („Raumlehre" Nr. 173). Ist a_1 diese Polare, so ist demnach

$$(4) \qquad a_1 = 2\beta_1 c_1 + 2\gamma_1 c_2 + \delta_1 c_3.$$

Denn durch äussere Multiplication von (1) und (4) folgt wieder (3), indem $(X a_1) = 0$ sein muss, weil X auf a_1 liegt.

Ist nun ein Kreis f_3 aus zwei anderen, f_1 und f_2 durch die Gleichung abgeleitet:

$$f_3 = \alpha_1 f_1 + \alpha_2 f_2,$$

so ist auch nach Nr. 53:

$$\beta_3 = \alpha_1 \beta_1 + \alpha_2 \beta_2; \quad \gamma_3 = \alpha_1 \gamma_1 + \alpha_2 \gamma_2; \quad \delta_3 = \alpha_1 \delta_1 + \alpha_2 \delta_2;$$

mithin, wenn $a_1 a_2 a_3$ die Polaren des Punktes P in Bezug auf die drei Kreise sind, und $\varphi_1 = 0$, $\varphi_2 = 0$, $\varphi_3 = 0$ ihre resp. Gleichungen:

$$a_3 = \alpha_1 a_1 + \alpha_2 a_2; \quad (\varphi_3 = \alpha_1 \varphi_1 + \alpha_2 \varphi_2),$$

d. h.: *Die Polaren eines Punktes P in Bezug auf alle Kreise, welche sich in demselben Punktepaare schneiden, gehen durch denselben Punkt Q. — P und Q heissen zugeordnete harmo-*

nische Pole des Systems. Schneidet daher die durch P und Q bestimmte Gerade einen beliebigen Kreis des Systems in den Punkten S_1 und S_2, so sind (nach der Definition der Polarität, vgl. „Raumlehre" Nr. 173) P und Q zugeordnete harmonische Punkte in Bezug auf S_1 und S_2. Sie sind es aber auch in Bezug auf die Schnittpunkte jedes anderen Kreises im System mit PQ. Diese Schnittpunkt-Paare sind also involutorisch. Und da der Punkt P (Anfangspunkt der Coordinaten) beliebig ist, so hat man den Satz:

Drei Kreise, welche sich in denselben zwei Punkten schneiden, werden von jeder beliebigen Geraden in involutorischen Punkten geschnitten.

Ist insbesondere $\alpha_1 + \alpha_2 = 0$, so verwandelt sich der Kreis f_3 in die gemeinsame Secante des Systems, mit der Gleichung $f_1 - f_2 = 0$. Da nun

$$f_1 - f_2 = \varphi_1 - \varphi_2$$

ist, und $(\varphi_1 - \varphi_2)$ die Polare von P in Bezug auf $f_1 - f_2$ ausdrückt, so haben wir den Satz:

Die Polare jedes Punktes in Bezug auf die gemeinsame Secante des Systems ist diese Secante selbst.

In diesem besonderen Falle geht nun die allgemeine, zwischen PQS_1S_2 bestehende, harmonische Gleichung

$$\frac{Q - S_1}{P - S_1} = - \frac{Q - S_2}{P - S_2} \, ,$$

da S_2 in unendliche Ferne rückt, und somit $Q - S_2 = P - S_2$ wird, über in:

$$\frac{Q - S_1}{P - S_1} = - 1 \, ,$$

oder:

$$S_1 = \frac{P + Q}{2} \, ;$$

d. h.: *Die Verbindungsstrecke zweier zugeordneter harmonischer Pole wird durch die gemeinsame Secante des Systems halbirt.*

Es seien O_1 und O_2 die Mittelpunkte zweier beliebiger 56. Kreise. Dann ist die Strecke $O_1 - O_2$ auf doppelte Weise in einem gegebenen Verhältnisse theilbar („Rauml." Nr. 119), folglich auch auf doppelte Weise im Verhältnisse der beiden Radien r_1 und r_2. Sind P_1 und P_2 die beiden Theilpunkte, so ist also:

folglich:

$$\frac{P_1 - O_1}{P_1 - O_2} = \frac{r_1}{r_2} \; ; \qquad \frac{O_1 - P_2}{P_2 - O_2} = \frac{r_1}{r_2} \; ;$$

$$\frac{P_1 - O_1}{P_1 - O_2} = - \frac{P_2 - O_1}{P_2 - O_2} \, ,$$

wodurch P_1 und P_2 als harmonische Punkte zu O_1 und O_2 dargestellt sind.

Wenn nun aus O_1 und O_2 zwei sonst beliebige Radien gezogen werden, die entweder gleiche oder entgegengesetzte Richtung haben, so liegen die Endpunkte A_1 und A_2 dieser

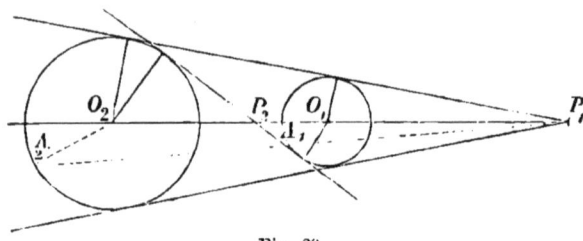

Fig. 29.

Radien im ersten Falle mit P_1, im zweiten mit P_2 in gerader Linie. Denn da wir jetzt in den bisherigen Gleichungen die numerischen Werthe r_1 und r_2 durch die parallelen Strecken $(O_1 - A_1)$ und $(O_2 - A_2)$ ersetzen können, so ist:

$$\frac{P_1 - O_1}{P_1 - O_2} = \frac{O_1 - A_1}{O_2 - A_2}\; ; \qquad \frac{O_1 - P_2}{P_2 - O_2} = \frac{O_1 - A_1}{A_2 - O_2} \; ;$$

oder:

$$\frac{P_{(1,2)} - A_1}{P_{(1,2)} - A_2} = \frac{P_{(1,2)} - O_1}{P_{(1,2)} - O_2} \, .$$

Und da die Strecken auf der rechten Seite dieser Gleichung auf derselben Geraden liegen, so gilt dasselbe auch von denen auf der linken Seite; d. h.: es liegt im ersten Falle P_1, im zweiten P_2 mit A_1 und A_2 auf derselben Geraden.

Die Dreiecke $P_{(1,2)} O_1 A_1$ und $P_{(1,2)} O_2 A_2$ sind nun ähnlich, und $P_{(1,2)}$ ist ihr Aehnlichkeitspunkt („Raumlehre" Nr. 137). Da diese Eigenschaft der Punkte P_1 und P_2 für jede Richtung der beiden Radien stattfindet, so nennt man P_1 und P_2 auch die *Aehnlichkeitspunkte der beiden Kreise*, und zwar P_1 den *äusseren*, P_2 den *inneren*.

Man kann nun den eben gefundenen Satz, wie auch seine Umkehrung in folgender Form aussprechen:

Die Endpunkte zweier paralleler Radien in zwei Kreisen

liegen, wenn die Radien gleiche Richtung haben, mit dem äusseren, wenn entgegengesetzte, mit dem inneren Aehnlichkeitspunkte der beiden Kreise in gerader Linie.

Zieht man aus einem Aehnlichkeitspunkte zweier Kreise eine gemeinschaftliche Secante, so sind die nach den entsprechenden Durchschnittspunkten gezogenen Radien parallel.

Steht also in dem einen Kreise der Radius auf der Secante senkrecht (was der Fall ist, wenn die Secante in eine Tangente übergeht), so findet dasselbe auch in dem anderen Kreise statt; d. h.:

Die aus einem Aehnlichkeitspunkte zweier Kreise an den einen gezogene Tangente berührt auch den andern.

Es sind also die Aehnlichkeitspunkte diejenigen Punkte, in welchen sich die gemeinsamen Tangenten der beiden Kreise mit der Centrallinie schneiden. Demnach heissen diejenigen beiden Tangenten, welche vom äusseren Aehnlichkeitspunkte ausgehen, die *äusseren Tangenten*, die andern beiden: die *inneren*.

Die beiden Punkte A_1 und A_2 können *homologe Punkte* genannt werden. Bezeichnet P einen beliebigen der beiden Aehnlichkeitspunkte, so sind zwei homologe Punkte durch die Bedingung bestimmt:

$$\frac{P - A_1}{P - A_2} = \frac{P - O_1}{P - O_2}.$$

Diese Bedingung kann auch durch solche Punkte erfüllt werden, welche nicht auf der Peripherie der beiden Kreise liegen. Namentlich sieht man sogleich, dass die Mittelpunkte O_1 und O_2 selbst homologe Punkte sind.

Bezeichnet man die parallelen Radien $O_1 - A_1$ und $O_2 - A_2$ wieder durch r_1 und r_2, so kann die Bedingungsgleichung der Homologie auch geschrieben werden:

$$\frac{P - A_1}{P - A_2} = \frac{r_1}{r_2},$$

oder:

$$P(r_1 - r_2) = A_2 r_1 - A_1 r_2.$$

Ist dann B_1 und B_2 ein zweites Paar homologer Punkte, so ist

$$P(r_1 - r_2) = B_2 r_1 - B_1 r_2;$$

mithin:

$$A_2 r_1 - A_1 r_2 = B_2 r_1 - B_1 r_2,$$

8*

oder:

$$\frac{A_1 - B_1}{A_2 - B_2} = \frac{r_1}{r_2};$$

d. h.: *Jede Linie, welche zwei Punkte eines Kreises verbindet, ist parallel derjenigen Linie, welche die homologen Punkte eines anderen Kreises verbindet. — Die auf diesen Linien liegenden Sehnen verhalten sich wie die Radien der zugehörigen Kreise.*

Die beiden Linien, von denen die erste durch zwei Punkte eines Kreises und die zweite durch die homologen Punkte eines anderen Kreises geht, mögen *homologe Secanten* genannt werden. Dann lässt sich der vorige Satz nebst seiner Umkehrung, wie folgt, aussprechen:

. *Homologe Secanten zweier Kreise sind parallel.*

Zieht man durch zwei homologe Punkte zweier Kreise parallele Secanten, so schneiden diese die beiden Kreise nochmals in homologen Punkten.

Zieht man aus den Schnittpunkten zweier homologer Secanten noch zwei neue Paare homologer Secanten, so schneiden sich, wie aus der Aehnlichkeit der entstehenden Dreiecke leicht zu ersehen, auch diese in homologen Punkten. Man hat also folgenden Satz:

Die beiden Punkte, von denen der erste der Schnittpunkt zweier Secanten eines Kreises, und der zweite der Schnittpunkt der homologen Secanten eines anderen Kreises ist, sind homologe Punkte.

Abgekürzt kann man diesen und den reciproken früheren Satz so aussprechen:

Die Verbindungslinien homologer Punktepaare sind homologe Secanten. — Die Schnittpunkte homologer Secantenpaare sind homologe Punkte.

Sollen zwei homologe Punkte A_1 und A_2 in *einen* (A) zusammenfallen, so hat man:

$$P(r_1 - r_2) = A(r_1 - r_2);$$

d. h.:

$$P = A.$$

Es sind also die Aehnlichkeitspunkte die einzigen homologen Doppelpunkte; und demnach ist jede durch einen Aehnlichkeitspunkt gehende Secante eine homologe Doppelsecante.

Berühren sich zwei Kreise, so ist der Berührungspunkt

ein Aehnlichkeitspunkt, und die beiden durch ihn gehenden Tangenten fallen in eine einzige zusammen. — Andere specielle Fälle, welche sich auf die gegenseitige Lage der Kreise beziehen, übergehen wir hier.

2. Der aus *drei* Kreisen ableitbare Verein von Kreisen.

Wenn $f_1 = 0$, $f_2 = 0$, $f_3 = 0$ die Gleichungen von drei 57. beliebigen Kreisen in der Ebene sind, so schneiden sich die drei gemeinsamen Secanten, deren Gleichungen resp. $f_1 - f_2 = 0$, $f_2 - f_3 = 0$, $f_3 - f_1 = 0$ sind, in *einem* Punkte. Dasselbe gilt von jedem Kreise f_4, welcher aus den drei gegebenen Kreisen abgeleitet ist, sodass

$$(1) \quad f_4 = \alpha_1 f_1 + \alpha_2 f_2 + \alpha_3 f_3; \quad (\alpha_1 + \alpha_2 + \alpha_3 = 1)$$

ist. Es haben also alle aus drei gegebenen Kreisen ableitbaren Kreise einen *Punkt* gleichen Doppelabstandes (*Potenzpunkt*); alle aus diesem Punkte an Kreise des Vereins gezogenen Tangenten sind einander gleich, und der Kreis, welcher aus dem Potenzpunkte mit einer solchen Tangente als Radius beschrieben wird, schneidet alle Kreise des Vereins orthogonal. („Raumlehre" Nr. 165 u. 166.)

Das in Nr. 53 befolgte Verfahren führt auch hier zu dem Resultate, dass die zwischen den Functionen $f_1 f_2 f_3 f_4$ bestehende Zahlbeziehung (1) auch zwischen den Mittelpunkten $O_1 O_2 O_3 O_4$ der zugehörigen Kreise stattfindet, sodass

$$(2) \qquad O_4 = \alpha_1 O_1 + \alpha_2 O_2 + \alpha_3 O_3.$$

Es findet also auch hier zwischen dem Kreisverein und dem Mittelpunktverein eine Verwandtschaft statt, insofern jedem Kreise des ersteren ein Punkt des zweiten entspricht.

Wenn speciell

$$\alpha_1 + \alpha_2 + \alpha_3 = 0$$

ist, so stellt f_4 eine Gerade dar, weil die quadratischen Glieder der in (1) enthaltenen Functionen sich nun wegheben, und O_4 stellt (nach „Raumlehre" Nr. 126) eine Strecke dar, d. h. einen unendlich fernen Punkt (als Mittelpunkt des Kreises f_4, der in eine Gerade übergegangen ist). Da die durch f_4 vorgestellte Gerade vom Orthogonalkreise senkrecht geschnitten wird, so muss sie mit einem Durchmesser dieses Kreises zusammenfallen. Umgekehrt: *Jeder Durchmesser des Orthogonalkreises ist ein Kreis des Vereins mit unendlich fernem Mittelpunkt.* Vgl. hierzu noch „Raumlehre" Nr. 166.

Von drei gegebenen Kreisen besitzen je zwei ein Paar Aehnlichkeitspunkte. Es seien diese Paare: $P_1 P_2$, $M_1 M_2$, $N_1 N_2$. Dann bestehen, wenn $O_1 O_2 O_3$ die Mittelpunkte und $r_1 r_2 r_3$ die Radien der drei Kreise sind, nach Nr. 56 folgende Beziehungen:

$$\left(\frac{1}{r_1} - \frac{1}{r_2}\right) P_1 = \frac{O_1}{r_1} - \frac{O_2}{r_2}; \quad \left(\frac{1}{r_1} + \frac{1}{r_2}\right) P_2 = \frac{O_1}{r_1} + \frac{O_2}{r_2};$$

$$\left(\frac{1}{r_2} - \frac{1}{r_3}\right) M_1 = \frac{O_2}{r_2} - \frac{O_3}{r_3}; \quad \left(\frac{1}{r_2} + \frac{1}{r_3}\right) M_2 = \frac{O_2}{r_2} + \frac{O_3}{r_3};$$

$$\left(\frac{1}{r_3} - \frac{1}{r_1}\right) N_1 = \frac{O_3}{r_3} - \frac{O_1}{r_1}; \quad \left(\frac{1}{r_3} + \frac{1}{r_1}\right) N_2 = \frac{O_3}{r_3} + \frac{O_1}{r_1}.$$

Hieraus folgt:

$$\left(\frac{1}{r_1} - \frac{1}{r_2}\right) P_1 + \left(\frac{1}{r_2} - \frac{1}{r_3}\right) M_1 + \left(\frac{1}{r_3} - \frac{1}{r_1}\right) N_1 = 0;$$

d. h.: *Die drei äusseren Aehnlichkeitspunkte dreier Kreise liegen in derselben Geraden.*

Ferner:

$$\left(\frac{1}{r_1} - \frac{1}{r_2}\right) P_1 + \left(\frac{1}{r_2} + \frac{1}{r_3}\right) M_2 - \left(\frac{1}{r_3} + \frac{1}{r_1}\right) N_2 = 0$$

nebst zwei durch circuläre Vertauschung hieraus ableitbaren Gleichungen. Alle drei geben den Satz:

Die inneren Aehnlichkeitspunkte, welche ein Kreis mit zwei anderen gemeinsam hat, liegen mit dem äusseren Aehnlichkeitspunkte dieser beiden letzteren auf derselben Geraden.

Die 6 Aehnlichkeitspunkte sind demnach die Schnittpunkte von vier Geraden. Diese heissen die *Aehnlichkeitsaxen,* und zwar diejenige die *äussere,* auf welcher die drei äusseren Aehnlichkeitspunkte liegen, die anderen aber die *inneren.*

58. *Specielle Sätze über Kreise, welche sich berühren*).* — Werden zwei Kreise von einem dritten berührt, so nimmt der letzte Lehrsatz durch die Verwandlung der inneren Aehnlichkeitspunkte in Berührungspunkte folgende Form an:

---

*) Es ist im Folgenden überall von *äusserer* Berührung die Rede.

1) *Der äussere Aehnlichkeitspunkt zweier Kreise, die von einem dritten berührt werden, liegt mit den beiden Berührungspunkten auf gerader Linie.*

Wenn aus einem Punkte A eine den Kreis K_1 in B_1 und C_1 schneidende Secante gezogen wird, so sind die in B_1 und C_1 gezogenen Tangenten die Polaren der Punkte B_1 und C_1 zu K_1; und die Verbindungslinie der Punkte, in welchen die aus A gezogenen Tangenten den Kreis berühren, ist die Polare von A. — Da nun die drei Pole $A B_1 C_1$ in gerader Linie liegen, so gehen die zugehörigen Polaren durch denselben Punkt P_1, den Pol der Secante.

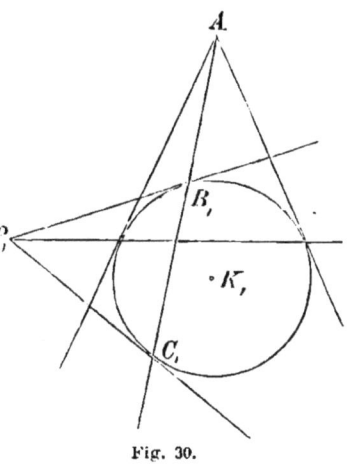

Fig. 30.

Ist nun A der äussere Aehnlichkeitspunkt zweier Kreise K_1 und K_2, und schneidet die Secante $A B_1 C_1$ diesen zweiten Kreis in den Punkten B_2 und C_2, so gehen auch hier die in B_2 und C_2 gezogenen Tangenten mit der Polare von A zu K_2 durch denselben Punkt P_2, den Pol der Secante zu K_2.

Die beiden Polaren von A (zu K_1 und K_2) heissen die *äusseren Aehnlichkeitspolaren.*

Betrachten wir nun (nach Satz 1)) die Punkte C_2 und B_1 als Berührungspunkte der Kreise K_1 und K_2 mit einem dritten Kreise K_3, und nennen die Secante, auf welcher die Berührungspunkte liegen, die *Berührungssecante* für K_3, so können wir das letzte Resultat in folgendem Satze aussprechen:

2) *Werden zwei Kreise von einem dritten berührt, so geht jede ihrer äusseren Aehnlichkeitspolaren durch den Pol der Berührungssecante im zugehörigen Kreise.*

In den beiden Kreisen K_1 und K_3 sind die Mittelpunkte K_1 und K_3 homologe Punkte, demnach die durch A und K_1 gehende Secante ($K_1 L_1$) und eine durch K_3 parallel mit jener gezogene Secante ($K_3 L_3$) homologe Secanten. Zieht man nun durch den Punkt L_1, in welchem die Secante $A K_1$ und die Polare zu A sich schneiden, die homologe Doppelsecante

$(L_1 L_3)$, so sind deren Schnittpunkte (L_1 u. L_3) mit den homologen Secanten $K_1 L_1$ und $K_3 L_3$ homologe Punkte. Zieht

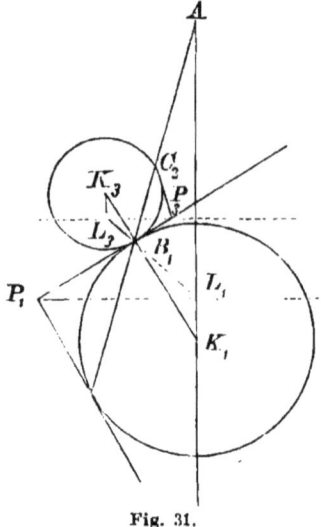

Fig. 31.

man endlich durch L_3 eine Parallele zu der Polare $P_1 L_1$, so ist sie dieser Polare homolog. Und ebenso sind die Schnittpunkte (P_1, P_3) dieser homologen Linien mit der gemeinsamen Tangente von K_1 und K_3 homologe Punkte.

Denkt man sich nun noch den Kreis K_2 hinzu, welcher von K_3 in C_2 berührt wird, so sind die aus P_3 an K_1 und K_2 gezogenen Tangenten ($P_3 B_1$ und $P_3 C_2$) einander gleich (als Tangenten an K_3). Mithin ist die Linie $P_3 L_3$ gemeinsame Secante der Kreise K_1 und K_2.

Wir haben also den Satz:

3) *Werden zwei Kreise von einem dritten berührt, so ist ihre gemeinsame Secante mit jeder ihrer äusseren Aehnlichkeitspolaren homolog in Bezug auf den zugehörigen und den Berührungs-Kreis.*

Wir nehmen jetzt an, dass ausser K_1 und K_2 noch ein dritter Kreis K_0 von K_3 berührt werde. Die äusseren Aehnlichkeitspunkte seien:

$$A \text{ für } K_1 \text{ und } K_2$$
$$B \ ,, \ K_2 \ ,, \ K_0$$
$$C \ ,, \ K_0 \ ,, \ K_1.$$

Nach dem letzten Satze sind *die Polare von A zu K_1 und die gemeinsame Secante von K_1 und K_2 homologe Linien in Bezug auf K_1 und K_3*. Ebenso sind aber auch *die Polare von C zu K_1 und die gemeinsame Secante von K_1 und K_0 homologe Linien in Bezug auf K_1 und K_3.*

Folglich sind *der Schnittpunkt der Polaren von A und von C zu K_1* (d. h. *der Pol der Linie AC zu K_1*), und *der Schnittpunkt der gemeinsamen Secanten von K_1, K_2 und von K_1, K_0* (d. h. *der Potenzpunkt*) der drei Kreise $K_0 K_1 K_2$*) homologe

---

*) Punkt gleichen Doppelabstandes.

Punkte *in Bezug auf* K_1 *und* K_3. — Da nun die Verbindungslinie dieser homologen Punkte durch den inneren Aehnlichkeitspunkt (Berührungspunkt) von K_1 und K_3 geht, so hat man
den Satz:

4) *Werden drei Kreise von einem vierten berührt, so liegt
ihr Potenzpunkt in gerader Linie mit jedem Berührungspunkte
und dem Pol ihrer äusseren Aehnlichkeitsaxe in dem zugehörigen Kreise.*

Da die drei im letzten Lehrsatze erwähnten Punkte in
gerader Linie liegen, so schneiden sich ihre Polaren in Bezug
auf einen der drei berührten Kreise K_1 in demselben Punkte.
Da nun die Polare des Berührungspunktes von K_1 und K_3 die
gemeinsame Tangente ist, so hat man endlich den Satz:

5) *Werden drei Kreise von einem vierten berührt, so geht
ihre äussere Aehnlichkeitsaxe durch denselben Punkt mit jeder
ihrer Berührungstangenten und der Polare ihres Potenzpunktes
in dem zugehörigen Kreise.*

Anmerkung. Der Satz 4) lehrt den Berührungskreis durch drei
seiner Punkte bestimmen, Satz 5) durch drei seiner Tangenten. — Mo-
dificirung der Aufgabe „einen Kreis zu construiren, welcher drei gegebene Kreise berührt" einerseits durch Hinzufügung der Berührung „von
innen", andrerseits durch Ausartung eines oder mehrerer der gegebenen
Kreise in eine Gerade oder einen Punkt. (*Apollonisches Problem.*)

Der Abschnitt über Berührungskreise ist hier aufgenommen worden,
um zu zeigen, mit welchem Vortheil man den Begriff der „*homologen
Punkte und Secanten*" zur Ableitung neuer Resultate verwenden kann.

Sonst gehört die Theorie der Aehnlichkeitspunkte, wie sie in
Nr. 56—58 vorgetragen wurde, noch in die Lehre von den *einfachen*
Grössen. Dagegen setzen die „Berührungskreise" den Begriff der Pola-
rität voraus, und stehen daher hier an ihrer richtigen Stelle.

II. Determinanten.

1. Definition und allgemeine Eigenschaften der Determinante.

Es seien n Grössen $x_1 x_2 \ldots x_n$ aus den n Einheiten $e_1 e_2$ **59.**
$\ldots e_n$ mittelst der Zahlen $\alpha_{11} \alpha_{12} \ldots \alpha_{21} \alpha_{22} \ldots \ldots$ abgeleitet,
sodass

$$(1) \quad \begin{cases} x_1 = \alpha_{11} c_1 + \alpha_{12} c_2 + \cdots + \alpha_{1n} c_n, \\ x_2 = \alpha_{21} c_1 + \alpha_{22} c_2 + \cdots + \alpha_{2n} c_n, \\ \cdots \cdots \cdots \cdots \cdots \cdots \cdots \cdots \\ x_n = \alpha_{n1} c_1 + \alpha_{n2} c_2 + \cdots + \alpha_{nn} c_n. \end{cases}$$

Bildet man nun das äussere Product

$$(x_1 x_2 \ldots x_n),$$

und bringt in jedem Gliede das Product der n Einheiten mittelst des Gesetzes

$$(c_\alpha c_\beta) = - (c_\beta c_\alpha)$$

auf die Form

$$(c_1 c_2 \ldots c_n),$$

so kann man dieses Product als gemeinsamen Factor heraussetzen. Der Zahlencoefficient dieses Productes heisst nun *Determinante*, und soll durch $\varDelta$ bezeichnet werden, sodass

$$(2) \quad (x_1 x_2 \ldots x_n) = \varDelta (c_1 c_2 \ldots c_n).$$

Eine Determinante ist also der Zahlcoefficient eines äusseren Productes aus n linearen Factoren, deren jeder aus denselben n Einheiten abgeleitet ist.

Wenn die Einheiten $c_1 \ldots c_n$ Strecken sind, so ist ihr äusseres Product ein Gebilde n. Stufe. Dasselbe gilt von den Grössen $x_1 \ldots x_n$. Will man nun diese geometrischen Gebilde aus der Betrachtung entfernen, so braucht man nur das Product $(c_1 \ldots c_n)$ als Einheit n. Stufe aufzufassen (vgl. „Raumlehre" Nr. 152), sodass

$$(c_1 c_2 \ldots c_n) = 1$$

ist. Dann ist

$$(x_1 x_2 \ldots x_n) = \varDelta.$$

Und da jetzt die Einheiten $c_1 \ldots c_n$ ein Normalsystem n. Stufe bilden, so können wir sagen:

Eine Determinante ist ein äusseres Product von n Grössen 1. Stufe im Normalsystem n. Stufe.

Von dieser Definition macht man hauptsächlich Gebrauch, um die Eigenschaften des Productes $(x_1 \ldots x_n)$ sofort auf die Determinante zu übertragen.

Vermöge des Gesetzes $c_\alpha c_\beta = - c_\beta c_\alpha$ ändert jedes äussere Product sein Zeichen, sobald man darin irgend zwei benachbarte Factoren vertauscht, oder, anders gesagt, einen Factor über den benachbarten hinwegsetzt. — Es erhält daher gleiches oder entgegengesetztes Zeichen, jenachdem ein Factor eine gerade oder ungerade Anzahl von Factoren überspringt. — Jedes Ueberspringen eines Factors durch einen benachbarten mag eine *Transposition* genannt werden. — Da nun solche Transpositionen nöthig sind, um in dem entwickelten Ausdruck der Determinante jedes Einheitsproduct auf die Form $(c_1 \ldots c_n)$ zu bringen, so kann man sagen:

Ein Glied in dem entwickelten Ausdruck der Determinante ist positiv oder negativ, jenachdem das darin enthaltene Einheitsproduct durch eine gerade oder ungerade Anzahl von Transpositionen in die Form $(c_1 \ldots c_n)$ übergeht.

Jede Reihe von Ableitungszahlen, die zu demselben Factor x gehören, heisst eine *Horizontalreihe* der Determinante. Jede Reihe von Ableitungszahlen, die zu derselben Einheit e gehören, heisst eine *Verticalreihe* der Determinante.

Betrachten wir nun neben dem Producte $(x_1 \ldots x_n)$, dessen Factoren durch die Gleichungen (1) bestimmt sind, ein zweites $(y_1 \ldots y_n)$, in welchem

$$(3) \quad \begin{cases} y_1 = \alpha_{11} c_1 + \alpha_{21} c_2 + \cdots + \alpha_{n1} c_n, \\ y_2 = \alpha_{12} c_1 + \alpha_{22} c_2 + \cdots + \alpha_{n2} c_n, \\ \cdot \quad \cdot \quad \cdot \quad \cdot \quad \cdot \quad \cdot \quad \cdot \quad \cdot \\ y_n = \alpha_{1n} c_1 + \alpha_{2n} c_2 + \cdots + \alpha_{nn} c_n, \end{cases}$$

sodass die Horizontalreihen der einen Determinante gleichzeitig die Verticalreihen der anderen sind. Da nun in dem entwickelten Ausdruck des Productes jedes Glied den Factor $(c_1 \ldots c_n)$ enthält, so sind in jedem Gliede des ersten Productes $(x_1 \ldots x_n)$ die hinteren Indices der α der Reihe nach die Zahlen $1\,2 \ldots n$, während die vorderen Indices dieselben Zahlen in allen Permutationen sind. Ordnet man nun in jedem Gliede die Factoren α so, dass die vorderen Indices der Reihe nach die Zahlen $1\,2 \ldots n$ sind, so sind nun die hinteren Indices dieselben Zahlen in allen Permutationen. Da nun dieser Umstand gerade in den Gliedern des zweiten Productes $(y_1 \ldots y_n)$ stattfindet, so sind beide Producte identisch, und man kann sagen:

Eine Determinante bleibt ungeändert, wenn man ihre horizontalen Reihen als verticale und gleichzeitig ihre verticalen als

horizontale nimmt. — Oder: *Eine Determinante bleibt ungeändert, wenn man alle vorderen Indices ihrer Zahlen mit den
hinteren Indices vertauscht.*

Es können daher alle von den Horizontalreihen einer
Determinante geltenden Sätze sofort auf ihre Verticalreihen
übertragen werden. Beide Arten von Reihen sollen nun einfach „*Reihen*" genannt werden.

60. Da das Product $(x_1 \ldots x_n)$ sein Zeichen ändert, wenn
einer seiner Factoren eine ungerade Anzahl von Factoren
überspringt, oder wenn, was hierauf hinauskommt, zwei beliebige Factoren vertauscht werden, so hat man den Satz:

*Eine Determinante ändert ihr Zeichen, wenn eine ihrer
Reihen über eine ungerade Anzahl von Reihen hinweggesetzt
wird, oder wenn man zwei beliebige Reihen mit einander vertauscht.* (Dasselbe Resultat ergiebt sich auch durch Betrachtung der Formel (2), worin $\varDelta$ sein Zeichen ändern muss,
wenn dasselbe mit einem der beiden äusseren Producte geschieht.)

Ist $P_{(ab)}$ ein Product, welches die beiden Factoren a und b
an irgend welchen Stellen enthält, so ist, wie eben bemerkt:

folglich:
$$P_{(ab)} = - P_{(ba)};$$
$$P_{(ab)} + P_{(ba)} = 0.$$

Setzt man nun $b = a$, so folgt:
$$P_{(aa)} = 0;$$

d. h., wenn wir den Satz sogleich auf die Determinante übertragen:

*Eine Determinante, in welcher irgend zwei Reihen ein-
ander gleich sind, ist gleich Null.*

Da das Zeichen eines äusseren Productes nur von der
Stellung seiner extensiven Factoren $(x_1, x_2 \ldots)$ abhängt, so
kann ein Zahlenfactor λ jede beliebige Stelle darin einnehmen.
So ist also
$$\lambda(x_1 \ldots x_n) = (x_1 \ldots \lambda x_p \ldots x_n);$$

d. h.: *Multiplicirt man alle Glieder einer Reihe der Determinante mit demselben Factor λ, so wird die ganze Determinante mit ihm multiplicirt.* Und: *Haben alle Glieder einer*

Reihe der Determinante einen gemeinsamen Factor, so ist dieser ein Factor der ganzen Determinante.

Wenn in dem Producte $(x_1 \ldots x_n)$

$$x_p = y_p + z_p$$

gesetzt wird, wobei

$$y_p = \beta_{p1} c_1 + \beta_{p2} c_2 + \cdots; \quad z_p = \gamma_{p1} c_1 + \gamma_{p2} c_2 + \cdots,$$

so folgt:

$$(x_1 \ldots x_p \ldots x_n) = (x_1 \ldots [y_p + z_p] \ldots x_n)$$
$$= (x_1 \ldots y_p \ldots x_n) + (x_1 \ldots z_p \ldots x_n);$$

d. h.: *Wenn alle Glieder einer Reihe der Determinante als Summen von gleichviel Summanden dargestellt werden, so lässt sich die Determinante selbst als Summe von ebensovielen Determinanten darstellen.*

Wenn insbesondere statt x_p gesetzt wird $x_p + \lambda x_q$, worin x_q ein anderer der n Factoren $x_1 \ldots x_n$ ist, so erhält man:

$$(x_1 \ldots [x_p + \lambda x_q] \ldots x_n) = (x_1 \ldots x_p \ldots x_n) + \lambda (x_1 \ldots x_q \ldots x_n)$$
$$= (x_1 \ldots x_p \ldots x_n),$$

weil nämlich das zweite Product den Factor x_q zweimal enthält und folglich gleich Null ist. Demnach:

Eine Determinante bleibt ungeändert, wenn man sämmtliche Elemente einer Reihe um dieselben Vielfachen der Elemente einer anderen Reihe vermehrt oder vermindert.

Da im äusseren Producte beliebige Zusammenfassung der Factoren gestattet ist („Raumlehre" 139), so ist

$$(x_1 \ldots x_n) = (x_1 \ldots x_m)(x_{m+1} \ldots x_n).$$

Da alle Factoren aus den Einheiten $c_1 \ldots c_n$ abgeleitet sind, so enthält das Product $(x_1 \ldots x_m)$ nur dann eine Determinante, wenn die Ableitungszahlen seiner Factoren aus $c_{m+1}, c_{m+2}, \ldots c_n$ gleich Null sind, d. h. wenn

$$\alpha_{p(m+1)} = \alpha_{p(m+2)} = \ldots = \alpha_{pn} = 0; \quad (p = 1, 2, \ldots m).$$

Ebenso enthält $(x_{m+1} \ldots x_n)$ nur dann eine Determinante, wenn

$$\alpha_{p1} = \alpha_{p2} = \ldots = \alpha_{pm} = 0; \quad (p = m+1, m+2, \ldots n).$$

Ist die *erste* Bedingung erfüllt, so enthält $(x_1 \ldots x_m)$ nur das Einheitsproduct $(c_1 \ldots c_m)$ als Factor. Multiplicirt man nun weiter mit $(x_{m+1} \ldots x_n)$, so kommen in allen Factoren von x_{m+1} bis x_n nur noch diejenigen Glieder zur Multiplication, welche die Einheiten $e_{m+1}, \ldots e_n$ enthalten. Das Resultat der Multiplication ist also dasselbe, als wenn die *zweite* Bedingung erfüllt wäre; d. h.: Die Determinante zerfällt in das Product zweier Determinanten, auch wenn nur *eine* der beiden Bedingungen erfüllt ist. Oder:

Wenn in einer Determinante von n Reihen in den ersten (letzten) m Reihen überall die letzten (ersten) n — m Glieder gleich Null sind, so zerfällt die Determinante in das Product zweier Determinanten. Die eine davon besteht aus den ersten (letzten) m Reihen der gegebenen Determinante, die andere aus den letzten (ersten) (n — m) Reihen, nachdem in jeder derselben die ersten (letzten) m Glieder unterdrückt worden sind.

Anmerkung. Aus den bisher gewonnenen Resultaten lässt sich bereits erkennen, dass das System der ursprünglichen Einheiten die naturgemässe Grundlage der Determinantentheorie ist. Indem man die Determinante im Zusammenhange mit dem äusseren Producte betrachtet, dessen Zahlcoefficient sie ist, gewinnt man zunächst eine einfache Bezeichnung für sie. Während die sonst üblichen Bezeichnungen alle darauf hinauslaufen, einzelne Glieder aus dem entwickelten Ausdruck der Determinante mechanisch zusammenzuschreiben, bietet sich hier im äusseren Product ein bereits bekannter Ausdruck, dessen Theile durch ein Rechnungsgesetz mit einander verbunden sind. Diese Bezeichnungsweise hat als systematische vor den übrigen, willkürlich gewählten, mehrfache Vorzüge. Bei der üblichen Darstellungsweise erscheinen die Eigenschaften der Determinante stets als Resultate einer *Erfahrung*, die sich nicht anders als durch Ausrechnung der einzelnen Glieder der Determinante gewinnen lässt. Dagegen gestattet die Anwendung des äusseren Productes eine *deductive* Begründung jener Eigenschaften. — Ich glaube nicht zuviel zu behaupten, wenn ich sage, dass die Lehre von den äusseren Producten zur wissenschaftlichen Begründung der Determinantentheorie ebenso unentbehrlich ist, und in ähnlichem Verhältnisse zu dieser Theorie steht, wie die Lehre von den Buchstaben-Polynomen zur gewöhnlichen Rechnung mit decadischen Zahlen.

2. Beziehungen zwischen mehreren Determinanten.

61. Die Formeln (1) und (3) können verallgemeinert werden, indem man jeden Zahlenfactor α durch eine neue extensive Grösse ersetzt, welche aus einem zweiten System von Einheiten $(\varepsilon_1 \varepsilon_2 \ldots \varepsilon_n)$ abgeleitet ist. Es sei statt a_{pq} gesetzt: $s\overset{n}{\underset{1}{\Sigma}}\,a^p_{qs}\,\varepsilon_s$,

worin

$$s\overset{n}{\underset{1}{\Sigma}}\,a^p_{qs}\,\varepsilon_s = a^p_{q1}\,\varepsilon_1 + a^p_{q2}\,\varepsilon_2 + \cdots + a^p_{qn}\,\varepsilon_n\,.$$

Es mögen ferner durch diese Substitution die Grössen x und y der Formeln (1) und (3) resp. übergehen in u und z; dann ist

$$(4)\ \begin{cases} u_1 = \left(s\overset{n}{\underset{1}{\Sigma}}\,a^1_{1s}\,\varepsilon_s\right)c_1 + \left(s\overset{n}{\underset{1}{\Sigma}}\,a^1_{2s}\,\varepsilon_s\right)c_2 + \cdots + \left(s\overset{n}{\underset{1}{\Sigma}}\,a^1_{ns}\,\varepsilon_s\right)c_n\,; \\[2ex] u_2 = \left(s\overset{n}{\underset{1}{\Sigma}}\,a^2_{1s}\,\varepsilon_s\right)c_1 + \left(s\overset{n}{\underset{1}{\Sigma}}\,a^2_{2s}\,\varepsilon_s\right)c_2 + \cdots + \left(s\overset{n}{\underset{1}{\Sigma}}\,a^2_{ns}\,\varepsilon_s\right)c_n\,; \\[2ex] \cdot\ \cdot\ \cdot\ \cdot\ \cdot\ \cdot\ \cdot\ \cdot\ \cdot\ \cdot\ \cdot\ \cdot\ \cdot\ \cdot\ \cdot \\[1ex] u_n = \left(s\overset{n}{\underset{1}{\Sigma}}\,a^n_{1s}\,\varepsilon_s\right)c_1 + \left(s\overset{n}{\underset{1}{\Sigma}}\,a^n_{2s}\,\varepsilon_s\right)c_2 + \cdots + \left(s\overset{n}{\underset{1}{\Sigma}}\,a^n_{ns}\,\varepsilon_s\right)c_n\,. \end{cases}$$

$$(5)\ \begin{cases} z_1 = \left(s\overset{n}{\underset{1}{\Sigma}}\,a^1_{1s}\,\varepsilon_s\right)c_1 + \left(s\overset{n}{\underset{1}{\Sigma}}\,a^2_{1s}\,\varepsilon_s\right)c_2 + \cdots + \left(s\overset{n}{\underset{1}{\Sigma}}\,a^n_{1s}\,\varepsilon_s\right)c_n\,; \\[2ex] z_2 = \left(s\overset{n}{\underset{1}{\Sigma}}\,a^1_{2s}\,\varepsilon_s\right)c_1 + \left(s\overset{n}{\underset{1}{\Sigma}}\,a^2_{2s}\,\varepsilon_s\right)c_2 + \cdots + \left(s\overset{n}{\underset{1}{\Sigma}}\,a^n_{2s}\,\varepsilon_s\right)c_n\,; \\[2ex] \cdot\ \cdot\ \cdot\ \cdot\ \cdot\ \cdot\ \cdot\ \cdot\ \cdot\ \cdot\ \cdot\ \cdot\ \cdot\ \cdot\ \cdot \\[1ex] z_n = \left(s\overset{n}{\underset{1}{\Sigma}}\,a^1_{ns}\,\varepsilon_s\right)c_1 + \left(s\overset{n}{\underset{1}{\Sigma}}\,a^2_{ns}\,\varepsilon_s\right)c_2 + \cdots + \left(s\overset{n}{\underset{1}{\Sigma}}\,a^n_{ns}\,\varepsilon_s\right)c_n\,, \end{cases}$$

und wiederum ist

$$(6)\qquad (u_1 u_2 \ldots u_n) = (z_1 z_2 \ldots z_n)\,.$$

Denn in jedem Gliede des entwickelten Ausdrucks sind die hinteren Indices der Grössen a der Reihe nach die Zahlen $1, 2 \ldots n$, während die vorderen und die oberen Indices alle Permutationen in allen Combinationen aufweisen, und zwar ist dies sowohl bei dem aus (4) wie bei dem aus (5) gebildeten Producte der Fall, weil die Ausdrücke in (5) aus denen in (4) durch Vertauschung der vorderen mit den oberen Indices entstehen.

Es seien nun zwei Producte $(x_1 x_2 \ldots x_n)$ und $(y_1 y_2 \ldots y_n)$ gegeben, worin

$$(7)\ \begin{cases} x_p = a_{p1}c_1 + a_{p2}c_2 + \cdots + a_{pn}c_n\,; \\ y_p = \beta_{p1}\varepsilon_1 + \beta_{p2}\varepsilon_2 + \cdots + \beta_{pn}\varepsilon_n\,. \end{cases}$$

Das Product beider Producte

$$(x_1 x_2 \ldots x_n)(y_1 y_2 \ldots y_n)$$

können wir durch Umstellung der Factoren auf die Form

$$(x_1 y_1)(x_2 y_2) \ldots (x_n y_n)$$

bringen. Um das Vorzeichen dieser Form zu bestimmen, beachten wir Folgendes: x_n muss $(n-1)$ Factoren überspringen, um vor y_n zu kommen; darauf x_{n-1} desgleichen $(n-2)$ Factoren, um vor y_{n-1} zu kommen; zuletzt x_2 *einen* Factor, und x_1 gar keinen. Da bei jedem Sprung ein Zeichenwechsel stattfindet, so giebt dies

$$1 + 2 + 3 + \cdots + (n-2) + (n-1) = \frac{n(n-1)}{2}$$

als Anzahl der Zeichenwechsel. Demnach ist

$$(8) \quad (x_1 \ldots x_n)(y_1 \ldots y_n) = (-1)^{\frac{n(n-1)}{2}} \cdot (x_1 y_1)(x_2 y_2) \ldots (x_n y_n).$$

Betrachten wir nun eins der Producte auf der rechten Seite, $(x_p y_p)$, und setzen:

$$(9) \qquad (x_p y_p) = u_p,$$

so ist nach Ausführung der Multiplication

$$u_p = r, s \overset{n}{\underset{1}{\Sigma}} \alpha_{p r} \beta_{p s} e_r \varepsilon_s,$$

worin alle n^2 Combinationen der Werthe von r und s zu nehmen sind. Sei ferner

$$\alpha_{p r} \cdot \beta_{p s} = \delta^p_{r s},$$

so ist entwickelt:

$$u_p = e_1 \left(s \overset{n}{\underset{1}{\Sigma}} \delta^p_{1 s} \varepsilon_s \right) + e_2 \left(s \overset{n}{\underset{1}{\Sigma}} \delta^p_{2 s} \varepsilon_s \right) + \cdots + e_n \left(s \overset{n}{\underset{1}{\Sigma}} \delta^p_{n s} \varepsilon_s \right).$$

Setzt man nun

$$z_p = e_1 \left(s \overset{n}{\underset{1}{\Sigma}} \delta^1_{p s} \varepsilon_s \right) + e_2 \left(s \overset{n}{\underset{1}{\Sigma}} \delta^2_{p s} \varepsilon_s \right) + \cdots + e_n \left(s \overset{n}{\underset{1}{\Sigma}} \delta^n_{p s} \varepsilon_s \right),$$

so ist nach den Formeln (4) (5) (6)

$$(10) \qquad (u_1 \ldots u_n) = (z_1 \ldots z_n).$$

Setzt man ferner in dem Ausdrucke für z_p die Einheiten ε als gemeinsame Factoren heraus, so ist:

$$z_p = (\delta^1_{p1} c_1 + \delta^2_{p1} c_2 + \cdots + \delta^n_{p1} c_n)\, \varepsilon_1$$
$$+ (\delta^1_{p2} c_1 + \delta^2_{p2} c_2 + \cdots + \delta^n_{p2} c_n)\, \varepsilon_2$$
$$+ \cdot \quad \cdot \quad \cdot \quad \cdot \quad \cdot \quad \cdot \quad \cdot \quad \cdot$$
$$+ (\delta^1_{pn} c_1 + \delta^2_{pn} c_2 + \cdots + \delta^n_{pn} c_n)\, \varepsilon_n$$

oder, wenn wir setzen:

$$\gamma_{p\varkappa} = \delta^1_{p\varkappa} c_1 + \delta^2_{p\varkappa} c_2 + \cdots + \delta^n_{p\varkappa} c_n$$

oder:

$$(11) \quad \gamma_{p\varkappa} = \alpha_{1p} \beta_{1\varkappa} c_1 + \alpha_{2p} \beta_{2\varkappa} c_2 + \cdots + \alpha_{np} \beta_{n\varkappa} c_n,$$

$$(12) \quad z_p = \gamma_{p1} \varepsilon_1 + \gamma_{p2} \varepsilon_2 + \cdots + \gamma_{pn} \varepsilon_n.$$

Nun folgt aus den Formeln (8) (9) (10), dass

$$(13) \quad (x_1 \ldots x_n)(y_1 \ldots y_n) = (-1)^{\frac{n(n-1)}{2}} (z_1 \ldots z_n)$$

ist, worin die Grössen xyz durch die Formeln (7) und (12) erklärt sind, während (11) den Zusammenhang zwischen den Ableitzahlen der z einerseits, der x und y andrerseits ausdrückt.

Der in Formel (13) enthaltene Satz heisst das *Multiplicationstheorem der Determinanten*, und lässt sich vollständig so ausdrücken:

Wenn

$$x_p = \alpha_{p1} c_1 + \alpha_{p2} c_2 + \cdots + \alpha_{pn} c_n,$$
$$y_p = \beta_{p1} \varepsilon_1 + \beta_{p2} \varepsilon_2 + \cdots + \beta_{pn} \varepsilon_n,$$
$$z_p = \gamma_{p1} \varepsilon_1 + \gamma_{p2} \varepsilon_2 + \cdots + \gamma_{pn} \varepsilon_n,$$
$$\gamma_{p\varkappa} = \alpha_{1p} \beta_{1\varkappa} c_1 + \alpha_{2p} \beta_{2\varkappa} c_2 + \cdots + \alpha_{np} \beta_{n\varkappa} c_n$$

ist, so ist

$$(x_1 \ldots x_n)(y_1 \ldots y_n) = (-1)^{\frac{n(n-1)}{2}} (z_1 \ldots z_n),$$

oder, wenn man $(x_1 \ldots x_n)$ *durch* $\Delta_\alpha(c_1 \ldots c_n)$; $(y_1 \ldots y_n)$ *durch* $\Delta_\beta(\varepsilon_1 \ldots \varepsilon_n)$; $(z_1 \ldots z_n)$ *durch* $\Delta_\gamma(c_1 \varepsilon_1 c_2 \varepsilon_2 \ldots c_n \varepsilon_n)$ *ersetzt:*

$$\Delta_\alpha \cdot \Delta_\beta = \Delta_\gamma.$$

Anmerkung. Der das Vorzeichen bestimmende Factor auf der rechten Seite von (13) findet seine Erklärung darin, dass in jedem Gliede des entwickelten Ausdrucks das Product $(c_1 \varepsilon_1 c_2 \varepsilon_2 \ldots c_n \varepsilon_n)$ erst auf die Form $(c_1 c_2 \ldots c_n \varepsilon_1 \varepsilon_2 \ldots \varepsilon_n)$ gebracht werden muss. Diese

Operation verursacht, ebenso wie die umgekehrte, welche oben behandelt wurde, $\frac{n(n-1)}{2}$ Zeichenwechsel, und der Factor $(-1)^{\frac{n(n-1)}{2}}$ bewirkt nun, dass überhaupt kein Zeichenwechsel stattfindet.

Der hier gegebene, von den üblichen Methoden abweichende Beweis des Multiplicationstheorems dürfte sich durch seine Uebersichtlichkeit empfehlen, und durch den Einblick, welchen er in die bei der Multiplication stattfindenden Gruppirungen der Elemente gewährt. — Wenn man die Multiplication wirklich ausführt, so verhindern die Einheitsfactoren das Auftreten solcher Glieder, welche sich nachher wegheben, wodurch viel unnützes Rechnen erspart wird. — Die sonst üblichen Beweise folgen weiter unten in modificirter Gestalt.

62. Es sei eine Reihe extensiver Grössen $f_1 \ldots f_n$ aus einer anderen Reihe extensiver Grössen $x_1 \ldots x_n$ mittelst der Zahlen α abgeleitet, sodass z. B.

$$(14) \qquad f_p = \alpha_{p1} x_1 + \alpha_{p2} x_2 + \cdots + \alpha_{pn} x_n.$$

Ferner seien die Grössen $x_1 \ldots x_n$ aus einer dritten Grössenreihe $y_1 \ldots y_n$ mittelst der Zahlen β abgeleitet, sodass z. B.

$$(15) \qquad x_q = \beta_{q1} y_1 + \beta_{q2} y_2 + \cdots + \beta_{qn} y_n.$$

Ersetzt man nun in Formel (14) jedes x durch seinen aus der durch (15) repräsentirten Gruppe genommenen Werth, so folgt:

$$f_p = (\alpha_{p1}\beta_{11} + \alpha_{p2}\beta_{21} + \cdots + \alpha_{pn}\beta_{n1}) y_1$$
$$+ (\alpha_{p1}\beta_{12} + \alpha_{p2}\beta_{22} + \cdots + \alpha_{pn}\beta_{n2}) y_2$$
$$+ \cdots \cdots \cdots$$
$$+ (\alpha_{p1}\beta_{1n} + \alpha_{p2}\beta_{2n} + \cdots + \alpha_{pn}\beta_{nn}) y_n,$$

oder, wenn man

$$(16) \qquad \gamma_{px} = \alpha_{p1}\beta_{1x} + \alpha_{p2}\beta_{2x} + \cdots + \alpha_{pn}\beta_{nx}$$

setzt:

$$(17) \qquad f_p = \gamma_{p1} y_1 + \gamma_{p2} y_2 + \cdots + \gamma_{pn} y_n.$$

Bildet man nun die Producte der durch die Formeln (14) (15) (17) repräsentirten Grössen, und bezeichnet die aus den Grössen $\alpha\beta\gamma$ bestehenden Determinanten resp. mit $\varDelta_\alpha \varDelta_\beta \varDelta_\gamma$, so folgt:

$$(18) \qquad \begin{cases} (f_1 \ldots f_n) = \varDelta_\alpha (x_1 \ldots x_n); \\ (x_1 \ldots x_n) = \varDelta_\beta (y_1 \ldots y_n); \\ (f_1 \ldots f_n) = \varDelta_\gamma (y_1 \ldots y_n). \end{cases}$$

Aber durch algebraische Multiplication der beiden ersten Reihen folgt:

$$(f_1 \ldots f_n) = \varDelta_\alpha \cdot \varDelta_\beta (y_1 \ldots y_n),$$

folglich mit Rücksicht auf die dritte Reihe:

$$(19) \qquad \varDelta_\alpha \cdot \varDelta_\beta = \varDelta_\gamma.$$

Diese Formel drückt, verbunden mit der Bedingung (16) wiederum das *Multiplicationstheorem* aus, für welches somit in kürzester Form ein *zweiter* (bekannter) *Beweis* erbracht ist.

Das System der Grössen α heisst das *Originalsystem*, dasjenige der Grössen γ das *transformirte System*. Ferner $\varDelta_\alpha$ die *Determinante des Original-*, $\varDelta_\gamma$ diejenige des *transformirten Systems*, $\varDelta_\beta$ endlich *Modulus der Transformation* (*Substitutionsdeterminante*).

Wir betrachten nun den besonderen Fall, dass die Grössen **63.** y ein System normaler Einheiten bilden (vgl. „Raumlehre" Nr. 152). Dann ist

$$(20) \qquad (y_1 \ldots y_n) = 1; \quad (y_p | y_p) = 1; \quad (y_p | y_q) = 0.$$

Es sei nun in (18) $\xi_1 \ldots \xi_n$ derjenige Grössenverein, welchen man aus $x_1 \ldots x_n$ erhält, wenn man in der Determinante $\varDelta_\beta$ die Horizontal- und Verticalreihen vertauscht. Dann ist z. B.:

$$(21) \qquad \begin{cases} \xi_p = \beta_{1p} y_1 + \beta_{2p} y_2 + \cdots + \beta_{np} y_n; \\ \xi_q = \beta_{1q} y_1 + \beta_{2q} y_2 + \cdots + \beta_{nq} y_n. \end{cases}$$

Folglich, mit Rücksicht auf (20)

$$(\xi_p | \xi_q) = \beta_{1p} \beta_{1q} + \beta_{2p} \beta_{2q} + \cdots + \beta_{np} \beta_{nq}$$
$$(\xi_p \, \xi_p) = \beta_{1p}^2 + \beta_{2p}^2 + \cdots + \beta_{np}^2.$$

Nehmen wir noch an, dass auch die Grössen ξ ein Normalsystem bilden, so wird $(\xi_p | \xi_q) = 0$; $(\xi_p | \xi_p) = 1$; mithin ist

$$(22) \qquad \beta_{1p} \beta_{1q} + \beta_{2p} \beta_{2q} + \cdots + \beta_{np} \beta_{nq} = 0;$$

$$(23) \qquad \beta_{1p}^2 + \beta_{2p}^2 + \cdots + \beta_{np}^2 = 1.$$

Wenn man nun die Gleichungen:

$$(24) \qquad \begin{cases} x_1 = \beta_{11} y_1 + \beta_{12} y_2 + \cdots + \beta_{1n} y_n; \\ x_2 = \beta_{21} y_1 + \beta_{22} y_2 + \cdots + \beta_{2n} y_n; \\ \cdot \quad \cdot \quad \cdot \quad \cdot \quad \cdot \quad \cdot \quad \cdot \quad \cdot \\ x_n = \beta_{n1} y_1 + \beta_{n2} y_2 + \cdots + \beta_{nn} y_n \end{cases}$$

der Reihe nach mit den Zahlen

$$\beta_{1p}\,\beta_{2p}\ldots\beta_{np}$$

multiplicirt, und dann addirt, so folgt:

$$\beta_{1p}\,x_1 + \beta_{2p}\,x_2 + \cdots + \beta_{np}\,x_n$$
$$= (\beta_{11}\beta_{1p} + \beta_{21}\beta_{2p} + \cdots + \beta_{n1}\beta_{np})y_1 + \cdots$$
$$+ (\beta_{1p}^2 + \beta_{2p}^2 + \cdots + \beta_{np}^2)y_p + \cdots$$

oder, da der Coefficient von y_p nach •(23) gleich 1, und die aller übrigen y nach (22) gleich 0 sind:

$$(25)\qquad y_p = \beta_{1p}\,x_1 + \beta_{2p}\,x_2 + \cdots + \beta_{np}\,x_n.$$

Multiplicirt man alle in dieser Formel enthaltenen Ausdrücke mit einander, so folgt:

$$(y_1 \ldots y_n) = \varDelta_\beta (x_1 \ldots x_n).$$

Andrerseits ist nach (18)

$$(x_1 \ldots x_n) = \varDelta_\beta (y_1 \ldots y_n).$$

Durch algebraische Multiplication dieser Gleichungen erhält man

$$\bullet(26)\qquad\qquad (\varDelta_\beta)^2 = 1.$$

Bildet man endlich aus (24) die Ausdrücke x_1^2, $x_2^2 \ldots x_n^2$ und addirt, so folgt:

$$x_1^2 + x_2^2 + \cdots + x_n^2 = (\beta_{11}^2 + \beta_{21}^2 + \cdots + \beta_{n1}^2)y_1^2$$
$$+ (\beta_{12}^2 + \beta_{22}^2 + \cdots + \beta_{n2}^2)y_2^2 + \cdots,$$

oder, da die Coefficienten aller y nach (23) gleich 1 sind:

$$(27)\quad x_1^2 + x_2^2 + \cdots + x_n^2 = y_1^2 + y_2^2 + \cdots + y_n^2.$$

Wenn also zwischen den Elementen der Substitutionsdeterminante die Gleichungen (22) und (23) bestehen, so ist das Quadrat dieser Determinante gleich 1 (26) und zwischen den durch sie verbundenen extensiven Grössenreihen der x und y bestehen die Gleichungen (27). Da die Vereine der Grössen y und ξ Normalvereine sind, so heisst die Substitution, durch welche der Verein f aus der Abhängigkeit von dem Vereine x in diejenige von dem Vereine y übergeht: *normale (orthogonale) Substitution.*

In den Formeln (22) bis (26) können die Grössen x und y auch *Zahlen* statt extensiver Grössen vorstellen. Dann ver-

wandeln sich in (27) die inneren Quadrate in numerische,
und die Formeln drücken bekannte Beziehungen zwischen
Zahlengleichungen aus.

Sei

$$x_1 = \alpha_{11} c_1 + \alpha_{12} c_2; \quad y_1 = \beta_{11} c_1 + \beta_{12} c_2;$$
$$x_2 = \alpha_{21} c_1 + \alpha_{22} c_2; \quad y_2 = \beta_{21} c_1 + \beta_{22} c_2; \qquad (c_1 c_2) = 1.$$

Dann sind die inneren Producte $(x_1|y_1)$, $(x_1|y_2)$, $(x_2|y_1)$, $(x_2|y_2)$
Zahlgrössen. Sei ferner:

$$z_1 = (x_1|y_1) c_1 + (x_2|y_1) c_2 = x_1(|y_1 c_1) + x_2(|y_1 c_2);$$
$$z_2 = (x_1|y_2) c_1 + (x_2|y_2) c_2 = x_1(|y_2 c_1) + x_2(|y_2 c_2).$$

Dann erhält man durch Ausrechnung der Klammern in den
Ausdrücken rechts:

$$z_1 = -x_1 \beta_{11} - x_2 \beta_{12};$$
$$z_2 = -x_1 \beta_{21} - x_2 \beta_{22};$$

daher:

$$(z_1 z_2) = (x_1 x_2)(\beta_{11}\beta_{22} - \beta_{12}\beta_{21})$$
$$= (x_1 x_2)|(y_1 y_2).$$

Es ist nämlich z. B.

$$(|y_1 c_1) = \beta_{11} c_1 . c_1 + \beta_{12} c_2 . c_1 = -\beta_{11} c_1|c_1 - \beta_{12} c_1|c_2,$$

also, da $c_1 c_1 = 1$; $c_1|c_2 = 0$ ist: $(|y_1 c_1) = -\beta_{11}$. Ferner
erhält man durch Multiplication von $|y_1$ mit $|y_2$, (welches Pro-
duct nach „Raumlehre" 143 gleich $|(y_1 y_2)$ ist) $\beta_{11}\beta_{22} - \beta_{12}\beta_{21}$.

Die eben gefundene Formel kann, wie man sieht, sofort
erweitert werden auf n Grössen x und n Grössen y, welche
aus den n Einheiten $c_1 \ldots c_n$ abgeleitet sind.

Wenn also

$$\begin{cases} x_1 = \alpha_{11} c_1 + \alpha_{12} c_2 + \cdots + \alpha_{1n} c_n; & y_1 = \beta_{11} c_1 + \beta_{12} c_2 + \cdots + \beta_{1n} c_n; \\ x_2 = \alpha_{21} c_1 + \alpha_{22} c_2 + \cdots + \alpha_{2n} c_n; & y_2 = \beta_{21} c_1 + \beta_{22} c_2 + \cdots + \beta_{2n} c_n; \\ \qquad \cdots \cdots \cdots \cdots & \qquad \cdots \cdots \cdots \cdots \\ x_n = \alpha_{n1} c_1 + \alpha_{n2} c_2 + \cdots + \alpha_{nn} c_n; & y_n = \beta_{n1} c_1 + \beta_{n2} c_2 + \cdots + \beta_{nn} c_n, \end{cases}$$
$$(c_1 \ldots c_n) = 1,$$

so ist

$$(29) \quad (x_p|y_q) = \alpha_{p1}\beta_{q1} + \alpha_{p2}\beta_{q2} + \cdots + \alpha_{pn}\beta_{qn}.$$

Wenn dann

$$(30) \quad \begin{cases} z_1 = (x_1 \, y_1)c_1 + (x_2 \, y_1)c_2 + \cdots + (x_n \, y_1)c_n; \\ z_2 = (x_1 \, y_2)c_1 + (x_2 \, y_2)c_2 + \cdots + (x_n \, | \, y_2)c_n; \\ \quad \cdot \quad \cdot \quad \cdot \quad \cdot \quad \cdot \quad \cdot \quad \cdot \quad \cdot \quad \cdot \\ z_n = (x_1 \, | \, y_n)c_1 + (x_2 \, y_n)c_2 + \cdots + (x_n \, y_n)c_n \end{cases}$$

gesetzt wird, so ist nach der Verallgemeinerung der Formel $(z_1 z_2) = (x_1 x_2) \, (y_1 y_2)$

$$(31) \qquad (z_1 z_2 \ldots z_n) = (x_1 x_2 \ldots x_n)! (y_1 y_2 \ldots y_n).$$

Da die drei Producte dieser Formel wegen der Annahme $(c_1 \ldots c_n) = 1$ Zahlgrössen sind, nämlich gleichbedeutend mit ihren Determinanten, so geht die innere Multiplication auf der rechten Seite in die algebraische über, und die Formel (31) stellt wieder das *Multiplicationstheorem* dar, für welches hier in abgekürzter Form ein *dritter* (bekannter) *Beweis* geliefert ist.

Anmerkung. Die directe Verwandlung der linken Seite von Formel (31) in die rechte erfordert noch die Entwickelung einiger Hilfsformeln, und ist in Grassmann's „Ausdehnungslehre" II. Nr. 175 nachzusehen.

Wenn in den Formeln (28) überall α statt β gesetzt wird, so ist allgemein $y_p = x_p$; aus Formel (29) erkennt man, dass in diesem Falle

$$(x_p \, | \, y_q) = (x_q \, | \, y_p)$$

ist, und Formel (31) nimmt die Gestalt an:

$$(32) \qquad (x_1 \, x_2 \ldots x_n)^2 = (z_1 z_2 \ldots z_n).$$

Eine Determinante, in welcher das Gesetz gilt, dass $\alpha_{pq} = \alpha_{qp}$ ist, heisst *symmetrische Determinante*. *In einer symmetrischen Determinante sind also die Horizontalreihen der Reihe nach identisch mit den Verticalreihen.* Formel (32) drückt nun den Satz aus: *Das Quadrat einer jeden Determinante ist eine symmetrische Determinante.* — Für $p = q$ nimmt Formel (29) noch die besondere Form an (die man auch unmittelbar aus (28) erhält):

$$(33) \qquad x_p^2 = \alpha_{p1}^2 + \alpha_{p2}^2 + \cdots + \alpha_{pn}^2.$$

Eine Determinante, in welcher $\alpha_{pq} = -\alpha_{qp}$ ist, kann *congruente Determinante* genannt werden (gauche symmétrique).

Wenn in jedem Element einer Determinante der hintere

Index als Exponent geschrieben wird, so heisst die Determinante *alternirende Function.* — Die Ableitung der Eigenschaften aller dieser Specialformen ist für den Zweck dieses
Buches nebensächlich.

3. Unterdeterminanten.

Ersetzt man in dem äusseren Producte $(x_1 \ldots x_n)$ (worin 65.
$x_1, \ldots x_n$ die in den Formeln (1) gegebenen Bedeutungen
haben) einen Factor, z. B. x_p durch seinen Werth

$$x_p = \alpha_{p1} c_1 + \alpha_{p2} c_2 + \cdots + \alpha_{pn} c_n,$$

so erhält man:

$$(34) \quad (x_1 \ldots x_n) = \alpha_{p1}(x_1 \ldots c_1 \ldots x_n)_p + \alpha_{p2}(x_1 \ldots c_2 \ldots x_n)_p$$
$$+ \cdots + \alpha_{pn}(x_1 \ldots c_n \ldots x_n)_p,$$

worin der bei jedem Product stehende Index p die Stellung
des Factors c in diesem Producte angiebt.

Die durch ein solches Product dargestellte Determinante
heisst *Unterdeterminante* zu $(x_1 \ldots x_n)$. *Man erhält ihren
Ausdruck, indem man in dem gegebenen Producte irgend einen
Factor durch irgend eine Einheit ersetzt. Da man dies auf n^2
verschiedene Weisen thun kann, so giebt es n^2 solcher Unterdeterminanten.*

Da die linke Seite von (34) ungeändert bleibt, wenn man
alle vorderen mit den hinteren Indices vertauscht, so muss
auch die rechte durch dieses Verfahren ungeändert bleiben;
d. h. man hat:

$$(35) \quad (x_1 \ldots x_n) = \alpha_{1p}(x_1 \ldots c_p \ldots x_n)_1 + \alpha_{2p}(x_1 \ldots c_p \ldots x_n)_2$$
$$+ \cdots + \alpha_{np}(x_1 \ldots c_p \ldots x_n)_n.$$

Die allgemeine Form einer Unterdeterminante ist

$$(x_1 \ldots c_q \ldots x_n)_p.$$

Anstatt den Factor x_p durch die Einheit c_q zu ersetzen, kann
man, indem x_p als Function der unabhängigen Variablen
$\alpha_{p1}, \ldots \alpha_{pn}$ betrachtet wird, x_p nach α_{pq} differentiiren. Dann
ist

$$\frac{d x_p}{d \alpha_{pq}} = c_q.$$

Und anstatt in dem Producte $(x_1 \ldots x_n)$ den Factor x_p wegzulassen, um nachher an seine Stelle c_q zu setzen, kann man dieses Product, indem es als Function der unabhängigen Variablen $x_1, \ldots x_n$ betrachtet wird, nach x_p differentiiren. Demnach ist

$$(x_1 \ldots c_q \ldots x_n)_p = \frac{d(x_1 \ldots x_n)}{d x_p} \cdot \frac{d x_p}{d \alpha_{pq}} = \frac{d(x_1 \ldots x_n)}{d \alpha_{pq}}.$$

Mithin ist eine Unterdeterminante gleich dem Differential-quotienten des äusseren Productes nach irgend einem Elemente. Jedem Elemente der Determinante entspricht somit eine Unterdeterminante, und wenn wir die zu α_{pq} gehörige mit $\mathfrak{a}_{pq}$ bezeichnen, so ist demnach

$$(36) \qquad \mathfrak{a}_{pq} = \frac{d(x_1 \ldots x_n)}{d \alpha_{pq}} = (x_1 \ldots c_q \ldots x_n)_p.$$

Das System der Elemente $\mathfrak{a}$ heisst *adjungirt* demjenigen der Elemente α, und die aus den ersteren gebildete Determinante *reciprok* zur Determinante der Grössen α. Wenn daher

$$\xi_p = \mathfrak{a}_{p1} c_1 + \mathfrak{a}_{p2} c_2 + \cdots + \mathfrak{a}_{pn} c_n$$

gesetzt, und die Determinante der Grössen $\mathfrak{a}$ mit $\varDelta\mathfrak{a}$ bezeichnet wird, so ist

$$(37) \quad \begin{cases} (x_1 \ldots x_n) = \varDelta_\alpha (c_1 \ldots c_n); \\ (\xi_1 \ldots \xi_n) = \varDelta_\mathfrak{a} (c_1 \ldots c_n). \end{cases} \qquad (c_1 \ldots c_n) = 1.$$

66. Setzen wir den Werth (36) in (34) ein, so folgt:

$$(38) \quad (x_1 \ldots x_n) = \alpha_{p1} \mathfrak{a}_{p1} + \alpha_{p2} \mathfrak{a}_{p2} + \cdots + \alpha_{pn} \mathfrak{a}_{pn}.$$

Setzen wir nun in dem Producte $(x_1 \ldots x_n)$ den herausgenommenen Factor x_p einem anderen, darin vorhandenen, x_q gleich, so wird einerseits das Product gleich Null (Nr. 60); andrerseits erhält jedes α statt des Index p den Index q, während, wie aus Formel (36) hervorgeht, jedes $\mathfrak{a}$ den seinigen behält. Wir erhalten also:

$$(39) \qquad 0 = \alpha_{q1} \mathfrak{a}_{p1} + \alpha_{q2} \mathfrak{a}_{p2} + \cdots + \alpha_{qn} \mathfrak{a}_{pn}.$$

Multipliciren wir jetzt die Gleichungen (37), so folgt:

$$(x_1 \ldots x_n)(\xi_1 \ldots \xi_n) = (z_1 \ldots z_n), \qquad (31);$$

$$z_p = (x_1 | \xi_p) c_1 + (x_2 \xi_p) c_2 + \cdots + (x_n \xi_p) c_n \qquad (30).$$

Nun ist aber

$$(x_q \xi_p) = \alpha_{q1} \mathfrak{a}_{p1} + \alpha_{q2} \mathfrak{a}_{p2} + \cdots + \alpha_{qn} \mathfrak{a}_{pn} = 0 \qquad (39)$$

$$(x_p \xi_p) = \alpha_{p1} \mathfrak{a}_{p1} + \alpha_{p2} \mathfrak{a}_{p2} + \cdots + \alpha_{pn} \mathfrak{a}_{pn} = (x_1 \ldots x_n) \qquad (38);$$

also

$$z_p = (x_1 \ldots x_n)c_p = \varDelta_a\, c_p$$
$$(z_1 \ldots z_n) = (\varDelta_a)^n\, (c_1 \ldots c_n);$$

demnach mit Rücksicht auf (37)

$$\varDelta_a \cdot \varDelta_a = (\varDelta_a)^n.$$

oder:

$$(40) \qquad \varDelta_a = (\varDelta_a)^{n-1};$$

d. h.: *die Reciprokaldeterminante ist die* $(n-1)te$ *Potenz der ursprünglichen Determinante.*

Multiplicirt man die Formeln

$$(1) \qquad \begin{cases} x_1 = a_{11}c_1 + a_{12}c_2 + \cdots + a_{1n}c_n \\ x_2 = a_{21}c_1 + a_{22}c_2 + \cdots + a_{2n}c_n \\ \cdot \quad \cdot \quad \cdot \quad \cdot \quad \cdot \quad \cdot \quad \cdot \quad \cdot \\ x_n = a_{n1}c_1 + a_{n2}c_2 + \cdots + a_{nn}c_n \end{cases}$$

der Reihe nach mit $a_{1p}, a_{2p} \ldots a_{np}$, und addirt, so wird der Coefficient von c_p nach (38) gleich $\varDelta_a$, während diejenigen aller übrigen c nach (39) gleich Null sind. Man erhält also:

$$(41) \qquad \varDelta_a \cdot c_p = a_{1p}x_1 + a_{2p}x_2 + \cdots a_{np}x_n;$$

oder:

$$(42) \cdot \begin{cases} \varDelta_a \cdot c_1 = a_{11}x_1 + a_{21}x_2 + \cdots + a_{n1}x_n; \\ \varDelta_a \cdot c_2 = a_{12}x_1 + a_{22}x_2 + \cdots + a_{n2}x_n; \\ \cdot \quad \cdot \quad \cdot \quad \cdot \quad \cdot \quad \cdot \quad \cdot \quad \cdot \\ \varDelta_a \cdot c_n = a_{1n}x_1 + a_{2n}x_2 + \cdots + a_{nn}x_n. \end{cases}$$

Bezeichnet man nun mit a_{pq} die Unterdeterminanten von $\varDelta_a$, sodass zwischen den Grössen a und a dieselben Beziehungen bestehen, wie zwischen α und a, und multiplicirt die Gleichungen (42) der Reihe nach mit $a_{p1}, a_{p2} \ldots a_{pn}$, so erhält man ähnlich wie vorher:

$$(43) \qquad \varDelta_a \cdot x_p = \varDelta_a(a_{p1}c_1 + a_{p2}c_2 + \cdots + a_{pn}c_n),$$

oder mit Rücksicht auf (40)

$$\varDelta_a^{n-2} \cdot x_p = a_{p1}c_1 + a_{p2}c_2 + \cdots + a_{pn}c_n.$$

Nun ist nach (1)

$$\varDelta_a^{n-2} \cdot x_p = \varDelta_a^{n-2}a_{p1}c_1 + \varDelta_a^{n-2}a_{p2}c_2 + \cdots + \varDelta_a^{n-2} \cdot a_{pn}c_n;$$

durch Vergleichung der letzten Formeln ergiebt sich (da zwischen $c_1 \ldots c_n$ keine Zahlbeziehung existirt):

(44) $$a_{pq} = \Delta_a{}^{n-2} \cdot \alpha_{pq}.$$

Mittelst dieser Formel sind die Unterdeterminanten der Reciprokaldeterminante durch die ursprüngliche Determinante ausgedrückt.

Ersetzt man in dem Producte $(x_1 \ldots x_n)$ m Factoren durch ihre Werthe, und führt die Multiplication aus, so wird das Product als Summe von n^m anderen Producten dargestellt. Jedes dieser Producte stellt eine *Unterdeterminante m. Ordnung* vor. Die Behandlungsweise dieser Grössen ergiebt sich aus dem Vorhergehenden ohne Schwierigkeit; sie gewähren für die hier gewählte Darstellung kein neues Interesse, und werden daher übergangen.

4. Anwendungen auf die Theorie der Gleichungen.

67. 1) *Auflösung eines Systems von n linearen Gleichungen mit n Unbekannten. — Erste Methode.* Die Gleichungen seien:

$$a_{11}x_1 + a_{12}x_2 + \cdots + a_{1n}x_n = \beta_1$$
$$a_{21}x_1 + a_{22}x_2 + \cdots + a_{2n}x_n = \beta_2$$
$$\cdots \cdots \cdots \cdots \cdots \cdots$$
$$a_{n1}x_1 + a_{n2}x_2 + \cdots + a_{nn}x_n = \beta_n.$$

Multiplicirt man die Gleichungen der Reihe nach mit $c_1 c_2 \ldots c_n$, und addirt, so folgt, wenn wir

$$a_{1p}c_1 + a_{2p}c_2 + \cdots + a_{np}c_n = \mathfrak{a}_p$$
$$\beta_1 c_1 + \beta_2 c_2 + \cdots + \beta_n c_n = \mathfrak{b}$$

setzen:

$$\mathfrak{a}_1 x_1 + \mathfrak{a}_2 x_2 + \cdots + \mathfrak{a}_n x_n = \mathfrak{b}.$$

Multipliciren wir diese Gleichung mit $(\mathfrak{a}_1 \mathfrak{a}_2 \ldots \mathfrak{a}_{p-1}\mathfrak{a}_{p+1} \ldots \mathfrak{a}_n)$, so kommt links nur das Glied $\mathfrak{a}_p x_p$ zur Multiplication, weil alle anderen Producte Null werden, und man erhält:

$$\pm x_p \, \Delta_a = \mathfrak{b}\,\mathfrak{a}_1 \ldots \mathfrak{a}_{p-1}\mathfrak{a}_{p+1} \ldots \mathfrak{a}_n$$

oder

$$x_p = \pm \frac{(\mathfrak{b}\,\mathfrak{a}_1 \ldots \mathfrak{a}_{p-1}\,\mathfrak{a}_{p+1}\,\mathfrak{a}_n)}{\Delta_a}.$$

Anmerkung. Dem Wesen nach stimmt diese Methode (die schon in Grassmann's Ausdehnungslehre I. § 45 u. II. § 134 steht) mit der bekannten Determinantenmethode überein. Nur beruht sie wieder auf erheblich einfacheren Betrachtungen als diese. Es kommen keine Unterdeterminanten zur Verwendung, mithin brauchen die Formeln (38) und (39) nicht vorausgesetzt zu werden. Statt mit Unterdeterminanten wird hier mit Einheiten multiplicirt, in der Lösungsform endlich stellen sich die Zahldimensionen von Zähler und Nenner auf den ersten Blick dar.

Historisch ist zu dieser Methode zu bemerken, dass dieselbe in Frankreich von Cauchy (1853), welchem Grassmann vorher sein Buch übersandt hatte, als eignes Erzeugniss unter dem Namen „clefs algébriques" in den Comptes rendus veröffentlicht wurde (vgl. a. a. O. II. S. IX u. 107, und Crelles Journal Bd. 49. S. 123). Manche haben in Folge dessen die gesammte Ausdehnungslehre mit dieser Methode für identisch gehalten (S. z. B. Jahrbuch üb. die Fortschritte der Mathem. Bd. 3 (1871) S. 306, woselbst auch, wie hier gleich bemerkt sein mag, die weitläufigen Rechnungen, welche die Umformung eines planimetrischen Productes in eine Coordinaten-Gleichung erfordert, irrthümlicherweise für wesentliche Bestandtheile der geometrischen Untersuchung gehalten worden sind).

Zweite Methode. Die Gleichungen seien

$$a_{10}x_0 + a_{11}x_1 + \cdots + a_{1n}x_n = 0,$$
$$a_{20}x_0 + a_{21}x_1 + \cdots + a_{2n}x_n = 0, \quad x_0 = 1.$$
$$\cdots \cdots \cdots \cdots \cdots \cdots$$
$$a_{n0}x_0 + a_{n1}x_1 + \cdots + a_{nn}x_n = 0.$$

Jede dieser Gleichungen, z. B. $a_{p0}x_0 + a_{p1}x_1 + \cdots + a_{pn}x_n = 0$ ist das Product von zwei Gleichungen:

$$(x_0\, e_0) + (x_1\, e_1) + \cdots + (x_n | e_n) = y;$$
$$a_{p0}e_0 + a_{p1}e_1 + \cdots + a_{pn}e_n = \beta_p, \quad (e_0 \ldots e_n) = 1.$$

sodass also

$$\beta_p y = 0$$

in Verbindung mit den beiden vorhergehenden Gleichungen das gegebene System ersetzt. Da y, mit jeder der n Grössen β multiplicirt, Null giebt, so ist das äussere Product dieser n Grössen, nämlich $(\beta_1 \ldots \beta_n)$ ein Factor von y. Dieser Factor ist eine Grösse n. Stufe; aber auch y ist aus Grössen n. Stufe ($e_p = \pm\, e_0 e_1 \cdot\cdot e_{p-1} e_{p+1} \cdot\cdot e_n$) linear zusammengesetzt, also selbst eine Grösse n. Stufe; demnach kann der noch übrige Factor von y nur eine Grösse 0. Stufe, d. h. eine Zahl (λ) sein; man hat also:

$$y = \lambda(\beta_1 \ldots \beta_n).$$

Nun folgt aus dem oben gegebenen Ausdruck für y

$$e_0 y = x_0,$$

weil $(e_0 \, e_0) = 1$; $(e_0 \, e_p) = 0$ ist; daher, weil $x_0 = 1$ ist:

$$\lambda e_0 (\beta_1 \ldots \beta_n) = 1;$$

$$\lambda = \frac{1}{e_0 \, \beta_1 \ldots \beta_n} \, .$$

Ferner:

$$e_p y = x_p;$$

$$\lambda e_p (\beta_1 \ldots \beta_n) = x_p;$$

mithin

$$x_p = \frac{(e_p \, \beta_1 \ldots \beta_n)}{(e_0 \, \beta_1 \ldots \beta_n)} \, .$$

Anmerkung. Diese Lösung gab Grassmann in der Ausdehnungslehre II. Nr. 134. Sie ist in mancher Hinsicht noch einfacher als die vorige, und zeigt ebenso wie das Multiplicationstheorem, dass auch die *innere* Multiplication sich mit Vortheil auf algebraische Aufgaben anwenden lässt.

68. 2) *Bestimmung der Resultante eines Systems von n homogenen linearen Gleichungen mit n Unbekannten.* — Eliminirt man aus einem solchen System die Unbekannten, so heisst die zwischen den Constanten übrig bleibende Gleichung die *Resultante* des Systems (auch wenn die Gleichungen nicht linear sind).

Man erhält ein solches System, wenn man in den Gleichungen zu Anfang voriger Nr. $\beta_1 = \beta_2 = \cdots = \beta_n = 0$ setzt. Dadurch werden die Gleichungen homogen; man kann eine der Unbekannten, etwa $x_p = 1$ setzen, es wird dann identisch $\mathfrak{b} = 0$, und die Gleichung

$$\pm x_p \, . \, \varDelta_\alpha = \mathfrak{b} \, . \, \mathfrak{a}_1 \ldots \mathfrak{a}_{p-1} \mathfrak{a}_{p+1} \ldots \mathfrak{a}_n$$

geht über in

$$\varDelta_\alpha = 0.$$

Dies ist die gesuchte Resultante.

69. 3) *Elimination der Unbekannten y aus den beiden Gleichungen*

$$a_0 + a_1 y + a_2 y^2 + \cdots + a_m y^m = 0;$$

$$b_0 + b_1 y + b_2 y^2 + \cdots + b_n y^n = 0;$$

worin a und b Functionen einer anderen Unbekannten, oder Constanten sind. —

a) *Sylvesters Methode.* — Man multiplicirt die erste Gleichung mit $1, y, y^2, \ldots y^{n-1}$, die zweite mit $1, y, y^2, \ldots y^{m-1}$ und erhält:

$$a_0 + a_1 y + \cdots \cdots \cdots + a_m y^m = 0;$$

$$a_0 y + a_1 y^2 + \cdots \cdots + a_{m-1} y^m + a_m y^{m+1} = 0;$$

$$a_0 y^{n-1} + \cdots \cdots \cdots \cdots + a_m y^{m+n-1} = 0;$$

$$b_0 + b_1 y + \cdots \cdots \cdots \cdots + b_n y^n = 0;$$

$$b_0 y + b_1 y^2 + \cdots \cdots \cdot + b_{n-1} y^n + b_n y^{n+1} = 0;$$

$$b_0 y^{m-1} + \cdots \cdots \cdots \cdots + b_n y^{m+n-1} = 0.$$

Aus diesen $m + n$ Gleichungen können nun die $m + n - 1$ Unbekannten $y, y^2 \ldots y^{m+n-1}$ auf zwei verschiedenen Wegen eliminirt werden, welche den unter 1) angegebenen Methoden entsprechen.

α) *Elimination mittelst äusserer Multiplication.* — Man multiplicirt die $m + n$ Gleichungen der Reihe nach mit den $m + n$ Einheiten $e_1, e_2, \ldots e_{m+n}$, und addirt. Setzt man dabei

$$a_0 e_1 + b_0 e_{n+1} = u_1;$$

$$a_1 e_1 + a_0 e_2 + b_1 e_{n+1} + b_0 e_{n+2} = u_2;$$

$$a_m e_n + b_n e_{m+n} = u_{m+n},$$

so erhält man:

$$u_1 + u_2 y + \cdots + u_{m+n} y^{m+n-1} = 0;$$

und durch Multiplication mit $(u_2 u_3 \ldots u_{m+n})$

$$(u_1 u_2 \ldots u_{m+n}) = 0,$$

welches die verlangte Gleichung ist.

β) *Elimination mittelst innerer Multiplication.* — Seien $e_0 e_1 \ldots e_{m+n-1}$ die anzuwendenden Einheiten (deren Product gleich 1 ist), so zerfällt jede der $m + n$ Gleichungen in das Product der Gleichung

$$|e_0 + y\, e_1 + \cdots + y^{m+n-1}| e_{m+n-1} = z;$$

mit einer der Gleichungen

$$a_0 e_0 + a_1 e_1 + \cdots \cdots \cdots + a_m e_m = c_0$$

$$a_0 e_1 + a_1 e_2 + \cdots + a_{m-1} e_m + a_m e_{m+1} = c_1$$

$$a_0 e_{n-1} + \cdots \cdots \cdots + a_m e_{m+n-1} = c_{n-1}.$$

$$b_0 c_0 + b_1 c_1 + \cdots \cdots + b_n c_n = d_0$$
$$b_0 c_1 + b_1 c_2 + \cdots + b_{n-1} c_n + b_n c_{n+1} = d_1$$
$$\cdots \cdots \cdots \cdots \cdots$$
$$b_0 c_{m-1} + \cdots \cdots \cdots + b_n c_{m+n-1} = d_{m-1},$$

sodass also

$$c_p z = d_p z = 0$$

ist. Da nun die $m+n$ Grössen $c_0, \ldots c_{n-1}, d_0, \ldots d_{m-1}$ aus $m+n-1$ Einheiten abgeleitet sind, so wird, wenn man das äussere Product dieser Grössen bildet, in jedem Gliede ein Product von $m+n$ Einheiten auftreten; es muss also eine Einheit zweimal darin vorkommen; in Folge dessen ist jedes dieser Producte, mithin auch das ganze Product Null, und

$$(c_0 c_1 \ldots c_{n-1} d_0 d_1 \ldots d_{m-1}) = 0$$

ist die verlangte Gleichung.

Anmerkung. Die beiden unter a) gegebenen Methoden stehen in Grassmann's Ausdehnungslehre I. § 93 und II. § 136. — Beide Methoden geben eine Determinante von $m+n$ Reihen, welche sich durch Ausführung der Multiplication auf das leichteste in ein Polynom verwandeln lässt. Man bemerkt bei einfacheren Beispielen, dass dieses Polynom sich rückwärts in eine einfachere Determinante verwandeln lässt. Die directe Herstellung derselben wird nachher gezeigt.

70. Durch Betrachtung der eben gefundenen Gleichung ergiebt sich, wenn a und b Constanten sind, unmittelbar der Satz:

Die Resultante zweier Gleichungen vom m. resp. n. Grade mit einer Unbekannten ist vom n. Grade in den Coefficienten der ersten, vom m. in denen der zweiten Gleichung.

Um die letzte Gleichung als Polynom darzustellen, gehen wir aus von dem Gliede $a_0^n (c_0 \ldots c_{n-1}) b_n^m (c_n \ldots c_{m+n-1})$ oder $a_0^n b_n^m$. Da von den n ersten Factoren des Productes $(c_0 \ldots d_{m-1})$ nur der erste c_0, nur die beiden ersten c_1, etc. enthalten, so muss jedes andre Product aus den n ersten Reihen (ausser $a_0^n(c_0 \ldots c_{n-1})$) die fehlenden Factoren c aus den letzten m Reihen zur Ergänzung erhalten. Ersetzen wir also in dem Gliede $a_0^n b_n^m$ den Factor a_0^n durch $a_{n_1}^n$, so muss der Factor $b_0^{n_1}$ hinzugefügt werden (s. die Ausdrücke für c_0, $c_1, \ldots$ in voriger Nr.). Demnach kann der Factor b_n nur noch $m-n_1$ mal in dem Gliede vorkommen, und dasselbe heisst $a_{n1}^n b_n^{m-n1} b_0^{n1}$. Nun kann man den Factor $b_0^{n1} a_{n1}^n$ dieses Productes ebenso behandeln, wie $a_0^n b_n^m$ u. s. f. Wenn dann $n_2, n_3, \ldots$ neue beliebige Zahlen (für a zwischen 0 und m, für b zwischen 0 und n) bedeuten, so erhält man der Reihe nach die Bildungen:

$$\text{Summe der Indices:}$$

$$a_0^n\, b_n^m \,,\quad m\,n$$

$$b_n^{m-n1}.\, b_0^{n1} a_{n1}^n \quad n\, n_1 + (m - n_1)n$$

$$a_{n1}^{n-n2}.\, b_n^{m-n1}.\, a_0^{n2} b_{n2}^{n1}\, ,\quad n_1 n_2 + (m - n_1)n + (n - n_2)n_1$$

$$\tfrac{1}{2}^{-n3}.\, a_{n1}^{n-n2}.\, b_n^{m-n1}.\, b_0^{n3} a_{n3}^{n2}\,|\, n_2 n_3 + (m - n_1)n + (n - n_2)n_1 + (n_1 - n_3)n_2.$$

Im Allgemeinen ist also die Summe der Indices gleich

$$n_p n_{p+1} + (m - n_1)n + (n - n_2)n_1 + (n_1 - n_3)n_2 + \cdots$$
$$+ (n_{p-1} - n_{p+1})n_p = m\,n.$$

Da man nun durch die eben beschriebenen Bildungen alle Glieder des Polynoms finden kann, so ist der Satz bewiesen:

In der Resultante zweier Gleichungen vom m. resp. n. Grade in y

$$a_0 + a_1 y + a_2 y^2 + \cdots + a_m y^m = 0;$$
$$b_0 + b_1 y + b_2 y^2 + \cdots + b_n y^n = 0$$

ist die Summe der Indices in jedem Gliede gleich m n.

Setzt man $y = \dfrac{1}{u}$, so lauten diese Gleichungen, nachdem sie mit u^m, resp. u^n multiplicirt sind:

$$a_0 u^m + a_1 u^{m-1} + a_2 u^{m-2} + \cdots + a_m = 0.$$
$$b_0 u^n + b_1 u^{n-1} + b_2 u^{n-2} + \cdots + b_n = 0.$$

Sind nun a_p und b_p homogene Functionen p. Grades von zwei Variablen x und z, so sind die beiden Gleichungen selbst homogen, und aus dem letzten Satze folgt, dass die Resultante eine homogene Gleichung vom Grade $m n$ zwischen den Variablen x und z sein wird, oder, wenn man $z = 1$ setzt: eine Gleichung in x vom Grade $m n$. Man hat also den Satz:

Eliminirt man aus zwei Gleichungen m. und n. Grades zwischen zwei Variablen die eine derselben, so ist die Resultante eine Gleichung vom Grade m n in der anderen.

b) *Modification der Bézout-Cayley'schen Methode.* — Man 71. kann annehmen, dass die beiden Gleichungen denselben Grad haben, da man nur in einer derselben die Coefficienten der höchsten Potenzen gleich Null zu setzen braucht, um den andern Fall herzustellen. — Man multiplicirt die beiden Gleichungen

$$A_n = a_0 + a_1 y + a_2 y^2 + \cdots + a_n y^n = 0,$$
$$B_n = b_0 + b_1 y + b_2 y^2 + \cdots + b_n y^n = 0$$

resp. mit b_0 und a_0, und subtrahirt, so folgt:

$$b_0 A_n - a_0 B_n = 0.$$

Diese Gleichung ist durch y theilbar, also nach der Division vom Grade $n - 1$. — Denn multiplicirt man die gegebenen Gleichungen resp. mit b_n und a_n, und subtrahirt, so folgt:

$$b_n A_n - a_n B_n = 0.$$

Diese Gleichung ist ebenfalls vom Grade $(n - 1)$. Ebenso wie y^n wird man nun auch y^{n-1}, y^{n-2}, ... eliminiren, und schliesslich eine Determinante von vier Elementen erhalten, von denen jedes ein aus den Coefficienten der Gleichungen zusammengesetzter Ausdruck ist. Man kann ferner auf jedem Punkte der Elimination in die Sylvester'sche Methode übergehen, und dadurch Determinanten von grösserer Elementenzahl erhalten.

Anmerkung. *Beispiele:*

1) $a_0 + a_1 y + a_2 y^2 = 0$; $b_0 + b_1 y + b_2 y^2 = 0$. — Man erhält:

$$b_0(a_1 + a_2 y) - a_0(b_1 + b_2 y) = 0; \quad b_2(a_0 + a_1 y) - a_2(b_0 + b_1 y) = 0;$$

oder:

$$(b_0 a_1 - a_0 b_1) + (b_0 a_2 - a_0 b_2)y = 0; \quad (b_2 a_0 - a_2 b_0) + (b_2 a_1 - a_2 b_1)y = 0.$$

und hieraus:

$$(b_0 a_1 - a_0 b_1)(b_2 a_1 - a_2 b_1) - (b_0 a_2 - a_0 b_2)^2 = 0.$$

2) $a_0 + a_1 y + a_2 y^2 + a_3 y^3 = 0$; $b_0 + b_1 y + b_2 y^2 + b_3 y^3 = 0$. — Man erhält:

$$b_0(a_1 + a_2 y + a_3 y^2) - a_0(b_1 + b_2 y + b_3 y^2) = 0;$$
$$b_3(a_0 + a_1 y + a_2 y^2) - a_3(b_0 + b_1 y + b_2 y^2) = 0;$$

oder:

$$(b_0 a_1 - a_0 b_1) + (b_0 a_2 - a_0 b_2)y + (b_0 a_3 - a_0 b_3)y^2 = 0.$$
$$(b_3 a_0 - a_3 b_0) + (b_3 a_1 - a_3 b_1)y + (b_3 a_2 - a_3 b_2)y^2 = 0.$$

Setzt man nun im Resultate der vorigen Aufgabe statt $a_0 a_1 a_2 b_0 b_1 b_2$ resp. die Coefficienten der eben erhaltenen Gleichungen, so erhält man die Resultante in Gestalt einer viergliedrigen Determinante.

4) *Die Functionaldeterminante eines Systems von p be-* 72. *liebigen Gleichungen mit p Variablen.*

Die Gleichungen seien

(1) $y_1 = f_1(x_1 \ldots x_p); \quad y_2 = f_2(x_1 \ldots x_p); \quad \ldots y_p = f_p(x_1 \ldots x_p).$

Setzen wir nun

(2) $x = x_1 e_1 + x_2 e_2 + \cdots + x_p e_p; \quad (e_1 e_2 \ldots e_p) = 1;$

so ist

(3) $(x \, e_1) = x_1; \quad (x \, e_2) = x_2; \quad \ldots (x \, e_p) = x_p.$

Setzen wir diese Werthe von x_1, x_2, $\ldots x_p$ in (1) ein, so sind die Grössen y als Functionen einer einzigen extensiven Variablen x ausgedrückt, d. h. es ist

(4) $y_1 = F_1(x); \quad y_2 = F_2(x); \quad \ldots y_p = F_p(x).$

Setzen wir ferner

(5) $y = y_1 e_1 + y_2 e_2 + \cdots + y_p e_p,$

so ist

(6) $y = F_1(x) e_1 + F_2(x) e_2 + \cdots + F_p(x) e_p;$

mithin ist auch y als Function von x ausgedrückt, oder:

(7) $y = F(x).$

Es ist also das System der Gleichungen (1) durch eine einzige Gleichung ersetzt. Aus dieser kann man das gegebene System wiederherstellen mittelst der Formeln:

(7a) $(y \, e_r) = y_r; \quad F(e_r) e_r = F_r(x);$
  $F_r(x) = f_r(x_1 \ldots x_p).$

Wenn wir nun die Gleichung (5) nach x_1, x_2, $\ldots x_p$ differentiiren, so folgt:

(8) $\begin{cases} \dfrac{dy}{dx_1} = \dfrac{dy_1}{dx_1} \, e_1 + \dfrac{dy_2}{dx_1} \, e_2 + \cdots + \dfrac{dy_p}{dx_1} \, e_p; \\[2ex] \dfrac{dy}{dx_2} = \dfrac{dy_1}{dx_2} \, e_1 + \dfrac{dy_2}{dx_2} \, e_2 + \cdots + \dfrac{dy_p}{dx_2} \, e_p; \\[2ex] \quad \cdot \quad \cdot \quad \cdot \quad \cdot \quad \cdot \quad \cdot \quad \cdot \quad \cdot \quad \cdot \\[1ex] \dfrac{dy}{dx_p} = \dfrac{dy_1}{dx_p} \, e_1 + \dfrac{dy_2}{dx_p} \, e_2 + \cdots + \dfrac{dy_p}{dx_p} \, e_p. \end{cases}$

Die durch das äussere Product der Gleichungen (8) gebildete Determinante heisst die *Functionaldeterminante* des

Systems (1). — Sie lässt sich noch in einfacherer Weise ausdrücken. Es ist nämlich:

$$\frac{dy}{dx_r} = \frac{dy}{dx} \cdot \frac{dx}{dx_r},$$

oder, da nach (2) $\frac{dx}{dx_r} = c_r$ ist:

(9) $$\frac{dy}{dx_r} = \frac{dy}{dx} c_r.$$

Es ist also $\frac{dy}{dx}$ eine Grösse, welche, mit $c_1, c_2, \ldots c_p$ multiplicirt, der Reihe nach die Grössen $\frac{dy}{dx_1}, \frac{dy}{dx_2}, \ldots \frac{dy}{dx_p}$
hervorbringt, d. h.: $\frac{dy}{dx}$ ist ein *Quotient* in dem in Nr. 41
festgestellten Sinne. Wir können also nach der dortigen Bezeichnungsweise schreiben:

(10) $$\frac{dy}{dx} = \frac{\dfrac{dy}{dx_1}, \ \dfrac{dy}{dx_2}, \ \ldots \ \dfrac{dy}{dx_p}}{c_1, \quad c_2, \quad \ldots \ c_p}.$$

Das äussere Product der Zähler eines Quotienten, dessen Nenner das System der ursprünglichen Einheiten ist, ist aber der
Potenzwerth des Quotienten, und wird hier durch $\left(\frac{dy^p}{dx}\right)$ zu
bezeichnen sein.

Demnach ist die Functionaldeterminante des Systems (1)
gleich dem Potenzwerthe $\left(\frac{dy^p}{dx}\right)$ *des Quotienten* (10).

Wenn $y_1, y_2, \ldots y_p$ sämmtlich Functionen 1. Grades sind,
so verwandelt sich die Functionaldeterminante in eine gewöhnliche Zahlendeterminante. (Vgl. die Ausdrücke (A^2) und (A^3)
in Nr. 41 u. 42.)

73. Besteht zwischen $y_1, y_2, \ldots y_p$ eine Gleichung

$$y_r = \varphi(y_1, y_2, \ldots y_{r-1}, y_{r+1}, \ldots y_p),$$

so ist

$$\frac{dy_r}{dx_s} = \frac{dy_r}{dy_1} \cdot \frac{dy_1}{dx_s} + \frac{dy_r}{dy_2} \cdot \frac{dy_2}{dx_s} + \cdots + \frac{dy_r}{dy_p} \cdot \frac{dy_p}{dx_s};$$

also ist nach (8):

$$\frac{dy}{dx_s} = \frac{dy_1}{dx_s}\left(c_1 + \frac{dy_r}{dy_1} c_r\right) + \frac{dy_2}{dx_s}\left(c_2 + \frac{dy_r}{dy_2} c_r\right) + \cdots$$
$$+ \frac{dy_p}{dx_s}\left(c_p\right) + \frac{dy_r}{dy_p} c_r);$$

d. h.: die p Grössen $\dfrac{dy}{dx_1}$, $\dfrac{dy}{dx_2}$, $\cdots$ $\dfrac{dy}{dx_p}$ sind aus den $(p-1)$ extensiven Klammergrössen abgeleitet. Da nun in jedem Product von p Factoren, welches aus $(p-1)$ Grössen gebildet wird, irgend eine Grösse zweimal als Factor erscheinen muss, so ist das äussere Product jener p Grössen gleich Null. Man hat also den Satz: *Wenn zwischen den Functionen des Systems* (1) *eine Gleichung besteht, so ist die Functionsdeterminante des Systems gleich Null.*

Wenn im umgekehrten Falle die Functionsdeterminante Null ist, so muss zwischen den Factoren des äusseren Productes eine Zahlbeziehung existiren. Dieselben müssen sich also aus weniger als p Einheiten ableiten lassen, und da sie Ableitungen von y sind, so muss dasselbe mit y selbst der Fall sein. Diese Reduction ist, wie aus (5) hervorgeht, nur dann möglich, wenn entweder zwischen den Grössen e oder zwischen $y_1, y_2, \ldots y_p$ eine Zahlengleichung existirt. Und da der erste Fall gegen die Annahme ist, so bleibt nur der zweite übrig. *Es gilt also auch die Umkehrung des oben ausgesprochenen Satzes.*

Anmerkung. Man beachte, dass alle, die Functionsdeterminante betreffenden Ausführungen in Geltung bleiben, wenn man nicht $y = y_1 e_1 + \cdots$ etc., sondern $y = y_1 e_1 + y_2 e_2 + \cdots$ etc. setzt.

Sei

(11) $z_1 = \varphi_1(y_1 \ldots y_p)$; $z_2 = \varphi_2(y_1 \ldots y_p)$; $\ldots z_p = \varphi_p(y_1 \ldots y_p)$;

(1) $y_1 = f_1(x_1 \ldots x_p)$; $y_2 = f_2(x_1 \ldots x_p)$; $\ldots y_p = f_p(x_1 \ldots x_p)$.

Wenn wir nun die Functionaldeterminanten beider Systeme mit einander multipliciren, so erhalten wir nach Nr. 62 Formel (16) eine Determinante, deren Elemente die Form haben:

$$\frac{dy_1}{dx_r} \cdot \frac{dz_\varkappa}{dy_1} + \frac{dy_2}{dx_r} \cdot \frac{dz_\varkappa}{dy_2} + \cdots + \frac{dy_p}{dx_r} \cdot \frac{dz_\varkappa}{dy_p}.$$

Dieser Ausdruck ist aber gleich

$$\frac{dz_\varkappa}{dx_r};$$

folglich ist die Determinante, welche aus diesen Elementen besteht, die Functionsdeterminante des Systems, welches aus (11) und (1) durch Elimination der Grössen y entstehen würde;

mithin ist unter der Voraussetzung, dass die Gleichungen (11) und (1) bestehen:

$$(12) \qquad \left(\frac{dz^p}{dx}\right) = \left(\frac{dz^p}{dy}\right) \cdot \left(\frac{dy^p}{dx}\right).$$

In Worten: *Wenn das System (11) durch die Substitutionen (1) transformirt wird, so ist die Functionsdeterminante des transformirten Systems gleich dem Producte aus denen des gegebenen und des transformirenden Systems.* (Von dieser Transformation ist die in Nr. 62 behandelte ein specieller Fall.)

Sind die Grössen $x_1 \ldots x_p$ der Reihe nach identisch mit $z_1 \ldots z_p$, so sind auch x und z identisch, sobald sie nur aus denselben Einheiten $e_1 \ldots e_p$ abgeleitet sind; und Formel (12) geht über in

$$(13) \qquad \left(\frac{dy^p}{dx}\right) \cdot \left(\frac{dx^p}{dy}\right) = 1.$$

Da der Potenzwerth eines Quotienten wirklich die Bedeutung einer algebraischen Potenz hat (vgl. die Anmerkung am Schluss von S. 76), so ergeben sich die Formeln (12) und (13) ganz einfach auch dadurch, dass man das System (11) durch $z = \Phi(y)$, und (1) durch $y = F(x)$ ersetzt. Denn es ist dann

$$\frac{dz}{dx} = \frac{dz}{dy} \cdot \frac{dy}{dx} \; ; \qquad\qquad \frac{dy}{dx} \cdot \frac{dx}{dy} = 1;$$

$$\left(\frac{dz^p}{dx}\right) = \left(\frac{dz^p}{dy}\right) \left(\frac{dy^p}{dx}\right); \qquad \left(\frac{dy^p}{dx}\right) \cdot \left(\frac{dx^p}{dy}\right) = 1.$$

Es seien $f_1, f_2, \ldots f_p$ homogene Functionen r. Grades der Variablen $x_1, x_2, \ldots$, und $F_1, F_2, \ldots F_p$ dieselben Functionen, ausgedrückt durch die extensive Variable x. Setzen wir dann

$$\frac{dF_s}{dx} = F''_s,$$

so ist

$$x \cdot F''_s = r \cdot F_s.$$

Multipliciren wir beide Seiten dieser Gleichung mit

$$F''_1 \ldots F''_{s-1} \cdot F''_{s+1} \ldots F''_p,$$

so folgt:

$$x \cdot F''_1 F''_2 \ldots F''_p = r \cdot F_s \cdot F''_1 \ldots F''_{s-1} \cdot F''_{s+1} \ldots F''_p.$$

Setzt man hierin s nach und nach gleich $1, 2, \ldots p$, und addirt alles, so folgt:

$$p \ldotp x(F'_1 F'_2 \ldots F'_p) = r[F'_1(F''_2 \ldots F''_p) + F'_2(F''_1 F''_3 \ldots F''_p) + \cdots$$
$$+ F'_p(F''_1 \ldots F''_{p-1})].$$

Sind nun die Functionen F_1, F_2, $\ldots F_p$ gleich Null, so ist auch $(F'_1 F'_2 \ldots F'_p) = 0$, d. h.: *Die Werthe der Variablen, welche einem System von p homogenen Gleichungen r. Grades genügen, machen auch die Functionaldeterminante dieses Systems gleich Null.*

Durch Differentiation der letzten Gleichung nach x erhält man noch:

$$p(F'_1 F'_2 \ldots F'_p) + px(F'_1 F'_2 \ldots F'_p)'$$
$$= r[p(F'_1 F'_2 \ldots F'_p) + F'_1(F''_2 \ldots F''_p)' + F'_2(F''_1 F''_3 \ldots F''_p)' + \cdots$$
$$+ F'_p(F''_1 \ldots F''_{p-1})'].$$

Wenn also $F_1 = F_2 = \cdots F_p = 0$, so ist nicht nur $(F'_1 F'_2 \ldots F'_p)$, sondern auch $(F'_1 F'_2 \ldots F'_p)' = 0$; d. h.: *Dieselben Werthe der Variablen machen auch die nach den einzelnen Variablen genommenen Ableitungen der Functionaldeterminante ($\varDelta$) gleich Null.* Letzteres erhellt sofort, wenn man bedenkt, dass

$$\frac{d\varDelta}{dx_s} = \frac{d\varDelta}{dx} \cdot \frac{dx}{dx_s} = (F'_1 F'_2 \ldots F'_p)' \ldotp c_s$$

ist, und dass das Verschwinden der rechten Seite die Gleichung $\frac{d\varDelta}{dx_s} = 0$ zur Folge hat.

Anmerkung. Die Reduction eines Systems von mehreren Zahlfunctionen verschiedener numerischer Variablen auf *eine* extensive Function *einer* extensiven Variablen, wie sie oben ausgeführt wurde, ist für die Theorie der Functionen überhaupt von grösster Wichtigkeit. Die überaus einfache Darstellung der Functionaldeterminante auf Grund dieser Reduction kann schon als ein Beleg für diese Behauptung gelten. Diese Reduction, deren Vortheile in der Theorie der Covarianten und Invarianten noch besonders hervortreten werden, ist das charakteristische Merkmal für die Art und Weise, wie die moderne Algebra vom Standpunkte der Ausdehnungslehre aus behandelt wird, und in ihr erblicke ich einen wesentlichen Fortschritt gegenüber der gegenwärtig üblichen Behandlung. Dieser Fortschritt aber ist es wiederum, welcher den Anwendungen der Ausdehnungslehre auch heutzutage noch Anspruch auf Beachtung seitens der Mathematiker verleiht. — Geometrisch betrachtet, verwirklicht die erwähnte Reduction in allgemeinster Weise den schon in Nr. 8—10 für einen speciellen Fall ausgeführten Gedanken: *ein geometrisches Gebilde nicht von einer Reihe von Coordinaten abhängig zu machen, die auf ein, dem Gebilde ganz fremdes, System bezogen sind, sondern dasselbe als Function eines Punktes zu betrachten, durch dessen Bewegung das Gebilde entsteht.*

Jene Reduction findet sich bei Grassmann, Ausdehnungslehre II. Nr. 318—352; die Darstellung der Functionaldeterminante als Potenzwerth daselbst Nr. 441. An beiden Stellen sind die hinzugefügten Anmerkungen besonderer Beachtung werth.

74.   5) *Die Hesse'sche Determinante einer homogenen Function n. Grades von p Variablen.* •

Wenn wir in der vorigen Nr.

$$F'(x) = \frac{df}{dx}$$

setzen, wo f eine Function von x bezeichnet, so ist nach (7)

$$y = \frac{df}{dx},$$

ferner

$$\frac{df}{dx_r} = \frac{df}{dx} \cdot \frac{dx}{dx_r} = y \cdot c_r \qquad (2),$$

also

$$\frac{df}{dx_r} = y_r \qquad (5).$$

Ferner:

$$\frac{d^2f}{dx_r\,dx_q} = \frac{dy_r}{dx_q}; \qquad \frac{d^2f}{dx_q\,dx_r} = \frac{dy_q}{dx_r};$$

mithin, da die linken Seiten dieser Formeln gleich sind:

$$\frac{dy_r}{dx_q} = \frac{dy_q}{dx_r}.$$

In diesem Falle ist also, wie aus (8) hervorgeht, die Functionaldeterminante symmetrisch.

Die aus den zweiten Differentialquotienten einer Function f von p Variablen gebildete symmetrische Functionaldeterminante heisst *Hesse'sche Determinante* der Function f.

Um für diese Determinante einen passenden Ausdruck zu gewinnen, machen wir hinfort Gebrauch von der in Nr. 8—10 begründeten Bezeichnung einer Function f durch die Form:

$$a_n x^n = 0,$$

worin

$$x = x_1 c_1 + x_2 c_2 + \cdots + x_p c_p,$$

und

$$a_n c_1{}^{r_1} c_2{}^{r_2} \cdot \; . \; c_p{}^{r_p}$$

gleich einer Grösse a ist, welche r_1 mal den Index 1, r_2 mal den Index 2 etc. enthält.

Wir bezeichnen ferner durch $f^{(r)}$ die r. Ableitung der Function f nach x, sodass

(1)
$$\frac{d^r f}{d x^r} = f^{(r)}$$

ist; dagegen durch $f_{sq}\ldots$ die nach den r Variablen $x_s, x_q \ldots$ nacheinander genommene r. Ableitung von f, sodass

(2)
$$\frac{d^r f}{d x_s\, d x_q \ldots} = f_{sq} \ldots$$

ist. Es ist nun nach (8) die Hesse'sche Determinante gleich
$$\left(\frac{dy}{dx_1}\, \frac{dy}{dx_2} \ldots \frac{dy}{dx_p} \right).$$

Ferner ist
$$y = \frac{df}{dx} = n\, a_n\, x^{n-1};$$
mithin:
$$\frac{dy}{dx_r} = \frac{dy}{dx} \cdot \frac{dx}{dx_r} = n(n-1)\, a_n\, x^{n-2}\cdot e_r;$$

also die Hesse'sche Determinante gleich

(3) $[n(n-1)]^p (a_n x^{n-2}\cdot e_1)(a_n x^{n-2}\cdot e_2)\ldots(a_n x^{n-2}\cdot e_p),$

oder mit Weglassung des numerischen Factors:

(4)
$$a_n{}^p\, x^{p(n-2)}.$$

Dasselbe Resultat ergiebt sich auch, wenn man von dem Ausdruck der Hesse'schen Determinante als Potenzwerth ausgeht. Es ist nämlich:
$$\frac{dy}{dx} = \frac{d^2 f}{dx^2} = n(n-1)\, a_n\, x^{n-2};$$
mithin
$$\left(\frac{dy^p}{dx} \right) = [n(n-1)]^p\, a_n{}^p\, x^{p(n-2)}.$$

Hiermit ist für die Hesse'sche Determinante einer Function f ein ganz analoger Ausdruck gewonnen, wie für die Function selbst. Dies zeigt die Vergleichung der beiden Ausdrücke
$$a_n\, x^n \quad \text{und} \quad a_n{}^p\, x^{p(n-2)}.$$

Anmerkung. Wie der erste dieser Ausdrücke in eine Zahlengleichung verwandelt werden kann, ist an einem Beispiele in Nr. 10 gezeigt worden. Als Beispiel für die Umformung des zweiten mag hier der Fall $n = 3$, $p = 3$ dienen. Es ist dann
$$a_3{}^3 x^3 = (a_3 x \cdot e_1)(a_3 x \cdot e_2)(a_3 x \cdot e_3).$$

Nun ist nach Nr. 10:

$a_3 = a_{111} | e_1{}^3 + a_{222} | e_2{}^3 + a_{333}\, e_3{}^3 + 3\, a_{112}\, e_1{}^2 e_2 + 3\, a_{223}\, e_2{}^2 e_3 + 3\, a_{331} | e_3{}^2 e_1$
$\quad + 3\, a_{122}\, e_1 e_2{}^2 + 3\, a_{233} | e_2 e_3{}^2 + 3\, a_{311}\, e_3 e_1{}^2 + 6\, a_{123}\, e_1 e_2 e_3.$

Dieser Ausdruck ist, wie ebendort zu sehen, ohne Coefficienten zu schreiben, wenn er nicht mit einer Potenz von x, sondern mit derjenigen von $x_1 c_1 + x_2 c_2 + \cdots$ multiplicirt werden soll, weil die letztere die Coefficienten bereits enthält. Wenn man daher aus

zunächst bildet:

$$x = x_1 c_1 + x_2 c_2 + x_3 c_1$$

und daraus:

$$\alpha_3 x = \alpha_3 x_1 c_1 + \alpha_3 x_2 c_2 + \alpha_3 x_3 c_3,$$

$$\alpha_3 x \cdot c_1 = \alpha_3 c_1 c_1^2 + \alpha_3 c_2 c_1 c_2 + \alpha_3 x_3 c_3 c_1 \, ;$$

$$\alpha_3 x \cdot c_2 = \alpha_3 c_1 c_1 c_2 + \alpha_3 x \, c_2^2 + \alpha_3 x_3 c_2 c_3 \, ;$$

$$\alpha_3 x \cdot c_3 = \alpha_3 x_1 c_3 c_1 + \alpha_3 c_2 c_2 c_3 + \alpha_3 x_3 c_3^2,$$

und hierin den Werth von α_3 rechts einsetzt, so erhält man:

$$\alpha_3 x \cdot c_1 = x_1(\alpha_{111} c_1 + \alpha_{112} c_2 + \alpha_{113} c_3) + x_2(\alpha_{112} c_1 + \alpha_{122} c_2 + \alpha_{123} c_3)$$
$$+ x_3(\alpha_{113} c_1 + \alpha_{123} c_2 + \alpha_{133} c_3) \, ;$$

$$\alpha_3 x \cdot c_2 = x_1(\alpha_{122} c_2 + \alpha_{112} c_1 + \alpha_{123} c_3) + x_2(\alpha_{222} c_2 + \alpha_{122} c_1 + \alpha_{223} c_3)$$
$$+ x_3(\alpha_{223} c_2 + \alpha_{123} c_1 + \alpha_{233} c_3) \, ;$$

$$\alpha_3 x \cdot c_3 = x_1(\alpha_{133} c_3 + \alpha_{123} c_2 + \alpha_{113} c_1) + x_2(\alpha_{233} c_3 + \alpha_{223} c_2 + \alpha_{123} c_1)$$
$$+ x_3(\alpha_{333} c_3 + \alpha_{233} c_2 + \alpha_{133} c_1) \, .$$

Durch Multiplication dieser drei Reihen erhält man sogleich die Hesse'sche Determinante in derselben Form, wie sie in Salmons „Vorlesungen über die Algebra der lin. Transf." von Fiedler. Lpz. 1863. S. 229 steht. Dagegen liefert die Multiplication der drei vorhergehenden Reihen die Coefficienten in einer abgekürzten Form. So ist z. B. der Coefficient von x_1^3 gleich $\alpha_3^3 c_1^3$, und

$$\alpha_3^3 c_1^3 = \alpha_{111} \alpha_{122} \alpha_{133} - \alpha_{111} \alpha_{123}^2 - \alpha_{133} \alpha_{112}^2 + \alpha_{112} \alpha_{123} \alpha_{131}$$
$$+ \alpha_{131} \alpha_{112} \alpha_{123} - \alpha_{113}^2 \alpha_{122} .$$

Dieses letztere abgekürzte Resultat ergiebt sich auch direct aus dem Ausdruck $\alpha_3^3 x^3$, wenn man x^3 durch x_1, x_2 und x_3 ausdrückt.

75. Wenn die Hesse'sche Determinante gleich Null ist, so muss zwischen den Factoren des äusseren Productes, welches ihr gleich ist, eine Zahlbeziehung existiren, d. h. wenn $\lambda_1 \ldots \lambda_p$ constante Zahlen sind, so muss sein:

$$\lambda_1(\alpha_n x^{n-2} \cdot c_1) + \lambda_2(\alpha_n x^{n-2} \cdot c_2) + \cdots + \lambda_p(\alpha_n x^{n-2} \cdot c_p) = 0.$$

Nun ist

$$n(n-1) \alpha_n x^{n-2} \cdot c_r = \frac{dy}{dx_r} = \frac{d^2 f}{dx \cdot dx_r} = \frac{\dfrac{df}{d\,dx_r}}{dx} .$$

Integrirt man daher die vorige Gleichung nach x, so bleibt nach Weglassung des gemeinsamen Zahlenfactors:

$$\lambda_1(\alpha_n x^{n-1} \cdot c_1) + \lambda_2(\alpha_n x^{n-1} \cdot c_2) + \cdots + \lambda_p(\alpha_n x^{n-1} \cdot c_p) = 0;$$

d. h.: *Wenn die Hesse'sche Determinante einer Function gleich*

Null ist, so existirt zwischen den ersten partiellen Ableitungen der Function eine Zahlbeziehung.

Wenn diese Ableitungen wieder, wie oben, durch y_1, y_2, $\ldots y_p$ bezeichnet werden, so kann man nun, wie aus den analogen Betrachtungen bei der Functionaldeterminante (Nr. 73) hervorgeht, eine beliebige Einheit e_r hervorheben, und die Grössen von der Form

$$\left(e_s + \frac{dy_r}{dy_s}\,e_r\right), \text{ oder } (\lambda_r\,e_s + \lambda_s\,e_r),$$

wo $s = 1, 2, \ldots (r - 1), (r + 1), \ldots p$ zu setzen ist, als neue Einheiten betrachten. Es ist dann x aus $p - 1$ Einheiten ableitbar; *die Zahl der Variablen $x_1, \ldots x_p$ lässt sich also durch Einführung dieser neuen Einheiten um Eins verringern.*

Aus den Formeln (8) in Nr. 72, in Verbindung mit der Formel $-\dfrac{d^2 f}{d\,x_r d\,x_q} = \dfrac{dy_r}{d\,x_q} = f_{rq}$ aus Nr. 74, folgt, dass die Elemente der Hesse'schen Determinante die Form f_{rq} haben. Bezeichnen wir durch φ_{rq} die Ableitung dieser Determinante nach dem Elemente f_{rq}, so ist nach Formel (39) in Nr. 66:

$$f_{q1}\,\varphi_{s1} + f_{q2}\,\varphi_{s2} + \cdots + f_{qp}\,\varphi_{sp} = 0;$$
$$f_{q1}\,\varphi_{r1} + f_{q2}\,\varphi_{r2} + \cdots + f_{qp}\,\varphi_{rp} = 0.$$

Hieraus folgt, dass

$$\varphi_{s1} : \varphi_{s2} : \ldots : \varphi_{sq} = \varphi_{r1} : \varphi_{r2} : \ldots : \varphi_{rp}$$

ist. Wenn nun z. B.

$$\varphi_{s2} = 0$$

ist, so folgt daraus:

$$\varphi_{r2} = 0;$$

d. h.: *Wenn die Hesse'sche Determinante gleich Null ist, und ihre Ableitung nach einem ihrer Elemente gleichfalls verschwindet, so verschwinden auch die übrigen Ableitungen dieser Determinante nach den Elementen der Reihe, welche das verschwindende Element enthält.* Dafür kann man sagen: *Es verschwindet die Ableitung der Hesse'schen Determinante nach derjenigen Einheit, welche gemeinsamer Factor der Elemente jener Reihe ist. Also lässt sich die Zahl der Einheiten nochmals um eine reduciren.*

Aus der Definition der Hesse'schen Determinante geht

endlich hervor, dass dieselbe für alle Functionen zweiten Grades eine blosse Determinante der Coefficienten ist.

76. 6) *Die Hesse'sche Determinante von p homogenen Functionen n. Grades von p Variablen.*

Es seien p homogene Functionen n. Grades von p Variablen gegeben:

$$f = \alpha_n x^n = 0; \quad \varphi = \beta_n x^n = 0; \ldots .$$

Wir verstehen dann unter der Hesse'schen Determinante dieser Functionen den Ausdruck:

$$(1) \qquad [n(n-1)]^p . \alpha_n \beta_n \ldots x^{p(n-2)};$$

welcher die Summe aller Ausdrücke vorstellt, die man erhält, wenn man die Einheiten $c_1 \ldots c_p$ an die p Factoren von $[n(n-1)]^p (\alpha_n x^{n-2})(\beta_n x^{n-2}) \ldots$ auf alle möglichen Weisen vertheilt, und die Factoren noch steigenden Indices von c ordnet.

Dieser Ausdruck geht in die einfache Hesse'sche Determinante über, sobald die p Functionen einander gleich werden. Wir können ihn nach Analogie jener Determinante als äusseres Product schreiben, wie folgt:

$$[n(n-1)]^p (\alpha_n x^{n-2}) (\beta_n x^{n-2}) \ldots .$$

oder:

$$(2) \qquad f^{(2)} \varphi^{(2)} \ldots$$

Wir setzen ferner fest, dass

$$(3) \qquad f^{(p)} . f^{(q)} = f^{(p+q)}, \text{ also } (f^{(1)})^2 = f^{(2)}$$

sein soll; und wenn wir schliesslich noch zur Abkürzung

$$(4) \qquad f^{(1)} = \xi; \quad \varphi^{(1)} = \eta, \ldots$$

setzen, so können wir die Hesse'sche Determinante in der Form

$$(5) \qquad (\xi \eta \ldots)^2$$

schreiben.

Anmerkung. Die Verwandlung des Ausdrucks (1) in eine Zahlengleichung wird in derselben Weise ausgeführt, wie es in der Anmerkung zu Nr. **74** gezeigt ist. Wie der Ausdruck (5) zu behandeln ist, lässt sich aus dem folgenden Beispiel, worin $p = 2$ ist, ersehen.

Aus (1) und (2) in Nr. 68 folgt zunächst:

$$\frac{df}{dx} = f^{(1)}; \quad \frac{df}{dx_s} = f_s;$$

da nun

$$\frac{df}{dx_s} = \frac{df}{dx} \cdot \frac{dx}{dx_s} ; \qquad \frac{dx}{dx_s} = c_s$$

ist, so folgt:

(6)
$$f_s' = c_s \cdot f^{(1)}$$

und ebenso:

(7)
$$f_{s\,q}' = c_s \cdot c_q \cdot f^{(2)}$$

Mithin ist im Allgemeinen

(8)
$$\xi = f^{(1)} = f_1' e_1 + f_2' e_2 + \cdots + f_p' e_p.$$

In dem besonderen Falle $p = 2$ ist also

$$(\xi\eta) = (f_1' e_1 + f_2' e_2)(\varphi_1 e_1 + \varphi_2 e_2)$$
$$= f_1' \cdot \varphi_2 - f_2' \cdot \varphi_1;$$
$$(\xi\eta)^2 = f_1'^2 \cdot \varphi_2^2 + f_2'^2 \varphi_1^2 - 2f_1' \cdot f_2' \cdot \varphi_1 \cdot \varphi_2.$$

Nun folgt aus (6) allgemein:

$$f_s' \cdot f_q' = c_s \cdot c_q \cdot (f^{(1)})^2,$$

oder nach (3):

$$f_s' \cdot f_q' = c_s \cdot c_q \cdot f^{(2)},$$

oder nach (7):

(9)
$$f_s' \cdot f_q' = f_{s\,q}'.$$

Durch Anwendung dieser Formel erhält man:

(10)
$$(\xi\eta)^2 = f_{11}\varphi_{22} + f_{22}\varphi_{11} - 2f_{12}\varphi_{12}.$$

Hier braucht man nur noch die aus den Gleichungen $f = 0$ und $\varphi = 0$ genommenen Zahlenwerthe der Ableitungen einzusetzen, um den verlangten Ausdruck zu erhalten.

Um die Aequivalenz der Ausdrücke (1) und (5) noch klarer darzulegen, bilden wir für das eben gegebene Beispiel aus (8):

(11)
$$\frac{d\xi}{dx_1} = f_{11} e_1 + f_{21} e_2 ; \qquad \frac{d\eta}{dx_1} = \varphi_{11} e_1 + \varphi_{21} e_2;$$
$$\frac{d\xi}{dx_2} = f_{12} e_1 + f_{22} e_2 ; \qquad \frac{d\eta}{dx_2} = \varphi_{12} e_1 + \varphi_{22} e_2.$$

Hiernach ist

(12)
$$(\xi\eta)^2 = \left(\frac{d\xi}{dx_1} \frac{d\eta}{dx_2} \right) + \left(\frac{d\eta}{dx_1} \frac{d\xi}{dx_2} \right)$$
$$= \left(\frac{d\xi}{dx} \cdot e_1 \right) \left(\frac{d\eta}{dx} \cdot e_2 \right) + \left(\frac{d\eta}{dx} \cdot e_1 \right) \left(\frac{d\xi}{dx} \cdot e_2 \right).$$

Da nun nach (4)

$$\frac{d\xi}{dx} = \frac{df^{(1)}}{dx} = f^{(2)} = n(n-1)\alpha_n x^{n-2}$$

$$\frac{d\eta}{dx} = \frac{d\varphi^{(1)}}{dx} = \varphi^{(2)} = n(n-1)\beta_n x^{n-2},$$

so sieht man, dass $(\xi\eta)^2$ die Summe der beiden Ausdrücke darstellt, die man erhält, wenn man die Einheiten e_1, e_2 an die beiden Factoren von $[n(n-1)]^2 (\alpha_n x^{n-2})(\beta_n x^{n-2})$ auf alle möglichen Weisen vertheilt. Dies war aber gerade die Definition des Ausdrucks (1); mithin ist die Aequivalenz beider Ausdrücke nachgewiesen.

Ueber das Verhältniss des Ausdrucks (5) zu der üblichen symbolischen Bezeichnung der Hesse'schen Determinante durch $(123..)^2$ gilt das in der Anmerkung zu Nr. 10 Gesagte.

III. Die räumlichen Functionen.

1. Allgemeine Eigenschaften und Beziehungen.

77.   Wir waren durch die Betrachtungen des vorigen Abschnittes dazu gelangt, die Functionaldeterminante eines Systems von Gleichungen als abhängig von einer einzigen Gleichung anzusehen, indem wir die Functionen des gegebenen Systems als Differentialquotienten einer einzigen Function f auffassten.

Wenn nun durch die Gleichung $f = 0$ irgend ein geometrisches Gebilde ausgedrückt wird, so wird auch die gleich Null gesetzte Hesse'sche Determinante der Function f ein solches vorstellen, da diese Determinante (vgl. den Ausdruck (4) Nr. 74) ebenso wie f eine Function des beweglichen Punktes x ist. Und die Abhängigkeit der zweiten Gleichung von der ersten wird auch einen Zusammenhang zwischen den entsprechenden Gebilden zur Folge haben.

Wir erkennen aber auch leicht, dass die Hesse'sche Determinante nicht die einzige aus einer Function ableitbare Bildung ist. Denn welchen der beiden Ausdrücke (Nr. 76 (1) und (5))

$$\alpha_n \beta_n \ldots x^{\mu(n-2)}, \quad (\xi\eta\ldots)^2$$

wir auch betrachten, jeder erscheint nur als specieller Fall

einer allgemeineren Bildung. Im ersten Ausdruck lässt sich
der Exponent von x verallgemeinern, und der zweite Ausdruck könnte statt aus zwei, aus einer grösseren Anzahl
algebraischer Factoren bestehen, die wieder nicht alle gleich
zu sein brauchten.

Wir sind hiermit zu der Aufgabe gelangt, nach der allgemeinsten Form zu forschen, in welcher die eben betrachteten Ausdrücke als specielle Fälle enthalten sind, und auch
die übrigen dieser allgemeinen Form untergeordneten Bildungen
aufzusuchen.

Jeder solchen gesetzmässigen Bildung wird ein geometrisches Gebilde entsprechen, welches mit dem durch die Function
f dargestellten in solchem Zusammenhange steht, dass mit
diesem auch jenes bestimmt ist. Da es sich aber zunächst
um ganz allgemeine Functionen handelt, so wird von geometrischen Deutungen der Resultate (ebenso wie bei der
Hesse'schen Determinante) vorläufig ganz abgesehen werden.
Dieselben werden erst dann am Platze sein, wenn die im
gegenwärtigen Abschnitt behandelten Methoden auf specielle
Functionen angewendet werden.

Wenn wir zuerst den Ausdruck $(\xi\eta\ldots)^2$ in der oben
angedeuteten Weise verallgemeinern, so erhalten wir:

$$(1) \qquad (\xi\eta\ldots)^\alpha \cdot (\eta\xi\ldots)^\beta \ldots$$

Wenn r die Anzahl der gegebenen Functionen ist, und n den
Grad und p die Stufenzahl jeder einzelnen bezeichnet, so ist
dem Ausdruck (1) nur noch die Bemerkung hinzuzufügen,
dass jede Klammer p unter sich verschiedene Factoren enthalten muss.

Aus der Form (1) lässt sich nun die allgemeinste Form
herstellen, die der Ausdruck $\alpha_n\beta_n\ldots x^{p(n-2)}$ annehmen kann.
Man erhält durch Anwendung der früheren Bezeichnungen
der Reihe nach die Ausdrücke:

$$(f^{(1)}\varphi^{(1)}\ldots)^\alpha \cdot (\varphi^{(1)}\psi^{(1)}\ldots)^\beta \ldots,$$
$$(f^{(\alpha)}\varphi^{(\alpha)}\ldots) \cdot (\varphi^{(\gamma)}\psi^{(\gamma)}\ldots) \ldots$$

Wenn wir hier die Werthe der verschiedenen Differential-
quotienten aus den Gleichungen $f = \alpha_n x^n = 0$, $\varphi = \beta_n x^n = 0$,
$\psi = \gamma_n x^n = 0, \ldots$ einsetzen, und die in Nr. 74 (4) einge-
führte abgekürzte Schreibweise anwenden, so ist zu beachten,

dass nach Nr. 76 (3) jede Function so viele Differentiationen erleidet, als die Summe ihrer Exponenten angiebt. Wenn diese Exponentensummen für f, φ, ψ resp. λ, μ, ν sind, so wird der Factor x^n in den einzelnen Functionen resp. auf $x^{n-\lambda}$, $x^{n-\mu}$, $x^{n-\nu}$ reducirt. Wenn also der Grad des ganzen Ausdrucks mit n' bezeichnet wird, so ist

$$n' = (n - \lambda) + (n - \mu) + (n - \nu) + \cdots$$

oder, da die Anzahl dieser Summanden gleich r ist:

$$n' = nr - (\lambda + \mu + \nu + \cdots).$$

Nun ist $(\lambda + \mu + \nu + \cdots)$ gleich der Anzahl sämmtlicher einzelnen Factoren des Ausdrucks (1), also, wenn die Zahl der algebraischen Factoren (Klammern) dieses Ausdrucks mit c bezeichnet wird:

$$\lambda + \mu + \nu + \cdots = cp;$$

folglich

$$n' = nr - cp,$$

und die allgemeine Form unseres Ausdrucks mit Weglassung der durch die Differentiation erzeugten numerischen Factoren:

(2) $\qquad \alpha_n \beta_n \gamma_n \ldots x^{nr - cp}.$

Ist insbesondere

$$\lambda = \mu = \nu \cdots = \varkappa,$$

so heisst der Ausdruck

(3) $\qquad \alpha_n \beta_n \gamma_n \ldots x^{r(n-\varkappa)}.$

Derselbe geht, wenn alle Functionen gleich sind, über in:

(4) $\qquad \alpha_n{}^r x^{r(n-\varkappa)}.$

Für $r = p$ und $\varkappa = 2$ endlich gehen die beiden letzten Ausdrücke in die Hesse'schen Determinanten von p, resp. von einer Function über.

78. *Uebersicht der in den allgemeinen Formen (1) und (2) enthaltenen speciellen Bildungen.*

1) *Covarianten.* — Mit diesem Namen bezeichnen wir jeden in der Form (1) oder (2) enthaltenen Ausdruck, sobald er als Function von der *einen* Variablen x oder von deren Coordinaten x_1, x_2, $\ldots$ betrachtet wird. Er stellt dar eine Covariante einer oder mehrerer Functionen, jenachdem man (entweder in (2) oder in der entwickelten Form von (1)) die Functionen f, φ, $\psi \ldots$ einander gleichsetzt oder nicht. — In

der Form (1) werden künftig die den gleichzusetzenden Functionen angehörigen Buchstaben durch einen darüber gesetzten horizontalen Strich hervorgehoben werden.

Die Anzahl r der verwendeten Functionen (resp. der Exponent von α_n, wenn es sich um *eine* Function handelt) heisst die *Ordnung* der Covariante; die Stufenzahl p der gegebenen Functionen ist gleichzeitig die *Stufenzahl* der Covariante. Der *Grad* der Covariante ist nach (2) gleich $rn - cp$, und, wenn in (1) jeder Buchstabe gleich oft als Factor vorkommt, nach (3) gleich $r(n-k)$.

Endlich soll c, die Anzahl der numerischen Factoren in (1) der *Charakter* der Covariante genannt werden.*) In dem Ausdruck (1) giebt also die Anzahl r der verschiedenen Buchstaben die *Ordnung*, die Anzahl c der Klammern den *Charakter*, die Anzahl p der Factoren in jeder Klammer die *Stufenzahl*, und $(rn - cp)$ den *Grad* der Covariante an. Aus diesen Elementen aber kann der Ausdruck (2) ohne weitere Rechnung zusammengesetzt werden, während die umgekehrte Operation im Allgemeinen nicht ausführbar ist. Der letztere Ausdruck giebt seinerseits den Grad und die Ordnung der Covariante an, während die Stufenzahl ebensowenig wie in $\alpha_n x^n$ erkennbar ist.

Noch ist zu beachten, dass $\dfrac{\lambda + \mu + \nu + \cdots}{p}$, resp. $\dfrac{r\varkappa}{p}$ als Anzahl der algebraischen Factoren stets eine ganze Zahl sein muss.

Mit Rücksicht auf die geometrische Bedeutung der Covarianten soll nun zunächst das Verhalten einer Function von x gegenüber einer Transformation der Coordinaten untersucht werden. Sei wieder

(1) $f = \alpha_n x^n$; $(x = x_1 c_1 + x_2 c_2 + \cdots + x_p c_p; \quad c_1 \ldots c_p = 1)$

eine Function n. Grades, p. Stufe. Setzt man nun

$$(2) \quad \begin{aligned} x_1 &= \lambda_{11} y_1 + \lambda_{21} y_2 + \cdots + \lambda_{p1} y_p \\ x_2 &= \lambda_{12} y_1 + \lambda_{22} y_2 + \cdots + \lambda_{p2} y_p \\ &\cdots \cdots \cdots \cdots \cdots \cdots \cdots \\ x_p &= \lambda_{1p} y_1 + \lambda_{2p} y_2 + \cdots + \lambda_{pp} y_p \end{aligned}$$

*) Diese Benennung ist nur die Erweiterung einer bereits bestehenden, indem man Formen von geradem oder ungeradem Charakter unterscheidet, jenachdem c gerade oder ungerade ist.

so ist, wenn

$$(3)\quad \begin{aligned} \lambda_{11}c_1 + \lambda_{12}c_2 + \cdots + \lambda_{1p}c_p &= \varepsilon_1 \\ \lambda_{21}c_1 + \lambda_{22}c_2 + \cdots + \lambda_{2p}c_p &= \varepsilon_2 \\ \cdot\ \cdot\ \cdot\ \cdot\ \cdot\ \cdot\ \cdot\ \cdot\ \cdot \\ \lambda_{p1}c_1 + \lambda_{p2}c_2 + \cdots + \lambda_{pp}c_p &= \varepsilon_p \end{aligned}$$

gesetzt wird:

$$(4)\quad x = y_1\varepsilon_1 + y_2\varepsilon_2 + \cdots + y_p\varepsilon_p.$$

Setzt man diesen Werth in der gegebenen Gleichung ein, so haben die Coefficienten der einzelnen Glieder die Form $\alpha_n\varepsilon_1^{r_1}\varepsilon_2^{r_2}\ldots\varepsilon_p^{r_p}$. Diesen Ausdruck kann man gleich einer Grösse β setzen, welcher r_1 mal den Index 1, r_2 mal den Index 2, etc. enthält. Ersetzt man darin die ε durch ihre obigen Werthe, so erhält man die betreffende Grösse β durch die Grössen α ausgedrückt. Endlich ist noch zu bemerken, dass $(\varepsilon_1\varepsilon_2\ldots\varepsilon_p) = \varDelta_\lambda\,(c_1c_2\ldots c_p) = \varDelta_\lambda$ ist.

Es ist nunmehr x durch die Coordinaten $y_1\ldots y_p$ bestimmt, wie früher durch $x_1\ldots x_p$. Da man aber in dem entwickelten Ausdruck von $\alpha_n x^n$ überall nur y_r statt x_r und gleichzeitig ε_r statt c_r zu setzen hat, um die transformirte Gleichung zu erhalten, so sieht man, dass die Form der Gleichung durch diese Transformation sich nicht geändert hat. Der geometrische Inhalt dieses Resultates ist die von selbst einleuchtende Wahrheit, *dass ein geometrisches Gebilde durch eine Coordinaten-Transformation keine Aenderung erleidet.*

Wenn z. B. $p = 3$ ist, so stellt $\alpha_n x^n = 0$ eine Curve vor, welche von dem variablen Punkte x beschrieben wird. Für diesen Punkt, wie für die Curve ist es nun ganz gleichgiltig, ob er vermittelst der variablen Zahlen $x_1 x_2 x_3$ aus den drei festen Punkten $c_1 c_2 c_3$, oder mittelst $y_1 y_2 y_3$ aus drei anderen Punkten $\varepsilon_1 \varepsilon_2 \varepsilon_3$ abgeleitet wird; denn die einen haben ebensowenig wie die anderen eine Beziehung zu der Curve. Mithin bleibt auch die Gleichung $\alpha_n x^n = 0$ von jener Transformation unberührt.

Ganz dasselbe gilt nun aber auch von jeder Covariante von $\alpha_n x^n$, die ja ebenfalls nur eine Function von x ist. Unterwirft man also eine Covariante einer Function und die Function selbst derselben Transformation, so bleibt die gegenseitige

Beziehung beider Functionen ungeändert. (Daher der Name „Covariante".) Daraus folgt, *dass die Covariante der transformirten Function* (auch in ihrem Ausdruck durch die Coordinaten) *gleich ist mit der ebenso transformirten Covariante der Originalfunction.*

Der geometrische Inhalt dieser Betrachtung lässt sich wieder in den selbstverständlichen Satz zusammenfassen, *dass die Beziehungen zweier geometrischer Gebilde zu einander von dem Coordinatensystem, auf welches die Gebilde bezogen sind, unabhängig sind.*

2) *Invarianten.* — Eine Covariante 0. Grades heisst *In*- 79. *variante.* Dieselbe ist also ein Ausdruck, welcher die Variable x gar nicht enthält, sondern nur die Coefficienten der gegebenen Function. Sie stellt daher auch kein neues geometrisches Gebilde vor, sondern nur eine Eigenschaft des durch die gegebene Function ausgedrückten Gebildes. Sie ist selbst ebensowenig, wie die durch sie dargestellte Eigenschaft, von den Coordinaten abhängig. (Daher ihr Name.)*)

Es sind nun die Bedingungen anzugeben, unter welchen der allgemeine Ausdruck der Covariante eine Invariante darstellt. Zunächst ist klar, dass jede in diesem Ausdruck vorkommende Function sich auf eine Constante reduciren muss. Da nun alle Functionen von gleichem Grade (n) sind, so müssen sie alle einer gleichen Anzahl von Differentiationen (nämlich n) unterworfen werden; folglich muss jeder Buchstabe n mal vorkommen. Man hat also in der Formel (2) Nr. 77 zu setzen

$$\lambda = \mu = \nu \cdots = n,$$

und erhält als Ausdruck der Invariante von r Functionen das aus r Factoren bestehende Product:

$$\alpha_n \beta_n \gamma_n \cdots$$

---

*) Der stete Gebrauch der Coordinaten bei der Betrachtung geometrischer Gebilde hat zu der Unterscheidung geführt zwischen solchen Eigenschaften eines Gebildes, welche bei einer Coordinaten-Transformation erhalten bleiben, und solchen, bei denen dies nicht stattfindet. Im letzteren Fall handelt es sich also um Beziehungen zwischen dem Gebilde einerseits und dem willkürlich gewählten Coordinatensystem andrerseits, mithin keineswegs um Eigenschaften des Gebildes an sich. Aus diesem Grunde gebrauche ich das Wort „Eigenschaft" in dem obigen engeren Sinne.

Dem Ausdruck (1) Nr. 77 zufolge lässt sich die Invariante r. Ordnung von einer Function p. Stufe und n. Grades darstellen als ein algebraisches Product von $\frac{rn}{p}$ Klammern, deren jede p unter sich verschiedene Buchstaben enthält. Sie enthält überhaupt r verschiedene Buchstaben, deren jeder n mal vorkommt.

Man sieht, dass die Invariante nur dann existirt, wenn rn durch p theilbar ist.

80. 3) *Concomitanten.* (Sonst „gemischte Concomitanten" oder „*Zwischenformen*" genannt.) In dem allgemeinen Ausdruck der Covariante (1) Nr. 77 waren die Grössen ξ, η, $\zeta \ldots$ Functionen von x, und man konnte durch Entwickelung dieses Ausdrucks die Covariante auch direct als Function von x darstellen. Man kann aber auch eine jener Grössen, z. B. ξ als neue Variable betrachten, und den Ausdruck als Function von x und ξ, oder, wenn man will, von x_1, x_2, $\ldots$ und f_1, $f_2 \ldots$ (nach (8) Nr. 76) darstellen. Dabei macht man natürlich für die Function f von dem Gesetze $f_p \cdot f_q = f_{pq}$ ((9) Nr. 76) keinen Gebrauch. Eine solche, als Function von x und ξ aufzufassende Covariante heisst *Concomitante* (weil darin die Variable x von ξ so zu sagen begleitet wird). Zur Unterscheidung von der Covariante kann die Concomitante äusserlich dadurch ausgezeichnet werden, dass die als neue Variable zu betrachtende Grösse durch $|y$ bezeichnet wird. Es ist dann nach (8) Nr. 76:

$$\xi = y = f_1 c_1 + f_2 c_2 + \ldots,$$

also

$$y = f_1 c_1 + f_2 c_2 + \ldots$$

Was die Form (2) der Covariante (in Nr. 77) anlangt, so überzeugt man sich leicht, dass sie als Contravariante lauten wird:

$$\beta_n \gamma_n \ldots x^{(n-p)+(n-r)} \ldots \xi^\lambda.$$

Es wurde oben gezeigt, dass eine Function von x durch lineare Transformationen ungeändert bleibt. Weil nun ξ selbst eine Function von x ist, so bleibt auch die Concomitante bei solcher Transformation ungeändert. Es soll aber noch gezeigt werden, welche besondere Gestalt jene Transformation annimmt, wenn man sie auf ξ anwendet.

Drückt man in den Formeln (3) die Grössen c durch die Grössen ε aus (was durch Benutzung der Formeln (1) und (42) in Nr. 66 ausgeführt wird), und setzt

(5)
$$\frac{d\,(\varepsilon_1 \ldots \varepsilon_p)}{d\,\lambda_{rq}} = l_{rq},$$

so folgt:

(6)
$$\Delta_\lambda \cdot c_1 = l_{11}\varepsilon_1 + l_{21}\varepsilon_2 + \cdots + l_{p1}\varepsilon_p;$$
$$\Delta_\lambda \cdot c_2 = l_{12}\varepsilon_1 + l_{22}\varepsilon_2 + \cdots + l_{p2}\varepsilon_p;$$
$$\cdots \cdots \cdots \cdots$$
$$\Delta_\lambda \cdot c_p = l_{1p}\varepsilon_1 + l_{2p}\varepsilon_2 + \cdots + l_{pp}\varepsilon_p.$$

Multiplicirt man nun

$$x = x_1 c_1 + x_2 c_2 + \cdots + x_p c_p$$

mit Δ_λ und wendet die Substitutionen (6) an, so folgt:

$$x = x_1(l_{11}\varepsilon_1 + l_{21}\varepsilon_2 + \cdots + l_{p1}\varepsilon_p) \qquad (l_{11}x_1 + l_{12}x_2 + \cdots + l_{1p}x_p)\varepsilon_1$$
$$+ x_2(l_{12}\varepsilon_1 + l_{22}\varepsilon_2 + \cdots + l_{p2}\varepsilon_p) \quad = \quad + (l_{21}x_1 + l_{22}x_2 + \cdots + l_{2p}x_p)\varepsilon_2$$
$$\cdots \cdots \cdots \cdots \qquad \cdots \cdots \cdots \cdots$$
$$+ x_p(l_{1p}\varepsilon_1 + l_{2p}\varepsilon_2 + \cdots + l_{pp}\varepsilon_p) \qquad + (l_{p1}x_1 + l_{p2}x_2 + \cdots + l_{pp}x_p)\varepsilon_p.$$

Durch Vergleichung dieser Formel mit (4) findet sich:

(8)
$$\Delta_\lambda \cdot y_r = l_{r1}x_1 + l_{r2}x_2 + \cdots + l_{rp}x_p.$$

Multiplicirt man andrerseits

$$\xi = f_1 c_1 + f_2 c_2 + \cdots + f_p c_p$$

mit Δ_λ und wendet die Substitutionen (6) an, so folgt:

(9)
$$\Delta_\lambda \cdot \xi = (l_{11}f_1 + l_{12}f_2 + \cdots + l_{1p}f_p)\,\varepsilon_1$$
$$+ (l_{21}f_1 + l_{22}f_2 + \cdots + l_{2p}f_p)\,\varepsilon_2$$
$$\cdots \cdots \cdots \cdots$$
$$+ (l_{p1}f_1 + l_{p2}f_2 + \cdots + l_{pp}f_p)\,\varepsilon_p.$$

Endlich ist

$$f_r = \frac{df}{dx_r} = \frac{df}{dy_1} \cdot \frac{dy_1}{dx_r} + \frac{df}{dy_2} \cdot \frac{dy_2}{dx_r} + \cdots + \frac{df}{dy_p} \cdot \frac{dy_p}{dx_r};$$

mithin, wenn man

(10)
$$\frac{df}{dy_r} = \varphi_r$$

setzt, und (8) benutzt:

(11)
$$\Delta_\lambda \cdot f_r = l_{1r} \cdot \varphi_1 + l_{2r}\varphi_2 + \cdots l_{pr}\varphi_p.$$

Vergleichen wir diese Formel mit (2), so zeigt sich der

Zusammenhang zwischen der Transformation der Grössen x_1, x_2, ... in y_1, y_2, ... und derjenigen der Grössen f_1, f_2, ... in φ_1, φ_2, ... Bildet man nämlich aus den Coefficienten der beiden Transformationen die Determinanten, so ist die zweite Determinante die Reciprokal-Determinante der ersten (nach Nr. 65). Man sagt daher, dass die Grössen x_1, x_2, ... und f_1, f_2, ... durch *reciproke Substitutionen* transformirt werden.

81. Die Variable x wurde als ein Punkt aufgefasst, welcher durch seine Bewegung ein geometrisches Gebilde beschreibt. Es ist nun noch die geometrische Bedeutung der Variablen ξ darzulegen. Wenn

$$f = a_n x^n = 0,$$

so war

$$\xi = f^{(1)} = n \cdot a_n x^{n-1};$$

mithin ist

$$x\xi = n \cdot a_n x^n = nf = 0.$$

Während nun die Gleichung $a_n x^n = 0$ aussagte, dass der Punkt x das Gebilde a_n beschreibe, sagt $x\xi = 0$ aus, dass der Punkt x stets auf dem Gebilde ξ liege. Der Werth von ξ, nämlich $n\,a_n x^{n-1}$ muss, um ein Zahlenwerth zu werden, noch mit irgend einer der zu Grunde gelegten Einheiten, d. h. mit einem Punkte multiplicirt werden; denn x^{n-1} enthält nur ein Product von $n-1$ Einheiten, während a_n erst durch Multiplication mit einem Product von n Einheiten in einen Zahlenfactor übergeht. Demnach ist ξ ein Gebilde, welches, mit einer Einheit multiplicirt, eine Grösse von der Stufe des Hauptgebietes liefert, d. h. ξ *ist die Ergänzung eines Punktes im Hauptgebiet.* (Vgl. „Raumlehre" Nr. 143.) Z. B. für $p = 3$ ist f eine Curve und ξ eine Gerade, für $p = 4$ ist f eine Fläche und ξ eine Ebene. Da nun x gleichzeitig auf f und auf ξ liegt, so haben beide Gebilde diesen Punkt gemeinsam, und da mit x auch ξ sich bewegt, so dass jedem Punkt x ein besonderes Gebilde ξ entspricht, so haben beide Gebilde *nur* diesen Punkt gemeinsam, und ξ kann im Allgemeinen das *Tangentialgebilde* von f genannt werden (Tangente für $p = 3$, Tangentialebene für $p = 4$).

82. 4) *Contravarianten.* Eine Concomitante, welche in Bezug auf die Variable x vom 0. Grade ist, also nur noch ξ enthält, heisst Contravariante. Ihre Beziehung zur Original-

function bleibt ungeändert, wenn man die Coordinaten der
Variablen x und ξ reciproken Transformationen unterwirft.
(Daher der Name Contravariante.) Aus der oben gegebenen
Form der Concomitante geht hervor, dass die Contravariante
jeden Buchstaben, ξ ausgenommen, n mal enthalten muss.
Denn nur unter dieser Bedingung wird der Exponent von x
gleich Null. Zu beachten ist, dass die allgemeine (in $\xi \eta \xi$..
ausgedrückte) Invariantenform stets eine Contravariante liefert,
sobald man einen ihrer Buchstaben als neue Variable betrachtet.

Man kann hiernach sowohl von einer Reihe gegebener
Functionen gleicher Stufe und gleichen Grades, als auch von
einer einzigen Function vier verschiedene Arten abgeleiteter
Functionen bilden, nämlich:

Functionen von	x	Constanten
ξ	Concomitanten	Contravarianten
Constanten	Covarianten	Invarianten.

Bildung der abgeleiteten Formen. Erste Methode. Da die 83.
Concomitanten und Contravarianten aus den Covarianten resp.
Invarianten nur durch eine specielle Annahme hervorgehen,
und da die Invarianten nur einen besonderen Fall der Covarianten darstellen, so wird die Aufsuchung der letzteren
als die Aufgabe übrig bleiben, welche an einer gegebenen
Function zu lösen ist. Wir lernten zwei Formen der Covariante kennen, nämlich die Ausdrücke (1) und (2) in Nr. 77.
Da der erstere sich in den letzteren verwandeln lässt, aber
nicht umgekehrt, und da auch nur der erstere zur Verwandlung in einen Coordinatenausdruck sich eignet, so werden
wir die Covarianten zunächst in dieser ersteren Form darzustellen haben. Für die dabei zu beachtende Reihenfolge
ist die Gleichung (in Nr. 77) massgebend:

$$n' = nr - cp.$$

Da n der Grad und p die Stufenzahl der gegebenen Function
ist, so haben wir noch über r und c zu verfügen. Man
wird, um alle möglichen Covarianten zu finden, in dieser
Gleichung $r = 2, 3, \ldots$ und in jedem einzelnen Falle wieder

$c = (1), 2, 3, \ldots$ zu setzen haben, wobei c nur so lange wachsen kann, als n' positiv bleibt. Man hat dann jedesmal die r Buchstaben $\xi \eta \ldots$ in die c Klammern so zu vertheilen, dass jede Klammer p unter sich verschiedene Factoren enthält. Die Anzahl der auf diese Weise möglichen Bildungen lässt sich aber durch folgende Bemerkungen beschränken:

1. *Zwei Ausdrücke, welche durch irgend eine zwischen den Buchstaben vorgenommene Vertauschung in einander übergehen, liefern identische Resultate, wenn die zu den Buchstaben gehörigen Functionen einander gleich gesetzt werden,* weil es gleichgiltig ist, welchen von den vorkommenden Differentialquotienten man ξ, und welchen man η nennt, u. s. w.

2. *Ein Ausdruck, welcher durch Vertauschung zweier gleichzusetzender Buchstaben sein Vorzeichen ändert, hat den Werth Null,* weil eben nach 1. diese Vertauschung seinen Werth nicht ändern soll, während er doch das Zeichen wechselt. (Demnach ist der Ausdruck $(\xi \bar{\eta} \xi \ldots)^{2\alpha+1}$ stets gleich Null, und der Fall $c = 1$ überhaupt zu übergehen, sobald es sich um die Formen einer einzigen Function handelt.)

3. *Ein Ausdruck, dessen algebraische Factoren (Klammern) so in zwei Gruppen vertheilt werden können, dass kein Buchstabe der einen Gruppe in der anderen enthalten ist, ist dem algebraischen Producte dieser Gruppen gleich, also direct als Product zweier Ausdrücke von niederer Ordnung darstellbar,* weil kein Factor der einen Gruppe durch die Beziehung $f_s \cdot f_q = f_{sq}$ mit einem Factor der anderen Gruppe verbunden ist.

84. *Zweite Methode.* Die so eben behandelte Methode giebt zwar die Formen in einer bestimmten Reihenfolge, lehrt aber nicht, aus gegebenen Formen neue nach einem bestimmten Gesetze zu bilden. Um ein solches herzustellen, denken wir uns (zunächst für binäre Formen) die complicirteren Formen aus einfacheren zusammengesetzt, wie folgt:

1. Wir nennen $(\xi \eta)^\varkappa$ die $\varkappa$. Ueberschiebung der Function ψ über die Function f (wobei $\xi = \dfrac{df}{dx}$, $\eta = \dfrac{d\psi}{dx}$ ist); mithin $(\bar{\xi} \eta)^\varkappa$ die $\varkappa$. Ueberschiebung der Function f über sich selbst.

2. Wird einer bereits vorhandenen Form *ein* Factor $(\eta \xi)$ hinzugefügt, dessen einer Buchstabe (η) in der Form bereits vorhanden, dessen anderer (ξ) neu ist, so heisst die neue

Form die *erste Ueberschiebung der Function* χ (zu ζ gehörig)
über die gegebene Form. Durch Hinzufügung eines *zweiten
Factors*, welcher keinen neuen Buchstaben mehr enthält, entsteht die *zweite Ueberschiebung*, u. s. f.

3. Man bildet endlich die *erste Ueberschiebung einer Form
über die andere*, indem man die beiden Formen (die jedoch
keinen gemeinsamen Buchstaben enthalten dürfen) multiplicirt
und *einen* Factor (ηζ) hinzufügt, dessen Buchstaben aus beiden Formen genommen sind. Durch Hinzufügung von ϰ solchen Factoren entsteht die *ϰ. Ueberschiebung der einen Form
über die andere*.

Sind die beiden Formen in der Bezeichnung $a^\lambda x^r$ *und* $a^\mu x^s$
*gegeben, so ist die erste Ueberschiebung der einen über die
andere:*

$$a^{\lambda+\mu} \cdot x^{r+s-2},$$

und die ϰ. Ueberschiebung:

$$a^\nu x^t = a^{\lambda+\mu} x^{r+s-2\varkappa}.$$

Man überzeugt sich leicht, dass dieser Ausdruck alle drei,
oben einzeln behandelten, Fälle umfasst, und es kann hier
genügen, die Erläuterung für den dritten (allgemeinsten) Fall
zu geben.

Da die Ordnungszahl einer Form $a^r x^t$ einerseits gleich ν,
andrerseits gleich der Zahl der in ihrem Productausdruck enthaltenen Buchstaben ist, so muss die Ordnungszahl einer
Form, welche die Buchstaben zweier anderen enthält (keinen
mehr und keinen weniger), gleich der Summe der Ordnungs-
zahlen der beiden anderen sein, d. h. in unserem Falle:

$$\nu = \lambda + \mu.$$

Da ferner das Product zweier Formen, die keinen Buchstaben gemeinsam haben, ihr algebraisches Product ist, so
ist zunächst $t = r + s$. Durch Hinzufügung des Factors (ηζ),
in welchem jeder Buchstabe eine Differentiation bedeutet, erniedrigt sich nun der Grad des ganzen Ausdrucks um 2, und
durch ϰ solcher Factoren um 2ϰ; mithin ist

$$t = r + s - 2\varkappa.$$

Dritte Methode. Bei der soeben behandelten Methode 85.
wird die Hinzufügung des Factors, welcher zu dem Producte
der beiden Formen treten soll, oft nur auf eine einzige Weise

ausführbar sein, nämlich dann, wenn es nur noch zwei Buchstaben giebt, welche nicht schon so oft als möglich in den beiden Formen vorkommen. —.Es können ferner, wenn man zwischen mehreren Buchstaben die Wahl hat, durch verschiedene Wahl Ausdrücke entstehen, welche nach Regel 1. der ersten Methode dieselbe Form darstellen. Es kann aber endlich diese verschiedene Wahl auch auf Ausdrücke führen, welche zwar gleichen Grad und gleiche Ordnung haben, aber nichtsdestoweniger von einander verschieden sind. In diesem Falle wird die Bezeichnung $\alpha^v x^t$ vieldeutig, indem sie nicht nur jede dieser verschiedenen Formen, sondern auch jede linear aus ihnen zusammengesetzte Function ausdrückt. Es fragt sich dann, welche dieser Formen, oder welche der aus ihnen zusammengesetzten Functionen man als Ueberschiebung definiren soll, und es wird eine weitere Methode nöthig, um diese Ueberschiebung auf eindeutige Weise zu erhalten. Wir haben zu diesem Zweck nur diejenige Methode zu erweitern, welche uns die $\varkappa$. Ueberschiebung von f über ψ gab.

Wenn $f = \alpha x^n$; $\psi = \beta x^n$ war, so bildeten wir $f' = \xi = \dfrac{df}{dx}$;

$\psi' = \eta = \dfrac{d\psi}{dx}$, stellten das Product $(\xi\eta)$ auf, und bildeten für die $\varkappa$. Ueberschiebung $(\xi\eta)^\varkappa$.

Wenn nun M und N zwei Formen sind, von denen die erste einer Functionsreihe $f, \psi, \chi \ldots$, die andere einer Reihe F, Ψ, X angehört, so bilden wir $M' = \dfrac{dM}{dx}$; $N' = \dfrac{dN}{dx}$; dann ist $(M'N')$ die erste Ueberschiebung von M und N, und $(M'N')^\varkappa$ die $\varkappa$.

Um diese Rechnung im Einzelnen auszuführen, müssen wir den Formen M und N, welche in der Gestalt $(\xi\eta)^a(\eta\xi)^b\ldots$ gegeben sind, die Gestalt $(\alpha x^\lambda . \beta x^\mu \ldots)$ geben. Es sei also

a) $\quad M = (\xi\eta)^a(\eta\xi)^b\ldots$; $\quad N = (\Xi H)^a(HZ)^b\ldots$

Wenn dann in M die Functionen $f = \alpha x^n$; $\psi = \beta x^n$; $\chi = \gamma x^n$ durch die Differentiationen $\xi, \eta, \zeta \ldots$ resp. auf den Grad $\lambda, \mu, \nu \ldots$ erniedrigt werden, und Analoges für N stattfindet, so ist

b) $\quad M = (\alpha x^\lambda . \beta x^\mu . \gamma x^\nu \ldots)$; $\quad N = (A x^\lambda . B x^\mu . \Gamma x^\nu \ldots)$.

$$\frac{1}{\lambda+\mu+\nu+\cdots} \frac{dM}{dx} = \lambda\,\alpha x^{\lambda-1}(\beta x^{\mu}\cdots) + \mu\,\beta x^{\mu-1}(\alpha x^{\lambda}\cdots) + \cdots$$

$$\frac{1}{\lambda_1+\nu_1+\cdots} \cdot \frac{dN}{dx} = \lambda_1\,A x^{\lambda_1-1}(B x^{\mu_1}\cdots) + \mu_1\,B x^{\mu_1-1}(A x^{\lambda_1}\cdots) + \cdots$$

Das Product dieser beiden Ausdrücke, welches aus einer Anzahl von Summanden besteht, ist nun die erste Ueberschiebung von M über N. Jeder Summand unterscheidet sich von dem Product MN dadurch, dass in den Ausdrücken b) sowohl bei M als bei N irgend einer der Factoren eine Differentiation erlitten hat. Dasselbe würde aber in dem Producte der Ausdrücke a) durch Hinzufügung eines Factors erreicht werden, welcher aus jeder der beiden zu M und N gehörigen Buchstabenreihen irgend einen Buchstaben enthielte. Hieraus folgt, dass jeder der Summanden eine Ueberschiebung im Sinne der zweiten Methode ist, und dass alle Summanden gleichzeitig die sämmtlichen überhaupt möglichen Ueberschiebungen jener Art vorstellen. — Wir nennen den Ausdruck $(M'N')$ die *Gesammt-Ueberschiebung*, und die einzelnen Summanden des Ausdrucks: die *Theile der Ueberschiebung*.

Ebenso, wie $(\xi\eta)^2$ die zweite Ueberschiebung von ψ über f war, so ist $(MN)^2$, oder $(M^{(2)}N^{(2)})$ die zweite Ueberschiebung von N über M, u. s. f.

Anmerkung. Wenn M und N sich nur auf eine einzige und zwar auf dieselbe Function beziehen, so können sich $\frac{dM}{dx}$ und $\frac{dN}{dx}$ auf je ein Glied reduciren, und es besteht dann auch $(M'N')$ nur aus *einem* Summanden. Es kann ferner vorkommen, dass alle Summanden bis auf einen sich als algebraische Producte niederer Formen darstellen lassen; in diesem Falle ist jener *eine* Summand als Repräsentant der ganzen Ueberschiebung anzusehen. In beiden Fällen wird man zur Herstellung der Ueberschiebung die *zweite* Methode benutzen können, deren Anwendbarkeit immer daran zu erkennen ist, dass die Hinzufügung des die beiden Formen verbindenden Factors nur auf *eine* Weise möglich ist. — Die dritte Methode stimmt überein mit der von Clebsch a. a. O. S. 100—108 beschriebenen Polarenbildung. Um den formalen Unterschied beider Methoden hervortreten zu lassen, füge ich das bei Clebsch S. 108 unten stehende Beispiel im Gewande obiger Methode hinzu.

Es soll die zweite Ueberschiebung von $f = \gamma x^n$ über $(\xi\eta)^2$ gebildet werden.

$$M = (\xi\eta)^2 = \alpha x^{n-2} \cdot \beta x^{n-2}; \qquad N = \gamma x^n.$$

$$\frac{1}{2n-4} \cdot \frac{dM}{dx} = \frac{n-2}{2n-4}(\alpha x^{n-3} \cdot \beta x^{n-2} + \alpha x^{n-2} \cdot \beta x^{n-3}) \qquad \frac{1}{n} \; \frac{dN}{dx} = \gamma x^{n-1}.$$

$$= \frac{2(n-2)}{2n-4} \cdot \alpha x^{n-2} \cdot \beta x^{n-3}.$$

$$\frac{1}{2n-5} \frac{d^2M}{dx^2} = \frac{2(n-2)}{2n-5}[(n-2)\alpha x^{n-3} \cdot \beta x^{n-3} + (n-3)\alpha x^{n-2}\beta x^{n-4}]; \qquad \frac{1}{n(n-1)} \frac{d^2N}{dx^2} = \gamma x^{n-2}.$$

$$(M'N')^2 = \frac{2(n-2)}{2n-5}[(n-2)\alpha x^{n-3} \cdot \beta x^{n-3} \cdot \gamma x^{n-2} + (n-3)\alpha x^{n-2} \cdot \beta x^{n-4} \cdot \gamma x^{n-2}].$$

Um schliesslich die in der Klammer enthaltenen Producte wieder durch ξ, η, ζ auszudrücken, vergleichen wir sie einzeln mit M. In dem ersten sind die Exponenten der beiden ersten Factoren um je 1 erniedrigt; dies bedeutet das Hinzutreten von ξ und η. Ferner ist γx^n mit einem um 2 verminderten Exponenten hinzugekommen; dies bedeutet ein zweimaliges Hinzutreten von ζ; man erhält also, wenn man eine ähnliche Betrachtung am zweiten Producte anstellt:

$$(M'N')^2 = \frac{2(n-2)}{2n-5}[(n-2) \cdot (\overline{\xi\eta})^2(\xi\zeta)(\eta\zeta) + (n-3) \cdot (\overline{\xi\eta})^2(\eta\zeta)^2].$$

Zu beachten ist, dass der zweite Summand, welcher den Factor η viermal enthält, verschwindet, sobald $n < 4$ ist. In diesem Falle wird also die Ueberschiebung einfach durch $(\overline{\xi\eta})^2(\xi\zeta)(\eta\zeta)$ repräsentirt. — Die weitere, bei Clebsch gegebene Umformung beruht auf einem, weiter unten zu besprechenden Verfahren, welches mit der vorliegenden Methode nichts zu thun hat.

---

86. *Vierte Methode.* Vermöge der dritten Methode können wir jede Ueberschiebung zweier Formen M und N durch Covarianten der gegebenen Formen ($f = \alpha x^n = 0$; $\psi = \beta x^n = 0$; etc.) unmittelbar ausdrücken. Dieses Verfahren wird jedoch oft umständlich, namentlich, wenn weder M noch N eine der gegebenen Functionen selbst ist. Wir werden aus diesem Grunde Ueberschiebungen complicirter Formen durch solche niederer Formen auszudrücken suchen, und auf diese Weise oft einfachere Resultate erhalten.

Wir betrachten zunächst die $\varkappa$. Ueberschiebung von f und ψ. Dieselbe wurde in der Gestalt $(\xi\eta)^\varkappa$ geschrieben. Da nun $\xi = f^{(1)}$ und $\eta = \psi^{(1)}$ ist, so kann man dafür auch $(f^{(1)}\psi^{(1)})^\varkappa$ oder $(f\psi)^\varkappa$ setzen. Für $\varkappa = 1$ erhält man dann wieder $(f\psi)^1$ oder $f^{(1)}\psi^{(1)} = (\xi\eta)$. Da sowohl f wie ψ eine $\varkappa$malige Differentiation erleiden, also auf $\alpha x^{n-\varkappa}$ resp. $\beta x^{n-\varkappa}$ reducirt werden, so mag nun dem Ausdrucke $(f\psi)^\varkappa$ noch der Factor $\alpha x^{n-\varkappa} \cdot \beta x^{n-\varkappa}$ hinzugefügt werden. Diese Hinzufügung geschieht lediglich im Interesse der Bildung weiterer Ueberschiebungen, und es ist besonders zu beachten, dass in dem nunmehrigen Ausdrucke der $\varkappa$. Ueberschiebung von f und ψ:

$$A x^{2(n-\varkappa)} = (f\psi)^\varkappa . \alpha.x^{n-\varkappa} . \beta.x^{n-\varkappa}$$

jeder der beiden Theile für sich allein die Ueberschiebung vollständig und genau darstellt.

Wir bildeten oben die $\varkappa$. Ueberschiebung von M und N, indem wir den Ausdruck $(MN)^\varkappa = M^{(\varkappa)} N^{(\varkappa)}$ bildeten. Demnach wird die $2(n-\varkappa)$. Ueberschiebung des oben gebildeten Ausdrucks A mit $\chi = \gamma x^n$ entstehen, wenn wir $(A\chi)^{2(n-\varkappa)}$ bilden. Wenn wir nun festsetzen*), dass die Ausdrücke

$$A \text{ und } A x^{2(n-\varkappa)},$$

also auch

$$\alpha \text{ und } \alpha.x^n \text{ oder } f$$
$$\beta \text{ und } \beta.x^n \text{ oder } \psi$$

gleichbedeutend sind, so geht der Ausdruck $A.x^{2(n-\varkappa)}$ in seine Ueberschiebung mit χ über, wenn wir darin χ statt x setzen und χ mit dem vorangehenden Buchstaben in Klammer setzen. Dasselbe Resultat muss sich nun auch ergeben, wenn wir diese Substitution in dem mit $A.x^{2(n-\varkappa)}$ gleichbedeutenden Ausdrucke vornehmen. Wir erhalten also für die $2(n-\varkappa)$. Ueberschiebung von A mit χ den doppelten Ausdruck:

$$(A\chi)^{2(n-\varkappa)} = (f\psi)^\varkappa . (f\chi)^{n-\varkappa} . (\psi\chi)^{n-\varkappa}.$$

Mittelst dieser Formel aber ist die Ueberschiebung von A und χ durch die einfacheren zwischen $f\psi\chi$ gebildeten Ueberschiebungen ausgedrückt.

Wenn ferner statt der ursprünglichen Functionen f und ψ zwei Formen $M = Mx^p$; $N = Nx^q$ gegeben sind, so wird man die $\varkappa$. Ueberschiebung von M und N in der Form schreiben:

$$S = Sx^{p+q-2\varkappa} = (MN)^\varkappa . M.x^{p-\varkappa} . N x^{q-\varkappa}.$$

Und die $(p+q-2\varkappa)$. Ueberschiebung von S mit einer neuen Form P wird sein:

$$(SP)^{p+q-2\varkappa} = (MN)^\varkappa . (MP)^{p-\varkappa} . (NP)^{q-\varkappa}.$$

Anmerkung. Die bei dieser vierten Methode angewendete Schreib-

---

*) Siehe die Anmerkung in Nr. 8.

weise einer Ueberschiebung unterscheidet sich von derjenigen bei Clebsch nur dadurch, dass x hier nicht als Index sondern als Factor erscheint, und dass nicht die Coordinaten von x durch diejenigen von P ersetzt werden, sondern x selbst direct durch P.

Beispiele: 1) $p = 1$, $q = 4$; $\varkappa = 2$. — $f = \alpha.x'$; $\psi = \beta.x'$; $II = II.x'$ $= (f\psi)^2 . \alpha.x^2 . \beta x^2$; $(II'II)' = (f\psi)^2 . (fII)^2 . (\psi II)^2$. (Vgl. Clebsch a. a. O. S. 138 oben)

2) $M = f = \alpha.x'$; $N = II = IIx'$; $\varkappa = 1$. — $T = Tx^6 = (fII)$. αx^3 . IIx^3; $(T'T)^6 = (fII) . (fT)^3 . (IIT)^3$. (Vgl. Clebsch a. a. O. S. 148 in der Mitte.)

Für die vorliegende Darstellung, deren Zweck es nur ist, die Theorie der binären Functionen soweit zu verfolgen, als dieselbe ein *geometrisches* Interesse bietet, wird fast durchgängig die zweite der vier Methoden ausreichen, die dritte nur ausnahmsweise, die vierte gar nicht anzuwenden sein. Im Interesse einer klareren Einsicht in das Verhältniss der Ausdehnungslehre zur modernen Algebra schien es jedoch nöthig, auch die letzte, für die Umformungen besonders wichtige Methode beizufügen. Dieses Verhältniss lässt sich nun so präcisiren, dass die Methoden der modernen Algebra durch die Ausdehnungslehre eine um so grössere Vereinfachung erfahren, je enger der Gegenstand, auf welchen diese Methoden angewendet werden, mit der Geometrie zusammenhängt, dass dagegen Untersuchungen von rein algebraischem Interesse nur nach Massgabe des Umstandes vereinfacht werden, dass die Reihe der numerischen Variablen x_1, x_2, ... durch die *eine* extensive Variable x ersetzt wird.

---

87. *Reduction einer Form auf Stammformen.* Jede ganze algebraische Function der durch eine der obigen Methoden gebildeten Formen wird wiederum (als ganze algebraische Function von x) eine Covariante sein. Durch diese Bemerkung wird man rückwärts zu den Fragen geleitet, *durch wieviele und welche Covarianten einer Function sich alle übrigen* 1) *als algebraische*, 2) *als ganze algebraische Functionen darstellen lassen.*

Um die erste dieser Fragen zu beantworten, nehmen wir eine Function p. Stufe und n. Grades als gegeben an, sodass

(1) $$f = \alpha x^n = 0.$$

(2) $$x = x_1 c_1 + x_2 c_2 + \cdots + x_p c_p; \quad (c_1 c_2 \ldots c_p) = 1.$$

Es seien nun ausser x noch $(p-1)$ andere extensive Grössen y, z, ... w angenommen, welche ebenfalls aus den Einheiten $c_1 \ldots c_p$ durch reelle Zahlen abgeleitet sind, und der Bedingung unterworfen

(3) $$u = (xyz \ldots w) = 1.$$

Man kann nun aus (2) und den entsprechenden Gleichungen für $y, z, \ldots w$ auch die Grössen $c_1, c_2, \ldots c_p$ als lineare Functionen von $x, y, z, \ldots w$ darstellen, indem man dieses Gleichungssystem nach $c_1 \ldots c_p$ auflöst, und es kann daher jede aus den p Einheiten $c_1 \ldots c_p$ abgeleitete Grösse b auch aus den Grössen $x, y, z, \ldots w$ abgeleitet werden. Sei also

(4) $$b = b_1 c_1 + b_2 c_2 + \cdots + b_p c_p,$$

so wird man haben:

(5) $$b = \beta_1 x + \beta_2 y + \cdots + \beta_p w.$$

Nun bleibt nach Nr. 78 sowohl die Function f, wie jede ihrer Covarianten durch eine lineare Transformation der Einheiten ungeändert. Sei eine solche Covariante in Function der Coefficienten und Coordinaten von f:

$$H(\alpha_1, \alpha_2, \ldots \alpha_\varkappa, b_1, b_2, \ldots b_p),$$

worin

(6) $$\alpha_1 = \alpha c_1{}^n; \quad \alpha_2 = \alpha c_1{}^{n-1} c_2; \quad \alpha_3 = \alpha c_1{}^{n-1} c_3; \quad \ldots \alpha_\varkappa = \alpha c_p{}^n.$$

Setzen wir in diesen Formeln statt $c_1 \ldots c_p$ resp. $x \ldots w$, so mögen die daraus hervorgehenden Grössen durch φ bezeichnet werden, sodass:

(7) $$\varphi_0 = \alpha x^n (= f'); \quad \varphi_1 = \alpha x^{n-1} y; \quad \varphi_2 = \alpha x^{n-1} z; \quad \ldots$$
$$\varphi_{\varkappa-1} = \alpha w^n.$$

Durch die Transformation gehen also in unserer Covariante die Grössen b in β (4 u. 5), und die Grössen α in φ (6. u. 7) über, sodass

(8) $$H(\alpha_1, \alpha_2, \ldots \alpha_\varkappa, b_1, b_2, \ldots b_p) = H(\varphi_0, \varphi_1, \ldots \varphi_{\varkappa-1}, \beta_1, \beta_2, \ldots \beta_p).$$

Da wir über die Grössen β beliebig verfügen können, so setzen wir nun

(9) $$\beta_1 = 1; \quad \beta_2 = \beta_3 = \cdots \beta_p = 0.$$

Daher wird nach (5) und (2)

(10) $$b = x = x_1 c_1 + x_2 c_2 + \cdots + x_p c_p,$$

und nach (4)

$$b_1 = x_1; \quad b_2 = x_2; \quad \ldots b_p = x_p,$$

und, wenn wir die gegebene Covariante kurz mit H bezeichnen:

(11) $$H = H(\varphi_0, \varphi_1 \ldots \varphi_{\varkappa-1}, 1, 0, 0, \ldots 0).$$

Entwickelt man $\Pi(\alpha_1, \alpha_2, \ldots \alpha_\varkappa, x_1, x_2, \ldots x_p)$ nach Potenzen der Grössen $x_1, \ldots x_p$, so ist, wenn n' der Grad der Covariante ist:

$$(12) \qquad \Pi = F(\alpha_1 \ldots \alpha_\varkappa) . x_1^{n'} + \cdots$$

Da durch die Transformation die Grössen α in φ, und die Grössen x (oder b) in β übergehen, so werden sämmtliche Glieder auf der rechten Seite von (11), mit Ausnahme des ersten, verschwinden, weil sie alle mit den verschwindenden Factoren $\beta_2 \ldots \beta_p$ behaftet sind, und da $\beta_1 = 1$ ist, so bleibt:

$$(13) \qquad \Pi = F(\varphi_0, \varphi_1, \ldots \varphi_{\varkappa-1}).$$

Hierdurch ist Π als Function der durch die Gleichungen (7) bestimmten $\varkappa$ Formen $\varphi_0 \ldots \varphi_{\varkappa-1}$ ausgedrückt. Die ganze Untersuchung bleibt ungeändert, wenn Π nicht Covariante *einer* Form f, sondern Covariante *mehrerer* Formen ist. Nur ist dann $\varkappa$ die Anzahl sämmtlicher in diesen Formen auftretenden Coefficienten.

Die Zahl der Functionen φ lässt sich noch verringern, indem man die extensiven Grössen $y, z, \ldots w$ passend bestimmt. Zu diesem Zwecke setzt man

$$(14) \qquad \alpha x^{n-1} y = \alpha z^{n-1} y = \cdots = \alpha w^{n-1} y = 0,$$

d. h. bis auf einen Zahlenfactor:

$$y = \alpha x^{n-1} = \alpha z^{n-1} = \cdots = \alpha w^{n-1}.$$

Da die Anzahl der Gleichungen (14) gleich $p-1$ ist, und jede das Verschwinden einer Function φ ausdrückt, so bleiben von diesen Functionen noch $\varkappa - p + 1$ übrig, und man hat den Satz:

Alle Covarianten einer gegebenen Function oder eines Vereins von Functionen p. Stufe mit im Ganzen $\varkappa$ Coefficienten lassen sich aus $(\varkappa - p + 1)$ von einander unabhängigen Stammformen als rationale Functionen ableiten. Man erhält diese Stammformen, indem man in den gegebenen Functionen statt der einen extensiven Variablen x p extensive Variablen $x, y, z, \ldots w$ einführt, von denen eine (y) durch die übrigen und durch eine der gegebenen Functionen nach Massgabe der Gleichungen (14) bestimmt ist, während ausserdem $u = (xyz \ldots w) = 1$ ist. Wenn dann eine beliebige Covariante Π als rationale Function der Stammformen dargestellt werden soll, so gelingt *dies unmittelbar, indem man in Π statt der Einheiten $e_1, \ldots e_p$, von denen die $\varkappa$ Coefficienten abhängen, $x, y, \ldots w$ einführt, eine der veränderlichen Zahlen (x_1) von denen x abhängt, gleich 1, und die übrigen gleich Null setzt.*

Ist die erhaltene Gleichung nicht homogen, so hat man jedem Gliede den Factor u so oft hinzuzufügen, bis die Homogenität erreicht ist.

Diejenigen Covarianten Π, welche bei diesem Verfahren selbst mit einem Factor behaftet werden, also, wenn dieser Factor durch Division weggeschafft wird, nicht als ganze, sondern als gebrochene Functionen der Stammformen erscheinen, heissen *unabhängige* Covarianten und bilden in ihrer Gesammtheit das sogenannte *Formensystem* der gegebenen Functionen.*)

Wenn, wie wir oben angenommen haben, die Covarianten einer Function durch Ueberschiebungen hergestellt werden, so kann man, wenn man nur unabhängige Formen erhalten will, alle Ueberschiebungen über abhängige und verschwindende Formen übergehen. Denn da die Ueberschiebung im Wesentlichen eine Multiplication ist, so kann man die Ueberschiebung über eine abhängige Form durch Ueberschiebungen über diejenigen Formen ersetzen, aus denen sie abgeleitet ist, d. h. durch Ueberschiebungen, die schon früher betrachtet wurden. Eine verschwindende Form aber lässt sich als Differenz von zwei einander gleichen niederen Formen betrachten, die man wieder einzeln mit einer anderen Form überschieben kann. Das Nähere hierüber wird bei Betrachtung der einzelnen Functionen festgestellt werden.

Es bleibt noch übrig, die in dem oben ausgesprochenen 88. Satze enthaltene Regel zur Ableitung einer Covariante aus den Stammformen auf den Fall auszudehnen, dass die Covariante in der Form $(\xi\eta \ldots)(\eta\xi \ldots) \ldots$ gegeben ist.

Wir betrachten zunächst eine Function von *zwei* Variablen (*binäre Form*):

$$f = ax^n; \quad x = x_1 e_1 + x_2 e_2; \quad (e_1 e_2) = 1.$$

---

*) Es kann jedoch vorkommen, dass ein scheinbar unabhängiger Ausdruck sich als abhängige Function von anderen, bereits gebildeten Formen darstellen lässt. Vergl. Nr. 109.

Dann ist nach Nr. 76 (8. 6):

$$\xi = f^{(1)} = f_1\, c_1 + f_2\, c_2,$$

oder in anderer Bezeichnung $(f_1 = \xi_1 = \xi c_1;\ f_2 = \xi_2 = \xi c_2)$

$$\xi = \xi_1\, c_1 + \xi_2\, c_2.$$

Ebenso für eine zweite Function βx^m:

$$\eta = \eta_1\, c_1 + \eta_2\, c_2;$$

mithin

$$(\xi\eta) = \xi_1\eta_2 - \eta_1\xi_2 = (\xi c_1)(\eta c_2) - (\eta c_1)(\xi c_2).$$

Da nun $(\xi\eta)$ als Covariante ungeändert bleibt, wenn man x und y statt c_1 resp. c_2 setzt, so ist

$$(\xi\eta) = (\xi x)(\eta y) - (\eta x)(\xi y),$$

oder, da $(\xi x) = nf$, und (ηx) für den Fall gleicher Functionen ebenfalls gleich nf ist, nach Weglassung dieses gemeinsamen Factors:

$$(\xi\eta) = (\eta y) - (\xi y).$$

Wenn wir nun $(\xi\eta)^m$ bilden, für η und ξ wieder $f^{(1)}$ schreiben, und die Formel (3) Nr. 76 beachten, so folgt:

$$(\xi\eta)^m = f^{(m)}y^m - \frac{m}{1}\cdot f^{(m-1)}y^{m-1}\cdot f^{(1)}y' + \frac{m(m-1)}{1\cdot 2}\cdot f^{(m-2)}y^{m-2}\cdot f^{(2)}y^2 - \cdots$$

oder, da $f^{(r)} = \alpha x^{m-r}$ ist:

$$(\overline{\xi\eta})^m = \alpha y^m - \frac{m}{1}\,\alpha x y^{m-1}\cdot \alpha x^{m-1}y + \frac{m(m-1)}{1\cdot 2}\cdot \alpha x^2 y^{m-2}\cdot \alpha x^{m-2}y^2 - \cdots$$

Setzen wir nun nach Formel (7) dieser Nr.:

$$\varphi_r = \alpha x^{m-r}y^r,$$

bestimmen y durch die Bedingung

$$y = \alpha x^{m-1} \text{ oder } \alpha x^{m-1}y = \varphi_1 = 0,$$

und fügen zur Herstellung der Homogenität im ersten Gliede den Factor $\varphi_0 = f = \alpha x^m$ hinzu, so folgt:

$$(15)\quad (\xi\eta)^m = \varphi_0\varphi_m + \frac{m(m-1)}{1\cdot 2}\cdot \varphi_2\varphi_{m-2} - \frac{m(m-1)(m-2)}{1\cdot 2\cdot 3}\,\varphi_3\varphi_{m-3} + \cdots,$$

wodurch zunächst $(\xi\eta)^m$ als Function der Stammformen ausgedrückt ist.

Da nun aber jede Covariante einer binären Form als Product von Ausdrücken in der Form $(\xi\eta)^m$ erscheint, so ergiebt sich folgende Regel zur Darstellung dieser Covarianten in Function der Stammformen:

Man ersetze in jeder Klammer das Product der beiden Factoren durch ihre Differenz, führe an diesen Differenzen die Potenzirung aus, setze $\xi^r = \eta^r = \cdot\cdot = \varphi_r$, *und* $\varphi_1 = 0$.

Anmerkung. Den oben gegebenen allgemeinen Satz nebst der speciellen Regel für binäre Formen veröffentlichte H. Grassmann im 7. Bd. der „Mathematischen Annalen" S. 538 ff. Seine sonstigen in diesem Aufsatz (welcher zufällig gerade erschien, als die gegenwärtige Arbeit bis Nr. 80 vorgerückt war) niedergelegten Bemerkungen über den Zusammenhang der Ausdehnungslehre mit der modernen Algebra bestätigen durchaus das, was ich über denselben Gegenstand in früheren Anmerkungen gesagt habe. — Jener wichtige Satz aber, den Grassmann mit Recht einen *Fundamentalsatz* nennt, zeigt selbst am deutlichsten die ungemeinen Vortheile der für die Ausdehnungslehre charakteristischen Behandlungsweise. Er zeigt namentlich, dass auch von dem gegenwärtigen Standpunkte der modernen Algebra aus diese Behandlungsweise nicht nur zur Ableitung *neuer* Resultate brauchbar ist, sondern dass sie wegen der grösseren Klarheit, welche sie über bereits bekannte Resultate verbreitet, zur Ableitung auch dieser Resultate vor anderen Methoden den Vorzug verdient.

89. Sei ferner eine Function von *drei* Variablen (*ternäre Form*) gegeben:

$$f = \alpha x^n; \quad x = x_1 e_1 + x_2 e_2 + x_3 e_3; \quad (e_1 e_2 e_3) = 1.$$

Dann ist

$$\xi = f^{(1)} = f_1{}' e_1 + f_2{}' e_2 + f_3{}' e_3,$$

oder in anderer Bezeichnung $(f_1 = \xi_1 = \xi e_1;\ f_2 = \xi_2 = \xi e_2;\ f_3 = \xi_3 = \xi e_3)$

$$\xi = \xi_1 | e_1 + \xi_2 | e_2 + \xi_3 | e_3.$$

Ebenso für zwei andre Functionen $\psi = \beta x^n$ und $\chi = \gamma x^n$:

$$\eta = \eta_1 | e_1 + \eta_2 | e_2 + \eta_3 | e_3; \quad \zeta = \zeta_1 | e_1 + \zeta_2{}' e_2 + \zeta_3{}' e_3;$$

mithin:

$$(\xi \eta \zeta) = \xi_1 \eta_2 \zeta_3 - \xi_1 \eta_3 \zeta_2 + \xi_2 \eta_3 \zeta_1 - \xi_2 \eta_1 \zeta_3 + \xi_3 \eta_1 \zeta_2 - \xi_3 \eta_2 \zeta_1$$
$$= (\xi e_1)(\eta e_2)(\zeta e_3) + (\xi e_2)(\eta e_3)(\zeta e_1) + (\xi e_3)(\eta e_1)(\zeta e_2)$$
$$- (\xi e_1)(\eta e_3)(\zeta e_2) - (\xi e_2)(\eta e_1)(\zeta e_3) - (\xi e_3)(\eta e_2)(\zeta e_1),$$

oder, wenn man statt e_1, e_2, e_3 resp. x, y, z setzt, und die Factoren $(\xi x) = (\eta x) = (\zeta x) = nf$ (für den Fall gleicher Functionen) weglässt:

$$\overline{(\xi \eta \zeta)} = (\eta y)(\zeta z) + (\xi y)(\xi z) + (\xi y)(\eta z)$$
$$- (\zeta y)(\eta z) - (\xi y)(\zeta z) - (\eta y)(\xi z).$$

Dieser sechsgliedrige Ausdruck ist nun mit m zu poten-
ziren, wodurch man schliesslich eine mit (15) analoge Formel
erhalten wird. Wir übergehen dieselbe ihrer Weitläufigkeit
wegen und begnügen uns damit, das weitere Verfahren an
dem Falle $m = 2$ zu zeigen. Demnach ist

$$(\xi\eta\zeta)^2 = (\eta y)^2(\zeta z)^2 + \cdots + (\zeta y)^2(\eta z)^2 + \cdots$$
$$+ 2(\eta y)(\zeta z).(\zeta y)(\xi z) + \cdots + 2(\eta y)(\zeta z).(\xi y)(\eta z) + \cdots$$
$$- 2(\eta y)(\zeta z).(\zeta y)(\eta z) - \cdots - 2(\eta y)(\zeta z).(\xi y)(\zeta z) - \cdots$$
$$- 2(\eta y)(\zeta z).(\eta y)(\xi z) - \cdots$$

wobei aus jedem der ausgeschriebenen Glieder durch circuläre
Vertauschung von ξ, η, ζ zwei weitere, durch Punkte ange-
deutete Glieder hervorgehen. Da nun die drei Functionen
αx^n, βx^n, γx^n zuletzt einander gleich gesetzt werden, so werden in der letzten Formel die 6 Quadrate untereinander gleich,
und ebenso jedesmal diejenigen drei doppelten Producte,
welche durch jene circuläre Vertauschung in einander übergehen. Wir können also schreiben:

$$\tfrac{1}{6}.(\overline{\xi\eta\zeta})^2 = (\eta y)^2(\zeta z)^2 + (\eta y)(\zeta z)(\zeta y)(\xi z) + (\eta y)(\zeta z)(\xi y)(\eta z)$$
$$- (\eta y)(\zeta z)(\zeta y)(\eta z) - (\eta y)(\zeta z)(\xi y)(\zeta z) - (\eta y)(\zeta z)(\eta y)(\xi z).$$

Wenn wir nun für ξ, η, ζ, resp. $f^{(1)}$, $\psi^{(1)}$, $\chi^{(1)}$ setzen, und
Formel (3) in Nr. 76 beachten, so folgt:

$$\tfrac{1}{6}.(\xi\eta\zeta)^2 = \psi^{(2)}y^2.\chi^{(2)}z^2 + \psi^{(1)}y.\chi^{(2)}yz.f^{(1)}z + \psi^{(2)}yz.\chi^{(1)}z.f^{(1)}y$$
$$- \psi^{(2)}yz.\chi^{(2)}yz - \psi^{(1)}y.\chi^{(2)}z^2.f^{(1)}y - \psi^{(2)}y^2.\chi^{(1)}z.f^{(1)}z$$
$$= \beta x^{n-2}y^2.\gamma x^{n-2}z^2 + \beta x^{n-1}y.\gamma x^{n-2}yz.\alpha x^{n-1}z$$
$$+ \beta x^{n-2}yz.\gamma x^{n-1}z.\alpha x^{n-1}y$$
$$- \beta x^{n-2}yz.\gamma x^{n-2}yz - \beta x^{n-1}y.\gamma x^{n-2}z^2.\alpha x^{n-1}y$$
$$- \beta x^{n-2}y^2.\gamma x^{n-1}z.\alpha x^{n-1}z.$$

Wir setzen schliesslich $\alpha = \beta = \gamma$, und $\alpha x^{n-\lambda-\mu}y^\lambda z^\mu = \varphi_{\lambda\mu}$,
oder speciell:

$$\alpha x^{n-2}y^2 = \varphi_{20}; \quad \alpha x^{n-2}yz = \varphi_{11}; \quad \alpha x^{n-2}z^2 = \varphi_{02};$$
$$\alpha x^{n-1}y = \varphi_{10}; \quad \alpha x^{n-1}z = \varphi_{01};$$
$$\alpha x^n = \varphi_{00},$$

bestimmen dann z durch die Bedingung

$$\alpha x^{n-1}z = \varphi_{01} = 0,$$

und erhalten so, indem drei Glieder verschwinden:

$$\tfrac{1}{6} \cdot (\xi \eta \bar{\zeta})^2 = \varphi_{20}\varphi_{02} - \varphi_{11}{}^2 - \varphi_{10}{}^2 \varphi_{02},$$

wodurch die Reduction auf die Stammformen vollendet ist.

Aus diesem Beispiel ist nun leicht folgende allgemeine Regel zur Reduction einer beliebigen Covariante irgend welcher Formen auf die Stammformen zu entnehmen:

Man drücke die verschiedenen Buchstaben der Covariante durch die Einheiten aus (z. B. $\xi = \xi_1|e_1 + \xi_2|e_2 + \cdots$), berechne jede Klammer durch Ausführung der äusseren Multiplication, setze ξe_r statt ξ_r, etc., darauf statt $e_1, e_2, \ldots$ die extensiven Variablen $x, y, \ldots$, führe darauf an jeder Klammer die angedeutete Potenzirung aus und multiplicire die Resultate, wobei die Factoren $(\xi x) = (\eta x) = \cdots = nf$ weggelassen werden. Endlich setzt man statt $\xi, \eta, \ldots$ resp. $f^{(1)}, \psi^{(1)}, \ldots$, führt die Multiplication der gleichnamigen Potenzen in jedem Gliede des Polynoms aus, setzt die Werthe der Differentiale ein, macht dann die Functionen gleich, und bestimmt eine der extensiven Variablen durch die Bedingungen (14).

In welcher Weise diese Methode, zunächst für ternäre Formen, vereinfacht werden kann, wird weiter unten gezeigt werden (Nr. 122).

Anmerkung. Nachdem oben die Grundzüge der Determinanten-Theorie für den allgemeinsten Fall (n Variablen) entwickelt waren (vgl. Nr. 52), liess der enge Zusammenhang, in welchem diese Theorie mit der Lehre von den räumlichen Functionen steht, es angemessen erscheinen, auch den ersten Ueberblick über *diese* Lehre in derselben Allgemeinheit zu geben. Es wird nunmehr im Folgenden durch die specielle Betrachtung der räumlichen Functionen wieder in diejenige Form der Darstellung eingelenkt, welche für das „System der Raumlehre" von vornherein massgebend war.

2. Betrachtung der einzelnen räumlichen Functionen.

A. Gebiet der Geraden. Functionen 2. Stufe. (Binäre Formen.)

a) Die Function 2. Grades. (Quadratische Form.)

α) *Eine* Function.

Die *allgemeine* Form dieser Function ist

(1) $$\alpha x^2 = 0,$$

90.

oder, wenn

(1a) $x = x_1 c_1 + x_2 c_2$*)

gesetzt wird, unter Anwendung der in Nr. 10 festgesetzten Bezeichnung

(2) $a_{11} x_1^2 + 2 a_{12} x_1 x_2 + a_{22} x_2^2 = 0.$

Da diese Gleichung für den Quotienten $\frac{x_1}{x_2}$ zwei bestimmte Werthe liefert, so giebt es zwei bestimmte Punkte, welche ihr genügen. Und da die Gleichung (1) aussagt, dass ein variabler Punkt x auf dem Gebilde a liege, so ist dieses Gebilde a eben jenes Punktepaar.

Die binäre quadratische Form ist also der Ausdruck für zwei auf einer Geraden liegende feste Punkte.

Durch besondere Annahmen, die man hinsichtlich der ursprünglichen Einheiten macht, kann die Form (2) vereinfacht werden. Eine solche, auf möglichst geringe Gliederzahl reducirte Form heisst *canonische* Form.

Anmerkung. Da die canonische Form stets eine Beziehung zwischen den Grössen e und dem durch die Function dargestellten Gebilde voraussetzt, so ist ihre Verwendung nur dann vortheilhaft, wenn man die Beziehungen dieses Gebildes zu solchen Grössen, welche sich durch die Einheiten darstellen lassen, untersuchen will. Im Allgemeinen aber ist die Form (1) sowohl der Form (2) wie jeder daraus abgeleiteten canonischen Form vorzuziehen. Vgl. Nr. 8.

Canonische Formen. Wenn *erstens* c_1 und c_2 so gewählt werden, dass sie mit dem Punktepaare f zusammenfallen, so müssen c_1 und c_2, statt x gesetzt, der Gleichung (1) genügen; d. h. man hat

$$a c_1^2 = 0; \quad a c_2^2 = 0,$$

oder

$$a_{11} = 0; \quad a_{22} = 0;$$

---

*) Wir nehmen hierbei an, dass c_1 und c_2 Punkte sind. Die Grösse x ist aber auch dann vollkommen bestimmt, wenn c_1 und c_2 zwei Strecken in einer Ebene bedeuten (vgl. „Raumlehre" Nr. 152). Dann ist x ebenfalls eine Strecke, oder, da es auf ihre Länge nicht ankommt, eine Gerade; die binäre quadratische Form repräsentirt zwei sich schneidende Geraden, und alle Resultate der Untersuchung lassen sich sowohl auf Punkte einer Geraden, wie auf Geraden einer Ebene anwenden. Hiermit hängt der durch die zweite Abtheilung dieses Buches sich hindurchziehende Dualismus im Ausdruck der Sätze eng zusammen.

mithin nimmt (2) die Form an:

(3) $$x_1 x_2 = 0.$$

Da diese Gleichung durch die Werthe $x_1 = 0$ und $x_2 = 0$ befriedigt wird, so ist in der That, wie aus (1a) hervorgeht, entweder $x = x_1 e_1$ oder $x = x_2 e_2$.

Wenn *zweitens* e_1 und e_2 so gewählt werden, dass sie mit dem Punktepaare f *harmonisch sind*, so müssen die beiden Punkte x (nach „Raumlehre" Nr. 169) einzeln den Bedingungen genügen:

$$x = x_1 e_1 + x_2 e_2; \quad x = x_1 e_1 - x_2 e_2,$$

und jeder dieser beiden Werthe muss der Gleichung (1) genügen; man hat also:

$$\alpha(x_1 e_1 + x_2 e_2)^2 = 0; \quad \text{oder: } \alpha_{11} x_1^2 + 2\alpha_{12} x_1 x_2 + \alpha_{22} x_2^2 = 0;$$

$$\alpha(x_1 e_1 - x_2 e_2)^2 = 0; \quad \text{oder: } \alpha_{11} x_1^2 - 2\alpha_{12} x_1 x_2 + \alpha_{22} x_2^2 = 0.$$

Damit nun die Gleichung (2) beide Punkte x gleichzeitig ausdrücke, muss, wie aus den beiden letzten Formen zu sehen ist, $\alpha_{12} = 0$ sein; und die Gleichung (2) nimmt daher die Form an:

(4) $$\alpha_{11} x_1^2 + \alpha_{22} x_2^2 = 0.$$

An merkung. Man kann auch umgekehrt von den algebraischen Bedingungen $\alpha_{11} = \alpha_{22} = 0$, resp. $\alpha_{12} = 0$ ausgehen, und ihre geometrische Bedeutung ableiten.

Statt der Gleichung $\alpha_{12} = 0$ können wir auch schreiben:

$$\alpha e_1 e_2 = 0,$$

welche Gleichung, ebenso wie die vorige, ausdrückt, dass das Punktepaar e_1, e_2 mit dem Punktepaare α harmonisch ist.

Ebenso wird, wenn x, y irgend ein variables Punktepaar ist, die Gleichung

(5) $$\alpha x y = 0$$

ausdrücken, dass dieses Paar mit α harmonisch ist. Hieraus können wir weiter auf die Bedeutung des Ausdrucks αx schliessen. Da nämlich

$$2\alpha x = f^{(1)} = \xi,$$

und ξ (nach Nr. 81) die Ergänzung eines Punktes im Hauptgebiet ist, so ist ξ zunächst ein Punkt („Raumlehre" Nr. 32). Wenn aber $2\alpha x y = \xi y = 0$ ist, so bedeutet dies nichts anderes, als dass die Punkte ξ und y zusammenfallen, mithin ist bis auf einen Zahlfactor

(6) $$y = \alpha x,$$

oder: *Wenn α ein Punktepaar und x ein beliebiger Punkt auf derselben Geraden ist, so ist αx der vierte harmonische Punkt, oder harmonisches Centrum erster Ordnung* (wegen $f^{(1)}$) *zu dem Punktepaare α in Bezug auf den Pol x.*

91. *Covarianten.* Nach Nr. 83 ist die erste Covariante (für $r = 2$ und $c = 2$)

$$(\xi\eta)^2.$$

Da $n'(= nr - cp) = 0$ ist, so ist sie eine *Invariante*. und nach Nr. 76 (5) ist sie die *Hesse'sche Determinante* der Function. Wenn sie den Werth Null hat, so kann (nach Nr. 75) x aus einer einzigen Einheit, statt aus zweien, abgeleitet werden; d. h.: die beiden Punkte x fallen mit demjenigen, welchen diese Einheit ausdrückt, zusammen. *Die Function f stellt also, wenn ihre Hesse'sche Determinante Null ist, zwei zusammenfallende Punkte (oder zwei parallele Geraden) dar.*

Specielle Ableitungen dieses Resultates. 1) Es ist $\xi = \alpha x$; $\eta = \beta x$; $(\xi\eta) = (\alpha\beta)x^2$; $(\xi\eta)^2 = (\alpha\beta)$; $(\bar\xi\eta)^2 = (\alpha^2) = (\alpha c_1)(\alpha c_2)$ (nach Nr. 74, Formel 3). Wenn nun $(\alpha c_1)(\alpha c_2) = 0$ ist, so muss zwischen diesen beiden Grössen eine Zahlbeziehung bestehen, etwa $\lambda_2(\alpha c_1) - \lambda_1(\alpha c_2) = 0$, oder, nach x integrirt: $\lambda_2(\alpha x c_1) - \lambda_1(\alpha x c_2) = 0$; oder $\lambda_2 f_1 - \lambda_1 f_2 = 0$ (nach Nr. 76, Formel 6). Nun ist (Nr. 76, Formel 8) $\xi = f_1 c_1 + f_2 c_2$, oder mit Benutzung der letzten Gleichung: $\xi = f_1(c_1 + \frac{\lambda_2}{\lambda_1} c_2)$, oder, wenn wir $c_1 + \frac{\lambda_2}{\lambda_1} c_2 = \frac{\varepsilon}{\lambda_1}$ setzen: $\xi = \frac{f_1}{\lambda_1} \varepsilon$. Ebenso wie ξ aus der einzigen Einheit ε, muss nun x aus ε ableitbar sein. Da aber $x = x_1 c_1 + x_2 c_2$ ist, so muss $x_1 : x_2 = \lambda_1 : \lambda_2$ sein; dann ist $x = x_1(c_1 + \frac{\lambda_2}{\lambda_1} c_2)$ $= x_1 \frac{\varepsilon}{\lambda_1}$; oder, wenn wir $x_1 = \lambda_1$ setzen: $x = \varepsilon$. Es fallen also beide Punkte x mit ε zusammen.

2) Aus Nr. 76, Formel 10 folgt: $(\xi\eta)^2 = 2(f_{11}f_{22} - f_{12}{}^2) = 2(\alpha_{11}\alpha_{22} - \alpha_{12}{}^2)$. Ist nun $\alpha_{11}\alpha_{22} - \alpha_{12}{}^2 = 0$; oder $\alpha_{12} = \sqrt{\alpha_{11} \cdot \alpha_{22}}$, so kann Formel (2) der Nr. 90 geschrieben werden: $(\sqrt{\alpha_{11}} \cdot x_1 + \sqrt{\alpha_{22}} \cdot x_2)^2 = 0$. Diese Gleichung hat zwei gleiche Wurzeln, stellt also zwei zusammenfallende Punkte dar.

Anmerkung. Die Hesse'sche Determinante ist, als specieller Fall der Functionaldeterminante, nach Nr. 72, gleich dem Potenzwerth eines

Quotienten, und kann daher auch in der Form $\left(\dfrac{d\,\xi^2}{d\,x}\right)$ oder $\left(\dfrac{d\,\xi}{d\,x_1}\right)\left(\dfrac{d\,\xi}{d\,x_2}\right)$ geschrieben werden (vgl. Nr. 76, Formel 12). Dieser Potenzwerth ist derselbe, welcher in Nr. 41 durch (A^2) bezeichnet wurde; *demnach ist die Hesse'sche Determinante der binären quadratischen Form gleich dem Potenzwerth desjenigen Quotienten, durch welchen die Punkte e_1 und e_2 in die Punkte ε_1 und ε_2* (Nr. 41, Formel 4) d. h. $\dfrac{d\,\xi}{d\,x_1}$ und $\dfrac{d\,\xi}{d\,x_2}$ *verwandelt werden.* Setzt man $\xi = f_1 c_1 + f_2 e_2$, so ist $\dfrac{d\,\xi}{d\,x_1} = f_{11} c_1 + f_{21} c_2$

$= \alpha_{11} c_1 + \alpha_{21} c_2$; $\dfrac{d\,\xi}{d\,x_2} = f_{12} c_1 + f_{22} c_2 = \alpha_{12} c_1 + \alpha_{22} c_2$, übereinstimmend mit Nr. 41, Formel 2a und 2b. — Eine weitere Anwendung der binären quadratischen Form nebst ihrer Hesse'schen Determinante findet sich in der Anmerkung zu Nr. 7.

Reduction auf die Stammformen. — Alle Covarianten 92. unserer Function lassen sich nach Nr. 87 aus $\varkappa - p + 1$, d. h. aus $3 - 2 + 1 = 2$ Stammformen ableiten, von denen eine, φ_0 die Function f selbst ist.

Für $(\overline{\xi\,\eta})^2$ erhalten wir nach der in Nr. 88 gegebenen Regel:

$$(\overline{\xi\,\eta})^2 = (\xi - \eta)^2 = \xi^2 + \eta^2 - 2\xi\,\eta = \varphi_2 + \varphi_2 - 2\varphi_1{}^2$$

oder, da $\varphi_1 = 0$ ist:

$$(a^2) = (\overline{\xi\,\eta})^2 = 2\,\varphi_2.$$

Die Hesse'sche Determinante ist daher selbst die zweite Stammform.

Andere Covarianten, die man bilden würde, könnten keinen quadratischen Factor, etwa $(\xi\,\eta)^2$ enthalten; denn da jeder Buchstabe in der Covariante einer quadratischen Function nur zweimal vorkommen kann, so müssten ξ und η in dem übrigen Theile der Covariante fehlen, man könnte also $(\xi\,\eta)^2$ nach Nr. 83, Regel 3 als algebraischen Factor absondern. Bildet man nun einen Ausdruck von der Form $(\xi\,\eta)(\xi\,\xi)\ldots$, so giebt derselbe bei der Reduction theils Glieder, die irgend einen Buchstaben in der ersten Potenz enthalten, also (wegen $\varphi_1 = 0$) gleich Null sind, theils solche, die das Product einer Reihe von Quadraten sind, also die Form $\varphi_2{}^n$ annehmen. Es sind daher alle anderen Covarianten nicht nur als rationale, sondern auch als ganze Functionen von φ_2 darstellbar; d. h.: *Das Formensystem der Function enthält ausser φ_0 selbst nur die eine Function φ_2.*

Noch einfacher ergiebt sich dieses Resultat durch folgende Betrachtung: Jede Covariante, die man bilden kann, hat die Form $\alpha^r x^{n'}$, und da $n' = 2r - 2c$ stets gerade ist, so kann man schreiben:

$$(\alpha x^2)^{\frac{n'}{2}} \cdot (\alpha^{r - \frac{n'}{2}}) \text{ oder: } (\alpha x^2)^{\frac{n'}{2}} \cdot (\alpha^c).$$

Ist nun c gerade, so ist die Covariante, bis auf einen Zahlenfactor, gleich

$$(\alpha x^2)^{\frac{n'}{2}} \cdot (\alpha^2)^{\frac{c}{2}} ;$$

d. h. eine ganze Function der beiden Stammformen. Ist aber c ungerade, so kann man schreiben:

$$(\alpha x^2)^{\frac{n'}{2} - 1} \cdot (\alpha^2 x^2) \cdot \alpha^{c-1},$$

und da $\alpha^2 x^2 = (\xi \eta) = 0$ ist, so verschwindet dieser Ausdruck.

Dritter Beweis: Da $(\overline{\xi \eta})^2$ als Invariante keine Ueberschiebung duldet, und $(\xi \eta)$ als verschwindende Form auf keine unabhängige Form führt (vgl. Nr. 87 am Schluss), so ist $(\overline{\xi \eta})^2$ neben f die einzige unabhängige Form. Es möge jedoch an der Ueberschiebung von f über $(\xi \eta)$ noch gezeigt werden, wie man beim Beweise jener Eigenschaft der verschwindenden Formen zu verfahren hat. Es ist $(\overline{\xi \eta}) = (\xi - \eta) = (\xi - \zeta) - (\eta - \zeta) = (\xi \zeta) - (\overline{\eta \zeta})$; also $(\xi \eta)(\xi \zeta) = (\overline{\xi \zeta})^2 - (\xi \zeta)(\eta \zeta)$. Vertauscht man in dem letzten Gliede ξ und ζ, so lautet es: $(\zeta \xi)(\overline{\eta \xi})$, oder, wenn man in jeder Klammer die beiden Buchstaben umstellt (was einer doppelten Zeichenänderung entspricht): $(\xi \zeta)(\overline{\xi \eta})$; mithin $2(\xi \eta)(\overline{\xi \zeta}) = (\xi \zeta)^2$; $(\overline{\xi \eta})(\overline{\xi \zeta}) = \tfrac{1}{2}(\overline{\xi \zeta})^2$.

β) *Zwei* Functionen.

93. Zwei Functionen

(1) $$\alpha x^2 = 0; \quad \beta x^2 = 0,$$

worin

(1a) $$x = x_1 e_1 + x_2 e_2$$

ist, und die man auch schreiben kann

(2) $$\begin{cases} \alpha_{11} x_1^2 + 2\alpha_{12} x_1 x_2 + \alpha_{22} x_2^2 = 0 \\ \beta_{11} x_1^2 + 2\beta_{12} x_1 x_2 + \beta_{22} x_2^2 = 0, \end{cases}$$

repräsentiren *zwei Punktepaare auf einer Geraden.*

Covarianten. 1) Das System der beiden Formen besitzt zunächst die gemeinsame *Hesse'sche Determinante*

$$(\xi\,\eta)^2,$$

welche sich von den entsprechenden Formen der einzelnen Functionen nur dadurch unterscheidet, dass die beiden Functionen in ihr nicht gleichgesetzt werden. In der Bezeichnung der Gleichungen (1) ausgedrückt, ist sie gleich $(\alpha\beta)$ (vgl. Nr. 91), und es ist nun die geometrische Bedeutung der Gleichung

$$(3) \qquad\qquad (\alpha\beta) = 0$$

zu untersuchen. Nun haben wir in Nr. 90 gesehen, dass die Gleichung $\alpha x y = 0$ die harmonische Beziehung zwischen dem Paare α und dem Paare xy ausdrückt. Bezeichnen wir dieses Paar durch β, so geht die harmonische Gleichung über in $(\alpha\beta) = 0$; *mithin ist diese Gleichung die Bedingung dafür, dass die beiden, durch die Functionen* (1) *dargestellten Paare harmonisch sind.*

Da die Formel (3) aussagt, dass das äussere Product von α und β Null ist, so besteht zwischen diesen Grössen eine Zahlbeziehung. Man kann also auch schreiben:

$$(3a) \qquad\qquad \lambda\,\alpha + \mu\,\beta = 0,$$

woraus durch Multiplication mit β wieder (3) folgt.

Anmerkung. Des Vergleichs wegen möge hier noch die Ableitung desselben Resultates auf dem gewöhnlichen Wege der Coordinaten hinzugefügt werden. Es ist

$$(\xi\,\eta)^2 = \alpha_{11}\beta_{22} - 2\,\alpha_{12}\beta_{12} + \alpha_{22}\beta_{11} = 0;$$

oder:

$$\frac{\alpha_{11}}{\alpha_{22}} - 2\,\frac{\alpha_{12}}{\alpha_{22}} \cdot \frac{\beta_{12}}{\beta_{22}} + \frac{\beta_{11}}{\beta_{22}} = 0.$$

Die Gleichungen (2) können geschrieben werden:

$$\left(\frac{x_2}{x_1}\right)^2 + 2\,\frac{\alpha_{12}}{\alpha_{22}}\left(\frac{x_2}{x_1}\right) + \frac{\alpha_{11}}{\alpha_{22}} = 0; \qquad \left(\frac{x_2}{x_1}\right)^2 + 2\,\frac{\beta_{12}}{\beta_{22}}\left(\frac{x_2}{x_1}\right) + \frac{\beta_{11}}{\beta_{22}} = 0;$$

und wenn λ_1 und λ_2 die Wurzeln der ersten, μ_1 und μ_2 die der zweiten sind, so ist

$$2\,\frac{\alpha_{12}}{\alpha_{22}} = -(\lambda_1 + \lambda_2); \qquad \frac{\alpha_{11}}{\alpha_{22}} = \lambda_1\lambda_2;$$

$$2\,\frac{\beta_{12}}{\beta_{22}} = -(\mu_1 + \mu_2); \qquad \frac{\beta_{11}}{\beta_{22}} = \mu_1\mu_2.$$

Setzt man diese Werthe in die Form $(\xi\eta)^2$ ein, so folgt:

$$\lambda_1\lambda_2 - \tfrac{1}{2}(\lambda_1 + \lambda_2)(\mu_1 + \mu_2) + \mu_1\mu_2 = 0;$$

oder:

$$\frac{\lambda_1 - \mu_1}{\lambda_1 - \mu_2} = -\frac{\lambda_2 - \mu_1}{\lambda_2 - \mu_2}.$$

Wenn nun A und C die Punkte des Paares α, B und D diejenigen des Paares β sind, so sind $\lambda_1\lambda_2\mu_1\mu_2$ der Reihe nach die Coordinaten dieser Punkte, d. h. ihre Entfernungen von einem festen Punkte O; also ist

$$\frac{(O - A) - (O - B)}{(O - A) - (O - D)} = -\frac{(O - C) - (O - B)}{(O - C) - (O - D)}$$

oder:

$$\frac{B - A}{D - A} = -\frac{B - C}{D - C},$$

wodurch das Paar (AC) als harmonisch mit dem Paare (BD) nachgewiesen ist.

2) Da ξ und η nicht gleichbedeutend sind, so wird der Ausdruck $(\xi\eta)$ nicht identisch Null sein; denn $(\xi\eta)$ ist nicht dasselbe wie $(\eta\xi)$. Wir haben daher noch die Covariante

$$(\xi\eta)$$

zu betrachten, für welche $r = 2$, $c = 1$, und deren Grad $n' = nr - cp = 2$ ist. Sie ist nach Nr. 72 die *Functionaldeterminante* des Systems der beiden Functionen. In der Bezeichnung von (1) ausgedrückt ist sie $(\alpha\beta)x^2$, und es handelt sich noch um die geometrische Bedeutung der Gleichung

$$(4) \qquad (\alpha\beta)x^2 = 0.$$

Dieselbe drückt als binäre quadratische Form zunächst ein Punktepaar aus. Sei dasselbe mit γ bezeichnet, so ist $\gamma x^2 = 0$ dieselbe Gleichung, mithin

$$(5) \qquad (\alpha\beta) = \gamma.$$

Fügen wir den beiden Seiten dieser Gleichung α oder β als äusseren Factor hinzu, so wird die linke Seite jedesmal Null (nach den Gesetzen der äusseren Multiplication); mithin ist

$$(6) \qquad (\alpha\gamma) = 0 \text{ und } (\beta\gamma) = 0.$$

Diese Gleichungen aber sagen, wie oben gefunden wurde, aus, dass sowohl das Paar α wie das Paar β mit γ harmonisch ist. *Mithin stellt* $(\alpha\beta)x^2 = 0$ *dasjenige Punktepaar dar, welches mit den Paaren α und β gleichzeitig harmonisch ist, oder* (nach Nr. 37) *die Doppelpunkte der durch die Paare α und β bestimmten Involution.*

Reduction auf die Stammformen. Alle Covarianten des Systems lassen sich aus $6 - 2 + 1 = 5$ Stammformen ableiten, von denen vier bereits bekannt sind, nämlich die gegebenen Functionen φ_0 und ψ_0, sowie ihre Hesse'schen Determinanten φ_2 und ψ_2. Die Reduction der beiden oben gegebenen Covarianten liefert:

(6a) $(\alpha\beta)x^2 = (\xi\eta) = (\xi - \eta) = \varphi_1 - \psi_1;$

$(\alpha\beta) = (\xi\eta)^2 = (\xi - \eta)^2 = \xi^2 - 2\xi\eta + \eta^2 = \varphi_2 - 2\varphi_1\psi_1 + \psi_2.$

Zu den vier bekannten Stammformen kommen also noch zwei, nämlich φ_1 und ψ_1 hinzu, von denen jedoch *eine* willkürlich bestimmt werden kann. Wir bilden zu diesem Zweck

$$[(\xi\eta)]^2 = \varphi_1^2 - 2\varphi_1\psi_1 + \psi_1^2,$$

und erhalten durch Subtraction dieser Gleichung von der vorigen:

(6b) $(\xi\eta)^2 - [(\xi\eta)]^2 = \varphi_2 + \psi_2 - (\varphi_1^2 + \psi_1^2).$

Darauf bestimmen wir φ_1 und ψ_1 durch die Gleichung

$$\varphi_1^2 + \psi_1^2 = 0$$

in Verbindung mit (6a), woraus folgt:

$$\varphi_1 = (\xi\eta)\left(\frac{i+1}{2}\right); \quad \psi_1 = (\xi\eta)\left(\frac{i-1}{2}\right),$$

während (6b) übergeht in:

(6c) $(\alpha\beta) = \frac{(\alpha^2)}{2} + \frac{(\beta^2)}{2} + [(\alpha\beta)x^2]^2.$

Um diese Gleichung schliesslich homogen zu machen, müssen wir ihren drei ersten Gliedern resp. die Factoren $\alpha x^2 . \beta x^2$, $(\beta x^2)^2$, $(\alpha x^2)^2$ hinzufügen, und erhalten:

(7) $\alpha x^2 . \beta x^2 . (\alpha\beta) = \frac{1}{2}[(\alpha^2) . (\beta x^2)^2 + (\beta^2) . (\alpha x^2)^2] + [(\alpha\beta)x^2]^2,$

oder in der früheren Bezeichnung:

(8) $\varphi_0\psi_0(\xi\eta)^2 = \varphi_0^2\psi_2 + \psi_0^2\varphi_2 + [(\xi\eta)]^2 .$ [*]

Bei der Bildung weiterer Covarianten trifft das an entsprechender Stelle in Nr. 92 Gesagte auch hier zu. Da nun, wie aus der letzten Formel hervorgeht, $(\xi\eta)^2$ nicht als ganze,

---

[*] Identisch mit den Formeln in Clebsch, Binäre Formen, S. 119, (10) u. S. 197, (1). — Auch für Formen von höherem als zweitem Grade giltig.

und $(\xi\eta)$ nicht einmal als rationale Function der übrigen 5 Formen auftritt, so sind beide Formen unabhängig (nach Nr. 87 am Schluss). *Das Formensystem der beiden Functionen enthält demnach ausser den vier Formen φ_0, φ_2, ψ_0, ψ_2 nur noch die beiden Formen $(\xi\eta)^2$ und $(\xi\eta)$.*

95. Unter den *abhängigen* Formen des Systems sei noch erwähnt *die Hesse'sche Determinante von* $(\xi\eta)$. Um dieselbe durch andere Formen auszudrücken, nehmen wir aus der Formel (7) den Werth

$$[(\alpha\beta)x^2]^2 = -\tfrac{1}{2}[(\alpha^2)(\beta x^2)^2 - 2(\alpha\beta)\alpha x^2 . \beta x^2 + (\beta^2)(\alpha x^2)^2].$$

Da links die gleich Null zu setzende Function $(\xi\eta)$ steht, so ist auch die rechte Seite der Gleichung Null, und wenn wir setzen

$$\beta x^2 = X_1; \quad \alpha x^2 = X_2; \quad \frac{(\alpha^2)}{2} = A_{11}; \quad \frac{(\alpha\beta)}{2} = -A_{12}; \quad \frac{(\beta^2)}{2} = A_{22},$$

so erhält die Gleichung die Form

$$A_{11}X_1^2 + 2A_{12}X_1X_2 + A_{22}X_2^2 = 0.$$

Da dieselbe mit (2) in Nr. 90 übereinstimmt, so ist ihre Hesse'sche Determinante (welche gleichzeitig diejenige von $(\xi\eta)$ ist) nach S. 182 2) gleich $2(A_{11}A_{22} - A_{12}^2)$. Andrerseits ist dieselbe gleich $[(\alpha\beta)^2]$. Wir erhalten mithin, wenn wir die Grössen A durch ihre Werthe ersetzen:

$$(9) \qquad [(\alpha\beta)^2] = \tfrac{1}{2}[(\alpha^2) . (\beta^2) - [(\alpha\beta)]^2]. \,*)$$

Die Hesse'sche Determinante der Functionaldeterminante zweier binärer quadratischer Formen heisst die *Resultante* des Systems der beiden Formen. Berechnet man sie nämlich in Function der Coefficienten der Coordinaten-Gleichungen, so nimmt sie die Form an, zu der wir im ersten Beispiel am Schluss von Nr. 71 gelangten, d. h.: sie ist das Resultat der Elimination von x_1 und x_2 zwischen den beiden Formen.

γ) *Drei* Functionen.

96. Drei Functionen

$$(1) \qquad \alpha x^2 = 0; \quad \beta x^2 = 0; \quad \gamma x^2 = 0,$$

---

*) Identisch mit der Formel bei Clebsch a. a. O. am Schluss vom § 57.

worin

(1a)
$$x = x_1 e_1 + x_2 e_2$$

ist, repräsentiren *drei Punktepaare auf einer Geraden.*

Covarianten. Um eine gemeinsame Covariante der drei Functionen zu finden, haben wir in der Formel $n' = n r - c p$ zu setzen $r = 3$. Die Annahme $c = 3$ führt auf die Form

$$(\xi \eta)\,(\eta\,\zeta)\,(\zeta\,\xi),$$

oder in andrer Bezeichnung $(\alpha\beta\gamma)$. Dieselbe ist, da $n' = 0$, eine Invariante, und ihr Verschwinden bedeutet das Vorhandensein einer geometrischen Beziehung zwischen den drei Punktepaaren. Nach Gleichung (5) der Nr. 93 bedeutet nun die Gleichung $(\alpha\beta) = \delta$, dass das Paar α und das Paar β beide mit einem Paare δ harmonisch sind. Fügen wir auf beiden Seiten dieser Gleichung den äusseren Factor γ hinzu, so ist $(\alpha\beta\gamma) = (\delta\gamma)$. Wenn nun

(2)
$$(\alpha\beta\gamma) = 0$$

ist, so ist auch

$$(\delta\gamma) = 0;$$

d. h. nach Formel (3) der Nr. 93: auch γ ist mit δ harmonisch. *Die Gleichung* (2) *drückt also aus, dass die drei Paare* α, β, γ *alle mit einem Paare* δ *harmonisch sind,* d. h. (nach „Raumlehre" Nr. 171), *dass sie involutorisch sind.*

Da die Formel (2) aussagt, dass das äussere Product von α, β und γ Null ist, so besteht zwischen diesen Grössen eine Zahlbeziehung. Man kann also auch schreiben:

(2a)
$$\lambda\alpha + \mu\beta + \nu\gamma = 0,$$

woraus durch Multiplication mit $\beta\gamma$ wieder (2) folgt. Liegen die Paare α, β, γ auf drei verschiedenen Geraden, so drücken die Formeln (2) und (2a) aus, dass α, β, γ einen involutorischen *Verein* bilden. (Vgl. Nr. 39).

Reduction auf die Stammformen. — Alle Covarianten des **97.** Systems lassen sich aus $9 - 2 + 1 = 8$ Stammformen ableiten, von denen sechs bereits bekannt sind, nämlich die gegebenen Functionen φ_0, ψ_0, χ_0, und ihre Hesse'schen Determinanten φ_2, ψ_2, χ_2. Durch Reduction der oben gegebenen Covariante erhalten wir:

$$(\xi\eta)(\eta\zeta)(\zeta\xi) = (\xi - \eta)(\eta - \zeta)(\zeta - \xi)$$
$$= \xi\eta\zeta - \xi\zeta^2 - \eta^2\zeta + \eta\zeta^2 - \xi^2\eta + \xi^2\zeta + \eta^2\xi - \eta\zeta\xi,$$

oder, da Anfangs- und Endglied sich heben:

$$(\xi\eta)(\eta\zeta)(\zeta\xi) = \varphi_2(\chi_1 - \psi_1) + \psi_2(\varphi_1 - \chi_1) + \chi_2(\psi_1 - \varphi_1).$$

Von den drei neuen Stammformen $\varphi_1\psi_1\chi_1$ kann die eine beseitigt werden; wir ersetzen sie jedoch sämmtlich (ähnlich wie in Nr. 94) durch andre Formen, indem wir aus (6a) in Nr. 94 entnehmen:

$$\psi_1 - \varphi_1 = -(\alpha\beta)x^2; \quad \chi_1 - \psi_1 = -(\beta\gamma)x^2;$$
$$\varphi_1 - \chi_1 = -(\gamma\alpha)x^2.$$

Ersetzen wir ausserdem $\varphi_2, \psi_2, \chi_2$ und die linke Seite der Gleichung durch ihre Werthe in Function von x, so folgt:

$$(\alpha\beta\gamma) = -\tfrac{1}{2}[(\alpha^2).(\beta\gamma)x^2 + (\beta^2).(\gamma\alpha)x^2 + (\gamma^2).(\alpha\beta)x^2].$$

Um schliesslich diese Gleichung homogen zu machen, multipliciren wir ihre Glieder resp. mit $\alpha x^2.\beta x^2.\gamma x^2$, $\beta x^2.\gamma x^2$, $\gamma x^2.\alpha x^2$, $\alpha x^2.\beta x^2$, und erhalten:

$$(3) \quad \alpha x^2.\beta x^2.\gamma x^2.(\alpha\beta\gamma) = -\tfrac{1}{2}[\beta x^2.\gamma x^2.(\alpha^2).(\beta\gamma)x^2$$
$$+ \gamma x^2.\alpha x^2.(\beta^2).(\gamma\alpha)x^2 + \alpha x^2.\beta x^2.(\gamma^2).(\alpha\beta)x^2]$$

oder in der früheren Bezeichnung:

$$(4) \quad \varphi_0\psi_0\chi_0(\xi\eta)(\eta\zeta)(\zeta\xi) = -\tfrac{1}{2}[\psi_0\chi_0\varphi_2(\eta\zeta) + \chi_0\varphi_0\psi_2(\zeta\xi)$$
$$+ \varphi_0\psi_0\chi_2(\xi\eta)].\,{}^*)$$

Die Covariante $(\alpha\beta\gamma)$ ist nach diesem Resultat eine unabhängige Form.

Es ist nun noch der Fall $r = 3$, $c = 2$ zu untersuchen. Dieser führt auf die Form

$$(\xi\eta)(\zeta\xi).$$

Die Reduction liefert:

$$\cdot \;(\xi\eta)(\zeta\xi) = (\xi - \eta)(\xi - \zeta) = \xi^2 - \eta\xi - \xi\zeta + \eta\zeta$$
$$= \varphi_2 - \psi_1\varphi_1 - \varphi_1\chi_1 + \psi_1\chi_1$$

oder, mit 2 multiplicirt:

$$2(\alpha\beta\gamma)x^2 = (\alpha^2) - 2\psi_1\varphi_1 - 2\varphi_1\chi_1 + 2\psi_1\chi_1.$$

${}^*)$ Auch für Formen von höherem als zweitem Grade giltig.

Nun ist nach den Formeln (6b) und (6c) der Nr. 94:

$$- 2\psi_1\varphi_1 = [(\beta\alpha)x^2]^2 = (\beta\alpha) - \frac{(\alpha^2) + (\beta^2)}{2};$$

$$- 2\varphi_1\chi_1 = [(\alpha\gamma)x^2]^2 = (\alpha\gamma) - \frac{(\alpha^2) + (\gamma^2)}{2};$$

$$+ 2\psi_1\chi_1 = - [(\beta\gamma)x^2]^2 = - (\beta\gamma) + \frac{(\beta^2) + (\gamma^2)}{2};$$

mithin durch Einsetzung dieser Werthe:

$$2(\alpha\beta\gamma)x^2 = (\beta\alpha) + (\alpha\gamma) - (\beta\gamma),$$

oder, homogen gemacht:

(5) $2(\alpha\beta\gamma)x^2 = \gamma x^2 . (\beta\alpha) + \beta x^2 . (\alpha\gamma) - \alpha x^2 . (\beta\gamma),$

oder in der früheren Bezeichnung:

(6) $2(\xi\eta)(\xi\zeta) = \chi_0(\xi\eta)^2 + \psi_0(\xi\zeta)^2 - \varphi_0(\eta\zeta)^2.$ *)

Die Form $(\xi\eta)(\xi\zeta)$ erweist sich hiernach als eine abhängige.

Nimmt man r grösser als 3 an, so muss man schliesslich durch Gleichsetzung die Zahl der verwendeten Buchstaben auf 3 reduciren. Es entstehen dabei in ähnlicher Weise wie früher Factoren von der Form φ_2^n und alle Neubildungen erscheinen als ganze Functionen der bisher betrachteten. *Das Formensystem der drei Functionen enthält hiernach ausser den Formen* $\varphi_0, \psi_0, \chi_0, \varphi_2, \psi_2, \chi_2, (\xi\eta), (\xi\zeta), (\eta\zeta), (\xi\eta)^2, (\xi\zeta)^2, (\eta\zeta)^2$ *nur noch die eine gemeinsame Form* $(\xi\eta)(\eta\zeta)(\zeta\xi).$

$\delta)$ *Vier und mehr* Functionen.

Im Falle von 4 Functionen gestattet die Formel $n' = nr - cp$, 98. oder $n' = 8 - 2c$ die beiden Annahmen $c = 4$ und $c = 3$.

Für $c = 4$ hat man

$$(\xi\eta)(\eta\zeta)(\zeta\vartheta)(\vartheta\xi) = \xi^2\zeta^2 + \eta^2\vartheta^2 + 2\xi\eta\zeta\vartheta$$
$$- \xi^2(\eta\zeta + \zeta\vartheta - \eta\vartheta) - \cdots$$

wobei aus dem letzten Gliede durch circuläre Vertauschung der Buchstaben noch drei neue Glieder hervorgehen. Diese Gleichung kann man schreiben:

$$(\alpha\beta\gamma\delta) = \varphi_2\chi_2 + \psi_2\omega_2 + 2\varphi_1\psi_1\chi_1\omega_1$$
$$- \varphi_2(\psi_1\chi_1 + \chi_1\omega_1 - \psi_1\omega_1) - \cdots$$

oder nach den Formeln der vorigen Nr.:

---

*) Siehe Anm. zu Formel (4).

$$(\alpha\beta\gamma\delta) = \frac{(\alpha^2)(\gamma^2) + (\beta^2)(\delta^2)}{4} + 2\left[\frac{(\alpha^2) + (\beta^2)}{4} - \frac{(\alpha\beta)}{2}\right]$$

$$\cdot\left[\frac{(\gamma^2) + (\delta^2)}{4} - \frac{(\gamma\delta)}{2}\right] - \frac{(\alpha^2)}{4}\left[(\beta\delta) - (\beta\gamma) - (\gamma\delta) + (\gamma^2)\right] - \cdots$$

Diese Gleichung lässt durch ihre Homogenität bereits erkennen, dass $(\alpha\beta\gamma\delta)$ als ganze Function niederer Formen darstellbar, also keine unabhängige Form ist.

Dasselbe Resultat würde sich für die aus dem Falle $c = 3$ entspringende Form $(\xi\eta)(\eta\zeta)(\zeta\vartheta)$ ergeben, *sodass hiernach ein System von vier Functionen keine unabhängige gemeinsame Covariante besitzt.* Wir schliessen hieraus, dass dasselbe auch für Systeme von mehr als vier Functionen zutrifft.

Ein System von n binären quadratischen Functionen besitzt hiernach folgendes Formensystem:

a) Aus je *einer* Function gebildet:

    1. Die n Functionen selbst.

    2. Die n Hesse'schen Determinanten von der Form $(\overline{\xi\eta})^2$.

b) Aus je *zwei* Functionen gebildet:

    3. Die $\frac{n(n-1)}{2}$ Hesse'schen Determinanten von der Form $(\xi\eta)^2$.

    4. Die $\frac{n(n-1)}{2}$ Functional-Determinanten von der Form $(\xi\eta)$.

c) Aus je *drei* Functionen gebildet:

    5. Die $\frac{n(n-1)(n-2)}{1 \cdot 2 \cdot 3}$ Invarianten von der Form $(\xi\eta)(\eta\zeta)(\zeta\xi)$.

b) Die Function 3. Grades. (Cubische Form.)

α) *Eine* Function.

99. Die *allgemeine* Form dieser Function ist

(1) $$\alpha x^3 = 0,$$

oder wenn man

(1a) $$x = x_1 e_1 + x_2 e_2$$

setzt:

(2) $$\alpha_{111}x_1^3 + 3\alpha_{112}x_1^2 x_2 + 3\alpha_{122}x_1 x_2^2 + \alpha_{222}x_2^3 = 0.$$

Durch eine ähnliche Betrachtung wie bei der binären quadratischen Form findet man, *dass die cubische Form eine dreigliedrige Punktreihe (oder einen dreigliedrigen Stralenbüschel) vorstellt.*

Canonische Formen. — Um für die Gleichung (2) eine *canonische Form* zu finden, nehmen wir *erstens* an, dass zwei der dargestellten Punkte mit e_1 und e_2 zusammenfallen. Dann ist nach (1)

$$a e_1{}^3 = 0; \quad a e_2{}^3 = 0$$

oder

$$a_{111} = 0; \quad a_{222} = 0,$$

sodass Gleichung (2) die Form annimmt:

$$a_{112} x_1{}^2 x_2 + a_{122} x_1 x_2{}^2 = 0,$$

oder

$$(3) \qquad x_1 x_2 (a_{112} x_1 + a_{122} x_2) = 0.$$

Der dritte Punkt der Function ist also dargestellt durch die Gleichung:

$$a_{112} x_1 + a_{122} x_2 = 0.$$

Ist auch $a_{112} = 0$, so folgt aus dieser Gleichung $x_2 = 0$; d. h. der dritte Punkt fällt mit dem ersten (e_1) zusammen. In diesem besonderen Falle also reducirt sich die canonische Form auf

$$x_1 x_2{}^2 = 0.$$

Um eine *zweite* canonische Form zu finden, stellen wir eine Betrachtung an, welche der bei der quadratischen Form gemachten analog ist. Dort wurden c_1 und c_2 als harmonische Punkte zu den beiden Punkten (X_1 und X_2) der Function angenommen. Die Bedingungsgleichung dieses harmonischen Verhältnisses kann nun („Raumlehre" Nr. 172) geschrieben werden:

$$\frac{e_1 - X_1}{e_2 - X_1} + \frac{e_1 - X_2}{e_2 - X_2} = 0;$$

und diese Gleichung lässt sich für die drei Punkte ($X_1 X_2 X_3$) einer cubischen Function zu folgender Form erweitern:

$$(4) \qquad \frac{e_1 - X_1}{e_2 - X_1} + \frac{e_1 - X_2}{e_2 - X_2} + \frac{e_1 - X_3}{e_2 - X_3} = 0.$$

Setzen wir nun

$$(\alpha_1 + \alpha_2) X_1 = \alpha_1 c_1 + \alpha_2 c_2 ;$$
$$(\beta_1 + \beta_2) X_2 = \beta_1 c_1 + \beta_2 c_2 ;$$
$$(\gamma_1 + \gamma_2) X_3 = \gamma_1 c_1 + \gamma_2 c_2 ,$$

folglich:

$$(4a) \quad \frac{c_1 - X_1}{c_2 - X_1} = - \frac{\alpha_2}{\alpha_1}; \quad \frac{c_1 - X_2}{c_2 - X_2} = - \frac{\beta_2}{\beta_1}; \quad \frac{c_1 - X_3}{c_2 - X_3} = - \frac{\gamma_2}{\gamma_1},$$

so geht Gleichung (4) über in

$$\frac{\alpha_2}{\alpha_1} + \frac{\beta_2}{\beta_1} + \frac{\gamma_2}{\gamma_1} = 0.$$

Nun sind $\frac{\alpha_2}{\alpha_1}$, $\frac{\beta_2}{\beta_1}$, $\frac{\gamma_2}{\gamma_1}$ als Coordinaten der Punkte $X_1 X_2 X_3$ die drei Wurzeln der Gleichung (2). Wenn also die Summe dieser Wurzeln gleich Null ist, so ist

$$(5) \qquad\qquad a_{122} = 0.$$

Durch die Gleichung (4) ist der Punkt c_2 bestimmt, sobald man c_1 irgendwie bestimmt hat. Um die Functionsgleichung noch weiter zu vereinfachen, stellen wir eine neue Gleichung zwischen c_1 und c_2 auf, welche dann in Verbindung mit (4) beide Punkte vollständig bestimmen wird. Wir bemerken für diesen Zweck, dass die Bedingungsgleichung des harmonischen Verhältnisses auch geschrieben werden kann:

$$\frac{c_2 - X_1}{c_1 - X_1} + \frac{c_2 - X_2}{c_1 - X_2} = 0,$$

und diese Gleichung giebt Anlass zu der erweiterten Form:

$$(6) \qquad \frac{c_2 - X_1}{c_1 - X_1} + \frac{c_2 - X_2}{c_1 - X_2} + \frac{c_2 - X_3}{c_1 - X_3} = 0.$$

Die Substitutionen (4a) geben:

$$\frac{\alpha_1}{\alpha_2} + \frac{\beta_1}{\beta_2} + \frac{\gamma_1}{\gamma_2} = 0,$$

oder, mit $\frac{\alpha_2 \beta_2 \gamma_2}{\alpha_1 \beta_1 \gamma_1}$ multiplicirt:

$$\frac{\beta_2}{\beta_1} \cdot \frac{\gamma_2}{\gamma_1} + \frac{\gamma_2}{\gamma_1} \cdot \frac{\alpha_2}{\alpha_1} + \frac{\alpha_2}{\alpha_1} \cdot \frac{\beta_2}{\beta_1} = 0.$$

Diese Gleichung, welche aussagt, dass die Summe der Producte je zweier Wurzeln der Gleichung (2) gleich Null ist, ist gleichbedeutend mit

$$(7) \qquad\qquad a_{112} = 0.$$

Bestimmt man also die Punkte c_1 und c_2 durch die Gleichungen (4) und (6), so lautet die canonische Form von (2):

$$(8) \qquad a_{111} x_1^3 + a_{222} x_2^3 = 0.$$

Die Gleichungen (5) und (7) können geschrieben werden:

$$a c_1 c_2^2 = 0; \qquad a c_1^2 c_2 = 0.$$

Da a die Punktreihe $X_1 X_2 X_3$ vorstellt, so ist die geometrische Bedeutung dieser Gleichung in der That dieselbe wie die von (4) und (6). Dieselbe geometrische Beziehung wie zwischen dem Paar $c_1 c_2$ und der Reihe $X_1 X_2 X_3$ wird nun obwalten zwischen irgend einem Punktepaar xy und der Reihe $X_1 X_2 X_3$, wenn man hat:

$$(9) \qquad a x y^2 = 0; \qquad a x^2 y = 0.$$

Es ist aber weiter:

$$3 a x^2 = f^{(1)}; \qquad 6 a x = f^{(2)}.$$

Die Gleichungen (9) können also geschrieben werden:

$$y^2 = f^{(2)}; \qquad y = f^{(1)}.$$

Wir sagen hiernach, in Uebereinstimmung mit Nr. 90: *Wenn a eine dreigliedrige Punktreihe, und x ein beliebiger Punkt auf derselben Geraden ist, so ist $a x^2$ (harmonisches) Centrum erster Ordnung zu der Punktreihe a in Bezug auf den Pol x. Und es ist $a x$ (harmonisches) Centrum zweiter Ordnung zu der Punktreihe a in Bezug auf den Pol x.*

Die geometrische Bedeutung der Gleichungen (4) und (6) als Bedingungen für die canonische Form (8) lässt sich also wie folgt aussprechen: *Damit eine binäre cubische Form sich auf die canonische Form (8) reducire, müssen die Punkte c_1 und c_2 so gewählt werden, dass jeder von ihnen harmonisches Centrum erster Ordnung zu der Punktreihe a ist, in Bezug auf den andern als Pol.*

Covarianten. Zur vorläufigen Uebersicht mögen alle den 100. Werthen $r = 2, 3, 4, 5$ entsprechenden Bildungen aufgestellt werden, soweit dieselben durch Ueberschiebungen über unabhängige Formen zu Stande kommen.

| Ueberschiebung | | | Form der Covariante | oder | r | c | n' |
wie-vielte	von	über					
2	f	f	$(\xi\eta)^2$	$(\alpha^2)x^2$	2	2	2
3	f	f	*$(\overline{\xi\eta})^3$	(α^2)	2	3	0
1	f	$(\xi\overline{\eta})^2$	$(\overline{\xi\eta})^2(\overline{\xi\zeta})$	$(\alpha^3)x^3$	3	3	3
2	f	$(\xi\eta)^2$	*$(\overline{\xi\eta})^2(\overline{\xi\zeta})(\eta\zeta)$	$(\alpha^3)x$	3	4	1
1	f	$(\xi\eta)^2(\xi\zeta)$	*$(\overline{\xi\eta})^2(\xi\zeta)(\zeta\overline{\vartheta})$	$(\alpha^4)x^4$	4	4	4
2	f	$(\overline{\xi\eta})^2(\overline{\xi\zeta})$	} *$(\xi\overline{\eta})^2(\overline{\zeta\vartheta})^2(\overline{\xi\zeta})$	$(\alpha^4)x^2$	4	5	2
1	$(\xi\eta)^2$	$(\overline{\xi\eta})^2$					
3	f	$(\overline{\xi\eta})^2(\overline{\xi\zeta})$	} $(\overline{\xi\eta})^2(\overline{\zeta\vartheta})^2(\overline{\xi\zeta})(\eta\vartheta)$	(α^4)	4	6	0
2	$(\overline{\xi\eta})^2$	$(\overline{\xi\eta})^2$					
1	f	$[(\overline{\xi\eta})^2]^2$	*$(\xi\overline{\eta})^2(\zeta\vartheta)^2(\xi\varkappa)$ *)	$(\alpha^5)x^5$	5	5	5
2	f	$[(\overline{\xi\eta})^2]^2$	} *$(\xi\overline{\eta})^2(\overline{\zeta\vartheta})^2(\xi\varkappa)(\zeta\varkappa)$	$(\alpha^5)x^3$	5	6	3
1	$(\xi\eta)^2$	$(\overline{\xi\eta})^2(\overline{\xi\zeta})$					
3	f	$[(\overline{\xi\eta})^2]^2$	} *$(\overline{\xi\eta})^2(\overline{\zeta\vartheta})^2(\overline{\xi\varkappa})(\overline{\eta\varkappa})(\overline{\zeta\varkappa})$	$(\alpha^5)x$	5	7	1
2	$(\xi\eta)^2$	$(\overline{\xi\eta})^2(\overline{\xi\zeta})$					

Von Formen höherer Ordnung fehlen in dieser Tabelle
(in der die abhängigen Formen durch einen Stern hervorgehoben sind) nur noch die Ueberschiebungen über die
3. Potenz von $(\overline{\xi\eta})^2$ und die zweite von $(\xi\overline{\eta})^2(\xi\zeta)$, weil diese
Potenzen, wie unten gezeigt wird, abhängige Formen sind,
und die Ueberschiebungen von $(\overline{\xi\eta})^2(\overline{\xi\zeta})$ über sich selbst und
über das Quadrat von $(\overline{\xi\eta})^2$.

1) Wir betrachten zunächst die Form

$$(\xi\overline{\eta})^2,$$

die *Hesse'sche Determinante* der Function. In andrer Bezeichnung, mit Null gleichgesetzt, lautet sie:

$$(\alpha^2)x^2 = 0.$$

*) Diese Form ist sofort als abhängige zu erkennen nach Nr. 83,
Regel 3. Von den folgenden beiden wird nur die letzte in Bezug auf
ihre Unabhängigkeit untersucht zu werden brauchen.

Um ihre geometrische Bedeutung zu finden, multipliciren wir die Gleichungen (9), nachdem wir sie auf die Form gebracht:

$$y^2 = \alpha x; \quad x^2 = \alpha y,$$

und erhalten

$$(xy)^2 = \alpha^2 (xy)$$

oder, falls nicht x und y zusammenfallen, durch Weglassung des Factors (xy):

(10) $$(xy) = \alpha^2.$$

Demnach repräsentirt α^2 diejenigen zwei Punkte, welche in Bezug auf einander harmonische Centra erster Ordnung zu der Punktreihe α sind, und $\alpha^2 x^2 = 0$ ist die Gleichung dieser Punkte.

Eine weitere Eigenschaft dieser beiden Punkte ergiebt sich durch folgende Betrachtung: Es seien XYZ die drei durch α vorgestellten Punkte. Construiren wir zu jedem derselben den vierten harmonischen Punkt in Bezug auf die beiden andern, sodass X_1 zu X, Y_1 zu Y und Z_1 zu Z conjugirt ist, dann ist, nach Nr. 90 (6) und der darauf folgenden Erklärung

(11) $$X = (YZ)X_1; \quad Y = (ZX)Y_1; \quad Z = (XY)Z_1;$$

multiplicirt:

$$(XYZ) = (YZ)(ZX)(XY) \cdot (X_1 Y_1 Z_1) = (XYZ)^2 \cdot (X_1 Y_1 Z_1),$$

oder, wenn wir $X_1 Y_1 Z_1$ durch α' bezeichnen:

$$\alpha = (\alpha^2) \cdot \alpha';$$

d. h.: jeder der Punkte α ist vierter harmonischer Punkt zu dem entsprechenden Punkte α' in Bezug auf das Paar α^2. *Das Paar α^2 ist also harmonisch mit jedem der drei Paare (XX_1), (YY_1), (ZZ_1), und ist das Doppelpunktpaar der durch jene Paare gebildeten Involution.* Vgl. Nr. 38.

Es mag noch beachtet werden, dass die Hesse'sche Determinante der Hesse'schen Determinante gleich $[(\alpha^2)^2] = (\alpha^4)$ ist.

2) Wir betrachten ferner die Form: **101.**

$$(\overline{\xi}\eta)^2(\xi\bar{\xi})$$

oder in anderer Bezeichnung, und gleich Null gesetzt:

$$(\alpha^3) x^3 = 0.$$

Die geometrische Bedeutung von α^3 findet sich, wenn wir, wie oben, $\alpha = XYZ$ setzen. Dann können wir schreiben:

$$\alpha^3 = (YX)Z \cdot (ZY)X \cdot (XZ)Y.$$

Vertauscht man aber in jeder der Formeln (11) die beiden Punkte jedes conjugirten Paares mit einander, so folgt:

$$X_1 = (ZY)X; \quad Y_1 = (XZ)Y; \quad Z_1 = (YX)Z;$$

mithin ist

$$(12) \qquad\qquad \alpha^3 = (X_1 Y_1 Z_1);$$

d. h.: *Die Covariante $\alpha^3.x^3 = 0$ stellt die drei Punkte dar, welche man erhält, wenn man zu jedem der Punkte α den vierten harmonischen Punkt in Bezug auf die beiden anderen bestimmt.*

3) Die dritte der zu betrachtenden Formen ist

$$(\overline{\xi\eta})^2(\xi\vartheta)^2(\overline{\xi\xi})(\eta\vartheta),$$

oder in andrer Bezeichnung, und gleich Null gesetzt:

$$(\alpha^4) = 0.$$

Sie ist hiernach mit der oben gefundenen Hesse'schen Determinante der Hesse'schen Determinante identisch. Ihr Verschwinden bedeutet, dass das Punktepaar (α^2) in *einen* Punkt zusammenfällt. Mithin werden die vierten harmonischen Punkte $(X_1 Y_1 Z_1)$ zu diesem Punktepaar und den Punkten XYZ unbestimmt. Da aber X_1, Y_1, Z_1 auch die vierten harmonischen Punkte zu den Gruppen $(XY),Z; (YZ),X; (ZX),Y$ sind, *so müssen irgend zwei von den Punkten XYZ zusammenfallen, und dies ist die geometrische Bedeutung der Invariante (α^4).*

102. *Reduction auf die Stammformen.* — Alle Covarianten der Function lassen sich aus $4 - 2 + 1 = 3$ Stammformen ableiten, von denen eine, φ_0 die Function selbst ist. Es ist ferner nach Nr. 92:

$$(13) \qquad\qquad (\alpha^2)\,x^2 = (\overline{\xi\eta})^2 = 2\varphi_2,$$

mithin $(\overline{\xi\eta})^2$ die zweite Stammform. Gehen wir in der Reihe der oben aufgestellten Covarianten weiter, so findet sich

$$(\alpha^2) = (\overline{\xi\eta})^3 = 0,$$

nach Nr. 83, Regel 2. Sodann:

$$(\overline{\xi\,\eta})^2(\xi\zeta) = (\xi^2 - 2\xi\eta + \eta^2)(\xi \quad \zeta),$$

oder mit Weglassung der Glieder, die einen Factor in der ersten Potenz enthalten, und nach der Bedingung $\varphi_1 = 0$ verschwinden:

$$(14) \qquad (\alpha^3)x^3 = (\overline{\xi\,\eta})^2(\xi\zeta) = \xi^3 = \varphi_3.$$

Weiter findet man:

$$(\alpha^3)x = (\overline{\xi\,\eta})^2(\overline{\xi\,\xi})(\overline{\eta\,\zeta}) = -2\xi^2\eta^2 + \xi^2\zeta^2 + \eta^2\zeta^2 = 0$$

$$(\alpha^4)x^4 = (\overline{\xi\,\eta})^2(\overline{\xi\,\xi})(\overline{\xi\,\vartheta}) = -\xi^2\zeta^2 - \zeta^2\eta^2 = -2\varphi_2{}^2$$
$$= -\tfrac{1}{2}[(\alpha^2)x^2]^2\,{}^*)$$

$$(\alpha^4)x^2 = (\overline{\xi\,\eta})^2(\zeta\,\vartheta)^2(\xi\zeta) = 0,$$

weil die Vertauschung von ξ mit ζ und von η mit ϑ die Form ungeändert lässt, nach Nr. 83, Regel 2. Endlich:

$$(\alpha^4) = (\overline{\xi\,\eta})^2(\overline{\xi\,\vartheta})^2(\overline{\xi\,\zeta})(\overline{\eta\,\vartheta}) = -(\overline{\xi\,\eta})^2(\overline{\xi\,\xi}) \cdot (\vartheta\,\zeta)^2(\overline{\vartheta\,\eta})$$
$$= [\xi^3 - 2\xi^2\eta + \eta^2\xi - \xi^2\eta + 2\xi\eta\zeta - \eta^2\zeta]$$
$$\cdot [-\vartheta^3 + 2\vartheta^2\zeta - \zeta^2\vartheta + \vartheta^2\eta - 2\vartheta\zeta\eta + \zeta^2\eta],$$

oder, ausmultiplicirt, mit Weglassung der verschwindenden Glieder:

$$(\alpha^4) = -\xi^3\vartheta^3 - 2\xi^2\eta^2\vartheta^2 - 2\xi^2\eta^2\zeta^2 - 2\xi^2\vartheta^2\zeta^2 - 2\vartheta^2\eta^2\zeta^2 - \eta^3\zeta^3$$
$$= -2\varphi_3{}^2 - 8\varphi_2{}^3.$$
$$= -2[(\alpha^3)x^3]^2 - [(\alpha^2)x^2]^3.$$

Um diese Gleichung homogen zu machen, müssen wir ihre linke Seite mit $(\alpha x^3)^2$ multipliciren, und erhalten schliesslich:

$$(15) \qquad [\alpha x^3]^2 \cdot (\alpha^4) = -2[(\alpha^3)x^3]^2 - [(\alpha^2)x^2]^3,$$

oder in der früheren Bezeichnung:

$$(16) \quad \varphi_0{}^2 \cdot [(\xi\eta)^2(\zeta\,\vartheta)^2(\xi\zeta)(\overline{\eta\,\vartheta})] = -2\varphi_3{}^2 - 8\varphi_2{}^3.\,{}^{**})$$

Hiernach ist (α^4) eine unabhängige Form.

----

*) Auch auf folgende Art, nach Analogie von $(\overline{\xi\,\eta})(\overline{\xi\,\zeta})$ in Nr. 92, zu finden: $(\overline{\xi\,\eta})^2(\overline{\xi\,\zeta})(\overline{\zeta\,\vartheta}) = (\overline{\xi\,\eta})^2(\xi\,\vartheta)(\zeta\,\vartheta) - (\overline{\xi\,\eta})^2(\overline{\zeta\,\vartheta})^2 = -(\overline{\xi\,\eta})^2(\overline{\xi\,\vartheta})(\overline{\vartheta\,\zeta})$ $- (\overline{\xi\,\eta})^2(\zeta\,\vartheta)^2$. Vertauscht man rechts ζ und ϑ, und bringt das erste Glied nach links, so folgt: $2(\overline{\xi\,\eta})^2(\overline{\xi\,\zeta})(\overline{\zeta\,\vartheta}) = -(\overline{\xi\,\eta})^2(\overline{\zeta\,\vartheta})^2$; oder $(\overline{\xi\,\eta})^2(\xi\zeta)(\zeta\,\vartheta) = -\tfrac{1}{2}[(\overline{\xi\,\eta})^2]^2$.

**) Identisch mit den Formeln bei Clebsch a. a. O. S. 118 (7) und S. 337 unten.

Wir haben bis jetzt nur die den Werthen $r = 2, 3, 4$ entsprechenden Covarianten betrachtet. Jede andere Covariante wird wieder in der allgemeinen Form

$$\alpha^r x^{n'}$$

enthalten sein, worin r und n' durch die aus $n' = 3r - 2c$ folgende Bedingung

$$c = \frac{3r - n'}{2}$$

zunächst in der Weise beschränkt sind, dass r und n' entweder gleichzeitig gerade, oder gleichzeitig ungerade sein müssen, und dass $3r \geqq n'$ sein muss.

Es können nun alle in der so definirten Form $\alpha^r x^{n'}$ enthaltenen Ausdrücke auf eine oder mehrere Weisen als Producte aus folgenden Formen dargestellt werden:

$$\alpha x^3 ; \quad (\alpha^2) x^2 ; \quad (\alpha^3) x^3 ; \quad (\alpha^4) ;$$

d. h. aus der Function selbst, und ihren bisher ermittelten unabhängigen Covarianten. Diejenigen Formen, welche eine derartige Zerlegung nicht gestatten, sind identisch gleich Null.

Sind $P_1, P_2 \ldots$ die verschiedenen Zerlegungsweisen einer Form $\alpha^r x^{n'}$, so ist

$$\alpha^r x^{n'} = \lambda_1 P_1 + \lambda_2 P_2 + \ldots,$$

worin $\lambda_1, \lambda_2 \ldots$ reelle Zahlen sind. Um die Abhängigkeit einer Form nachzuweisen, genügt es offenbar, die Möglichkeit einer einzigen Zerlegung darzuthun.

Bei der Aufstellung der verschiedenen möglichen Formen haben wir noch zu beachten, dass, wenn nicht schon von vornherein zerfallende Formen entstehen sollen, c mindestens gleich $r - 1$ sein muss; das Maximum von n' ist also $3r - (r - 1)2 = r + 2$. So erhalten wir folgende Reihen.

Formen ungeraden Grades.   *Formen geraden Grades.*

$[\alpha x^3]$,

$(\alpha^3 x)$, $|\alpha^3 x^3|$, $\alpha^3 x^5$, (α^2), $[\alpha^2 x^2]$, $(\alpha^2 x^4)$,

$\alpha^5 x$, $\alpha^5 x^3$, $\alpha^5 x^5$, $\alpha^5 x^7$, $[\alpha^4]$, $(\alpha^4 x^2)$, $\alpha^4 x^4$, $\alpha^4 x^6$,

$\alpha^7 x$, $\alpha^7 x^3$, $\alpha^7 x^5$, $\alpha^7 x^7$, $\alpha^7 x^9$, α^6, $\alpha^6 x^2$, $\alpha^6 x^4$, $\alpha^6 x^6$, $\alpha^6 x^5$,

. . . .

Hierbei sind die unabhängigen Formen in eckige, die als verschwindende bereits bekannten (incl. $(\xi \bar{\eta}) = \alpha^2 x^4$) in runde

Klammern geschlossen. Die übrigen lassen sich der Reihe nach als Producte von α^1 oder $\alpha^2 x^2$ und einer bereits bekannten Form darstellen (mit einziger Ausnahme von $\alpha^5 x$), und sind daher entweder abhängige oder verschwindende Formen (letzteres in dem Falle, wo der eine Factor selbst eine verschwindende Form ist. Der Ueberschiebungs-Ausdruck der Form verschwindet alsdann nach Nr. 83, Regel 2).

Anmerkung. In der oben gegebenen Uebersicht über die den Werthen $r = 2$ bis 5 entsprechenden Formen kam es wiederholt vor, dass derselbe Ausdruck Resultat von mehreren Bildungen war. Es ist hiernach denkbar (und kommt bei den Formen von höherem als dem 4. Grade wirklich vor), dass verschiedene Bildungen auf unabhängige Formen von gleichem Grade und gleicher Ordnung führen. Insbesondere können Covarianten einer Form in Grad und Ordnung mit Covarianten ihrer eigenen Covarianten übereinstimmen, ohne doch mit ihnen identisch zu sein. In diesem Falle verliert der Ausdruck $\alpha^r x^{n'}$ seine Eindeutigkeit, und seine Zerlegbarkeit in Formen niederer Art erlaubt nur den Schluss, dass, wenn R_1, R_2 zwei gleichzeitig durch $\alpha^r x^{n'}$ dargestellte Bildungen sind, eine Gleichung von der Form

$$\mu_1 R_1 + \mu_2 R_2 = \lambda_1 P_1 + \lambda_2 P_2$$

besteht, d. h. dass die eine unabhängige Form R_1 durch die andre R_2 ersetzt werden kann. Ein Beispiel giebt Formel (11) S. 283 bei Clebsch a. a. O. Vgl. auch Nr. 85.

Es ist nun noch $\alpha^5 x$ zu untersuchen, oder

$$(\overline{\xi\eta})^2 (\overline{\zeta\vartheta})^2 (\overline{\xi\varkappa})(\overline{\eta\varkappa})(\overline{\zeta\varkappa}).$$

Berechnet man die beiden Theile $(\xi\eta)^2(\zeta\vartheta)^2$ und $(\xi\varkappa)(\eta\varkappa)(\zeta\varkappa)$ einzeln, so können alle Glieder, welche ϑ und $\varkappa$ in der ersten Potenz enthalten, wegbleiben, und die Multiplication der übrig bleibenden Ausdrücke zeigt, dass auch diese Covariante gleich Null ist.

Hiernach enthält das vollständige Formensystem der cubischen binären Form nur vier Formen, deren Charactere (c) in Abhängigkeit von Grad (n') und Ordnung (r) in folgendem Schema dargestellt sind.

c $\diagdown$	$n' =$ 0	1	2	3
$r =$ 1				0
2			2	
3				3
4	6			

β) *Zwei* Functionen.

103. Zwei Functionen:

$$\alpha x^3 = 0; \quad \beta x^3 = 0$$

repräsentiren zwei Punktetripel auf einer Geraden.

Covarianten. Ausser den acht Formen, welche den beiden Functionen, jede für sich genommen, angehören, nämlich:

$$\alpha x^3; \quad (\alpha^2)x^2; \quad (\alpha^3)x^3; \quad (\alpha^4);$$
$$\beta x^3; \quad (\beta^2)x^2; \quad (\beta^3)x^3; \quad (\beta^4).$$

sind noch sämmtliche in Nr. 100 aufgestellten Ueberschiebungen zu bilden, und zwar so, dass die beiden Theile der Ueberschiebung je einer Form angehören. Dadurch entsteht folgendes System:

Ueberschiebg. von	über	1.	2.	3.	Ueberschiebg. von	über	1.	2.	3.
αx^3	βx^3	$\alpha\beta x^4$	$\alpha\beta x^2$	$\alpha\beta$	$\alpha^2 x^2$	$\beta^2 x^2$	$\alpha^2\beta^2 x^2$	$\alpha^2\beta^2$	
αx^3	$\beta^2 x^2$	$\alpha\beta^2 x^3$	$\alpha\beta^2 x$		$\alpha^2 x^2$	$\beta^3 x^3$	$\cdot\alpha^2\beta^3 x^3$	$\alpha^2\beta^3 x$	
$\alpha^2 x^2$	βx^3	$\alpha^2\beta x^3$	$\alpha^2\beta x$		$\alpha^3 x^3$	$\beta^2 x^2$	$\cdot\alpha^3\beta^2 x^3$	$\alpha^3\beta^2 x$	
αx^3	$\beta^3 x^3$	$\cdot\alpha\beta^3 x^4$	$\alpha\beta^3 x^2$	$\alpha\beta^3$	$\alpha^3 x^3$	$\beta^3 x^3$	$\cdot\alpha^3\beta^3 x^4$	$\cdot\alpha^3\beta^3 x^2$	$\alpha^3\beta^3$
$\alpha^3 x^3$	βx^3	$\cdot\alpha^3\beta x^4$	$\alpha^3\beta x^2$	$\alpha^3\beta$	$\alpha^3 x^3$	$[\beta^2 x^2]^2$	$\cdot\alpha^3\beta^2 x^5$	$\cdot\alpha^3\beta^2 x^3$	$\alpha^3\beta^2 x$
αx^3	$[\beta^2 x^2]^2$	$\cdot\alpha\beta^4 x^5$	$\cdot\alpha\beta^4 x^3$	$\alpha\beta^4 x$	$[\alpha^2 x^2]^2$	$\beta^3 x^3$	$\cdot\alpha^2\beta^3 x^5$	$\cdot\alpha^2\beta^3 x^3$	$\alpha^2\beta^3 x$
$[\alpha^2 x^2]^2$	βx^3	$\cdot\alpha^4\beta x^5$	$\cdot\alpha^4\beta x^3$	$\alpha^4\beta x$					

Die abhängigen Formen sind wieder durch einen Stern hervorgehoben.[*]

104. *Reduction auf die Stammformen.* Alle Covarianten des Systems lassen sich aus $8 - 2 + 1 = 7$ Stammformen ableiten, von denen sechs bereits bekannt sind, nämlich $\varphi_0 \varphi_2 \varphi_3 \psi_0 \psi_2 \psi_3$. Es ist ferner, wie früher:

$$(\xi\eta) = (\alpha\beta)x^1 = \varphi_1 - \psi_1;$$

und man kann bei der Reduction auf die Stammformen mittelst dieser Gleichung eine der Formen φ_1 und ψ_1 eliminiren und die andere willkürlich bestimmen. Es ist dann $(\xi\eta)$ selbst die siebente Stammform. Nachdem in Nr. 94 Formel (8) be-

---

[*] Vgl. Clebsch a. a. O. §. 61.

reits die Ableitung von $(\xi\eta)^2$ gegeben ist, möge hier noch als Beispiel die von $(\xi\eta)^3$ folgen.

$(\xi\eta)^3 = \varphi_3 + 3(\varphi_1\psi_2 - \psi_1\varphi_2) - \psi_3$. — Man erhält zunächst durch die Substitutionen:

$$\varphi_1 = (\xi\eta) + \psi_1; \quad \psi_1 = \varphi_1 - (\xi\eta)$$

$$(\xi\eta)^3 = \varphi_3 - \psi_3 + 3(\xi\eta)(\varphi_2 + \psi_2) - 3(\varphi_1\varphi_2 - \psi_1\psi_2).$$

Aehnlich wie in Nr. 94 subtrahirt man hiervon:

$$[(\xi\eta)]^3 = \varphi_1^3 - 3\varphi_1\psi_1(\varphi_1 - \psi_1) - \psi_1^3,$$

und erhält:

$$(\xi\eta)^3 - [(\xi\eta)]^3 = \varphi_3 - \psi_3 + 3(\xi\eta)(\varphi_2 + \psi_2)$$
$$- [\varphi_1^3 - 3\varphi_1\psi_1(\varphi_1 - \psi_1) + 3(\varphi_1\varphi_2 - \psi_1\psi_2) - \psi_1^3].$$

Man bestimmt nun φ_1 und ψ_1 durch die Gleichung:

$$\varphi_1^3 - 3\varphi_1\psi_1(\varphi_1 - \psi_1) + 3(\varphi_1\varphi_2 - \psi_1\psi_2) - \psi_1^3 = 0$$

oder:

$$(\varphi_1 - \psi_1)^3 = -3(\varphi_1\varphi_2 - \psi_1\psi_2)$$

in Verbindung mit

$$\varphi_1 - \psi_1 = (\xi\eta),$$

woraus folgt:

$$\varphi_1(\varphi_2 - \psi_2) = -\tfrac{1}{3}[(\xi\eta)]^3 - \psi_2(\xi\eta);$$
$$\psi_1(\varphi_2 - \psi_2) = -\tfrac{1}{3}[(\xi\eta)]^3 - \varphi_2(\xi\eta).$$

Die Hauptgleichung aber geht über in:

$$(\xi\eta)^3 = \varphi_3 - \psi_3 + 3(\xi\eta)(\varphi_2 + \psi_2) + [(\xi\eta)]^3,$$

oder:

$$(\alpha\beta) = (\alpha^3)x^3 - (\beta^3)x^3 + 3(\alpha\beta)x^1\left[\frac{(\alpha^2)x^2 + (\beta^2)x^2}{2}\right] + [(\alpha\beta)x^1]^3;$$

homogen gemacht:

$$[\alpha x^3]^2 \cdot [\beta x^3]^2 \cdot (\alpha\beta) = [\beta x^3]^3 \cdot (\alpha^3)x^3 - [\alpha x^3]^3 \cdot (\beta^3)x^3$$
$$+ \tfrac{3}{2}(\alpha\beta)x^1 \cdot [[\beta x_3]^2 \cdot (\alpha^2)x^2 + [\alpha x^3]^2 \cdot (\beta^2)x^2] + [(\alpha\beta)x^1]^3.$$

oder in andrer Bezeichnung:

$$(2) \quad \varphi_0^2\psi_0^2(\xi\eta)^3 = \psi_0^3\varphi_3 - \varphi_0^3\psi_3 + 3(\psi_0^2\varphi_2 + \varphi_0^2\psi_2)(\xi\eta) + [(\xi\eta)]^3. \;{}^*)$$

Nach diesen Resultaten sind die Formen $(\xi\eta)$; $(\xi\eta)^2$; $(\xi\eta)^3$ sämmtlich unabhängig.

---

*) Auch für Formen von höherem als drittem Grade giltig.

Anmerkung. Für die Bestimmung der Functionen φ_1 und ψ_1, welche in jedem einzelnen Falle durch eine besondere Gleichung erfolgt, mangelt es einstweilen noch an einem festen Principe. — Andere, zwischen den Covarianten bestehende Beziehungen, wie sie bei Clebsch a. a. O. S. 223—228 abgeleitet worden, sind specielle Fälle solcher Beziehungen, welche zwischen den Covarianten binärer Functionen von beliebigem Grade stattfinden, und werden theilweise in Nr. 112 ihre Erledigung finden.

c) Die Function 4. Grades. (Biquadratische Form.)

105. Die *allgemeine* Form dieser Function ist

(1)
$$\alpha x^4 = 0,$$

oder, wenn man

(1a)
$$x = x_1 c_1 + x_2 c_2$$

setzt:

(2) $\quad \alpha_{1111} x_1^4 + 4\alpha_{1112} x_1^3 x_2 + 6\alpha_{1122} x_1^2 x_2^2 + 4\alpha_{1222} x_1 x_2^3$
$$+ \alpha_{2222} x_2^4 = 0..$$

Sie stellt eine viergliedrige Punktreihe oder einen viergliedrigen Stralenbüschel vor.

Canonische Formen. Um für die Gleichung (2) eine *canonische Form* zu finden, nehmen wir *erstens* an, dass zwei der dargestellten Punkte mit c_1 und c_2 zusammenfallen. Dann ist nach (1):

$$\alpha c_1^4 = 0; \quad \alpha c_2^4 = 0;$$

oder

$$\alpha_{1111} = 0; \quad \alpha_{2222} = 0,$$

sodass Gleichung (2) die Form annimmt:

(3) $\quad x_1 x_2 (2\alpha_{1112} x_1^2 + 3\alpha_{1122} x_1 x_2 + 2\alpha_{1222} x_2^2) = 0.$

Die beiden übrigen Punkte der Function sind also dargestellt durch die Gleichung:

$$2\alpha_{1112} x_1^2 + 3\alpha_{1122} x_1 x_2 + 2\alpha_{1222} x_2^2 = 0.$$

Ist auch $\alpha_{1122} = 0$, so sind diese beiden Punkte (nach Nr. 90) mit c_1 und c_2 harmonisch, und die canonische Form reducirt sich auf

$$\alpha_{1112} x_1^3 x_2 + \alpha_{1222} x_1 x_2^3 = 0.$$

Um eine *zweite* canonische Form zu finden, bezeichnen wir die vier Punkte der Function mit $X_1 X_2 X_3 X_4$, und bestimmen (analog mit Nr. 99) c_1 und c_2 durch die Bedingungen:

$$(4) \quad \begin{aligned} \frac{c_1 - X_1}{c_2 - X_1} + \frac{c_1 - X_2}{c_2 - X_2} + \frac{c_1 - X_3}{c_2 - X_3} + \frac{c_1 - X_4}{c_2 - X_4} = 0; \\ \frac{c_2 - X_1}{c_1 - X_1} + \frac{c_2 - X_2}{c_1 - X_2} + \frac{c_2 - X_3}{c_1 - X_3} + \frac{c_2 - X_4}{c_1 - X_4} = 0. \end{aligned}$$

Wenn dann

$$(\alpha_1 + \alpha_2) X_1 = \alpha_1 c_1 + \alpha_2 c_2;$$
$$(\beta_1 + \beta_2) X_2 = \beta_1 c_1 + \beta_2 c_2;$$
$$(\gamma_1 + \gamma_2) X_3 = \gamma_1 c_1 + \gamma_2 c_2;$$
$$(\delta_1 + \delta_2) X_4 = \delta_1 c_1 + \delta_2 c_2$$

gesetzt wird, woraus folgt:

$$(4a) \quad \begin{aligned} \frac{c_1 - X_1}{c_2 - X_1} = -\frac{\alpha_2}{\alpha_1}; \quad \frac{c_1 - X_2}{c_2 - X_2} = -\frac{\beta_2}{\beta_1}; \\ \frac{c_1 - X_3}{c_2 - X_3} = -\frac{\gamma_2}{\gamma_1}; \quad \frac{c_1 - X_4}{c_2 - X_4} = -\frac{\delta_2}{\delta_1}, \end{aligned}$$

so gehen die Gleichungen (4) über in

$$\frac{\alpha_2}{\alpha_1} + \frac{\beta_2}{\beta_1} + \frac{\gamma_2}{\gamma_1} + \frac{\delta_2}{\delta_1} = 0; \quad \frac{\alpha_1}{\alpha_2} + \frac{\beta_1}{\beta_2} + \frac{\gamma_1}{\gamma_2} + \frac{\delta_1}{\delta_2} = 0.$$

Multiplicirt man die zweite derselben mit $\frac{\alpha_2 \beta_2 \gamma_2 \delta_2}{\alpha_1 \beta_1 \gamma_1 \delta_1}$, so lautet sie:

$$\frac{\beta_2}{\beta_1} \cdot \frac{\gamma_2}{\gamma_1} \cdot \frac{\delta_2}{\delta_1} + \frac{\gamma_2}{\gamma_1} \cdot \frac{\delta_2}{\delta_1} \cdot \frac{\alpha_2}{\alpha_1} + \frac{\delta_2}{\delta_1} \cdot \frac{\alpha_2}{\alpha_1} \cdot \frac{\beta_2}{\beta_1} + \frac{\alpha_2}{\alpha_1} \cdot \frac{\beta_2}{\beta_1} \cdot \frac{\gamma_2}{\gamma_1} = 0.$$

Nun sind $\frac{\alpha_2}{\alpha_1}, \frac{\beta_2}{\beta_1}, \frac{\gamma_2}{\gamma_1}, \frac{\delta_2}{\delta_1}$ als Coordinaten der Punkte $X_1 X_2 X_3 X_4$ die Wurzeln der Gleichung (2). Mithin sind die beiden letzterhaltenen Gleichungen gleichbedeutend mit

$$(5) \qquad \alpha_{1112} = 0; \quad \alpha_{1222} = 0.$$

Bestimmt man also die Punkte c_1 und c_2 durch die Gleichungen (4), so lautet die canonische Form von (2)

$$(6) \qquad \alpha_{1111} x_1^4 + 6\alpha_{1122} x_1^2 x_2^2 + \alpha_{2222} x_2^4 = 0.$$

Die Gleichungen (5) können geschrieben werden:

$$\alpha c_1^3 c_2 = 0; \quad \alpha c_1 c_2^3 = 0,$$

und drücken auch in dieser Gestalt die geometrische Beziehung aus, welche zwischen c_1 und c_2 einerseits und den Punkten der Function andrerseits besteht. Setzt man zwei beliebige Punkte x und y an die Stelle von c_1 und c_2, so ist dieselbe Beziehung ausgedrückt durch die Gleichungen:

$$(7) \qquad \alpha x^3 y = 0; \quad \alpha x y^3 = 0.$$

Da nun

$$4 \alpha x^3 = f^{(1)}; \quad 24 \alpha x = f^{(3)}$$

ist, so können die Gleichungen (7) auch geschrieben werden:

$$y^3 = f^{(3)}; \quad y = f^{(1)}.$$

Wir sagen demnach (übereinstimmend mit Nr. 99): *Wenn α eine viergliedrige Punktreihe, und x ein beliebiger Punkt auf derselben Geraden ist, so ist αx^3 Centrum erster, und αx Centrum dritter Ordnung zu der Punktreihe α in Bezug auf den Pol x.*

Damit also eine binäre biquadratische Form sich auf die canonische Form (6) reducire, müssen die Punkte c_1 und c_2 so gewählt werden, dass jeder von ihnen harmonisches Centrum erster Ordnung zu der Punktreihe α ist, in Bezug auf den andern als Pol.

Bemerkenswerth ist noch, dass die Gleichungen (4) auch befriedigt werden durch das System

$$(8) \quad \frac{e_1 - X_1}{e_2 - X_1} + \frac{e_1 - X_2}{e_2 - X_2} = 0; \quad \frac{e_1 - X_3}{e_2 - X_3} + \frac{e_1 - X_4}{e_2 - X_4} = 0.$$

Denn durch Addition dieser Gleichungen erhält man die obere der Gleichungen (4), und da die eben aufgestellten Gleichungen auch geschrieben werden können

$$\frac{e_2 - X_1}{e_1 - X_1} + \frac{e_2 - X_2}{e_1 - X_2} = 0; \quad \frac{e_2 - X_3}{e_1 - X_3} + \frac{e_2 - X_4}{e_1 - X_4} = 0,$$

so zeigt sich, dass man durch Addition dieser Gleichungen auch die untere (4) erhält.

Durch das System (8) sind aber c_1 und c_2 als Doppelpunkte der durch die 4 Punkte der Function gegebenen Involution bestimmt. Es reicht also diese Bestimmung zur Herstellung der canonischen Form (6) aus.

In einem speciellen Falle gestattet die Form (6) noch eine weitere Vereinfachung. Dieselbe tritt ein, wenn die vier Punkte der Function so beschaffen sind, dass

$$\alpha_{1122} = 0.$$

Die canonische Form ist dann

$$(9) \qquad \alpha_{1111} x_1^4 + \alpha_{2222} x_2^4 = 0.$$

Nun haben wir oben gesehen, dass, wenn $a_{1122} = 0$ ist, das eine Punktepaar der Function mit dem anderen (oben c_1 und c_2) *harmonisch* ist. *Diese geometrische Beziehung der vier Punkte ist also die Bedingung für die Vereinfachung der Gleichung* (6) *auf die Form* (9). *)

Covarianten. Zur vorläufigen Uebersicht mögen alle den 106. Werthen $r = 2$ und 3 entsprechenden Bildungen aufgestellt werden, soweit dieselben durch Ueberschiebungen über unabhängige Formen zu Stande kommen.

Ueberschiebung			Form der Covariante	oder	r	c	n'
wievielte	von	über					
2	f	f	$(\bar{\xi}\eta)^2$	$(\alpha^2)x^4$	2	2	4
3	f	f	$*(\bar{\xi}\eta)^3$	$(\alpha^2)x^2$	2	3	6
4	f	f	$(\bar{\xi}\eta)^4$	(α^2)	2	4	0
1	f	$(\bar{\xi}\eta)^2$	$(\bar{\xi}\eta)^2(\xi\zeta)$	$(\alpha^3)x^6$	3	3	6
2	f	$(\bar{\xi}\eta)^2$	$*(\bar{\xi}\eta)^2(\bar{\xi}\zeta)^2$	$(\alpha^3)x^4$	3	4	4
3	f	$(\bar{\xi}\eta)^2$	$*(\bar{\xi}\eta)^2(\bar{\xi}\zeta)^2(\eta\bar{\zeta})$	$(\alpha^3)x^2$	3	5	2
4	f	$(\bar{\xi}\eta)^2$	$(\bar{\xi}\eta)^2(\bar{\xi}\bar{\zeta})^2(\eta\bar{\zeta})^2$	(α^3)	3	6	0

*) *Andere Ableitung dieses Resultates.* — Wenn das Paar $X_1 X_2$ gleichzeitig mit $X_3 X_4$, und mit $e_1 e_2$ harmonisch ist (die zweite Annahme kann stets gemacht werden) dann ist nach „Raumlehre" Nr. 170 (am Schluss):

$$\frac{e_1 - X_1}{e_2 - X_2} \cdot \frac{e_1 - X_2}{e_2 - X_2} + \frac{e_1 - X_3}{e_2 - X_3} \cdot \frac{e_1 - X_4}{e_2 - X_4} = 0,$$

oder, mit Rücksicht auf (4a)

(a) $$\frac{\alpha_2}{\alpha_1} \cdot \frac{\beta_2}{\beta_1} + \frac{\gamma_2}{\gamma_1} \cdot \frac{\delta_2}{\delta_1} = 0.$$

Ferner liefert die Annahme, dass $X_1 X_2$ mit $X_3 X_4$ harmonisch ist, für sich allein die Gleichung:

$$\left(\frac{\alpha_2}{\alpha_1} - \frac{\gamma_2}{\gamma_1}\right) : \left(\frac{\alpha_2}{\alpha_1} - \frac{\delta_2}{\delta_1}\right) + \left(\frac{\beta_2}{\beta_1} - \frac{\gamma_2}{\gamma_1}\right) : \left(\frac{\beta_2}{\beta_1} - \frac{\delta_2}{\delta_1}\right) = 0;$$

oder:

$$2\left(\frac{\alpha_2}{\alpha_1} \cdot \frac{\beta_2}{\beta_1} + \frac{\gamma_2}{\gamma_1} \cdot \frac{\delta_2}{\delta_1}\right) - \left(\frac{\alpha_2}{\alpha_1} + \frac{\beta_2}{\beta_1}\right)\left(\frac{\gamma_2}{\gamma_1} + \frac{\delta_2}{\delta_1}\right) = 0;$$

Die abhängigen Formen sind in dieser Tabelle wieder durch einen Stern hervorgehoben. Die Formen höherer Ordnungen sind weggelassen, weil, wie sich unten zeigen wird, nur noch *eine* derselben, nämlich die vierte Ueberschiebung von f über $(\xi\eta)^2(\overline{\xi\zeta})$ [in Zeichen: $(\xi\eta)^2(\overline{\xi\vartheta})^2(\xi\zeta)^2(\overline{\eta\vartheta}) = (\alpha^4)x^2$] einer besonderen Untersuchung bedürfen wird.

1) Wir betrachten zunächst die Form

$$(\overline{\xi\eta})^2,$$

die *Hesse'sche Determinante* der Function. In anderer Bezeichnung, mit Null gleichgesetzt, lautet sie:

$$(\alpha^2)x^4 = 0.$$

Um ihre geometrische Bedeutung zu finden, bestimmen wir zu je dreien der vier Punkte $(X\,Y\,Z\,U)$ der Function die vierten harmonischen Punkte $(X_1\,Y_1\,Z_1\,U_1)$, sodass (nach Nr. 90, Formel 6)

$$X = (UZ)\,Y_1\,; \quad Y = (XZ)\,U_1\,;$$
$$Z = (UY)\,X_1\,; \quad U = (XY)\,Z_1\,.$$

Durch Multiplication dieser vier Gleichungen erhält man:

$$(X\,Y\,Z\,U) = (UZ)(XZ)(UY)(XY)\,.\,(X_1\,Y_1\,Z_1\,U_1);$$

oder, wenn man $(X_1\,Y_1\,Z_1\,U_1) = \alpha'$ setzt:

$$\alpha = (\alpha^2)\alpha'.$$

Wenn nun oben αx harmonisches Centrum dritter Ordnung zu der Punktreihe α in Bezug auf den Pol x war, so können wir jetzt sagen: *Jeder der Punkte α ist harmonisches Centrum dritter Ordnung zu der Punktreihe (α^2) in Bezug auf den entsprechenden Punkt α' als Pol.*

oder wegen (a)

(b) $\qquad \dfrac{\alpha_2}{\alpha_1}\cdot\dfrac{\gamma_2}{\gamma_1} + \dfrac{\beta_2}{\beta_1}\cdot\dfrac{\gamma_2}{\gamma_1} + \dfrac{\alpha_2}{\alpha_1}\cdot\dfrac{\delta_2}{\delta_1} + \dfrac{\beta_2}{\beta_1}\cdot\dfrac{\delta_2}{\delta_1} = 0.$

Durch Addition von (a) und (b) aber erhält man

$$\alpha_{1122} = 0.$$

Da ferner $c_1 c_2$ mit $X_1 X_2$ harmonisch ist, so ist, wenn man $c_1 c_2$ durch die fernere Bedingung bestimmt, dass es auch mit $X_3 X_4$ harmonisch sei,

$$\alpha_{1112} = 0\,; \quad \alpha_{1222} = 0,$$

wie schon oben gezeigt wurde; mithin ist durch diese Annahmen die Form (2) auf (9) reducirt.

2) Wir betrachten ferner die Form

$$(\xi\eta)^2(\xi\xi),$$

oder in andrer Bezeichnung, und gleich Null gesetzt:

$$(a^3)x^6 = 0.$$

Ihre geometrische Bedeutung ergiebt sich unmittelbar, wenn wir (a^3) in der Form schreiben:

$$(a^3) = [(XY)(ZU)] \cdot [(XZ)(YU)] \cdot [(XU)(YZ)].$$

Es ist nämlich (nach Nr. 93, Formel 5) $(XY)(ZU)$ das Paar, welches gleichzeitig mit (XY) und mit (ZU) harmonisch ist. Bezeichnen wir dasselbe mit $(A_{12}A_{34})$, und wenden auf die beiden anderen eckigen Klammern analoge Bezeichnungen an, so ist

$$(a^3) = (A_{12}A_{34})(A_{13}A_{24})(A_{14}A_{23}).$$

Bildet man also aus den vier Punkten der Function auf dreifache Weise je zwei Paare, und sucht zu jedem der drei Doppelpaare das gemeinsame harmonische Paar, so sind diese drei neuen Paare durch die Covariante $(a^3)x^6 = 0$ *dargestellt.[*]* Vgl. Nr. 38.

3) Die dritte der zu untersuchenden Formen,

$$(\bar\xi\bar\eta)',$$

oder in andrer Bezeichnung und gleich Null gesetzt:

$$(a^2) = 0$$

ist eine Invariante; ihr Verschwinden drückt also eine zwischen den 4 Punkten der Function bestehende Beziehung aus. Wir finden diese Beziehung, wenn wir sie in der Form schreiben:

$$2(a^2) = (XY)(ZU) \cdot (XZ)(YU) + (XU)^2 \cdot (YZ)^2 = 0.$$

---

[*] Wenn man von der Form $(a^2)x^4$ die Covariante $(\bar\xi\eta)^2(\bar\xi\xi)^2$ bildet, so lautet dieselbe $(a^6)x^6$. Dieser Ausdruck ist aber das Product aus a^3 und a^3x^6, (weil, wie sich unten zeigen wird, die andere Zusammensetzung aus a^2x^4 und a^4x^2 wegen $a^4x^2 = 0$ hinfällig wird), unterscheidet sich also von a^3x^6 nur durch eine Invariante, und stellt daher die nämlichen 6 Punkte dar, wie a^3x^6. In dieser Beziehung liegt der Satz: *Bildet man aus den vier Punkten* (a^2) *auf dreifache Weise je zwei Paare, und sucht zu jedem der drei Paare das gemeinsame harmonische Paar, so erhält man dieselben drei Paare, als wenn man von den Punkten* a *ausgeht.*

Betrachtet man in dieser Gleichung die Producte je zweier Buchstaben als äussere, so stellen dieselben Linientheile vor. Ersetzt man dieselben durch die entsprechenden Strecken (XY durch $X - Y$ etc.), so geht die Gleichung in die Bedingungsgleichung äquianharmonischer Punkte über. (Vgl. Nr. 47 am Schluss.) *Mithin zeigt das Verschwinden der Invariante (a^2) an, dass die vier Punkte der Function sich in äquianharmonischer Lage befinden.*

4) Die letzte Form

$$(\overline{\xi\eta})^2\,(\overline{\xi\zeta})^2\,(\overline{\eta\zeta})^2,$$

oder in andrer Bezeichnung und gleich Null gesetzt:

$$(a^3) = 0,$$

ist ebenfalls eine Invariante. Ihre geometrische Bedeutung geht unmittelbar aus der unter 2) gegebenen Form hervor:

$$(a^3) = [(XY)(ZU)] \cdot [(XZ)(YU)] \cdot [(XU)(YZ)] = 0.$$

Diese Gleichung wird nämlich befriedigt, wenn irgend einer ihrer drei algebraischen Factoren gleich Null ist, z. B. wenn

$$(XY)(ZU) = 0.$$

Diese Gleichung sagt aber (nach Nr. 93, Formel 3) aus, dass das Paar XY mit ZU harmonisch ist; *mithin zeigt das Verschwinden der Invariante (a^3) an, dass die vier Punkte der Function sich auf irgend welche Weise in harmonischer Lage befinden.*

108. *Reduction auf die Stammformen.* — Alle Covarianten der Function lassen sich aus $5 - 2 + 1 = 4$ Stammformen ableiten, von denen eine, φ_0 die Function selbst ist. Es ist ferner

(10) $(a^2)x^1 = (\overline{\xi\eta})^2 = 2\varphi_2$; (Nr. 102, Formel 13).

$(a^2)x^2 = (\overline{\xi\eta})^3 = 0$; (Nr. 83, Regel 2).

(11) $(a^3)x^6 = (\overline{\xi\eta})^2(\overline{\xi\zeta}) = \varphi_3$; (Nr. 102, Formel 14).

Weiter ist

$$(\overline{\xi\eta})^4 = \xi^4 - 4\xi^3\eta + 6\xi^2\eta^2 - 4\xi\eta^3 + \eta^4$$
$$= \varphi_4 + 6\varphi_2{}^2 + \varphi_1;$$

also:

(11a) $(a^2) = (\overline{\xi\eta})^4 = 2(\varphi_1 + 3\varphi_2{}^2).$

Hieraus folgt:

$$\varphi_1 = \tfrac{1}{2}(\alpha^2) - \tfrac{3}{4}[(\alpha^2)x^4]^2,$$

oder, homogen gemacht:

$$\varphi_1 = \tfrac{1}{2}(\alpha^2) \cdot [\alpha x^1]^2 - \tfrac{3}{4}[(\alpha^2)x^1]^2,$$

oder in andrer Bezeichnung:

(12) $$\varphi_1 = \tfrac{1}{2}\varphi_0^2(\overline{\xi\eta})^1 - 3\varphi_2^2;$$

oder:

(13) $$\tfrac{1}{2}\varphi_0^2(\overline{\xi\eta})^4 = \varphi_1 + 3\varphi_2^2,{}^*)$$

wodurch sich $(\overline{\xi\eta})^4$ als unabhängige Form kennzeichnet.

Die nächste Form ist (vgl. das Beispiel in Nr. 85. Anm.)

$$\begin{aligned}
(\alpha^3)x^1 = \tfrac{1}{3}(\overline{\xi\eta})^2(\overline{\xi\zeta})^2 &= \tfrac{1}{3}(\xi^2 - 2\xi\eta + \eta^2)(\xi^2 - 2\xi\zeta + \zeta^2)\\
&= \tfrac{1}{3}(\xi^4 + \xi^2\zeta^2 + \eta^2\xi^2 + \eta^2\zeta^2)\\
&= \tfrac{1}{3}(\varphi_1 + 3\varphi_2^2) = \tfrac{1}{6}(\alpha^2),
\end{aligned}$$

oder, homogen gemacht:

$$(\alpha^3)x^1 = \tfrac{1}{3}(\overline{\xi\eta})^2(\xi\zeta)^2 = \tfrac{1}{6}(\alpha^2) \cdot \alpha x^1 = \tfrac{\varphi_0}{3}(\varphi_1 + 3\varphi_2^2),$$

also eine abhängige Form.

Die nächste Form

$$(\alpha^3)x^2 = (\xi\eta)^2(\overline{\xi\zeta})^2(\overline{\eta\zeta})$$

verschwindet nach Nr. 83, Regel 2, wie sich zeigt, wenn man η mit ζ vertauscht. Es bleibt noch zu betrachten:

$$(\alpha^3) = (\overline{\xi\eta})^2(\overline{\xi\zeta})^2(\eta\zeta)^2 = (\xi^2 - 2\xi\eta + \eta^2)(\xi^2 - 2\xi\zeta + \zeta^2)(\eta^2 - 2\eta\zeta + \zeta^2).$$

Bei der Multiplication der ersten beiden Klammern können die Glieder, welche ξ in erster Potenz enthalten, wegbleiben. So erhält man:

$$\begin{aligned}
(\alpha^3) &= (\xi^4 - 2\xi^3\zeta - 2\xi^3\eta + 4\xi^2\eta\zeta + \xi^2\zeta^2 + \xi^2\eta^2 + \eta^2\zeta^2)(\eta^2 - 2\eta\zeta + \zeta^2)\\
&= \xi^4\eta^2 + \xi^4\zeta^2 - 2\xi^3\zeta^3 - 2\xi^3\eta^3 - 8\xi^2\eta^2\zeta^2 + \xi^2\eta^2\zeta^2 + \xi^2\zeta^4\\
&\quad + \xi^2\eta^4 + \xi^2\eta^2\zeta^2 + \eta^4\zeta^2 - 2\eta^3\zeta^3 + \eta^2\zeta^4
\end{aligned}$$

(13a) $$(\alpha^3) = 6\varphi_1\varphi_2 - 6\varphi_3^2 - 6\varphi_2^3.$$

$$\begin{aligned}
\tfrac{1}{6}(\alpha^3) &= \tfrac{1}{4}(\alpha^2)[(\alpha^2)x^1] - \tfrac{3}{4}[(\alpha^2)x^1]^3 - [(\alpha^3)x^6]^2 - \tfrac{1}{4}[(\alpha^2)x^1]^3\\
&= \tfrac{1}{4}(\alpha^2)[(\alpha^2)x^1] - \tfrac{1}{2}[(\alpha^2)x^1]^3 - [(\alpha^3)x^6]^2,
\end{aligned}$$

---

*) Identisch mit der zweiten Formel auf S. 337 bei Clebsch a. a. O.

oder, homogen gemacht:

$$\tfrac{1}{6}(\alpha^3)_{,}[\alpha x^4]^3 = \tfrac{1}{4}(\alpha^2)^2_{,}[(\alpha^2)x^4] \cdot [\alpha x^4]^2 - \tfrac{1}{8}[(\alpha^2)x^4]^3 - [(\alpha^3)x^6]^2,$$

oder in andrer Bezeichnung:

$$(14) \quad \tfrac{1}{6}\varphi_0{}^3 \cdot (\overline{\xi}\,\overline{\eta})^2 (\xi\xi)^2 (\eta\overline{\xi})^2 = \varphi_0{}^2 \cdot \varphi_2(\overline{\xi}\,\overline{\eta})^4 - 4\varphi_2{}^3 - \varphi_3{}^2,{}^*)$$

wodurch (α^3) als unabhängige Form nachgewiesen ist.

Die übrigen aus der Function ableitbaren Covarianten lassen sich entweder als Producte der Formen

$$\alpha x^4, \; (\alpha^2)x^4, \; (\alpha^2), \; (\alpha^3)x^6, \; (\alpha^3)$$

darstellen, oder sind, sofern sie diese Zerlegung nicht gestatten, gleich Null. Wir erhalten mit Rücksicht auf die Bedingung, dass das Maximum von n' gleich $4r - (r-1)2 = 2r + 2$ ist, die Reihen:

$$[\alpha x^4],$$
$$[\alpha^2], \quad (\alpha^2 x^2), \quad [\alpha^2 x^4], \quad (\alpha^2 x^6),$$
$$[\alpha^3], \quad (\alpha^3 x^2), \quad \alpha^3 x^4, \quad \lceil \alpha^3 x^6 \rfloor,$$
$$\alpha^4, \quad \alpha^4 x^2, \quad \alpha^4 x^4, \quad \alpha^4 x^6, \quad \alpha^4 x^5, \quad \alpha^4 x^{10},$$
$$\cdot \quad \cdot \quad \cdot \quad \cdot \quad \cdot \quad \cdot \quad \cdot \quad \cdot$$

worin die unabhängigen Formen in eckige, die bereits als verschwindend bekannten (incl. $(\overline{\xi}\,\overline{\eta}) = \alpha^2 x^6$) in runde Klammern geschlossen sind. Es ist ferner $\alpha^3 x^4$ bereits als abhängig nachgewiesen. Alle übrigen Formen aber sind als Producte früherer Formen darstellbar, mithin theils abhängige, theils verschwindende Formen (letzteres in dem Falle, wo der eine Factor selbst eine verschwindende Form ist. Der Ueberschiebungs-Ausdruck der Form verschwindet alsdann nach Nr. 83, Regel 2).

Hiernach enthält das vollständige Formensystem der biquadratischen binären Form nur fünf Formen, deren Charactere (c) in Abhängigkeit von Grad (n') und Ordnung (r) in folgendem Schema dargestellt sind:

c \\ $n' =$	0	2	4	6
$r = 1$			0	
2	4		2	
3	6			3

---

*) Identisch mit der zweiten Formel auf S. 143 bei Clebsch a. a. O.

Unter den abhängigen Formen verdienen noch zwei eine 109. nähere Betrachtung.

1) $(\alpha^1)x^1$, ein Theil der dritten Ueberschiebung von f über $(\overline{\xi\eta})^2(\xi\zeta)$. — Nach der bei den cubischen Formen gegebenen Uebersichtstabelle ist

$$(\alpha^1)x^1 = (\xi\eta)^2(\overline{\xi\vartheta})^2(\overline{\xi\zeta})(\overline{\eta\vartheta}),$$

und nach Nr. 102, Formel 16 ist (ohne Homogenität):

$$(\alpha^1)x^1 = -2\varphi_3{}^2 - 8\varphi_2{}^3.$$

Hiernach wäre $(\alpha^1)x^1$ eine unabhängige Form, da man zur Herstellung der Homogenität links $\varphi_0{}^2$ hinzufügen muss. Wir können aber $(\alpha^1)x^1$ durch die invarianten Bildungen (11a) und (13a) der Nr. 108 ausdrücken. Zu diesem Zweck addiren und subtrahiren wir rechts $2\varphi_2\varphi_4$ und erhalten:

$$(\alpha^1)x^1 = 2(\varphi_2\varphi_4 - \varphi_3{}^2 - \varphi_2{}^3) - 2\varphi_2(\varphi_4 + 3\varphi_2{}^2),$$

oder, nach Formel (11a) und (13a) Nr. 108:

$$(\alpha^1)x^1 = \frac{(\alpha^3)}{3} - \varphi_2(\alpha^2),$$

oder, homogen gemacht:

$$(15) \qquad (\alpha^1)x^1 = \varphi_0\frac{(\alpha^3)}{3} - \varphi_2(\alpha^2).$$

Es liegt also hier der Fall vor, dass ein Ausdruck, welcher den Stammformen gegenüber unabhängig erscheint, als abhängige Function andrer Formen darstellbar ist. Combinirt man bei der Herstellung der Ueberschiebung die Buchstaben anders als oben, so entstehen Formen, die gleichfalls durch $(\alpha^1)x^1$ ausgedrückt werden, sich aber sogleich als abhängige Formen darstellen, indem sie entweder in $\varphi_0(\alpha^3)$ oder in $\varphi_2(\alpha^2)$ übergehen. Es verdient bemerkt zu werden, dass α^1x^1 unmittelbar die Zerlegungen $(\alpha^3)(\alpha x^1)$ und $(\alpha^2)(\alpha^2 x^1)$ liefert.

2) (α^6), die sechste Ueberschiebung von $(\overline{\xi\eta})^2(\xi\zeta)$ über sich selbst. Aus der Form dieser Invariante schliessen wir auf eine Zerlegung von folgender Gestalt:

$$(\alpha^6) = \lambda[(\alpha^2)]^3 + \mu[(\alpha^3)]^2.$$

Für den Fall, dass (α^6) gleich Null ist, wird man haben:

$$\frac{[\alpha^2]^3}{[\alpha^3]^2} = -\frac{\mu}{\lambda}.$$

Wenn die Function f, statt auf (c_1, c_2), auf zwei andere Punkte $(\varepsilon_1, \varepsilon_2)$ bezogen wird, so ist nach Nr. 78:

$$(\varepsilon_1 \varepsilon_2) = \varDelta (c_1 c_2),$$

wobei $\varDelta$ der Modulus der Transformation (nach Nr. 62) ist. Um nun die beiden Ausdrücke

$$(\alpha^2) = (\overline{\xi \eta})^4; \quad (\alpha^3) = (\overline{\xi \eta})^2 (\overline{\xi \zeta})^2 (\overline{\eta \zeta})^2$$

auf das neue Punktsystem zu beziehen, hat man jedem algebraischen Factor noch $\varDelta$ als Factor hinzuzufügen; daher geht über

$$(\alpha^2) \text{ in } (\alpha^2)\varDelta^1; \quad (\alpha^3) \text{ in } (\alpha^3)\varDelta^6;$$
$$[\alpha^2]^3 \text{ in } [\alpha^2]^3\varDelta^{12}; \quad [\alpha^3]^2 \text{ in } (\alpha^3)\varDelta^{12};$$

mithin bleibt der Ausdruck $\dfrac{[\alpha^2]^3}{[\alpha^3]^2}$ bei der Transformation gänzlich unverändert (während sonst eine Potenz des Modulus der Transformation hinzutritt). Dieser Ausdruck heisst daher eine *absolute Invariante*. Er ist also von den Coefficienten α_{1111} etc. der Coordinatengleichung von f durchaus unabhängig, und besitzt einen absoluten Zahlenwerth, der sich lediglich nach der gegenseitigen Lage der vier durch die Function dargestellten Punkte richtet. Wir wollen diesen Werth bestimmen für den Fall dass zwei dieser Punkte zusammenfallen.

Wenn wir zu diesem Zweck auf die erste der oben aufgestellten canonischen Formen zurückgehen, so finden wir, dass, wenn e_1 und e_2 das eine der beiden Punktepaare ist, das andre durch

$$\alpha_{1112} x_1^2 + \tfrac{3}{2} \alpha_{1122} x_1 x_2 + \alpha_{1222} x_2^2 = 0,$$

oder in kürzerer Bezeichnung durch

$$(16) \qquad a_1 x_1^2 + \tfrac{3}{2} a_2 x_1 x_2 + a_3 x_2^2 = 0$$

ausgedrückt ist. Man findet ferner:

$$(17) \quad (\alpha^2) = 2(3 a_2^2 - 4 a_1 a_3); \quad (\alpha^3) = 6 a_2 (2 a_1 a_3 - a_2^2).$$

Soll nun (16) ein Paar zusammenfallender Punkte ausdrücken, so muss die linke Seite dieser Gleichung ein vollständiges Quadrat sein; d. h. man muss haben

$$\tfrac{3}{2} a_2 = 2 \sqrt{a_1 a_3},$$

oder

(18) $$a_2{}^2 = \frac{16}{9}\, a_1 a_3.$$

Dieser Werth, in (17) eingesetzt, giebt:

$$(\alpha^2) = \frac{8}{3}\, a_1 a_3\,;\quad (\alpha^3) = 8\sqrt{a_1 a_3}\cdot\frac{2}{9}\, a_1 a_3 = \frac{16}{9}\,(a_1 a_3)^{\frac{3}{2}}\,;$$

demnach:

$$[\alpha^2]^3 = \frac{2^9}{3^3}\,(a_1 a_3)^3\,;\quad [\alpha^3]^2 = \frac{2^\cdot}{3^\cdot}\,(a_1 a_3)^3\,;$$

$$\frac{[\alpha^2]^3}{[\alpha^3]^2} = 6.$$

Hiernach ist

$$(\alpha^6) = [\alpha^2]^3 - 6[\alpha^3]^2$$

diejenige Invariante der Function, deren Verschwinden das Zusammenfallen von zweien ihrer Punkte bedeutet.

———

Diejenige Invariante einer binären Function, welche **110.** diese Eigenschaft besitzt, heisst ihre *Discriminante*. Da nun n Punkte, von denen zwei zusammenfallen, in Wirklichkeit nur $n-1$ verschiedene Punkte vorstellen, so folgt, dass das Verschwinden der Discriminante einer Function $\alpha x^n = 0$ mit der gleichzeitigen Geltung der Gleichungen

$$f = \alpha x^n = 0\,;\quad f^{(1)} = n\cdot\alpha x^{n-1} = 0$$

zusammenfällt. Aus der zweiten dieser Gleichungen folgt nun

$$f_1 = n\cdot\alpha x^{n-1} c_1 = 0\,;\quad f_2 = n\,\alpha x^{n-1} c_2 = 0.$$

Eliminirt man zwischen diesen beiden Gleichungen x_1 und x_2, so bleibt eine zwischen den Coefficienten der Gleichung $f = 0$ bestehende Gleichung, welche mit der gleich Null gesetzten Discriminante identisch ist. Nun ist nach Nr. 70 das Resultat der Elimination der Variablen aus zwei Gleichungen vom $m.$ und $n.$ Grade eine Gleichung vom Grade $m + n$ in den Coefficienten. In unserem Falle also, wo diese Summe gleich $2(n-1)$ ist, wird die Ordnungszahl der Discriminante $r = 2(n-1)$ sein. Wir können daher auch sagen: *Wenn $\alpha x^n = 0$ eine binäre Function n. Grades ist, so ist ihre Discriminante eine Invariante von der Form*

$$\alpha^{2(n-1)}.$$

Hiernach sind die Discriminanten der quadratischen, cubischen und biquadratischen Form resp. ausgedrückt durch

$$\alpha^2, \quad \alpha^4, \quad \alpha^6.$$

Für alle drei Formen ist oben die geometrische Bedeutung ihres Verschwindens bereits nachgewiesen worden.

---

111. Wir schliessen hiermit die systematische Betrachtung specieller binärer Functionen. Die für das vollständige Formensystem der cubischen und biquadratischen Function gegebenen kleinen Tabellen lassen eine gesetzmässige Anordnung der unabhängigen Formen nicht erkennen, da die Zahl der Formen zu gering ist. Dass aber ein solches Gesetz existirt, wird wahrscheinlich, wenn man in den bei Clebsch a. a. O. auf Seite 277 u. 296 gegebenen Tabellen des Formensystems der Functionen 5. u. 6. Grades jede Form durch ihren Character bezeichnet, was mittelst der Gleichung $n' = rn - 2c$ oder $c = \dfrac{rn - n'}{2}$ leicht ausführbar ist. Diese Tabellen nehmen dann folgende Gestalt an:

Vollständiges Formensystem der Function fünften Grades.

$r=$ \\ $n'=$	-5	-4	-3	-2	-1	0	1	2	3	4	5	6	7	8	9
1											0				
2						4						2			
3								6			5				3
4						10				8		7			
5							12	11						9	
6			16					14	13						
7				18			17				15				
8		22				20		19							
9			21	23				21							
10			26			(25)									
11			29	28			27								
12			31			30									
13	35		34	33			32								
14		37	36												
15	40		39	38											
16		42	41												
17			44	43											
18						45									

In dieser Tabelle sind die Formen mit negativem n' des Zusammenhanges wegen hinzugefügt. Der Werth $c = 25$ liefert eine abhängige Form.

Vollständiges Formensystem der Function sechsten Grades.

$$n' =$$

$c \backslash$	-6	-4	-2	0	2	4	6	8	10	12
1						0				
2				6	4		2			
3				8		6	5			3
4			12		10	9		7		
5		16			14	13		11		
6		20		18	(17)		15			
7	24		22	(21)		19				
8		26			23					
9			28	(27)		25				
10		32	31	30	29					
11	36		34	(33)						
12		38	37		35					
13		41		(39)						
14			43							
15				45						

($r =$)

Ueber die Formen mit negativem n' vgl. oben. Die eingeklammerten Formen sind abhängige. Zwei Formen haben den Character 6.

In beiden Tabellen muss man die Formen von geradem und diejenigen von ungeradem Character für sich allein verfolgen.

d) Beziehungen zwischen den Covarianten einer oder mehrerer Functionen n. Grades.

Ausser den Beziehungen, durch welche die Covarianten 112. einer Function mit den Stammformen verbunden sind, existiren noch mannigfache andere Beziehungen zwischen den ersteren, von denen oben gelegentlich Beispiele gegeben wurden. Wählt man zur Bezeichnung einer Covariante die Form $(\xi\eta)^\alpha(\xi\xi)^\beta\ldots$, so kann man diese Beziehungen unabhängig von dem Grade der gegebenen Function dadurch herstellen, dass man irgend einen Factor $(\xi\eta)$ als Differenz $(\xi - \eta)$ schreibt, dieselbe durch Einführung eines anderen

Buchstabens ξ in $(\xi - \zeta) - (\eta - \zeta)$ oder $(\xi - \zeta) + (\zeta - \eta)$ verwandelt, und in der gegebenen Covariante $(\xi\eta)$ durch $(\xi\zeta) - (\eta\zeta)$ resp. $(\xi\zeta) + (\zeta\eta)$ ersetzt. In einer so erhaltenen Formel, welche für ein System von soviel gleichzeitig gegebenen Functionen gilt, als sie verschiedene Buchstaben enthält, kann man nun Buchstaben einander gleich setzen, und solche Glieder der Gleichung, welche durch Vertauschung zweier gleichgesetzter Buchstaben in einander übergehen, vereinigen. In jedem einzelnen Falle wird man schliesslich die Formel auf die bekannte Art homogen machen.

Beispiele:

$$\alpha)\ r = 3.$$

1) $c = 1.$ — $(\xi\eta)$. Man hat $(\xi - \eta) = (\xi - \zeta) + (\zeta - \eta)$; also: $(\xi\eta) = (\xi\zeta) + (\zeta\eta)$, oder (als *Grundformel*):

$$(\xi\eta) + (\eta\zeta) + (\zeta\xi) = 0;$$

homogen gemacht, wenn $\varphi_0, \psi_0, \chi_0$ die zu ξ, η, ζ gehörigen Functionen sind:

$$\chi_0(\xi\eta) + \varphi_0(\eta\zeta) + \psi_0(\zeta\xi) = 0.\ ^{*)}$$

2) $c = 2.$ — $(\xi\eta)^2 = [(\xi\zeta) - (\eta\zeta)]^2 = (\xi\zeta)^2 + (\eta\zeta)^2 - 2(\xi\zeta)(\eta\zeta)$. Andere Zerlegung: $(\xi\eta)^2 = (\xi\eta)[(\xi\zeta) - (\eta\zeta)] = (\xi\eta)(\xi\zeta) + (\eta\xi)(\eta\zeta)$.

Die erste dieser Formeln geht für $\eta = \zeta$ über in $(\eta\zeta)^2 = 2(\xi\eta)\overline{(\eta\zeta)}$; die zweite für $\xi = \eta$ in die gleichbedeutende: $(\overline{\xi\eta})^2 = 2(\overline{\xi\eta})(\xi\zeta)$.

3) $c = 3.$ — $(\xi\eta)^3$. Man kann einen, oder zwei, oder alle drei Factoren auflösen. Die beiden ersten Fälle geben: $(\xi\eta)^3 = (\xi\eta)^2(\xi\zeta) - (\xi\eta)^2(\eta\zeta)$; und $(\xi\eta)^3 = (\xi\eta)(\xi\zeta)^2$

$^{*)}$ Die Ableitung dieser Grundformel mag hier noch auf einem zweiten Wege ausgeführt werden, welcher den Vorzug hat, dass er auch bei Functionen höherer Stufe zum Ziele führt. Die Grössen $(x\xi)$, $(x\eta)$, $(x\zeta)$ sind nach Nr. 81 gleich Null; mithin ist auch

$$(x\xi)(x\eta)(x\zeta) = 0,$$

oder:

$$(x\xi)x^2(\eta\zeta) + (x\eta)x^2(\zeta\xi) + (x\zeta)\,x^2(\xi\eta) = 0,$$

oder, durch x^2 dividirt, und mit Ersetzung von $(x\xi)$, $(x\eta)$, $(x\zeta)$ durch ihre resp. Werthe $\varphi_0, \psi_0, \chi_0$:

$$\chi_0(\xi\eta) + \varphi_0(\eta\zeta) + \psi_0(\zeta\xi) = 0.$$

$- 2(\xi\eta)(\xi\zeta)(\eta\zeta) + (\xi\eta)(\eta\zeta)^2$. Hieraus folgt: $2(\xi\eta)(\xi\zeta)(\eta\zeta)$ $+ (\xi\eta)^2(\xi\zeta) - (\xi\eta)(\xi\zeta)^2 = (\xi\eta)(\eta\zeta)^2 - (\xi\eta)^2(\eta\zeta)$, oder, da man statt $(\xi\eta)^2(\xi\zeta) - (\xi\eta)(\xi\zeta)^2$ wieder $(\xi\eta)(\xi\zeta)(\zeta\eta)$ schreiben kann, $(\xi\eta)(\xi\zeta)(\eta\zeta) = (\xi\eta)(\eta\zeta)^2 - (\xi\eta)^2(\eta\zeta)$. Man würde diese Formel auch erhalten, indem man die der vorigen Nr. mit $(\eta\zeta)$ multiplicirte.

4) $c = 4$. Sei $(\overline{\xi\eta})^2(\xi\zeta)(\eta\zeta)$ gegeben. Löst man $(\xi\eta)$ auf, so folgt: $(\overline{\xi\eta})^2(\xi\zeta)(\eta\zeta) = (\overline{\xi\eta})(\xi\zeta)^2(\eta\zeta) + (\overline{\eta\zeta})(\xi\zeta)(\eta\zeta)^2$. Da die beiden Glieder rechts durch Vertauschung von ξ und η in einander übergehen, so hat man schliesslich:

$$(\overline{\xi\eta})^2(\xi\zeta)(\eta\zeta) = - 2(\overline{\xi\eta})(\xi\zeta)(\eta\zeta)^2.$$

Für zwei cubische Functionen ist diese Formel gleichbedeutend mit einer der beiden, bei Clebsch a. a. O. S. 223 unter Nr. 5 gegebenen, jenachdem man η durch ξ oder ξ durch η ersetzt.

$$\beta)\ r = 4.$$

1) $c = 2$. Wenn man die Grundformel des vorigen Falles in der homogenen Form $\gamma x^n(\xi\eta) + \alpha x^n(\eta\zeta) + \beta x^n(\xi\zeta) = 0$ schreibt, und mit einer neuen Function δx^{n-2} multiplicirt, so folgt: $\gamma\delta x^{2n-2}(\xi\eta) + \alpha\delta x^{2n-2}(\eta\zeta) + \beta\delta x^{2n-2}(\xi\zeta) = 0$, oder, wenn ϑ der neuen Function entspricht:

$$(\xi\eta)(\zeta\vartheta) + (\eta\zeta)(\xi\vartheta) + (\xi\zeta)(\eta\vartheta) = 0$$

als neue *Grundformel*, die bereits homogen ist.

2) $c = 5$. Durch die Substitution $(\xi\zeta) = (\xi\vartheta) - (\zeta\vartheta)$ geht $(\xi\eta)^2(\xi\zeta)(\zeta\vartheta)^2$ in $(\xi\eta)^2(\xi\vartheta)(\zeta\vartheta)^2 - (\xi\eta)^2(\zeta\vartheta)^3$ über. Setzt man $\xi = \eta = \zeta$, so ist:

$$(\overline{\xi\eta})^2(\overline{\xi\zeta})(\zeta\vartheta)^2 = (\xi\overline{\eta})^2(\zeta\vartheta)^2(\xi\vartheta) - (\xi\overline{\eta})^2(\zeta\vartheta)^3. \text{*})$$

Anmerkung. Wir haben in dem Abschnitt über binäre Functionen die Punktreihen als zusammengesetzte Grössen kennen gelernt, und gesehen, welche Gleichungen zwischen diesen Grössen bestehen müssen, damit sie die in der zweiten Abtheilung dieses Buches behandelten geometrischen Eigenschaften besitzen. Da diese neue Behandlungsweise einer Punktreihe keine neuen geometrischen Resultate

---

*) Für $n = 3$ ist diese Formel, jenachdem man ξ oder η stehen lässt, analog den bei Clebsch a. a. O. S. 223 zwischen (6) und (7) stehenden Formeln. Der Unterschied rührt davon her, dass oben nur ein Theil der Ueberschiebung zu Grunde gelegt ist.

liefert, so ist sie nur als Vorstufe für die an zusammengesetzten Grössen in der Ebene anzustellenden Untersuchungen wichtig, als solche aber auch unentbehrlich. Ueber das Verhältniss der oben gegebenen zu der bisherigen Darstellung ist bereits in der Anmerkung zu Nr. 86 das Nöthige gesagt worden. Man vergleiche auch die Anmerkung am Schluss von Nr. 51.

B. Gebiet der Ebene. Functionen 3. Stufe. (Ternäre Formen.)

Die Function 2. Grades. (Quadratische Form.)

α) *Eine* Function.

113. Die *allgemeine* Form dieser Function ist

$$(1) \qquad \qquad a\, x^2 = 0,$$

oder wenn

$$(1a) \qquad x = x_1 e_1 + x_2 e_2 + x_3 e_3$$

gesetzt wird,

$$(2) \quad a_{11} x_1{}^2 + a_{22} x_2{}^2 + a_{33} x_3{}^2 + 2 \left(a_{12} x_1 x_2 + a_{23} x_2 x_3 + a_{31} x_3 x_1 \right) = 0.$$

Da diese Gleichung zwei unabhängige Variablen enthält, $\frac{x_1}{x_3}$ und $\frac{x_2}{x_3}$, so entspricht jedem beliebigen Werthe der einen ein bestimmter Werth der anderen, und jede stetige Aenderung der einen bewirkt eine stetige Aenderung der anderen. . Die Gleichung stellt daher eine stetige Reihe von Punkten oder Geraden vor, jenachdem $e_1 e_2 e_3$ Punkte oder Strecken sind. Im *ersten* Falle sagt die Gleichung (1), dass der Punkt x, welcher durch seine Bewegung jene stetige Punktreihe beschreibt, stets auf dem Gebilde a liege; also ist a eben jene Punktreihe, die wir nun *Curve* nennen, und zwar *Curve zweiten Grades* (*Kegelschnitt*) weil die bestimmende Gleichung eine Gleichung zweiten Grades ist. Im *zweiten* Falle kann man $e_1 e_2 e_3$ und x als Ergänzungen von Punkten betrachten, und x ist dann nach Nr. 81 Tangente an die Curve a. Die Gleichung (1) sagt also, dass die Gerade x, welche durch ihre Bewegung die oben erwähnte stetige Reihe von Geraden beschreibt, stets Tangente an die Curve a sei, die somit von jener Reihe von Geraden umhüllt wird.

Anmerkung. Da die Ergänzung eines Punktes im Gebiet der Ebene nicht mehr, wie im Gebiet der Geraden, wieder ein Punkt, sondern ein Linientheil ist, so sind die durch die verschiedenen Auffassungsweisen von $c_1 c_2$ etc. bedingten Erzeugungen einer zusammengesetzten Grösse in der Ebene wesentlich von einander verschieden und daher gesondert zu betrachten. Die zweifache Entstehung der Kreislinie wurde bereits in der „Raumlehre" Nr. 103 besprochen.

Setzt man $x_3 = 0$, so stellt x nach (1a) einerseits ein Punktepaar vor, welches sowohl auf dem Kegelschnitt wie auf der Geraden ($c_1 c_2$) liegt, und welches durch die Gleichung (2), die nun eine binäre Function wird, genau bestimmt ist. Da c_1 und c_2 beliebig gewählt sind, *so schneidet* nicht nur die Gerade ($c_1 c_2$), sondern *jede Gerade den Kegelschnitt in 2 Punkten.* — Andrerseits stellt x ein Geradenpaar vor, welches gleichzeitig durch den Punkt ($c_1 c_2$) geht und den Kegelschnitt berührt. Man schliesst hieraus, analog wie oben, *dass man aus jedem Punkte an einen Kegelschnitt 2 Tangenten ziehen kann.*

Canonische Formen. 1) Wenn $c_1 c_2 c_3$ so angenommen **114.** werden, dass sie auf der Curve selbst liegen, so müssen diese Punkte, statt x gesetzt, der Gleichung (1) genügen. Man hat also:

$$\alpha c_1^2 = 0; \quad \alpha c_2^2 = 0; \quad \alpha c_3^2 = 0;$$

oder

$$\alpha_{11} = 0; \quad \alpha_{22} = 0; \quad \alpha_{33} = 0;$$

mithin nimmt (2) die Form an:

$$(3) \qquad \alpha_{12} x_1 x_2 + \alpha_{23} x_2 x_3 + \alpha_{31} x_3 x_1 = 0,$$

eine Gleichung, welche durch je zwei der Werthe $x_1 = 0$, $x_2 = 0$, $x_3 = 0$ befriedigt wird. Es ist also in der That, wie aus (1a) hervorgeht, $x = x_1 c_1$ oder $x_2 c_2$ oder $x_3 c_3$.

2) Für die binäre Function 2. Grades wurde die zweite canonische Form bestimmt durch die Bedingung $\alpha c_1 c_2 = 0$, oder $c_1 \doteq \alpha c_2$*); $c_2 \doteq \alpha c_1$. In analoger Weise mögen nunmehr die drei Punkte $c_1 c_2 c_3$ bestimmt werden durch die Bedingung:

$$\alpha c_1 c_2 c_3 = 0,$$

oder:

$$(c_1 c_2) \doteq \alpha c_3; \quad (c_2 c_3) \doteq \alpha c_1; \quad (c_3 c_1) \doteq \alpha c_2.$$

Multipliciren wir diese Gleichungen resp. mit c_1, c_2, c_3, so wird die linke Seite als äusseres Product, welches zwei gleiche Factoren enthält, jedesmal Null; man erhält also:

---

*) Das Zeichen $\doteq$ bedeutet: „gleich, bis auf einen Zahlfactor".

$$(e_1 e_2)e_1 = a e_3 c_1 = 0; \quad (e_2 e_3)e_2 = a e_1 e_2 = 0;$$
$$(e_3 e_1)e_3 = a e_2 e_3 = 0;$$

oder:

$$\alpha_{31} = 0; \quad \alpha_{12} = 0; \quad \alpha_{23} = 0.$$

Demnach nimmt (2) die Form an:

(4) $\qquad \alpha_{11} x_1^2 + \alpha_{22} x_2^2 + \alpha_{33} x_3^2 = 0.$

Es fragt sich nun weiter, in welcher geometrischen Beziehung die so gewählten drei Punkte c_1, c_2, c_3 zur Curve stehen. Seien x, y, z drei beliebige Punkte der Ebene. Dieselben werden in derselben Beziehung zur Curve stehen, wie e_1, e_2. e_3, wenn man hat:

$$a\, x y z = 0,$$

oder:

$$(yz) = a x; \quad (zx) = a y; \quad (xy) = a z.$$

Da $f' = \xi = 2 a x$, so ist die Gerade (yz) dasselbe wie die Gerade f'. Nimmt man nun an, dass x auf der Geraden $(e_1 e_2)$ liege, so geht die Formel $x = x_1 e_1 + x_2 e_2 + x_3 e_3$ über in $x = x_1 e_1 + x_2 e_2$. Die Gerade $(e_1 e_2)$ schneidet dann den Kegelschnitt in einem Punktepaar a' und die Gerade (yz) in einem Punkte x'. Aber wenn man in der Gleichung $(yz) = a x$, oder $f' = a x$, worin man sich x durch $e_1 e_2 e_3$ ausgedrückt denken mag, $x_3 = 0$ setzt, so verwandelt sich (f') in den Schnittpunkt dieser Geraden mit $(e_1 e_2)$, und a in das Punktepaar, in welchem $(e_1 e_2)$ die Curve schneidet. Also ist

$$x' = a' x;$$

d. h. (nach Nr. 90 (6)): x' ist der vierte harmonische Punkt zu x in Bezug auf das Paar a'. Da nun c_1 und c_2 beliebig angenommen werden können, so hat jede durch x gezogene Gerade die Eigenschaft, dass ihre Schnittpunkte mit der Curve harmonisch sind zu ihrem Schnittpunkte mit (yz) und zu x. Anders ausgedrückt: *Die Gerade $a x$ ist der geometrische Ort des vierten harmonischen Punktes zu dem Paare der Schnittpunkte einer beliebigen durch x gezogenen Geraden mit der Curve a, in Bezug auf den Punkt x.* — Vermöge dieser Eigenschaft heisst $(a x)$ (harmonische) *Centrale erster Ordnung* (wegen $f^{(1)}$) *zu der Curve a in Bezug auf den Pol x.* Es heissen ferner x und sein vierter harmonischer Punkt zusammen *harmonische Pole* des Kegelschnitts.

Anmerkung. Bei einer Curve n. Grades wird das durch $f^{(p)}$ dargestellte Gebilde *Centrale p. Ordnung in Bezug auf den Pol x* genannt, dagegen das durch $f^{(n-p)}$ dargestellte Gebilde *Polare p. Ordnung in Bezug auf das Centrum x*. Da für $n = 2$ und $p = 1$ die Gleichung $f^{(p)} = f^{(n-p)}$ besteht, so fallen für die Kegelschnitte die Begriffe Centrale und Polare, sowie Pol und Centrum zusammen. Wir werden daher, dem Sprachgebrauche gemäss, die Bezeichnungen Pol und Polare anwenden. (Vgl. „Raumlehre" Nr. 174.) — Es mag bei dieser Gelegenheit bemerkt werden, dass die p. „Polare" andrer Autoren bei Grassmann „Centrale" von p. Ordnung heisst, während die $(n-p)$. Polare hier Polare p. Ordnung genannt wird.

Hieraus geht hervor, *dass die allgemeine Gleichung* (2) *eines Kegelschnitts sich auf die canonische Form* (4) *reducirt, wenn die Punkte $c_1 c_2 c_3$ so gewählt werden, dass in dem Dreieck derselben jede Seite die Polare des Kegelschnittes ist. in Bezug auf die gegenüberliegende Ecke als Pol.*

Sätze über Pol und Polare. — Wenn in der vorigen Nr. **115.** die Buchstaben c_1, c_2, c_3, x, y, z Strecken bedeuten, so ist a' das Tangentenpaar, welches man von dem Punkte $(c_1 c_2)$ an die Curve a ziehen kann, und x' die Verbindungslinie zwischen den Punkten $(c_1 c_2)$ und (yz). Wenn dann wieder in der Gleichung $f' \equiv a x$ für x_3 der Werth Null gesetzt wird, so verwandelt sich f' in die Verbindungslinie dieses Punktes mit dem Punkte $(c_1 c_2)$, und a in das Tangentenpaar, welches aus $(c_1 c_2)$ an die Curve gezogen wird. Und die Gleichung $x' = a' x$ bedeutet: x' ist die vierte harmonische Linie zu x in Bezug auf das Tangentenpaar a'. Es hat dann jeder auf x gewählte Punkt die Eigenschaft, dass die von ihm an die Curve gezogenen Tangenten harmonisch sind zu seiner Verbindungslinie mit (yz) und zu x. Man kann in Folge dessen (ax) (harmonisches) *Centrum erster Ordnung zur Curve a in Bezug auf die Polare x* nennen. Es heissen ferner x und die zugehörige vierte harmonische Linie zusammen *harmonische Polaren* des Kegelschnittes.

Anmerkung. Die doppelte Auffassung der Variable x als Punkt und als Strecke bewirkt, dass jeder Untersuchung über Curven sich eine reciproke zur Seite stellen lässt, sofern eben die Curve als zusammengesetzte Grösse betrachtet wird. Die soeben auf doppelte Weise gewonnenen Begriffe von Pol und Polare bieten ein Beispiel dafür. — Man kann jedoch im vorliegenden Falle das Resultat der zweiten Untersuchung auch direct aus dem der ersten ableiten. Dies soll im Folgenden geschehen.

Sei P ein beliebiger Punkt auf der convexen Seite des Kegelschnitts, und p die zugehörige Polare. Es entstehen dann auf einer beliebigen durch P gezogenen Secante r die

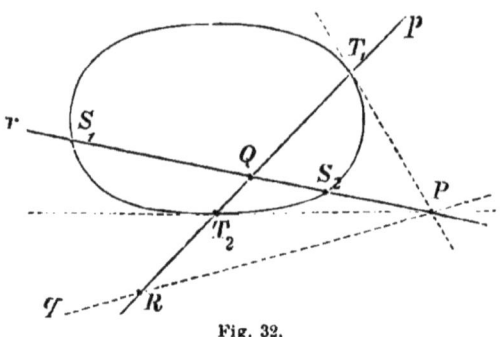

Fig. 32.

harmonischen Punktepaare (PQ), $(S_1 S_2)$. Wenn die Secante in eine Tangente übergeht, d. h. wenn S_1 und S_2 zusammenfallen, so fällt auch Q mit diesen beiden Punkten zusammen, d. h. Q ist der Berührungspunkt der Tangente. *Da man durch P zwei Tangenten* (mit den Berührungspunkten T_1 und T_2) *an den Kegelschnitt legen kann, so ist die Verbindungslinie ihrer Berührungspunkte die Polare zu P.*

Anmerkung. Construction der Polare zu einem auf der convexen Seite des Kegelschnittes gegebenen Punkte, und des Pols zu einer Secante.

Multiplicirt man die harmonische Relation

$$\frac{Q - S_1}{P - S_1} + \frac{Q - S_2}{P - S_2} = 0 \ \text{mit} \ \frac{P - S_1}{Q - S_1} \cdot \frac{P - S_2}{Q - S_2},$$

so geht sie über in $\frac{P - S_2}{Q - S_2} + \frac{P - S_1}{Q - S_1} = 0$. Dieselbe Form würde man aber auch durch Vertauschung von P mit Q erhalten; mithin lässt diese Vertauschung die harmonische Relation ungeändert. Man kann daher sagen: *Dreht sich die Secante r um den einen der beiden harmonischen Pole (Q, P), so beschreibt der andere eine Gerade.* — Hat sich nun r um Q bis in die Richtung p gedreht, so wird R, der vierte harmonische Punkt zu $(T_1 T_2)$ in Bezug auf Q, die neue Lage von P bezeichnen, und PR ist die Gerade, welche P beschreibt, während r sich bis p dreht. Anders ausgedrückt:

Dreht sich eine Gerade um einen ihrer Punkte, so beschreibt ihr Pol eine Gerade. — Aber ebenso, wie vorher p als Ort des Punktes Q die Polare von P war, so ist nun $(PR) = q$ als Ort des Punktes P die Polare von Q. Der letzte Satz kann daher so ausgesprochen werden:

Dreht sich eine Gerade um einen ihrer Punkte, so beschreibt ihr Pol die Polare dieses Punktes.	*Beschreibt ein Punkt eine Gerade, so dreht sich seine Polare um den Pol dieser Geraden.*

Die Verbindungslinien des Punktes P mit den harmonischen Paaren (Q, R) und $(T_1 T_2)$ sind (nach „Raumlehre" 119) harmonische Linien. Da nun zu jedem Punkt auf der Linie q eine durch Q gehende Polare gehört, deren Schnittpunkte mit der Curve harmonisch sind zu Q und dem Schnittpunkte der Polare mit q, so wird für jeden Punkt auf q das an die Curve gezogene Tangentenpaar harmonisch sein zu q und der Verbindungslinie des gegebenen Punktes mit Q. Es ist also nach der im Anfang dieser Nr. gegebenen Definition Q harmonisches Centrum erster Ordnung zur Curve in Bezug auf die Polare q. Da aber Q bereits als Pol zur Curve in Bezug auf die Centrale q nachgewiesen ist, so zeigt sich auf's Neue, *dass für Kegelschnitte die Begriffe Pol und Centrum, sowie Centrale und Polare sich decken.*

Unmittelbar aus der Figur lassen sich die Sätze ablesen:

Die Polaren (r, q) zweier harmonischer Pole (R, Q) eines Kegelschnittes sind harmonische Polaren.	*Die Pole (R, Q) zweier harmonischer Polaren (r, q) eines Kegelschnittes sind harmonische Pole.*

Anmerkung. Construction der Polare q zu einem auf der concaven Seite des Kegelschnittes gegebenen Punkte Q mittelst zweier beliebiger durch Q gehenden Secanten r und p. — Construction des Pols Q zu einer den Kegelschnitt nicht schneidenden Geraden q mittelst zweier beliebigen auf q liegenden Punkte R und P.

116. Construirt man auf der Geraden p dasjenige Punktepaar $(R_1 Q_1)$, welches gleichzeitig mit $(T_1 T_2)$ und mit (QR) harmonisch ist, so ist die Linie $(PR_1) = q_1$ die Polare von Q_1, und $(PQ_1) = r_1$ die Polare von R_1. Man hat also die Sätze:

Die Polaren von zwei harmonischen Punktepaaren sind harmonische Linienpaare. —	*Die Pole von zwei harmonischen Linienpaaren sind harmonische Punktepaare. — Der*

Die Polare jedes Punktes geht durch den zugeordneten Punkt, wenn der erstere Punkt nicht auf der Curve liegt.

Pol jeder Linie liegt auf der zugeordneten Linie, wenn die erstere Linie nicht Tangente an die Curve ist.

Die Polaren von drei involutorischen Punktepaaren sind involutorische Linienpaare.

Die Pole von drei involutorischen Linienpaaren sind involutorische Punktepaare.

Wenn drei Punktepaare β, γ, δ, die auf verschiedenen Geraden gegeben sind, einen involutorischen Verein bilden, so ist nach Nr. 96:

$$\lambda\beta + \mu\gamma + \nu\delta = 0;$$

daher, mit α multiplicirt, wenn $\alpha x^2 = 0$ die Gleichung des Kegelschnittes ist:

$$\lambda \cdot \alpha\beta + \mu \cdot \alpha\gamma + \nu \cdot \alpha\delta = 0.$$

Nun sagte oben die Formel $\alpha xyz = 0$, dass x und (yz) harmonische Polaren von α seien. Ist also β ein Linienpaar, sa sagt $\alpha\beta = 0$, dass diese Linien ein Paar harmonischer Polaren, und wenn β ein Punktepaar ist, dass diese Punkte harmonische Pole des Kegelschnittes sind. Da nun aus $\alpha\beta = 0$ und $\alpha\gamma = 0$ vermöge der letzten Formel sich ergiebt: $\alpha\delta = 0$, so hat man die Sätze:

Wenn die Gegenecken-Paare eines Vierecks harmonische Pole eines Kegelschnittes sind, so sind die Schnittpunkte der Gegenseiten ebenfalls harmonische Pole.

Wenn die Gegenseiten-Paare eines Vierseits harmonische Polaren eines Kegelschnittes sind, so sind die Diagonalen ebenfalls harmonische Polaren.

Wenn die Secante, zu welcher man den Pol suchen soll, ein Durchmesser des Kegelschnittes (Ellipse oder Hyperbel) ist, so wird, da die in den Endpunkten eines Durchmessers gezogenen Tangenten parallel sind, der zugehörige Pol der unendlich entfernte Punkt dieser Tangenten sein. Und da die Polare des Schnittpunktes zweier Linien die Verbindungslinie ihrer Pole ist, *so ist die Polare des Mittelpunktes eines Kegelschnittes die unendlich entfernte Gerade.* — Da die Verbindungslinie eines Pols mit einem beliebigen Punkte der Polare den Kegelschnitt in einem zu den beiden Punkten harmonischen Paare schneidet, so wird in der That auf jeder durch den Mittelpunkt gezogenen Secante der dem Mittelpunkte zugeordnete harmonische Punkt in unendlicher Entfernung liegen müssen („Raumlehre" Nr. 169). — Umgekehrt *ist die Polare des unendlich entfernten Punktes einer Geraden derjenige Durchmesser, welcher die Berührungspunkte der beiden mit der Geraden parallelen Tangenten verbindet.* — Man kann daher die beiden reciproken Sätze auf S. 267 so specialisiren:

Die Pole aller parallelen Geraden liegen auf dem Durchmesser, welcher die Endpunkte der beiden, diesen Geraden parallelen, Tangenten verbindet.	*Die Polaren aller Punkte eines Durchmessers sind den beiden im Endpunkte des Durchmessers gezogenen Tangenten parallel.*

Von den vier harmonischen Punkten, die auf jeder der parallelen Geraden entstehen, sind zwei die Schnittpunkte der Geraden mit der Curve, d. h. die Endpunkte der auf der Geraden abgeschnittenen Sehne; der dritte ist der unendlich ferne Punkt der Geraden, der vierte also der Mittelpunkt der Sehne. Dieser vierte Punkt aber beschreibt, wenn die Gerade sich um ihren unendlich fernen Punkt dreht, die Polare dieses Punktes, d. h. den in beiden Sätzen erwähnten Durchmesser; hiermit ist also der Satz bewiesen:

Die Mittelpunkte aller parallelen Sehnen eines Kegelschnitts liegen auf dem Durchmesser, welcher die Endpunkte der beiden mit diesen Sehnen parallelen Tangenten verbindet.

Wenn die Endpunkte zweier beliebigen Durchmesser eines Kegelschnittes mit einander verbunden, und in denselben Endpunkten Tangenten gezogen werden, so entstehen zwei Parallelogramme, von denen das eine dem Kegelschnitt ein-, das andre umschrieben ist. (Siehe die Figuren zu Nr. 22 u. Nr. 29.) Es ist dann jeder Eckpunkt des äusseren Parallelogramms der Pol zu derjenigen Seite des inneren, welche die Endpunkte der von ihm aus gezogenen Tangenten verbindet. Die Pole zweier Gegenseiten der inneren Figur sind also die Endpunkte einer Diagonale des äusseren. Da diese Gegenseiten aber parallel sind, so liegen ihre Pole auf dem Durchmesser, welcher die Endpunkte der beiden, diesen Gegenseiten parallelen Tangenten verbindet. Dieser Durchmesser fällt also mit jener Diagonale zusammen; oder, da der Durchmesser alle mit jenen beiden Gegenseiten parallelen Sehnen (und diese Gegenseiten selbst) halbirt, so kann man sagen:

Jede Diagonale des äusseren Parallelogramms halbirt das eine Seitenpaar des inneren, und ist (in Folge dessen) dem anderen Seitenpaare parallel.

Da endlich die Diagonalen des äusseren Parallelogramms, als Sehnen des Kegelschnittes betrachtet, conjugirte Durchmesser genannt wurden, so hat man schliesslich den Satz:

Von zwei conjugirten Durchmessern eines Kegelschnittes halbirt jeder die dem anderen parallelen Sehnen. (S. d. Anm. zu Nr. 22.)

117.   *Covarianten.* — Die erste Covariante der Function (für $r = 3$ und $c = 2$) ist

$$(\overline{\xi\,\eta\,\xi})^2.$$

Da $n' (= n\,r - c\,p) = 0$ ist, so ist sie eine Invariante, und nach Nr. 76, (5) die *Hesse'sche Determinante* der Function. Wenn sie den Werth Null hat, so kann (nach Nr. 75) x aus zwei, statt aus drei Einheiten abgeleitet werden. *Die Function αx^2 ist also in diesem Falle eine binäre Function, und stellt als solche ein Punktepaar oder ein Linienpaar vor.*

Wenn noch die Ableitung der Hesse'schen Determinante nach einem ihrer Elemente verschwindet, so lässt sich die Function aus einer einzigen Einheit ableiten, *und stellt ein Paar zusammenfallender Punkte oder paralleler Geraden vor.*

Specielle Ableitungen dieses Resultates. Es ist $(\overline{\xi\,\eta\,\xi})^2 = (\alpha^3)$ $= (\alpha\,e_1)(\alpha\,e_2)(\alpha\,e_3)$. Nun sind $(\alpha\,e_1)$, $(\alpha\,e_2)$, $(\alpha\,e_3)$ die Polaren der Punkte e_1, e_2, e_3 in Bezug auf die Curve α. — Die Gleichung $(\alpha\,e_1)(\alpha\,e_2)(\alpha\,e_3)$ sagt aus, dass diese drei Polaren durch *einen* Punkt gehen ("Raumlehre" Nr. 144). Wenn aber die Polaren dreier Punkte durch denselben Punkt gehen, so liegen die Punkte selbst auf derselben Geraden. Dann besteht zwischen e_1, e_2, e_3 eine Zahlbeziehung, und man kann x statt aus drei, aus zwei Punkten ableiten.

Ist nicht nur die Hesse'sche Determinante selbst, sondern auch ihre Ableitung nach einer der Einheiten (vgl. Nr. 75 am Schluss), z. B. nach e_3 gleich Null, so ist $\dfrac{d\,(\alpha^3)}{d\,e_3} = (\alpha\,e_1)(\alpha\,e_2) = 0$; d. h.: $(\alpha^2) = 0$. Wenn aber (α^2), die Hesse'sche Determinante der nunmehr binären Function $\alpha x^2 = 0$, verschwindet, so stellt diese Function ein Paar zusammenfallender Punkte oder paralleler Geraden vor.

Zwei andere Methoden, analog den in Nr. 91 für die Hesse'sche Determinante der binären quadratischen Form angewendeten, führen zu demselben Resultate. — Ein besonderes Interesse bietet nur die Reduction der Function auf einen Doppelpunkt mittelst der ersten jener Methoden; dieselbe möge daher hier noch Platz finden. Es ist

$$(\alpha e_1) = \alpha_{11}e_1 + \alpha_{12}e_2 + \alpha_{13}e_3; \quad (\alpha e_2) = \alpha_{21}e_1 + \alpha_{22}e_2 + \alpha_{23}e_3;$$
$$(\alpha e_3) = \alpha_{31}e_1 + \alpha_{32}e_2 + \alpha_{33}e_3.$$

Ist nun das Product dieser drei Grössen Null, so besteht zwischen ihnen eine Zahlbeziehung:

$$\lambda_1(\alpha e_1) + \lambda_2(\alpha e_2) + \lambda_3(\alpha e_3) = 0.$$

Ersetzt man (αe_1), (αe_2), (αe_3) durch ihre Werthe, so müssen die Coefficienten von e_1, e_2, e_3 einzeln Null sein, da sonst zwischen diesen Grössen eine Zahlbeziehung existirte. Man hat also:

$$\lambda_1\alpha_{11} + \lambda_2\alpha_{21} + \lambda_3\alpha_{31} = 0; \quad \lambda_1\alpha_{12} + \lambda_2\alpha_{22} + \lambda_3\alpha_{32} = 0;$$
$$\lambda_1\alpha_{13} + \lambda_2\alpha_{23} + \lambda_3\alpha_{33} = 0.$$
$$\lambda_3(\alpha e_1) = \alpha_{11}(\lambda_3 e_1 - \lambda_1 e_3) + \alpha_{12}(\lambda_3 e_2 - \lambda_2 e_3);$$
$$\lambda_3(\alpha e_2) = \alpha_{21}(\lambda_3 e_1 - \lambda_1 e_3) + \alpha_{22}(\lambda_3 e_2 - \lambda_2 e_3);$$
$$\lambda_3(\alpha e_3) = \alpha_{31}(\lambda_3 e_1 - \lambda_1 e_3) + \alpha_{32}(\lambda_3 e_2 - \lambda_2 e_3),$$

oder, wenn $\lambda_3 e_1 - \lambda_1 e_3 = \lambda_3 \varepsilon_1$ und $\lambda_3 e_2 - \lambda_2 e_3 = \lambda_3 \varepsilon_2$ gesetzt wird:

$$(\alpha e_1) = \alpha_{11}\varepsilon_1 + \alpha_{12}\varepsilon_2; \quad (\alpha e_2) = \alpha_{21}\varepsilon_1 + \alpha_{22}\varepsilon_2; \quad (\alpha e_3) = \alpha_{31}\varepsilon_1 + \alpha_{32}\varepsilon_2.$$

Führt man in der Formel $x = x_1 e_1 + x_2 e_2 + x_3 e_3$ die Werthe ε_1 und ε_2 ein, so folgt:

$$\lambda_3 x = x_1(\lambda_3 \varepsilon_1 + \lambda_1 e_3) + x_2(\lambda_3 \varepsilon_2 + \lambda_2 e_3) + \lambda_3 x_3 e_3.$$

Da sich aber x ebenso wie die Grössen (αe_1) etc. durch ε_1 und ε_2 allein ausdrücken lässt, mithin nunmehr von e_3 unabhängig ist, so muss der Coefficient von e_3 verschwinden. Es ist also:

$$\lambda_1 x_1 + \lambda_2 x_2 + \lambda_3 x_3 = 0.$$

Dies ist die Gleichung einer Geraden, die von dem Punkte

$$x = x_1 \varepsilon_1 + x_2 \varepsilon_2$$

beschrieben wird, d. h. die Gleichung der Geraden $(\varepsilon_1 \varepsilon_2)$. Da aus $\alpha x^2 = 0$ zwei Werthe für $\dfrac{x_2}{x_1}$ folgen, so zerfällt die Curve in zwei sich schneidende Geraden (resp. zwei Punkte).

Wenn auch noch $\dfrac{d(\alpha^3)}{d e_3} = (\alpha e_1)(\alpha e_2) = 0$ ist, so verfährt man nun ebenso, wie an entsprechender Stelle bei der binären quadratischen Form, und findet, dass die Curve in zwei zusammenfallende Punkte oder parallele Geraden zerfällt.

Anmerkung. Die Hesse'sche Determinante kann nach Nr. 72 geschrieben werden: $\left(\dfrac{d\xi}{dx_1}\right)\left(\dfrac{d\xi}{dx_2}\right)\left(\dfrac{d\xi}{dx_3}\right)$, d. h. als Potenzwerth eines Quotienten. Dieser Potenzwerth ist derselbe, welcher in Nr. 42 durch (A^3) bezeichnet wurde. *Demnach ist die Hesse'sche Determinante der ternären quadratischen Form gleich dem Potenzwerth desjenigen Quo-*

tienten, durch welchen die Punkte c_1, c_2, c_3 in die Punkte ε_1, ε_2, ε_3
(Nr. 42. Formel 4), d. h. $\dfrac{d\xi}{dx_1}$, $\dfrac{d\xi}{dx_2}$, $\dfrac{d\xi}{dx_3}$ *verwandelt werden.* Setzt
man $\xi = f_1 c_1 + f_2 c_2 + f_3 c_3$, und bestimmt die Ableitungen von ξ nach
x_1. x_2, x_3, so erkennt man aus Nr. 42. Formel (2a), (2b), (2c), dass
dieselben mit ε_1, ε_2, ε_3 übereinstimmen. Eine weitere Anwendung der
ternären quadratischen Form nebst ihrer Hesse'schen Determinante
findet sich am Schluss dieses Buches.

————

118. Für die binäre quadratische Form stellte es sich heraus,
dass ihre Hesse'sche Determinante gleichzeitig ihre Discriminante war (Nr. 110), d. h. diejenige Invariante, deren Verschwinden das Vorhandensein eines Doppelpunktes in dem
durch die Function dargestellten Gebilde anzeigte. Da nun
das Verschwinden der Hesse'schen Determinante eines Kegelschnittes anzeigt, dass derselbe in ein Linienpaar zerfällt,
dessen Schnittpunkt als Doppelpunkt, oder in ein Punktepaar, dessen Verbindungslinie als Doppeltangente des Gebildes
zu betrachten ist, so folgt, dass auch hier jene Determinante
gleich der Discriminante der Function ist.

Es ist jedoch erforderlich, die Bestimmung der Discriminante unabhängig von dieser zufälligen Bemerkung, und
nach einer Methode auszuführen, welche allgemein auf eine
Function n. Grades anwendbar ist. Wir bestimmen zu diesem
Zwecke die Durchschnittspunkte einer Geraden mit der Curve,
und untersuchen, unter welcher Bedingung zwei (oder mehrere) Schnittpunkte zusammenfallen.

Seien a und b zwei beliebige Punkte der Ebene; dann
ist jeder Punkt x der Geraden (ab) durch

$$x = a + \lambda b$$

ausgedrückt, worin λ ein variable Zahl ist.

Setzt man diesen Werth von x in der Gleichung der
Curve

$$\alpha x^2 = 0$$

ein, so giebt dieselbe zwei Werthe für λ, und diese Werthe,
in die vorige Gleichung eingesetzt, geben die beiden Schnittpunkte der Curve und der Geraden (ab). Entwickelt lautet
die letzte Gleichung:

$$\alpha(a + \lambda b)^2 = \alpha a^2 + 2\lambda \alpha ab + \lambda^2 \alpha b^2 = 0.$$

Ist hierin $\alpha a^2 = 0$, so liegt a auf der Curve; dasselbe zeigt auch der Umstand, dass einer der beiden Werthe von λ Null, also einer der Werthe von x gleich a ist.

Ist $\alpha a b = 0$, so ist das Punktepaar, in welchem die Gerade die Curve α schneidet, harmonisch mit dem Paare $(a b)$; d. h.: a und b sind harmonische Pole der Curve. Dasselbe zeigt auch der Umstand, dass in diesem Falle die beiden Werthe von λ sich nur durch das Vorzeichen unterscheiden, sodass die beiden Schnittpunkte der Geraden und der Curve durch die Ausdrücke:

$$x_1 = a + \lambda b; \quad x_2 = a - \lambda b$$

gegeben und damit als harmonische Punkte zu a und b bestimmt sind.

Ist gleichzeitig $\alpha a^2 = 0$ und $\alpha a b = 0$, so fällt a mit einem der Schnittpunkte, z. B. x_1, und (nach der Eigenschaft der harmonischen Punkte) auch mit dem andern, x_2 zusammen. Die Gerade ist daher Tangente an die Curve im Punkte a, und b hat auf dieser Tangente eine beliebige Lage. Da in diesem Falle beide Werthe von λ Null sind, so lehrt auch die Gleichung $x = a + \lambda b$, dass beide Schnittpunkte der Geraden und der Curve mit a zusammenfallen.

Wenn endlich die Gleichungen $\alpha a^2 = 0$ und $\alpha a b = 0$ für jeden Werth (jede Lage) von b gelten, so heisst dies nichts andres, als dass für jede durch a gezogene Gerade die Schnittpunkte mit der Curve mit a zusammenfallen. In diesem Falle aber ist a ein doppelter Punkt der Curve. Die Grösse αa kann aber nur dann mit *jedem* Punkte b der Ebene das Product Null geben, wenn sie selbst gleich Null ist. Es ist also, wenn $f = \alpha x^2 = 0$ wieder die Gleichung der Curve ist,

$$f' = \alpha x = 0$$

die Bedingung für das Vorhandensein eines Doppelpunktes. Aus dieser Gleichung folgt weiter:

$$f_1 = \alpha x e_1 = 0; \quad f_2 = \alpha x e_2 = 0; \quad f_3 = \alpha x e_3 = 0.$$

Eliminirt man zwischen diesen drei Gleichungen x_1, x_2, x_3, so bleibt eine zwischen den Coefficienten der Gleichung $f = 0$ bestehende Gleichung, welche mit der gleich Null gesetzten Discriminante identisch ist. Nun ist nach Nr. 68 das Resultat der Elimination der Variablen aus drei linearen Gleichungen eine Gleichung vom 3. Grade in den Coefficienten; mithin ist die Discriminante eine Invariante von der Form

$$(\alpha^3),$$

und, da diese Invariante die Invariante niedrigster Ordnung, also ein eindeutiger Ausdruck ist, so ist die Discriminante *gleich* (α^3), d. h. gleich der Hesse'schen Determinante.

Anmerkung. Die in dieser Nr. angewendete Methode der Schnitt-punkte einer Geraden mit einer Curve, welche, wie wir gesehen haben, einerseits zur Theorie der Polaren und Centralen, andrerseits zu der-jenigen der vielfachen Punkte führt, gab Grassmann für Curven n. Grades (nebst Beispielen für $n = 3, 4, 5$) in den Göttinger „Nach-richten" 1872. Nr. 28. S. 567 ff. — Mit Hilfe des Satzes über den Grad der Resultante aus 3 Gleichungen beliebigen Grades (vgl. z. B. Fiedler, „Vorlesg. z. Einführung i. d. Algebra d. lin. Transf." Nr. 34) lässt sich leicht zeigen, dass die Discriminante der ternären Form n. Grades eine Invariante von der Ordnung $3(n-1)^2$ ist.

119. Unter den Punktepaaren und Linienpaaren, in die der Kegelschnitt zerfallen kann, sind noch zwei wegen der be-sonderen Eigenschaften ihrer Pol- resp. Polarenpaare hervor-zuheben. Es sind dies die in unendliche Entfernung ver-setzten Gebilde eines Parallelenpaares und eines Doppel-punktes.

Zieht man durch ein endlich entferntes Parallelenpaar eine schneidende Gerade, so sind die Schnittpunkte harmo-nisch mit ihrem Mittelpunkte und dem unendlich fernen Punkte der Geraden, und letztere beiden Punkte sind harmonische Pole des als Kegelschnitt betrachteten Parallelenpaars. Es ist also jedes Paar von Punkten, von denen der eine in der Mitte zwischen den Parallelen, der andre in unendlicher Entfernung liegt, ein harmonisches Polenpaar dieses Kegelschnittes. — Rückt nun umgekehrt das Parallelenpaar in unendliche Ent-fernung, und der unendlich ferne Punkt der Geraden ins End-liche, so schneidet jede durch diesen Punkt gezogene Gerade das Parallelenpaar in zwei Punkten, deren Mitte der dem gegebenen Punkte zugeordnete harmonische Pol ist.

Das Parallelenpaar ist aber vermöge seiner unendlichen Entfernung als eine einzige Gerade (die unendlich entfernte Gerade der Ebene, vgl. Nr. 3) zu betrachten; mithin fallen seine beiden Schnittpunkte mit der Geraden, und der Mittel-punkt dieser Punkte in den unendlich fernen Punkt der Geraden. — *Hiernach sind auf jeder Geraden in der Ebene ein beliebiger Punkt und der unendlich entfernte Punkt zusammen harmonische Pole desjenigen Kegelschnitts, welcher durch die unendlich ferne Gerade der Ebene (als doppelte Gerade betrachtet) repräsentirt wird.*

Verbindet man zweitens einen Doppelpunkt mit einem beliebigen Punkte der Ebene, so ist diese doppelte Verbindungslinie als Tangentenpaar an den Kegelschnitt zu betrachten, welcher durch jenen Doppelpunkt repräsentirt wird. Nun bildet die Linie, welche den Winkel zweier Tangenten halbirt, nebst der auf ihr senkrechten Linie ein harmonisches Polarenpaar des Kegelschnittes. In unserem Falle aber fällt die Winkelhalbirende mit dem Tangentenpaare zusammen. Es ist also jedes Paar senkrecht zu einander stehender Linien, von denen die eine durch den gegebenen Doppelpunkt geht, harmonisches Polarenpaar dieses Kegelschnittes. — Rückt nun der Doppelpunkt auf irgend einer Geraden in unendliche Ferne, so kann jede Gerade der Ebene als solche betrachtet werden, deren unendlich entfernter Punkt mit diesem Kegelschnitt zusammenfällt, und jede auf ihr senkrechte Linie bildet mit ihr selbst ein harmonisches Polarenpaar. *Hiernach ist jedes Paar senkrechter Linien in der Ebene harmonisches Polarenpaar desjenigen Kegelschnittes, welcher durch den unendlich fernen Punkt der einen Linie (als doppelten Punkt betrachtet) repräsentirt wird.*

Anmerkung. Der Doppelpunkt-Kegelschnitt kann als Kreis mit dem Radius Null betrachtet werden, und die unendlich ferne Gerade als Kreis mit unendlich grossem Radius, der erstere mithin als Centralpunkt (S_1), die letztere als grösster Kreis eines Systems von Kreisen, die von einem zweiten System rechtwinklig geschnitten werden (S. die Figur S. 111). Da nun die Centralpunkte die imaginären Schnittpunkte aller Kreise des ersten Systems sind, mithin auch der Kreise mit unendlich kleinem und unendlich grossem Radius, und da ferner das Paar der Centralpunkte (S_1 und S_2), in unendlicher Entfernung betrachtet, in *einen* Punkt zusammenfällt, so kann man sagen, „der unendlich ferne Doppelpunkt-Kegelschnitt sei das imaginäre zusammenfallende Punktepaar, in welchem die unendlich ferne doppelte Gerade von einem unendlich kleinen doppelten Kreise geschnitten werde".

Dieser Satz bezeichnet wohl den Gipfelpunkt dessen, was die synthetische Geometrie in der Anwendung paradoxer Begriffe leistet. Denn die Begriffe „unendlich ferner Punkt" und „imaginärer Schnittpunkt" sind und bleiben paradox, solange man sie wörtlich nimmt, statt in ihnen nur andere Ausdrucksformen für *anschauliche* geometrische Begriffe zu sehen. Nur unter diesem letzteren Gesichtspunkte lässt sich ihre Anwendung rechtfertigen, und der vielseitige, wohlberechtigte Widerstand, welcher diesen Begriffen ausserhalb des Kreises der Synthetiker entgegengesetzt wird, wird erst dann gegenstandlos erscheinen, wenn man sich bescheiden wird, den „unendlich fernen Punkt" als andre Ausdrucksform für „Strecke", den „imaginären Schnittpunkt" zweier Kreise als andre Ausdrucksform für „Centralpunkt" anzusehen.

Auch der oben gegebene Satz verliert seine mystische Form, und lässt einen äusserst einfachen Inhalt erkennen, sobald man die eben erwähnte Umschreibung auf ihn anwendet. Da ist zunächst ein unendlich ferner Doppelpunkt nichts weiter als ein endliches paralleles Streckenpaar. Wenn ferner ein Punkt und eine ausserhalb desselben liegende Gerade als Centralpunkt und grösster Kreis eines orthogonal geschnittenen Kreissystems betrachtet werden, d. h. als Gebilde, die sich in imaginären Punkten schneiden, so wird, wenn man beide Gebilde mit dem Prädicat „unendlich fern" versieht, der Punkt in eine Strecke, und die Gerade in einen mit dieser Strecke parallelen Flächentheil verwandelt. Da aber in unendlicher Entfernung schliesslich beide Centralpunkte zusammen in die doppelte unendlich ferne Gerade fallen, so heisst dies nichts andres, als: das Paar der parallelen Strecken (als Kegelschnitt betrachtet) fällt in die Ebene des doppelten Flächentheils. Und der oben gegebene Satz hat den Inhalt: Ein Parallelenpaar kann man betrachten als dasjenige Gebilde, welches die durch dasselbe bestimmte Ebene mit eben diesem Parallelenpaar gemeinsam hat.

120. Von den Eigenschaften der beiden eben besprochenen Kegelschnitte können wir Gebrauch machen, um die beiden reciproken Sätze von Vierecken in Nr. 116 zu specialisiren. Wir zeichnen zu diesem Zweck für den ersten Satz ein sogenanntes überschlagenes Viereck (ABA_1B_1), für den zweiten ein Vierseit, dessen Gegenseiten auf einander senkrecht stehen $(a\,b\,a_1\,b_1)$.

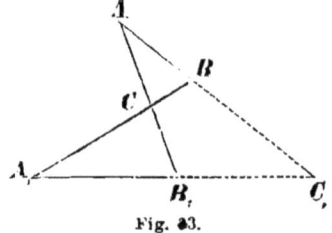
Fig. 33.

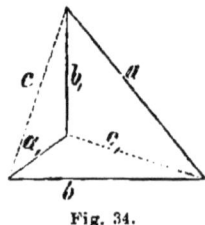
Fig. 34.

Nach dem *ersten* jener Sätze wird, wenn (A, A_1) und (B, B_1) harmonische Polenpaare eines Kegelschnittes sind, auch (C, C_1) ein solches sein. Dieser Fall tritt aber ein, wenn A_1 und B_1 in unendliche Entfernung rücken, wobei die unendlich entfernte Doppelgerade der zugehörige Kegelschnitt ist. Beide Punkte liegen dann auf der unendlich entfernten Geraden, und unser Satz sagt, dass auch C_1, der zu C zugeordnete harmonische Pol, auf derselben liegt. Man kann daher sagen: *Die unendlich fernen Punkte dreier Geraden, welche die Seiten eines Dreiecks bilden, liegen auf derselben (unendlich entfernten) Geraden.* Umschrieben lautet dieser Satz: Drei Strecken auf den Geraden, welche die Seiten eines Dreiecks (ABC) bilden, liegen in demselben Flächentheil. Oder, da es hierbei auf die Grösse der Strecken und des Flächentheils nicht ankommt:

Drei Geraden, von welchen sich je zwei in einem Punkte schneiden, liegen in derselben Ebene.

Nach dem *zweiten* jener Sätze wird, wenn (a, a_1) und (b, b_1) harmonische Polarenpaare eines Kegelschnittes sind, auch (c, c_1) ein solches sein. Dieser Fall tritt aber ein, wenn a_1 auf a und b_1 auf b senkrecht steht, wobei ein unendlich ferner Doppelpunkt der zugehörige Kegelschnitt ist. Unser Satz sagt dann, dass auch (c, c_1) ein harmonisches Polenpaar dieses Kegelschnitts, und als solches ein paar senkrechter Linien ist. Man kann daher sagen: *Die aus den Ecken eines Dreiecks (abc) auf die Gegenseiten gefüllten Senkrechten gehen durch denselben Punkt.* Reciprok sind also folgende beiden Sätze:

Die Seiten eines Dreiecks liegen in derselben Ebene.	*Die Höhen eines Dreiecks schneiden sich in demselben Punkte.*

Anmerkung. Das hier gegebene Beispiel einer Umschreibung zeigt uns die Bedeutung der unendlich fernen Gebilde in einem neuen Lichte. Ebenso wie der unendlich ferne Punkt als gemeinsames Gebilde paralleler Linien uns aus dem Gebiet *einer Linie* in das der *Ebene* hinausführt, so auch die unendlich ferne Gerade als gemeinsames Gebilde paralleler Ebenen aus dem Gebiet *einer Ebene* in das des *Raumes*. In der That giebt es zu dem Satze von den Höhen eines Dreiecks im Gebiet der Ebene keinen reciproken Satz, sofern man unendlich entfernte Gebilde ausschliesst. Wohl aber sind die beiden letzten Sätze reciprok in Bezug auf das Gebiet des Raumes. Denn in diesem Gebiete entsprechen sich die Gebilde: Punkt und Ebene, Gerade und Gerade. Mithin sind drei Geraden, die in *einer* Ebene liegen, reciprok mit drei andern Geraden, die durch *einen* Punkt gehen. — Die unendlich fernen Gebilde können also benutzt werden, um einen Ausdruck für eine Reciprocität in der Ebene zu gewinnen, die thatsächlich nur im Raume besteht. — Vgl. über diesen Gegenstand auch die Bemerkung bei Hesse, „Sieben Vorlesg. a. d. anal. Geom. d. Kegelschnitte". S. 43 unten.

121. *Contravarianten.* — Aus der oben betrachteten Invariante $(\xi\,\overline{\eta\,\zeta})^2$ entsteht nach Nr. 82 eine Contravariante, indem man einen ihrer Buchstaben, z. B. ξ, als neue Variable betrachtet. Wenn dann der Punkt x den Kegelschnitt a beschreibt (dessen Gleichung $a\,x^2 = 0$ ist), so beschreibt die Gerade ξ als umhüllende Linie ein zweites Gebilde, das im Allgemeinen noch unbestimmt ist, aber durch Aufstellung einer Beziehung zwischen den Variablen x und ξ definirt werden kann, und dessen Gleichung $(\xi \cdot \overline{\eta\,\zeta})^2 = 0$ ist, eine Gleichung, die offenbar vom zweiten Grade in ξ ist, und daher ebenfalls einen Kegelschnitt repräsentirt. — Die zweite Form dieser Gleichung ist offenbar:

$$a^2\,\xi^2 = 0.$$

Von jenen Beziehungen zwischen x und ξ mögen nun die einfachsten betrachtet werden. — Wenn *erstens* $\xi = f^{(1)}$ ist, dann ist nach Nr. 81 $(x\,\xi) = 0$, und ξ ist Tangente an die gegebene Curve. Die von ξ umhüllte Curve ist also mit der von x beschriebenen identisch, und ebenso wie die Gleichung $a\,x^2 = 0$, wenn man $x = x_1\,e_1 + x_2\,e_2 + x_3\,e_3$ setzt, auf die in Punktcoordinaten ausgedrückte Gleichung der Curve führt, so die Gleichung $(\xi \cdot \overline{\eta\,\zeta})^2 = 0$ durch die Substitution $\xi = \xi_1|e_1 + \xi_2'\,e_2 + \xi_3|e_3$ auf die Gleichung der Curve in Liniencoordinaten.*)

---

*) Ausgeführt: Aus $\xi = \xi_1|e_1 + \xi_2\,e_2 + \xi_3'\,e_3$; $\eta = \eta_1|e_1 + \eta_2|e_2 + \eta_3\,e_3$; $\zeta = \zeta_1|e_1 + \zeta_2|e_2 + \zeta_3'\,e_3$ folgt:

$$(\xi\,\eta\,\zeta) = \xi_1(\eta_2\zeta_3 - \eta_3\zeta_2) + \xi_2(\eta_3\zeta_1 - \eta_1\zeta_3) + \xi_3(\eta_1\zeta_2 - \eta_2\zeta_1)$$
$$= a_1\xi_1 + a_2\xi_2 + a_3\xi_3.$$

$$(\xi\,\eta\,\zeta)^2 = a_{11}\xi_1^2 + a_{22}\xi_2^2 + a_{33}\xi_3^2 + 2(a_{12}\xi_1\xi_2 + a_{23}\xi_2\xi_3 + a_{31}\xi_3\xi_1),$$

worin

$$a_{11} = (\eta_2\zeta_3 - \eta_3\zeta_2)^2 = \eta_{22}\zeta_{33} - 2\eta_{21}\zeta_{32} + \eta_{33}\zeta_{22}$$
$$a_{12} = (\eta_2\zeta_3 - \eta_3\zeta_2)(\eta_3\zeta_1 - \eta_1\zeta_3) = \eta_{23}\zeta_{31} - \eta_{33}\zeta_{21} - \eta_{21}\zeta_{33} + \eta_{31}\zeta_{23}$$

ist, während die anderen Coefficienten aus diesen beiden durch circuläre Vertauschung der Indices gefunden werden. — Da aber η und ζ sich

Nimmt man *zweitens* an, ξ sei die Ergänzung von x in Bezug auf das Dreieck der Punkte $c_1 e_2 c_3$, also $\xi = |x$; dann folgt aus der Gleichung $x = x_1 e_1 + x_2 c_2 + x_3 c_3$ (nach „Raumlehre" Nr. 142)

$$|x = x_1\,|e_1 + x_2|e_2 + x_3|e_3;$$

man hat also statt ξ_1, ξ_2, ξ_3 resp. zu setzen x_1, x_2, x_3. Zwischen den durch die Gleichungen

$$\alpha x^2 = 0; \quad (|x \cdot \overline{\eta\,\xi})^2 = 0$$

dargestellten Curven besteht also die Beziehung, dass ein Punkt der ersteren aus den Einheiten e_1, c_2, c_3 mittelst derselben Zahlen abgeleitet wird, wie eine entsprechende Tangente der zweiten aus den Ergänzungen dieser Einheiten. Dasselbe gilt auch, wenn man die beiden Curven vertauscht, da, wenn ξ die Ergänzung von x, auch x diejenige von ξ ist. — Vermöge dieser Beziehung nennt man jede der beiden Curven die *Reciprokalcurve* der anderen. Um den Ausdruck der zweiten Curve in Punktcoordinaten zu finden, hat man nur in der Darstellung der letzten Anmerkung statt $\xi_1 \xi_2 \xi_3$ resp. $x_1 x_2 x_3$ zu setzen.

Reduction auf die Stammformen. Alle Covarianten der Function lassen sich aus $\varkappa - p + 1$, d. h. $6 - 3 + 1 = 4$ Stammformen ableiten. Für die eine oben betrachtete Covariante $(\overline{\xi\,\eta\,\xi})^2$ ist diese Reduction bereits in Nr. 89 ausgeführt, und gefunden worden:

122.

$$\tfrac{1}{c} (\overline{\xi\,\eta\,\xi})^2 = \varphi_{20}\,\varphi_{02} - \varphi_{11}{}^2 - \varphi_{10}{}^2 \varphi_{02}.$$

Da die Function keine weiteren unabhängigen Covarianten

---

auf die gegebene Function αx^2 beziehen, so ist

$$\alpha_{11} = 2(\alpha_{22}\alpha_{33} - \alpha_{23}{}^2); \quad \alpha_{12} = 2(\alpha_{23}\alpha_{31} - \alpha_{33}\alpha_{12});$$

mithin die Gleichung der Curve in Liniencoordinaten:

$$(\alpha_{22}\alpha_{33} - \alpha_{23}{}^2)\xi_1{}^2 + (\alpha_{33}\alpha_{11} - \alpha_{31}{}^2)\xi_2{}^2 + (\alpha_{11}\alpha_{22} - \alpha_{12}{}^2)\xi_3{}^2$$
$$+ 2[(\alpha_{23}\alpha_{31} - \alpha_{33}\alpha_{12})\xi_1\xi_2 + (\alpha_{31}\alpha_{12} - \alpha_{11}\alpha_{23})\xi_2\xi_3 + (\alpha_{12}\alpha_{23} - \alpha_{22}\alpha_{31})\xi_3\xi_1] = 0.$$

Da diese Gleichung, wie aus ihrer oben gegebenen Form erhellt, aus den Grössen a und ξ gerade so zusammengesetzt ist, wie die Gleichung in Punktcoordinaten aus α und x, so kann man die erstere auch schreiben: $a\,\xi^2 = 0$; d. h. man kann gleichzeitig a mit α und ξ mit x vertauschen. Also ist auch

$$\alpha_{11} = 2(a_{22} \cdot a_{33} - a_{23}{}^2); \quad \alpha_{12} = 2(a_{23}a_{31} - a_{33}a_{12}),\ \text{etc.}$$

besitzt, so bleibt nur noch übrig, die in Nr. 89 erwähnte Vereinfachung der Reduction vorzunehmen, um diese letztere für Functionen höherer Grade ausführbar zu machen.

Wenn $\xi = f^{(1)}$, $\eta = \psi^{(1)}$, $\zeta = \chi^{(1)}$, $\vartheta = \omega^{(1)}$ die Ableitungen von vier ternären Formen nach x sind, so ist

$$(x\,\xi) = (x\,\eta) = (x\,\zeta) = (x\,\vartheta) = 0,$$

mithin auch

$$(x\,\xi)\,(x\,\eta)\,(x\,\zeta)\,(x\,\vartheta) = 0,$$

oder:

$$(x\xi)\,x^3\,(\eta\,\zeta\,\vartheta) + (x\,\eta)\,x^3\,(\zeta\,\vartheta\,\xi) + (x\zeta)\,x^3\,(\vartheta\,\xi\,\eta) + (x\vartheta)\,x^3\,(\xi\,\eta\,\zeta) = 0,$$

oder, durch x^3 dividirt:

$$(x\,\xi)(\eta\,\zeta\,\vartheta) + (x\,\eta)(\zeta\,\vartheta\,\xi) + (x\,\zeta)(\vartheta\,\xi\,\eta) + (x\,\vartheta)(\xi\,\eta\,\zeta) = 0.$$

Dies ist für vier ternäre Functionen eine ähnliche *Grundformel*, wie sie in Nr. 112, Beispiel 1) für drei binäre Functionen aufgestellt wurde. — Betrachtet man nun ϑ als unabhängige Variable, d. h. als Linie, welche nicht durch den Punkt x geht, so ist auch $(x\vartheta)$ nicht gleich Null, und man kann aus der Gleichung nur die drei Homogenitäts-Factoren $(x\xi)$, $(x\eta)$, $(x\zeta)$ weglassen. Setzt man noch, um die Natur der einzelnen Formen besser hervortreten zu lassen,

$$\vartheta = {}^{\prime}u,$$

wo u ein Punkt ist, so lautet die letzte Formel:

$$- (x\,u)\,(\xi\,\eta\,\zeta) = (u\,.\,\eta\,\zeta) + (u\,.\,\zeta\,\xi) + (u\,.\,\xi\,\eta).$$

Bei der weiteren Rechnung wollen wir uns wieder auf das Beispiel $(\xi\,\overline{\eta}\,\zeta)^2$ beschränken, aus welchem das allgemein zu beobachtende Verfahren vollständig zu ersehen ist. Man hat also zunächst:

$$(x\,|\,u)^2 \cdot (\overline{\xi\,\eta}\,\zeta)^2 = 3(u\,.\,\eta\,\zeta)^2 + 6(u\,.\,\eta\,\zeta)(u\,.\,\zeta\,\xi),$$

da bei der Gleichsetzung von ξ, η, ζ sowohl die drei Quadrate, wie die drei doppelten Producte einander gleich werden.

Nun werden in die auf der rechten Seite der Gleichung stehenden Klammerausdrücke die Hilfsgrössen y und x eingeführt, und zwar mittelst der in Nr. 89 abgeleiteten Formel:

$$(\overline{\xi\,\eta}\,\zeta) = (\xi x)(\eta y)(\zeta z) + (\zeta x)(\xi y)(\eta z) + (\eta x)(\zeta y)(\xi z)$$
$$- (\xi x)(\zeta y)(\eta z) - (\zeta x)(\eta y)(\xi z) - (\eta x)(\xi y)(\zeta z),$$

wobei die an jener Stelle weggelassenen Homogenitäts-Factoren beibehalten sind. Man braucht zu diesem Zweck in dieser Formel nur ξ, resp. η durch $|u$ zu ersetzen. — Zur weiteren Vereinfachung nehmen wir aber vorher an, die bis jetzt unbestimmt gelassene Linie ϑ sei die Verbindungslinie der Punkte y und z. Dann ist

$$y\vartheta = 0; \quad z\vartheta = 0,$$

oder:

$$(y|u) = 0; \quad (z|u) = 0.$$

Es werden demnach in der obigen Formel auf der rechten Seite alle Glieder gleich Null, welche die Grösse ξ, resp. η enthalten, und man erhält:

$$(|u \cdot \eta\overline{\xi}) = (x|u) \cdot [(\eta y)(\xi z) - (\xi y)(\eta z)];$$
$$(|u \cdot \overline{\xi\xi}) = (x|u) \cdot [(\xi y)(\xi z) - (\xi y)(\xi z)].$$

Setzt man diese Werthe in dem oben gegebenen Ausdruck für $(\xi\eta\xi)^2$ ein, so hebt sich $(x|u)^2$ beiderseits weg, und es bleibt:

$$\tfrac{1}{c}(\overline{\xi\eta\xi})^2 = \tfrac{1}{2}[(\eta y)(\xi z) - (\xi y)(\eta z)]^2 + [(\eta y)(\xi z) - (\xi y)(\eta z)]$$
$$\cdot [(\xi y)(\xi z) - (\xi y)(\xi z)].$$

Wir schreiben nun wieder, wie an entsprechender Stelle der früheren Methode, für ξ, η, ζ den Ausdruck αx^{n-1}, für $\xi^{(2)}$, $\eta^{(2)}$, $\zeta^{(2)}$ also αx^{n-2}, und bestimmen z durch die Bedingung

$$\alpha x^{n-1} z = 0.$$

Wenn dann in der letzten Gleichung die Klammern gelöst werden, so verschwinden drei von den vier Gliedern, welche der zweite Summand liefert, weil sie $\alpha x^{n-1}z$ als Factor enthalten, und es bleibt:

$$\tfrac{1}{c}(\overline{\xi\eta\xi})^2 = \alpha x^{n-2}y^2 \cdot \alpha x^{n-2}z^2 - [\alpha x^{n-2}yz]^2$$
$$- [\alpha x^{n-1}y]^2 \cdot \alpha x^{n-2}z^2,$$

oder, wenn wir wieder setzen:

$$\alpha x^{n-\lambda-\mu}y^\lambda z^\mu = \varphi_{\lambda\mu},$$
$$\tfrac{1}{c}(\overline{\xi\eta\xi})^2 = \varphi_{20}\varphi_{02} - \varphi_{11}^2 - \varphi_{10}^2\varphi_{02},$$

übereinstimmend mit dem früher gefundenen Resultate.[*]

---

[*] Die hier durchgeführte abgekürzte Methode verdanke ich einer brieflichen Mittheilung von Hrn. Grassmann.

β) *Zwei* Functionen.

123.   Zwei Functionen
$$\alpha x^2 = 0; \quad \beta x^2 = 0,$$
worin
$$x = x_1 c_1 + x_2 x_2 + x_3 c_3$$
ist, repräsentiren *zwei Kegelschnitte in einer Ebene.*

Covarianten. — Jenachdem man in dem Ausdrucke $(\xi \eta \zeta)^2$ die drei Grössen ξ, η, ζ sämmtlich aus der ersten, oder sämmtlich aus der zweiten Function ableitet, erhält man die bereits bekannten Invarianten (α^3) oder (β^4). Jenachdem man ferner zwei dieser Grössen aus der ersten, und die andre aus der zweiten Function ableitet, oder umgekehrt, erhält man zwei neue Invarianten $(\alpha^2 \beta)$ oder $(\alpha \beta^2)$. Hebt man in dem Ausdruck $(\xi \eta \zeta)^2$ diejenigen Buchstaben, welche aus der zweiten Function genommen werden sollen, durch einen oberen Index hervor, so kann man die vier Invarianten in folgender Weise unterscheiden:

$$(\alpha^3) = (\overline{\xi \eta} \zeta)^2; \quad (\alpha^2 \beta) = (\overline{\xi \eta} \zeta')^2;$$
$$(\alpha \beta^2) = (\xi \eta' \zeta')^2; \quad (\beta^3) = (\overline{\xi' \eta' \zeta'})^2.$$

Um die geometrische Bedeutung der beiden neuen Invarianten zu erkennen, gehen wir von den drei Formeln (Nr. 114) aus, welche sagten, dass in dem Dreieck der Punkte xyz jede Seite die Polare des Kegelschnittes α in Bezug auf die Gegenecke sei:

$$(yz) \equiv \alpha x; \quad (zx) \equiv \alpha y; \quad (xy) \equiv \alpha z.$$

Durch Multiplication von je zwei dieser Formeln folgt:

$$(xy)z^2 \equiv \alpha^2(xy); \quad (yz)x^2 \equiv \alpha^2(yz); \quad (zx)y^2 \equiv \alpha^2(zx);$$

daher, wenn keine zwei Punkte zusammenfallen:

$$z^2 \equiv \alpha^2; \quad x^2 \equiv \alpha^2; \quad y^2 \equiv \alpha^2,$$

und durch Multiplication mit β:

$$\beta z^2 \equiv \alpha^2 \beta; \quad \beta x^2 \equiv \alpha^2 \beta; \quad \beta y^2 \equiv \alpha^2 \beta.$$

Ist nun $(\alpha^2 \beta) = 0$, so ist $\beta x^2 = \beta y^2 = \beta z^2 = 0$; d. h.: die drei Punkte xyz liegen auf dem Kegelschnitt β.

Das Verschwinden der Invariante $(\alpha^2 \beta)$ zeigt also an, dass der Kegelschnitt β durch die Ecken eines Dreiecks geht, *dessen Seiten Polaren des Kegelschnitts α in Bezug auf die gegenüberliegenden Ecken sind.* — Durch Vertauschung von α und β erhält man aus diesem Satze die Bedeutung der anderen Invariante.

Contravarianten. Ausser den beiden Contravarianten der einzelnen Functionen, nämlich $(|x \cdot \overline{\eta \zeta})^2$ und $(|x \cdot \eta' \zeta')^2$ kann nur noch *eine* Form dieser Art gebildet werden, nämlich dadurch, dass man den einen der beiden Buchstaben η und ζ aus der ersten, den andern aus der zweiten Form nimmt. Man hat also im Ganzen folgende drei Contravarianten, worin $\xi = x$ sein soll:

$$(\alpha^2)\xi^2 = (\xi \cdot \overline{\eta \zeta})^2; \quad (\alpha\beta)\xi^2 = (\xi \cdot \eta \zeta')^2; \quad (\beta^2)\xi^2 = (\xi \cdot \eta' \zeta')^2.$$

Die mittlere dieser Formen repräsentirt ebenso wie die beiden anderen einen Kegelschnitt. Um denselben näher kennen zu lernen, nehmen wir an, es sei $\xi = |c_3$. Dann würden bei der Ausrechnung des Productes $(\xi \cdot \eta \zeta')$ diejenigen Glieder von η und ζ', welche den Factor $|c_3$ enthalten, nicht zur Verwendung kommen. Es ist daher

$$(|c_3 \cdot \eta \zeta')^2 = (\eta \zeta')^2,$$

vorausgesetzt, dass man η und ζ' nur aus $|c_1$ und $|c_2$ ableitet, und in Folge dessen x nur aus c_1 und c_2. Unter letzterer Voraussetzung aber bedeuten α und β die Punktepaare, in denen die Curven α und β von der Linie ξ geschnitten werden. Wenn nun

$$(\eta \zeta')^2 = (\alpha\beta) = 0$$

ist, so sind die Punktepaare α und β harmonisch (Nr. 93). Es schneidet also die Linie ξ ($= |c_3$) die beiden Curven α und β in harmonischen Punktepaaren; und da jede der Lagen von ξ, die der Gleichung $(\alpha\beta)\xi^2 = 0$ genügt, als Linie ($|c_3$) angenommen werden kann, *so repräsentirt die Gleichung $(\alpha\beta)\xi^2 = 0$ denjenigen Kegelschnitt, dessen sämmtliche Tangenten die Curven α und β in harmonischen Punktepaaren schneiden.*

Bezeichnen wir die zu α und β reciproken Kegelschnitte mit a resp. b, so ist

$$(\alpha^2)\xi^2 = a\xi^2; \quad (\beta^2)\xi^2 = b\xi^2.$$

Nun erhält man den ursprünglichen Kegelschnitt wieder durch Vertauschung der griechischen und lateinischen Buchstaben; man hat also:

$$(a^2)x^2 = \alpha x^2; \quad (b^2)x^2 = \beta x^2.$$

Es wird ferner der zu $(\alpha\beta)\xi^2 = 0$ reciproke Kegelschnitt ausgedrückt sein durch

$$(a\,b)x^2 = 0.$$

Und dieser Kegelschnitt hat die reciproke Eigenschaft, dass die aus irgend einem seiner Punkte an die beiden gegebenen Curven gezogenen Tangentenpaare harmonische Linienpaare sind. — Seine Gleichung ist eine Covariante der beiden gegebenen Functionen, wie man sogleich erkennt, wenn man darin a und b durch die gleichbedeutenden Werthe α^2 resp. β^2 ersetzt, wodurch die Gleichung die Form erhält:

$$\alpha^2 \beta^2 x^2 = 0.$$

Man wird diese Covariante unmittelbar aus den gegebenen Functionen erhalten durch die Bildung

$$(\xi'\eta\zeta)(\vartheta'\eta\zeta),$$

wobei ξ' und ϑ' aus der einen, η und ζ aus der anderen Function entnommen werden.

γ) *Drei* Functionen.

125. Drei Functionen

$$\alpha x^2 = 0, \quad \beta x^2 = 0, \quad \gamma x^2 = 0,$$

worin

$$x = c_1 e_1 + x_2 e_2 + x_3 e_3$$

ist, repräsentiren *drei Kegelschnitte in einer Ebene.*

Covarianten. 1) Ausser den neun bereits bekannten Invarianten:

$$(\alpha^3) = (\overline{\xi\eta\xi})^2; \quad (\beta^3) = (\overline{\xi'\eta'\xi'})^2; \quad (\gamma^3) = (\overline{\xi''\eta''\xi''})^2;$$

$$(\alpha^2\beta) = (\xi\overline{\eta}\xi')^2; \quad (\beta^2\gamma) = (\xi'\eta'\xi'')^2; \quad (\gamma^2\alpha) = (\xi''\eta''\xi)^2;$$

$$(\alpha\beta^2) = (\xi\overline{\eta'}\xi')^2; \quad (\beta\gamma^2) = (\xi'\eta''\xi'')^2; \quad (\gamma\alpha^2) = (\xi''\eta\xi)^2,$$

kann noch eine gemeinsame Invariante der drei Functionen gebildet werden, nämlich:

$$(\alpha\beta\gamma) = (\xi\eta'\xi')^2 = (\xi\eta\xi)^2.$$

Die geometrische Bedeutung ihres Verschwindens findet

sich, wenn man bedenkt, dass die Gleichung $(\alpha\beta\gamma) = 0$ nichts weiter sagt, als dass zwischen den drei Grössen α, β, γ eine Zahlgleichung existirt, sodass man statt dieser Gleichung auch schreiben kann:

$$\lambda\alpha + \mu\beta + \nu\gamma = 0,$$

oder, mit dem Quadrat eines beliebigen Punktes x multiplicirt:

$$\lambda\alpha x^2 + \mu\beta x^2 + \nu\gamma x^2 = 0.$$

Wenn nun x einer der Schnittpunkte der Curven α und β ist, so ist

$$\alpha x^2 = 0, \quad \beta x^2 = 0;$$

mithin nach der letzten Gleichung auch

$$\gamma x^2 = 0;$$

d. h.: auch die Curve γ geht durch diesen Punkt.

Denkt man sich nun aus den in entwickelter Form geschriebenen Gleichungen $\alpha x^2 = 0$ und $\beta x^2 = 0$ eine der beiden Variablen $\frac{x_1}{x_3}$ und $\frac{x_2}{x_3}$ eliminirt, so erhält man nach Nr. 70 eine Gleichung vom vierten Grade in der anderen, mithin auch vier Werthe für diese Variable, deren jedem ein Werth der anderen entspricht. *Zwei Kegelschnitte haben also im Allgemeinen vier gemeinsame Punkte, und, reciprok, vier gemeinsame Tangenten.*

Demnach ist das Verschwinden der Invariante $(\alpha\beta\gamma)$ die Bedingung dafür, dass die drei Kegelschnitte α, β, γ durch die nämlichen vier Punkte gehen (dem nämlichen Viereck umschrieben sind), und das Verschwinden der Invariante (abc) die Bedingung dafür, dass die drei Kegelschnitte a, b, c, vier gemeinsame Tangenten haben (dem nämlichen Vierseit einbeschrieben sind).

Wir haben früher die Gesammtheit der durch einen Punkt gehenden Geraden, von denen also je drei der Gleichung $(\alpha\beta\gamma) = 0$ genügten, einen Stralenbüschel, und die Gesammtheit der auf einer Geraden liegenden Punkte, von denen also je drei der Gleichung $(abc) = 0$ genügten, eine Punktreihe genannt. — In entsprechender Weise können wir jetzt die Gesammtheit der durch dieselben vier Punkte gehenden Kegelschnitte, von denen also je drei der Gleichung

$(\alpha\beta\gamma) = 0$ genügen, einen *Kegelschnittbüschel* nennen, und die Gesammtheit der dieselben vier Geraden berührenden Kegelschnitte, von denen also je drei der Gleichung $(abc) = 0$ genügen, eine *Kegelschnittreihe.*

Anmerkung. Auf den Begriff des Kegelschnittbüschels führte uns schon früher die Darstellung des Kegelschnittes durch ein planimetrisches Product. S. „Raumlehre" Nr. 178. 179. — Die Darstellung von Curvenbüscheln und Curvenreihen nach beiden Methoden hat Grassmann ausgeführt in Crelle's Journal Band 42. S. 193 ff.

Wird in den Gleichungen der drei Kegelschnitte α, β, γ die Variable x nur aus den Einheiten e_1 und e_2 abgeleitet, so stellen α, β, γ die Punktepaare vor, in welchen die gleichbenannnten Kegelschnitte von der Geraden $(e_1 e_2)$ geschnitten werden. Und die Gleichung $(\alpha\beta\gamma) = 0$ sagt aus, dass diese Punktepaare involutorisch sind. (Nr. 96.) Man hat daher die beiden reciproken Sätze:

Die Punktepaare, in welchen ein Curvenbüschel zweiten Grades von einer beliebigen Geraden geschnitten wird, sind involutorisch.	*Die Tangentenpaare, welche an eine Curvenreihe zweiter Klasse von einem beliebigen Punkte aus gelegt werden, sind involutorisch.*

126. *Die Function* $\gamma = \lambda\alpha + \mu\beta.$ — In der Gleichung $\lambda\alpha + \mu\beta + \nu\gamma = 0$ können wir $\nu = -1$ setzen, und erhalten dadurch γ als Function der beiden Curven α und β, nämlich

$$\gamma = \lambda\alpha + \mu\beta.$$

Man kann also einen Kegelschnitt des Büschels aus zwei andern (durch welche ein Büschel vollständig bestimmt ist) ebenso ableiten, wie einen Punkt auf einer Geraden aus zwei Punkten auf derselben, oder eine Gerade in einem Stralenbüschel aus zwei Geraden dieses Büschels.

Die Hesse'sche Determinante von γ. — Die Curve γ zerfällt in ein Linienpaar, wenn ihre Hesse'sche Determinante (γ^3) verschwindet. Dann ist nach der letzten Formel

$$(\gamma^3) = \lambda^3(\alpha^3) + 3\lambda^2\mu(\alpha^2\beta) + 3\lambda\mu^2(\alpha\beta^2) + \mu^3(\beta^3) = 0.$$

Diese Gleichung giebt, wenn α und β feste Curven, also Constanten sind, für die Variable $\frac{\lambda}{\mu}$ drei Werthe. *Es existiren also drei Linienpaare, die, als Kegelschnitte betrachtet,*

dem Büschel angehören. Sind *A, B, C, D* die vier Schnittpunkte von *α* und *β*, so sind diese Linienpaare:

$$(AB), (CD); \quad (AC), (BD); \quad (AD), (BC).$$

Die Gleichung $(\gamma^3) = 0$ (als Function von λ und μ geschrieben) kann augenscheinlich als *binäre cubische Function*
betrachtet werden. Wir lernen daher für diese Function eine
neue geometrische Deutung kennen. *Sie repräsentirt nämlich
hier drei Linienpaare (resp. Punktepaare), welche einen involutorischen Verein bilden.* (Vgl. Nr. 39.) Ist nun die Discriminante dieser Function gleich Null, so fallen von den
drei durch sie dargestellten Gebilden zwei zusammen, z. B.
(AD) mit (BD) und (AC) mit (BC); d. h.: es fällt *A* mit
B zusammen, und die gemeinsame Secante der beiden Curven,
(AB) geht über in eine gemeinsame Tangente. Da aber der
Berührungspunkt dieser Tangente für beide Kegelschnitte derselbe ist, so sagt man: *Die Kegelschnitte berühren sich in
einem Punkte.*

Fällt auch noch *C* mit *D* zusammen, so sind die vier
Schnittpunkte der Kegelschnitte durch zwei Berührungspunkte
(*A* und *C*) ersetzt, und von den drei oben aufgezählten Linienpaaren ist das erste das Paar der gemeinsamen Tangenten
geworden, die beiden anderen fallen mit der (vierfach zu
zählenden) Secante (AC) zusammen.

Man erhält ferner folgende reciproke Resultate: Die
Curve $c = \lambda a + \mu b$ zerfällt in ein Punktepaar, wenn $(c^3) = 0$
ist. Es giebt drei solcher Punktepaare, nämlich die 6 Punkte,
in denen die vier gemeinsamen Tangenten der Curven *a* und *b*
sich schneiden. Ist die Discriminante von (c^3) gleich Null,
so fallen zwei dieser Punktepaare, mithin auch zwei der vier
Tangenten zusammen. Man hat dann ebenso wie vorher eine
Doppel-Tangente, woraus wieder folgt, dass die Kegelschnitte
sich berühren.

Die Contravariante von γ. — Dieselbe ist, wie früher
gefunden, durch (γ^2) ausgedrückt, oder, wenn man für γ seinen
Werth setzt, durch:

$$(\gamma^2) = \lambda^2 (\alpha^2) + 2\lambda\mu(\alpha\beta) + \mu^2(\beta^2) = 0.$$

Giebt man in den Ausdrücken (α^2), $(\alpha\beta)$, (β^2), welches
die schon bekannten Contravarianten von *α* und *β* sind, der

Variablen $(|x)$ einen festen Werth, so kann man diese Ausdrücke als constant, und die Gleichung $(\gamma^2) = 0$ (insofern sie durch λ und μ ausgedrückt ist) als *binäre quadratische Function* ansehen. Dieselbe drückt alsdann irgend zwei Punkte aus, in denen die beiden Kegelschnitte α und β von der Geraden $(|x)$ geschnitten werden, d. h., wenn M und M_1 die Schnittpunkte mit α, und N und N_1 diejenigen mit β sind, nach Auswahl eines der Punktepaare (MN), (MN_1), (M_1N), (M_1N_1). Ist die Discriminante dieser quadratischen Form gleich Null, so fällt eins dieser Punktepaare in einen einzigen Punkt zusammen; d. h.: die Gerade $(|x)$ geht durch einen der vier Schnittpunkte der Kegelschnitte α und β. Man kann daher diese gleich Null gesetzte Discriminante

$$(\alpha^2) \cdot (\beta^2) - [(\alpha\beta)]^2 = 0,$$

die in Bezug auf $(|x)$ offenbar vom vierten Grade ist, als die *Gleichung einer Curve vom vierten Grade betrachten, die in vier Punkte* (reciprok: vier Geraden) *einer Ebene zerfallen ist, nämlich in die vier Schnittpunkte der Curven α und β.*

127. *Specielle Fälle der Function γ.* — a) Es ist noch zu untersuchen, welche besonderen Eigenschaften ein durch $\gamma = \lambda\alpha + \mu\beta$ dargestellter Curvenbüschel hat, wenn β das in Nr. 119 erwähnte, in unendlicher Entfernung liegende Parallelenpaar ist. Wir bestimmen zunächst für die Punktepaare (A, B) und (U, U), in denen α und β von einer beliebigen Geraden geschnitten werden, das gemeinsame harmonische Paar. Dasselbe besteht offenbar aus dem Mittelpunkte von A und B, und dem unendlich fernen Punkte U selbst. Da nun diese Punkte auch mit jedem Punktepaare $(A_1 B_1)$ harmonisch sind, in welchem eine der Curven γ von der Geraden geschnitten wird, so ist der Punkt $C = \dfrac{A + B}{2}$ auch der Mittelpunkt des Paares $(A_1 B_1)$. *Der Kegelschnittbüschel γ hat also die Eigenschaft, dass alle Sehnen, welche von einer beliebigen Secante auf seinen Curven abgeschnitten werden, denselben Mittelpunkt haben.* Zieht man nun beliebige Secanten durch den Mittelpunkt M einer dieser Curven, so werden die zugehörigen Sehnen dieser, und mithin auch der übrigen Curven, in M halbirt; d. h.: *M ist der gemeinsame Mittelpunkt aller Curven des Büschels.* Vermöge beider Eigenschaften bezeichnet man diese Curven als *ähnliche und ähnlich liegende concentrische Kegelschnitte*.

Anmerkung. Da der Mittelpunkt der *Parabel* der unendlich ferne Punkt ihrer Axe ist, so werden concentrische Parabeln solche sein, deren Axen (auch der Richtung nach) zusammenfallen.

Da die Doppellinie β von jeder Geraden in einem Doppelpunkte geschnitten wird, so sind auch die Schnittpunkte von α und β zwei Doppelpunkte auf jener Linie; man kann daher diese Punkte die Berührungspunkte von α und β nennen. Von den 6 durch die vier Schnittpunkte gehenden gemeinsamen Secanten fallen also 4 mit der Geraden β zusammen; die beiden anderen sind die gemeinsamen Tangenten von α und β, oder, da sie die Linien sind, welche α in seinen beiden unendlich fernen Punkten berühren, *die Asymptoten von α*. Betrachtet man nun die Asymptoten als Polaren des Kegelschnittes, so sind ihre Berührungspunkte, d. h. die unendlich fernen Punkte, die zugehörigen Pole, und der Schnittpunkt der Asymptoten ist der Pol der Verbindungslinie jener Punkte, d. h. der Pol der unendlich fernen Geraden. *Hiernach aber fällt der Schnittpunkt der Asymptoten mit dem Mittelpunkt der Curve zusammen. Man kann also die Asymptoten eines Kegelschnitts als die von seinem Mittelpunkt aus gezogenen Tangenten bezeichnen.*

Da die gemeinsamen Tangenten von α und β auch die gemeinsamen Tangenten des ganzen Büschels sind, so folgt noch, *dass alle Curven des Büschels dieselben Asymptoten haben.* Endlich kann man die Asymptoten selbst als dasjenige Linienpaar bezeichnen, in welches einer der Kegelschnitte des Büschels zerfällt.

b) Es ist ferner zu untersuchen, welche besonderen Eigen- **128.** schaften eine durch $c = \lambda a + \mu b$ dargestellte Curvenreihe hat, wenn b der in Nr. 119 erwähnte, in unendlicher Entfernung liegende Doppelpunkt ist. Wir bestimmen zunächst für die Tangentenpaare (a', b') und (u, u), die von einem beliebigen Punkte der Ebene an a und b gezogen werden, das gemeinsame harmonische Paar. Nun ist jedes Paar von senkrechten Linien in der Ebene harmonisches Polarenpaar des Kegelschnitts b, daher, wenn eine dieser beiden Linien mit u bezeichnet wird, harmonisch zu dem Tangentenpaare

(u, u). Andrerseits ist dasjenige Paar senkrechter Linien, welches die Winkel von a' und b' halbirt, mit diesem Linienpaare harmonisch, also das gesuchte Paar. Da nun diese Linien auch mit jedem Tangentenpaare (a_1', b_1') harmonisch sind, welches an eine der Curven c von dem gegebenen Punkte aus gelegt wird, so ist die Linie $c' = \dfrac{a' + b'}{2}$ auch die Mittelrichtung des Paares (a_1', b_1'). *Die Kegelschnittreihe c hat also die Eigenschaft, dass die Winkel aller Tangentenpaare, die von einem beliebigen Punkte der Ebene an seine Curven gezogen werden, durch dieselbe Linie halbirt werden.* Diese Halbirungslinie fällt aber (nach den in Nr. 19. 26. 32 aufgestellten Sätzen) mit der Halbirungslinie des Winkels der von dem gegebenen Punkte nach den Brennpunkten dieser Curven gezogenen Linien zusammen. Und da dies für jeden Punkt der Ebene gilt, so folgt, *dass alle Kegelschnitte der Curvenreihe dieselben Brennpunkte haben.* Vermöge letzterer Eigenschaft bezeichnet man diese Curven als *confocale Kegelschnitte.*

Anmerkung. Da der zweite Brennpunkt der *Parabel* der unendlich ferne Punkt ihrer Axe ist, so werden confocale Parabeln solche sein, deren Brennpunkte und Axen (auch der Richtung nach) zusammenfallen.

Um diejenigen Punkte einer Curvenreihe zu finden, welche den *Asymptoten* des Curvenbüschels entsprechen, erinnern wir uns, dass die Asymptoten mit derjenigen Curve des Büschels, welche in ein Linienpaar zerfiel, identisch waren. *Demnach sind die entsprechenden Punkte einer Curvenreihe diejenigen, in welche eine Curve dieser Reihe zerfällt, d. h. das Paar der den Curven der Reihe gemeinsamen Brennpunkte.*

Wenn ferner die Asymptoten als die aus dem gemeinsamen Mittelpunkt an die Curven des Büschels gelegten Tangenten bezeichnet wurden, so sind reciprok *die Brennpunkte die imaginären Schnittpunkte der unendlich fernen Geraden mit den Curven der Reihe.* (Vgl. Nr. 54.)

Legt man an zwei confocale Kegelschnitte die Tangenten aus einem ihrer Schnittpunkte, so fällt jedes Tangentenpaar in eine einzige Tangente zusammen, und der Winkel der zusammenfallenden Tangenten ist für den einen Kegelschnitt

180°, für den andern 0°. Da beide Winkel durch dieselbe Gerade halbirt werden, so steht die eine Doppeltangente auf der anderen senkrecht, und man hat den Satz: *Confocale Kegelschnitte schneiden sich unter rechtem Winkel.*

2) Drei Functionen zweiten Grades haben noch die ge- 129. meinsame Covariante:

$$(\xi\eta\xi) = \alpha\beta\gamma x^3.$$

Die Gleichung

$$(\xi\eta\xi) = 0$$

sagt aus, *dass die drei Geraden ξ, η, ζ, d. h. die Polaren ein- und desselben Punktes x in Bezug auf die drei Kegelschnitte, durch denselben Punkt gehen.* Mithin ist *die durch die Gleichung*

$$\alpha\beta\gamma x^3 = 0$$

ausgedrückte Curve dritten Grades der geometrische Ort für alle Punkte x, welche diese Eigenschaft besitzen.

Wenn $(\xi\eta\xi)$ identisch Null ist, so besteht zwischen den drei Functionen, deren Functionaldeterminante diese Grösse ist, eine Zahlbeziehung (nach Nr. 73); d. h. die drei Curven schneiden sich in denselben vier Punkten. Man hat in Folge dessen die reciproken Sätze:

Die Polaren jedes Punktes der Ebene in Bezug auf die Curven eines Kegelschnitt- büschels gehen durch denselben Punkt, bilden also einen Po- larenbüschel.

Die Pole jeder Geraden der Ebene in Bezug auf die Curven einer Kegelschnittreihe liegen auf derselben Geraden, bilden also eine Polreihe.

Haben die drei Kegelschnitte α, β, γ *einen* gemeinsamen Punkt A, so geht nach Nr. 73 auch die durch die Functional- determinante $\alpha\beta\gamma x^3 = 0$ bestimmte Curve durch diesen Punkt; und da für $x = A$ auch $\alpha\beta\gamma x^2 = 0$ ist, so *ist A ein Doppel- punkt der Curve.* — Wenn ferner α, β, γ *zwei* gemeinsame Punkte (A, B) haben, so *hat die Curve dritten Grades zwei Doppelpunkte, und zerfällt daher in die Gerade (AB) und einen durch die Punkte A und B gehenden Kegelschnitt,* weil andernfalls die Gerade (AB) die Curve in vier Punkten (den beiden Doppelpunkten) schneiden würde, was nicht möglich ist. — Wenn endlich α, β, γ *drei* gemeinsame Punkte (A, B, C)

haben, so *zerfällt die Curve dritten Grades aus demselben Grunde in die drei Geraden* (AB), (BC), (CA).

130. *Contravarianten.* Vergleichen wir die Contravarianten der ternären mit den Invarianten der binären quadratischen Functionen, so zeigt sich, dass aus jeder der letzteren eine der ersteren hervorgeht, indem man in jeder Klammer den Factor $(|x)$ hinzufügt. Demgemäss können wir aus der gemeinsamen Invariante von drei binären quadratischen Functionen folgende Contravariante von drei ternären quadratischen Functionen bilden:

$$(x . \eta \xi)(x . \xi \vartheta) (|x . \vartheta \eta) = \alpha \beta \gamma . \xi^3 = 0.$$

Sie stellt hiernach eine *Curve dritter Classe* dar. Um ihre Beziehung zu den drei gegebenen Kegelschnitten kennen zu lernen, nehmen wir (wie an entsprechender Stelle in Nr. 124) an, dass

$$|x = \xi = |c_3$$

sei. Dann ist wieder

$$(|x . \eta \xi) = (\eta \xi); \quad (|x . \xi \vartheta) = (\xi \vartheta); \quad (|x . \vartheta \eta) = (\vartheta \eta).$$

Die Gleichung der Contravariante wird

$$(\eta \xi)(\xi \vartheta)(\vartheta \eta) = 0,$$

und diese Gleichung sagt aus, dass die Punktepaare α, β, γ, in denen die gleichbenannten Curven von der Linie (c_3) geschnitten werden, involutorisch sind. (Nr. 96.) *Demnach ist die Gleichung*

$$\alpha \beta \gamma \xi^3 = 0$$

die Bedingung dafür, dass die drei Kegelschnitte α, β, γ von der Linie ξ in involutorischen Punktepaaren geschnitten werden, und man hat die reciproken Sätze:

Alle Geraden, welche von drei gegebenen Kegelschnitten in involutorischen Punktepaaren geschnitten werden, umhüllen eine Curve dritter Klasse.	*Alle Punkte, in denen sich involutorische Tangentenpaare dreier Kegelschnitte schneiden, liegen auf einer Curve dritten Grades.*

Die Massbeziehungen in der Ebene.

131. Im zweiten Abschnitte der Einleitung (Nr. 5 ff.) wurde gezeigt, dass die Entfernung zweier Punkte auf einer Geraden als specieller Fall des Richtungsunterschiedes zweier Geraden in der Ebene, und die Gleichheit zweier Strecken als harmonische Beziehung ihrer Endpunkte auf ein Grundgebilde (den unendlich fernen Punkt) betrachtet werden kann. Mit Hilfe der nunmehr beendeten Theorie der Kegelschnitte können wir jetzt analoge Betrachtungen im Gebiete der Ebene, wie dort im Gebiet der Geraden anstellen.

Es seien e_1, e_2, e_3 drei auf einander senkrechte Radien einer Kugel, und $(e_1 e_2 e_3) = 1$.

Ferner seien x und y zwei andere beliebige, vom Mittelpunkte der Kugel ausgehende Strecken, und

$$x = \lambda_1 e_1 + \lambda_2 e_2 + \lambda_3 e_3;$$
$$y = \mu_1 e_1 + \mu_2 e_2 + \mu_3 e_3.$$

Wenn dann ϑ der Winkel zwischen x und y ist, so hat man („Raumlehre" Nr. 154) folgende Beziehungen:

$$(xy) = (\lambda_1\mu_2 - \lambda_2\mu_1)(e_1 e_2) + (\lambda_2\mu_3 - \lambda_3\mu_2)(e_2 e_3)$$
$$+ (\lambda_3\mu_1 - \lambda_1\mu_3)(e_3 e_1);$$
$$(x \mid y) = \lambda_1\mu_1 + \lambda_2\mu_2 + \lambda_3\mu_3;$$
$$\sqrt{(\lambda_1\mu_2 - \lambda_2\mu_1)^2 + (\lambda_2\mu_3 - \lambda_3\mu_2)^2 + (\lambda_3\mu_1 - \lambda_1\mu_3)^2}$$
$$= \sqrt{\lambda_1^2 + \lambda_2^2 + \lambda_3^2} \cdot \sqrt{\mu_1^2 + \mu_2^2 + \mu_3^2} \cdot \sin\vartheta;$$
$$\lambda_1\mu_1 + \lambda_2\mu_2 + \lambda_3\mu_3 = \sqrt{\lambda_1^2 + \lambda_2^2 + \lambda_3^2} \cdot \sqrt{\mu_1^2 + \mu_2^2 + \mu_3^2} \cdot \cos\vartheta;$$

mithin in abgekürzter Bezeichnung:

$$(1) \qquad \sin\vartheta = \frac{\sqrt{(xy)^2}}{\sqrt{x^2} \cdot \sqrt{y^2}}; \qquad \cos\vartheta = \frac{(x\,y)}{\sqrt{x^2} \cdot \sqrt{y^2}},$$

wodurch ϑ als arcus sinus des einen, oder als arcus cosinus des anderen Ausdrucks bestimmt ist.

Betrachten wir nun die Strecke y als constant, x als variabel, so repräsentirt die Gleichung

$$(2) \qquad \sqrt{(xy)^2} = 0$$

eine Radialstrecke, welche mit y zusammenfällt, da $\sin\vartheta = 0$ ist (oder auch weil aus dieser Gleichung folgt: $(xy) = 0$). Und die Gleichung

$$(3) \qquad (x\,y) = 0$$

stellt jede Radialstrecke vor, welche auf y senkrecht steht (aus analogen Gründen), d. h. die auf y senkrechte Ebene des grössten Kreises.

Betrachtet man endlich in den Gleichungen (1) y und ϑ als constant, so repräsentirt jede dieser Gleichungen alle jene Streckenpaare x, welche von y um den Winkel ϑ abweichen, d. h. die Fläche eines geraden Kegels von kreisförmiger Basis, dessen Spitze in das Kugelcentrum fällt, dessen Axe die Strecke y, und dessen Winkel an der Spitze für jeden Axenschnitt 2ϑ ist. Jeder Axenschnitt trifft hiernach die Kegelfläche in zwei Seitenlinien, welche harmonisch sind mit y und mit der Linie, in welcher die Ebene (3) durch den Axenschnitt getroffen wird.

Für verschiedene Winkel ϑ erhält man verschiedene Kegelflächen, die durch einen gemeinsamen Axenschnitt in involutorischen Linienpaaren geschnitten werden.

Es seien ferner ξ und η zwei beliebige Flächentheile, deren Ebenen durch den Mittelpunkt der Kugel gehen. Wir können dieselben als Ergänzungen der auf ihnen senkrecht stehenden Radialstrecken betrachten, und aus den Ergänzungen der Strecken c_1, c_2, c_3 ableiten. Demnach sei:

$$\xi = l_1 | c_1 + l_2 | c_2 + l_3 | c_3;$$
$$\eta = m_1 | c_1 + m_2 | c_2 + m_3 | c_3.$$

Wenn dann ϑ' der Neigungswinkel der Ebene η und der Strecke x ist, so erhält man die zu (1) analogen Formeln:

$$(1a) \qquad \sin \vartheta' = \frac{(x\,\eta)}{\sqrt{x^2} \cdot \sqrt{\eta^2}}; \qquad \cos \vartheta' = \frac{\sqrt{(x\,\overline{\eta})^2}}{\sqrt{x^2} \cdot \sqrt{\eta^2}},$$

worin

$$(x\,\eta) = \lambda_1 m_1 + \lambda_2 m_2 + \lambda_3 m_3;$$
$$(x\,|\,\eta) = (\lambda_1 m_2 - \lambda_2 m_1)(c_1 c_2) + (\lambda_2 m_3 - \lambda_3 m_2)(c_2 c_3)$$
$$+ (\lambda_3 m_1 - \lambda_1 m_3)(c_3 c_1)$$

ist.

Betrachten wir η als constant, so repräsentirt die Gleichung $\sqrt{(x\,\overline{\eta})^2} = 0$ alle in η liegenden Radialstrecken x, d. h. die Ebene η selbst; und $(x\,|\,\eta) = 0$ die auf η senkrecht stehende Radialstrecke. Ferner drückt jede der Gleichungen (1a) für constantes η und ϑ' alle Paare x aus, welche mit η den Winkel ϑ' bilden, d. h. eine Kegelfläche, deren Spitze im Kugelcentrum liegt, deren Axe die auf η senkrecht stehende Radialstrecke, und deren Winkel an der Spitze für jeden Axenschnitt $2R - 2\vartheta'$ ist. Die weiteren Folgerungen sind ganz analog denen des vorigen Falles.

Wenn endlich ϑ'' der Neigungswinkel der Ebenen ξ und η ist, so hat man:

$$(1b) \quad \sin \vartheta'' = \frac{\sqrt{(\xi\,\eta)^2}}{\sqrt{\xi^2} \cdot \sqrt{\eta^2}} \;\; ; \;\; \cos \vartheta'' = \frac{(\xi\,\eta)}{\sqrt{\xi^2} \cdot \sqrt{\eta^2}} \; .$$

Die Werthe von $(\xi\,\eta)^2$ und $(\xi\,|\,\eta)$ gehen aus denen für $(xy)^2$ resp. $(x\,y)$ hervor, wenn man darin die griechischen Buchstaben durch die entsprechenden lateinischen ersetzt.

In der geometrischen Deutung treten Ebenen, die durch den Kugelmittelpunkt gehen, an die Stelle der Radialstrecken, und umgekehrt. Für constantes η und ϑ'' stellt jede der Gleichungen (1b) die Gesammtheit der Ebenen dar, welche eine Kegelfläche umhüllen, die von gleicher Beschaffenheit ist, wie die vorige.

Bisher war die Grösse der Strecken x und y, und die **132.** der Flächentheile ξ und η unbestimmt gelassen. Bestimmen wir dieselben zuerst durch die Gleichungen:

$$\lambda_1{}^2 + \lambda_2{}^2 + \lambda_3{}^2 = 1; \quad \mu_1{}^2 + \mu_2{}^2 + \mu_3{}^2 = 1;$$
$$l_1{}^2 + l_2{}^2 + l_3{}^2 = 1; \quad m_1{}^2 + m_2{}^2 + m_3{}^2 = 1.$$

Dann liegen die Endpunkte der Strecken x und y auf der Kugelfläche, und die Ränder der Flächentheile ξ und η sind grösste Kugelkreise. Bezeichnen wir die Endpunkte ebenso wie die Strecken, und die Kugelkreise ebenso wie die Flächentheile, so ist ϑ das Mass für den Abstand der Punkte x und y; ϑ' das Mass für den Abstand des Punktes x von dem Kreise η; ϑ'' das Mass für den Abstand der Kreise ξ und η. — Es wird ferner die Kegelfläche, deren Winkel an der Spitze oben gleich 2ϑ gefunden wurde, von der Kugelfläche in einem Kreise $\varkappa$ geschnitten, dessen Punkte alle von y gleichweit entfernt sind, während die beiden Punkte x, deren Abstand von y durch ϑ ausgedrückt ist, die Endpunkte eines Durchmessers sind. Und auf dem grössten Kugelkreise, welcher durch einen Axenschnitt des Kegels bestimmt ist, wird der Punkt y nebst dem einen der um 90^0 von ihm entfernten (durch $(x\,|\,y) = 0$ bestimmten) Punkte ein harmonisches Polenpaar des Kreises $\varkappa$

bilden. Ueberhaupt wird man zu jedem Punkte auf der Peripherie des Axenschnittes den zugeordneten harmonischen Pol in Bezug auf x bestimmen können, und ebenso zu jedem Punkte x auf der Kugelfläche die Polare ξ in Bezug auf x. Wie in der Ebene auf einer durch x gelegten variablen Geraden der zu x zugeordnete harmonische Punkt eine Gerade (die Polare von x) durchläuft, so kann man auch festsetzen, dass in der Kugelfläche auf einem durch x gelegten variablen grössten Kugelkreise der zu x zugeordnete harmonische Punkt einen grössten Kugelkreis beschreibe. Die Polare von x ist hiernach derjenige grösste Kugelkreis, welcher auf dem durch x bestimmten Radius senkrecht steht, fällt also mit der Peripherie der Ergänzungsfläche von x zusammen. — Da nun die Polare von x vollständig bestimmt ist, so ist durch diese Festsetzung auch der Kreis x bestimmt. Und zwar ist jedes Paar von Punkten auf der Kugelfläche, dessen Abstand 90^0 beträgt, ein Polenpaar, und jedes Paar von senkrecht auf einander stehenden grössten Kugelkreisen ein Polarenpaar dieses Kreises. Wenn wir nun in den Formeln (1), (1a), (1b) die Grössen x und y, wie schon oben festgesetzt, als Punkte auf der Kugelfläche betrachten, und die Grössen ξ und η als ihre resp. Polaren in Bezug auf x, so haben wir, da diese Polaren die Ergänzungen von x resp. y sind, in den Ausdrücken für ξ und η nur die Grössen l und m resp. durch λ und μ zu ersetzen. Dann aber wird:

$$(xy) = (x \mid \eta) = (\xi \eta);$$
$$(x \mid y) = (x \eta) = (\xi \mid \eta);$$

folglich:

$$\sin \vartheta = \cos \vartheta' = \sin \vartheta'';$$
$$\cos \vartheta = \sin \vartheta' = \cos \vartheta'';$$
$$\vartheta = \vartheta''; \quad \vartheta' = 90^0 - \vartheta.$$

In Worten: *Der Abstand zweier Punkte auf der Kugelfläche ist gleich dem Abstand ihrer Polaren; der Abstand zweier grösster Kugelkreise ist gleich dem Abstand ihrer Pole; der Abstand eines Punktes von einem grössten Kugelkreise ist das Complement seines Abstandes vom Pol des Kugelkreises, oder das Complement des Abstandes seiner Polare von dem Kugelkreise.* — Das erstere dieser beiden Complemente ist, wie noch zu bemerken ist, gleich dem Abstande des Punktes von demjenigen Punkte des grössten Kugelkreises, in welchem dieser letztere von einem durch den gegebenen Punkt gelegten Kugelkreise senkrecht geschnitten wird.

Wir nehmen nun an, dass, während der Punkt y fest **133.** bleibt, der Mittelpunkt der Kugel in unendliche Entfernung rückt, und wollen alle bei Betrachtung der Kugeloberfläche erhaltenen Resultate für diesen Fall specialisiren. Zunächst geht die Kugelfläche selbst in eine Ebene über, und ihre grössten Kugelkreise in gerade Linien, die sich unter denselben Winkeln schneiden, wie jene. Der Kreis $\varkappa$, in Bezug auf welchen die Begriffe „Pol" und „Polare" anzuwenden sind, hat die Eigenschaft, dass jedes Paar von senkrecht auf einander stehenden Geraden ein Polarenpaar für ihn ist; mithin ist er der in Nr. 119 besprochene unendlich ferne Doppelpunkt-Kegelschnitt. Es ist ferner ϑ, *der Abstand der Punkte x und y, die gerade Strecke zwischen diesen Punkten; ϑ', der Abstand des Punktes x von der Geraden η, ist,* wie aus der vorhin gemachten Bemerkung ersichtlich, *gleich dem Abstand des Punktes x von demjenigen Punkte der Geraden η, in welchem diese letztere von einer durch x gelegten Geraden senkrecht geschnitten wird.* (Mithin ist dieser Fall auf den vorigen reducirt.) Dagegen lässt sich ϑ'', der Abstand der Geraden ξ und η, nicht durch den Abstand zweier Punkte ausdrücken. Denn da die Polare jedes Punktes der Ebene in Bezug auf $\varkappa$ die unendlich ferne Gerade ist[*]), so ist auch der Pol jeder Geraden ein unbestimmter Punkt auf jener Geraden; es liefert daher die Regel, dass der Abstand zweier Geraden gleich demjenigen ihrer Pole ist, kein bestimmtes Resultat mehr.

Da nun in der Ebene jeder Punkt x schon aus zwei Einheiten, nämlich aus zwei mit x in derselben Geraden liegenden Punkten e_1 und e_2 abgeleitet werden kann (deren Entfernung man als Masseinheit für die Entfernung zweier

---

[*]) Da man die beiden unendlich fernen Punkte $\varkappa$ auf jeder Geraden der Ebene in entgegengesetzter Richtung liegend annehmen kann, so ist in der That jeder Punkt der Ebene Mittelpunkt von $\varkappa$, also seine Polare die unendlich ferne Gerade.

Punkte betrachten kann); und da ebenso in der Ebene jede Gerade ξ schon aus zwei Einheiten (c_1) und (e_2), nämlich zwei auf einander senkrechten Strecken abgeleitet werden kann (deren Richtungsunterschied man als Masseinheit für den Richtungsunterschied zweier Geraden betrachten kann); so wird man die Formeln (1), (1a), (1b) auf diese einfacheren Gruppen von Einheiten beziehen, wenn man in den Ableitungsformeln für x, y, ξ, η, die mit dem Index 3 versehenen Zahlen gleich Null setzt. Dadurch nehmen jene Formeln die einfachere Gestalt an:

$$(4)\quad \sin\vartheta = \frac{\lambda_1\mu_2 - \lambda_2\mu_1}{\sqrt{\lambda_1{}^2+\lambda_2{}^2}\cdot\sqrt{\mu_1{}^2+\mu_2{}^2}}; \quad \cos\vartheta = \frac{\lambda_1\mu_1 + \lambda_2\mu_2}{\sqrt{\lambda_1{}^2+\lambda_2{}^2}\cdot\sqrt{\mu_1{}^2+\mu_2{}^2}};$$

$$(4a)\quad \sin\vartheta' = \frac{\lambda_1 m_2 - \lambda_2 m_1}{\sqrt{\lambda_1{}^2+\lambda_2{}^2}\cdot\sqrt{m_1{}^2+m_2{}^2}}; \quad \cos\vartheta' = \frac{\lambda_1 m_1 + \lambda_2 m_2}{\sqrt{\lambda_1{}^2+\lambda_2{}^2}\cdot\sqrt{m_1{}^2+m_2{}^2}};$$

$$(4b)\quad \sin\vartheta'' = \frac{l_1 m_2 - l_2 m_1}{\sqrt{l_1{}^2+l_2{}^2}\cdot\sqrt{m_1{}^2+m_2{}^2}}; \quad \cos\vartheta'' = \frac{l_1 m_1 + l_2 m_2}{\sqrt{l_1{}^2+l_2{}^2}\cdot\sqrt{m_1{}^2+m_2{}^2}}.$$

Die Formeln (4) sind nun identisch mit den Formeln (1) in Nr. 5, und es greifen alle an jener Stelle aus diesen Formeln gezogenen Folgerungen Platz, namentlich auch die, dass die Masseinheit willkürlich wird. — Die Formeln (4a) können auf die vorigen reducirt werden, da die Gerade η, wie oben gezeigt, darin durch einen Punkt $z = \nu_1 c_1 + \nu_2 c_2$ ersetzt werden kann. — Nur die Formeln (4b) können nicht weiter vereinfacht werden; ϑ'' ist der Richtungsunterschied der beiden Geraden, und der rechte Winkel bleibt die Masseinheit, wie in Nr. 7 ausführlicher dargethan ist.

Anmerkung. Der Uebergang von dieser Darstellung zu der gewöhnlichen (vgl. Anm. zu Nr. 7) erfolgt durch die Substitutionen:

$$\varepsilon_1 = \beta_1 e_1 + \gamma_1 e_2 + \delta_1 e_3; \quad \varepsilon_2 = \beta_2 e_1 + \gamma_2 e_2 + \delta_2 e_3; \quad \varepsilon_3 = \beta_3 e_1 + \gamma_3 e_2 + \delta_3 e_3,$$

$$\lambda_1 = \beta_1 x_1 + \beta_2 x_2 + \beta_3 x_3; \quad \lambda_2 = \gamma_1 x_1 + \gamma_2 x_2 + \gamma_3 x_3; \quad \lambda_3 = \delta_1 x_1 + \delta_2 x_2 + \delta_3 x_3;$$

$$\mu_1 = \beta_1 y_1 + \beta_2 y_2 + \beta_3 y_3; \quad \mu_2 = \gamma_1 y_1 + \gamma_2 y_2 + \gamma_3 y_3; \quad \mu_3 = \delta_1 y_1 + \delta_2 y_2 + \delta_3 y_3.$$

Dann ist

$$x = x_1\varepsilon_1 + x_2\varepsilon_2 + x_3\varepsilon_3; \quad y = y_1\varepsilon_1 + y_2\varepsilon_2 + y_3\varepsilon_3.$$

Setzt man ferner

$$\begin{aligned}
\beta_1{}^2 + \gamma_1{}^2 + \delta_1{}^2 &= \alpha_{11} & \beta_1\beta_2 + \gamma_1\gamma_2 + \delta_1\delta_2 &= \alpha_{12} \\
\beta_2{}^2 + \gamma_2{}^2 + \delta_2{}^2 &= \alpha_{22} & \beta_2\beta_3 + \gamma_2\gamma_3 + \delta_2\delta_3 &= \alpha_{23} & (\varepsilon_1\varepsilon_2\varepsilon_3) &= \sqrt{D}, \\
\beta_3{}^2 + \gamma_3{}^2 + \delta_3{}^2 &= \alpha_{33} & \beta_3\beta_1 + \beta_1\beta_2 + \beta_1\beta_3 &= \alpha_{31}
\end{aligned}$$

so ist:

$$\lambda_1{}^2 + \lambda_2{}^2 + \lambda_3{}^2 = \alpha x^2; \quad \mu_1{}^2 + \mu_2{}^2 + \mu_3{}^2 = \alpha y^2;$$

$$\lambda_1 \mu_1 + \lambda_2 \mu_2 + \lambda_3 \mu_3 = \alpha x \cdot y;$$

$$(\lambda_1 \mu_2 - \lambda_2 \mu_1)^2 + (\lambda_2 \mu_3 - \lambda_3 \mu_2)^2 + (\lambda_3 \mu_1 - \lambda_1 \mu_3)^2 = (xy)^2.$$

Demnach:

$$\sin^2 \vartheta = \frac{(xy)^2}{\alpha x^2 \cdot \alpha y^2}; \quad \cos^2 \vartheta = \frac{(\alpha x \cdot y)^2}{\alpha x^2 \cdot \alpha y^2}.$$

Sei ferner:

$$\xi = \xi_1 \, \epsilon_1 + \xi_2 \, \epsilon_2 + \xi_3 \, \epsilon_3; \quad \eta = \eta_1 \, \epsilon_1 + \eta_2 \, \epsilon_2 + \eta_3 \, \epsilon_3;$$

so ist entsprechend:

$$\sin^2 \vartheta' = \frac{(x\eta)^2}{\alpha x^2 \cdot \alpha \eta^2};$$

$$\sin^2 \vartheta'' = \frac{(\xi \eta)^2}{\alpha \xi^2 \cdot \alpha \eta^2}; \quad \cos^2 \vartheta'' = \frac{(\alpha \xi \cdot \eta)^2}{\alpha \xi^2 \cdot \alpha \eta^2},$$

worin

$$(x\eta) = x_1 \eta_1 (\epsilon_1 \, \epsilon_1) + x_2 \eta_2 (\epsilon_2 \, \epsilon_2) + x_3 \eta_3 (\epsilon_3 \, \epsilon_3) = \sqrt{D} (x_1 \eta_1 + x_2 \eta_2 + x_3 \eta_3),$$

und α in dem in der Anm. in Nr. 121 festgestellten Sinne gebraucht ist. Hiermit sind in kürzester Bezeichnung diejenigen Formeln hergestellt, deren weitere Specialisirung die Ausdrücke des Abstandes zweier Punkte, eines Punktes und einer Geraden, zweier Geraden liefert. Diese Specialisirung mag hier übergangen werden, da sie keine, für die Ausdehnungslehre characteristischen Momente bietet, und nach Analogie der Anmerkung zu Nr. 7 leicht ausgeführt werden kann.

Berichtigungen.

Verzeichniss der erklärten Ausdrücke.